# 当代企业管理与财务经济研究

曾召庆　刘　伟　韩建鹏　主编



文化发展出版社
Cultural Development Press

**图书在版编目（CIP）数据**

当代企业管理与财务经济研究 / 曾召庆，刘伟，韩建鹏主编 .—北京：文化发展出版社，2020. 12(2022.1重印)

ISBN 978-7-5142-3177-9

Ⅰ. ①当… Ⅱ. ①曾… ②刘… ③韩… Ⅲ. ①企业管理—财务管理—研究 Ⅳ. ① F275. 2

中国版本图书馆 CIP 数据核字（2020）第 223932 号

**当代企业管理与财务经济研究**

主　　编：曾召庆　刘　伟　韩建鹏

责任编辑：张　琪　　　　责任校对：岳智勇

责任印制：邓辉明　　　　责任设计：侯　铮

出版发行：文化发展出版社有限公司（北京市翠微路 2 号 邮编：100036）

网　　址：www. wenhuafazhan. com

经　　销：各地新华书店

印　　刷：阳谷毕升印务有限公司

开　　本：787mm×1092mm　1/16

字　　数：420 千字

印　　张：27.875

印　　次：2021 年 5 月第 1 版　2022 年 1 月第 2 次印刷

定　　价：62. 00 元

I S B N：978-7-5142-3177-9

◆ 如发现任何质量问题请与我社发行部联系。发行部电话：010-88275710

# 编委会

| 作　者 | 署名位置 | 工作单位 |
| --- | --- | --- |
| 曾召庆 | 第一主编 | 延长油田股份有限公司 |
| 刘　伟 | 第二主编 | 三亚雅溪置业有限公司 |
| 韩建鹏 | 第三主编 | 松辽水利委员会水利工程建设管理站 |
| 韩　婧 | 副主编 | 东北林业大学 |
| 李　琦 | 副主编 | 北京卫星环境工程研究所 |
| 何晓艳 | 副主编 | 中车四方车辆有限公司 |
| 刘朝武 | 副主编 | 日照市岚山区工业和信息化局 |
| 严　薇 | 编委 | 国网湖北省电力有限公司通山县供电公司 |
| 邓燕青 | 编委 | 国网湖北省电力有限公司咸宁供电公司 |

# 前言

由于当今社会经济的快速发展，我国多数的企业也得到了快速的发展。在企业不断良好发展的过程中，企业自身的管理模式以及管理理念等都应在不断的革新。企业若要在市场竞争中有着良好的发展，做好企业管理的工作意义很重要。企业在进行管理的过程中，应积极推进管理创新过程，这对于企业的发展是有益处的。通常情况下，多数企业管理创新的目标，都致力于合理配置企业资源。企业管理是一件系统的工作，具有有序性和高度性的特点，企业管理工作时整个企业稳定发展的重要力量。企业的发展不仅需要技术的支持，同样也需要管理的支持。企业管理工作进行得不好，对于企业的持续发展尤为不利，因此，做好企业管理的工作十分重要，管理工作要做不到位，企业的市场竞争力也将受到影响，由此可见企业管理的重要性极为突出。

财务经济在研究的过程中，首先要做的就是进行财务分析。财务分析是指以财务报表和其他资料为依据和起点，采用专门方法进行系统分析和评价企业的过去与现在的经营成果、财务状况及其变动目的，是为了了解过去、评价现在和预测未来，帮助利益关系集团或企业改善决策。最早的财务分析是为银行服务的，资本市场形成后，服务对象拓展到投资人，发展出比较完善的外部财务分析体系，现代企业体制与组织发展起来后，逐步扩大为内部分析，成为改善企业内部管理服务的重要手段。财务分析基本的功能是将大量的报表数据转化成对特定决策有用的信息，减少决策的不确定性。但我国现行的财务分析体系中，存在一些不足与缺陷，还需要进一步改进和完善。

为了满足从事企业管理和财务经济研究和工作人员的实际要求，编委会的专家们翻阅大量企业管理和财务经济的相关文献，并结合自己多年的实践经验编写了此书。

本书由曾召庆、刘伟、韩建鹏担任主编，韩婧、李琦、何晓艳、刘朝武担任副主编，严薇、邓燕青担任编委，具体内容编写如下：

曾召庆（延长油田股份有限公司）负责第二章、第十四章、第十五章部分内容的编写，共计 11 万字；

刘伟（三亚雅溪置业有限公司）负责第一章、第三章（第一节和第三节）、第十三章部分内容的编写，共计 8.5 万字；

韩建鹏（松辽水利委员会水利工程建设管理站）负责第八章、第十一章、第十六章部分内容的编写，共计 6.5 万字；

韩婧（东北林业大学）负责第十章、第十二章部分内容的编写，共计 4 万字；

李琦（北京卫星环境工程研究所）负责第三章（第二节）、第七章部分内容的编写，共计 4 万字；

何晓艳（中车四方车辆有限公司）负责第五章、第九章部分内容的编写，共计 4 万字；

刘朝武（日照市岚山区工业和信息化局）负责第四章、第六章部分内容的编写，共计 4 万字；

本书由严薇（国网湖北省电力有限公司通山县供电公司）、邓燕青（国网湖北省电力有限公司咸宁供电公司）负责全书统稿。

由于编写时间和水平有限，尽管编者尽心尽力，反复推敲核实，但难免有疏漏及不妥之处，恳请广大读者批评指正，以便做进一步的修改和完善。

《当代企业管理与财务经济研究》编委会

# 目录

# 第一章　当代企业管理基础

## 第一节　企业管理概述

### 一、什么是企业管理

**1. 企业管理的含义**

企业管理是指企业的管理人员及机构对企业的经济活动过程进行计划、组织、指挥、协调和控制，以提高企业经济效益，实现盈利这一目的的活动的总称。

**2. 企业管理的任务**

企业管理的任务就是企业通过各种管理手段和方法，利用内外部资源来实现自身盈利目标和社会责任目标。要实现企业的盈利目标和社会责任目标，企业需要通过以下管理活动来实现（见表 1-1）：

**表 1-1　企业管理活动的体现**

| 项目 | 具体内容 |
| --- | --- |
| 生产管理活动 | 企业的生产活动是企业运用现代生产技术和全面质量管理的理念进行产品的生产运作设计、组织，将生产出来的产品配送到市场中的过程。这个过程需要依靠企业生产过程管理、物流管理和质量管理来实现 |
| 经营管理活动 | 企业的经营活动是企业实现利润和社会责任的直接途径。企业通过制定正确的战略，合理配置人力资源和财务资源，进行产品和服务的市场营销的过程需要依靠战略管理、市场营销管理、人力资源管理和财务管理来实现 |
| 资产管理活动 | 企业的资产管理是企业对流动资产、固定资产和无形资产进行管理的过程。流动资产包括对货币资金、应收账款、预付账款、短期投资和存货等的管理；固定资产包括房产、机器、设备等的盘点、评估和折旧；无形资产主要包括品牌和技术的管理 |
| 信息管理活动 | 现代社会是信息社会，信息无处不在。俗话说“得信息者得天下”，信息管理需要建立完善的信息系统，包括企业资源计划、供应链管理、客户关系管理和企业电子商务管理等 |

## 二、企业管理必须考虑和分析哪些环境

### 1. 分析企业的宏观环境

企业面临的宏观环境因素包括六个方面：人口、经济、技术、政治、法律和社会文化等因素。与微观环境相比较而言，宏观环境对企业的作用是间接的，影响范围也更广泛。企业和它们的供应商、竞争者、客户或其他相关利益群体，都处在一个相同的宏观环境中运作，争取机会，应对挑战。

（1）人口环境

人口环境是构成市场的第一要素，企业的最终利润要靠市场来实现。人口环境影响企业管理主要是影响企业的营销管理。所以任何一个企业在管理过程中都需要异常关注人口尤其是消费者人口的特点。人口的多寡、性别、出生率、死亡率、年龄结构、家庭人数和特征，人口的地理分布等都将影响企业的管理决定。

1）人口规模

人口规模是指一个国家或地区的总人口数量。人口规模是衡量市场潜在容量的重要因素。如果收入水平不变，人口越多的话，则人们对食物、衣着、生活日用品的需要量也就越多，那么市场就越大，企业的潜在利润就可能越多。因此，人口规模是一个企业决定是否进人某个地区的重要依据。

2）人口结构

人口结构主要包括人口的年龄结构、性别结构、家庭结构、社会结构和民族结构（见表 1–2）。

**表1–2　人口结构的内容**

| 结构名称 | 主要内容 |
| --- | --- |
| 性别结构 | 性别结构会影响企业的市场营销。因为性别的差异会带来消费的差异，不同性别的消费者在购买习惯和购买行为上截然不同，反映到企业产品上就会出现男士用品和女士用品 |
| 家庭结构 | 家庭是企业提供产品和服务除个人之外的最基本的单位。很多消费者在进行购买时，会受到家庭成员数量、组成结构以及购买习惯的影响。例如随着老龄化社会的到来，传统的家庭结构逐步过渡到“4–2–1”型（一对夫妇需要赡养4个老人和抚养一个小孩），会增加对儿童用品、教育用品和养老用品的需求，企业应该注意到这个趋势 |
| 年龄结构 | 年龄结构指的是年龄的分布情况。不同年龄结构的地区，对企业所生产的商品和服务有不同的要求。人口年龄结构变化的趋势是，许多国家人口老龄化加速、出生率下降引起产品的市场需求急剧变化。目前全球很多国家和地区已进入或即将进入老龄化社会。老龄化社会对保健用品、营养品等养老产品需求旺盛，为很多企业提供了商机 |

续表

| 结构名称 | 主要内容 |
| --- | --- |
| 社会结构 | 人是社会中的群居动物，表现出共同的社会性。例如利他性、服从性、依赖性，以及更加高级的自觉性等。作为企业来讲，应该关注消费者所在的社会阶级和阶层。不同社会阶级和阶层的消费者会表现出不同的购买行为 |
| 民族结构 | 民族不同，其生活习性、文化传统也不相同。因此，企业的管理者在进行企业环境分析时，切不可忽视对民族结构的分析 |

3）人口的地理分布

地理分布是指人口在不同地区的密集程度。我国人口地理分布呈现不均匀现象，主要表现在：东部多，西部少；平原、盆地多，山地、高原少；工农业集中地区多，林牧业地区少；温湿地区多，干旱地区少；开发成熟的地区多，开发晚的地区少等。

4）人口的流动

人口的流动呈现出国际流动、地区流动以及城市间流动以外，近年来发达国家呈现出城市人口向农村流动，而发展中国家农村人口向城市流动。我国近年的人口流动总趋势是农村人口向城市流动，而大城市人口流动的趋势是中心向郊区流动。以北京为例，中心城区人口逐渐向郊区县流动，郊区新城逐渐发展起来，开始成为副都心。这对于地处郊区的企业来讲，无疑是一个好消息。随着人流逐渐聚集郊区，郊区企业在地理位置上的优势会更容易发挥出来，这对吸引优秀人才和开拓市场是非常有利的。

（2）经济环境

企业所面临的经济环境，是指企业在生产经营管理的过程中所面临的各种经济条件、经济特征和经济联系等。主要包括经济增长及其周期性、通货膨胀与就业、资本市场和货币市场、税收环境等方面。

1）经济增长及其周期性

经济增长是指一定时期内经济社会所生产的人均产量和人均收入的持续增长。通常用一定时期内实际国内生产总值（GDP）平均增长率来衡量。当一个国家处于经济起飞或高速增长阶段时，都会不同程度地刺激市场需求，给企业发展带来机遇。经济增长方式反映了经济增

长的特征和质量，最主要的分为粗放型和集约型。我国目前的经济增长方式开始由粗放型转

为集约型，从“数量”向“质量”转变，来提高企业运营的效率，也给企业发展带来了挑战。经济增长受多种因素的影响和制约，任何国家的经济增长都呈现不

同程度的周期性。企业应该研究并把握经济周期波动的规律，制定反周期战略，避免由于宏观经济周期所带来的损失。

2）通货膨胀与就业

当某个国家或地区在经济高速增长或大的结构性变动时，会伴随着高通货膨胀的出现。通货膨胀是指在纸币流通制度下，物价水平在整个社会普遍而持续的上升，简单点说就是物价总水平上涨或者是货币贬值。通货膨胀会给企业带来严重不利影响，表现在：首先，由于物价上涨，导致企业在生产产品的过程中外购原材料价格上涨，产品生产成本中的原材料费也就上升；生产工人增加工资、加发奖金、消费基金过快增长，导致产品成本中的人工费增加；由于燃料、电力价格上涨，导致燃料动力费迅速增加；物价上涨也引起了包括生产车间发生的制造费用在内的各项管理费的增加。所有这些费用的增加，就会导致产品成本的全面提高。其次，由于物价上涨，需求过旺，政府一般会通过紧缩银根来缩小信贷规模，削弱社会总需求，这对企业尤其是中小企业的融资来讲是一个沉重打击，会加重企业的融资成本。

对企业来说，成本增加应该依靠提高产品或服务价格来实现，但是现实中同行业的竞争激烈又不允许企业提价就会导致企业经济性裁员，整个社会失业率增加。而社会就业率的降低会影响社会局面的稳定和消费者的消费信心，进而影响企业产品和服务的销路。

3）资本市场和货币市场

企业在日常运营或发展壮大的过程中，单独依靠自有资金进行资金周转既是不现实的，也是不科学的。所以，企业要科学地进行资本运营，必须要借助资本市场和货币市场的力量。当企业在运营过程中需要资金时，可以根据当下对资金的需求量、需求时间以及筹措成本的不同，借助货币市场或资本市场的力量来完成融资目标。当企业有充裕的资金而不需要扩大规模时，也可以选择资本市场或货币市场进行投资，提高资金利用率。资本和货币市场的建立和发展，对优化资源配置、搞活企业资金融通、提高资金使用效率、筹措建设资金和建立现代企业制度，具有重要的意义。但是企业要利用资本市场和货币市场，必须熟悉相应的法律法规。

4）税收环境

税收是国家依照法律规定的标准，强制性、无偿性地向经济单位和个人征收实物或货币而取得财政收入的一种经济活动。目前我国实行的是货币税额。对企业而言，依法纳税是企业应尽的义务和职责，企业应该根据国家规定足额纳税，切不可偷税漏税。根据企业性质的不同，企业缴纳的税收种类也会有所不同，对于绝大多数企业来讲，主要需要缴纳的税种是企业所得税、增值税和营业税。

（3）技术环境

技术是指管理者设计、制造、销售产品和服务时，所使用的知识、技能和设备的总和。技术环境是指一个企业所在国家或地区的技术水平、技术政策、新产品的开发能力以及技术的发展动向，等等。科技发展水平通常反映在科技发展现状、科技发展结构、科技人员的素质和数量、科学技术的普及程度，现有工业技术基础的水平，产业结构的现代化水平，以及与企业经营相关的原材料、制造工艺、能源、技术装备等科学技术发展动向等多方面。技术政策为技术革新和传播提供了政策保障，指引着技术发展的方向。技术密集型企业对技术政策的依赖程度尤其高，所以必须得关注技术政策。

科学技术是第一生产力，一个国家或地区经济的发展，与新技术的发明和应用的数量与质量密切相关。所有的企业尤其是技术密集型企业，必须高度重视科学技术对企业的影响力，鼓励技术创新，以保持竞争优势。

衡量企业所面临的技术环境主要可以依靠以下几个指标：整个国家或地区的研发费用、企业所在行业的研究开发支出、技术力量的集中程度、专利产权数量及质量和新产品开发的情况等等。

对于高新技术企业来讲，必须以良好的技术环境为依托，不断提高自身的技术创新能力，适当地增强产品的科技含量，保持产品在市场中的竞争力。

（4）政治环境

企业经营的政治环境主要是指一国的政治体制和政治格局，具体表现为政治体制、政治稳定性和政治风险。

1）政治体制

政治体制是指企业所在国家的国体和证券的组织形式以及相关制度，如国家的政治和行政管理体制、经济管理体制、政府部门结构以及选举制度、公民行使政治权利的制度等。不同国家的政治体制常常导致政府政策、法规、行政效率等方面的差异，从而对直接投资形成有利或不利的影响。

2）政局稳定性和政治风险

政局稳定性是指国家政局的稳定性以及社会的安定状况。如国家领导人的更换、政府的更迭可能导致国家政体的变化以及政治主张的改变；再如战争、政变、社会内乱以及某些国家的种族、宗教冲突等，都将导致政局动荡不安，这将会对企业的经营带来灾难性的影响。

从企业的角度来看，国家政局的变动和领导人的更迭对企业的投资与经营如果没有产生直接的影响，那么这种政局变动并不能视为政治风险；如果政局变动致使政府的经济政策发生了一定程度的变化，那么，这种政局变动就是政治风险。企业尤其是跨国企业在准备进入海外市场时，一定要慎重考虑东道国的政治环境。

（5）法律环境

现代社会是法治社会，企业必须了解自身所处的法律环境。对于从事跨国经营的企业来讲，必须对东道国的法律制度和有关的国际法规、国际惯例和准则，进行深入了解。因为研究并熟悉法律环境，既保证自身严格依法进行经营和管理，也可以运用法律手段维护自身的权益。企业及其管理人员应该熟悉产品质量法、劳动法、工业产权法、消费者权益保护法、反不正当竞争法、反垄断法、破产法、价格法和合同法等各种与企业经营管理息息相关的法律法规。

（6）社会文化环境

社会文化环境是指一个国家或地区的社会结构、民族特征、文化传统、价值观念、宗教信仰、教育水平、风俗习惯、伦理道德、语言文字等的总和。不同的国家和地区在社会文化有着显著的差异，社会文化对企业管理的影响是多方面的。社会文化环境的具体内容见表1–3。

**表1–3　社会文化环境的组成**

| 组成 | 内容 |
|---|---|
| 民族特征 | 民族特征是指特定的民族所具有的一系列价值观和行为方式 |
| 文化传统 | 广义的文化是指人类所创造的物质财富和精神财富的总和。它包括语言文字、心理状态、思维方式、审美情趣、道德情操、宗教情绪、民族精神等 |
| 价值观念 | 价值观念就是人们对社会生活中各种事物和态度的看法。在不同的文化背景下，人们的价值观念相差很大，人们对事物的看法受价值观念的影响 |
| 社会结构 | 社会结构是指一个国家或地区社会整体的构成要素以及它们之间相对稳定的关系。不同的社会结构有不同的社会阶层。越是传统的社会，社会阶层分化就越为复杂。社会阶层划分的参考因素包括收入水平、职业、接受教育的程度、居住的区位或社区、家庭背景及其传统、年龄与籍贯等。如西方社会普遍根据职业的特点将从业人员划分为“白领工人”和“蓝领工人”。在现代中国社会，“中高收入阶层”和“工薪阶层”越来越为企业界所接受，并具体应用于产品的开发、市场定位与营销 |
| 教育水平 | 教育不仅仅是传授知识，而且对技术创新、社会发展和全民族素质的提高具有至关重要的作用。在一个社会里，教育的发达程度通常体现在高等教育水平和全社会接受教育水平方面。教育越是发达，其民族的创新能力就越强，对新观念、新事物就越敏感。教育不仅是经济发展和社会进步的基础，而且其本身也是一个巨大的经济产业，具有巨大的经济潜力 |
| 风俗习惯 | 风俗习惯是人们在长期的经济生活和社会活动中所形成的一种习俗，包括饮食、服饰、居住、婚丧、节日、人情往来等方面所表现出来的独特的心理特征和行为方式 |

续表

| 组成 | 内容 |
|---|---|
| 宗教信仰 | 人们日常生活和经营活动的许多传统和习惯源于宗教的节日、戒律，宗教对人们的生活和经济活动具有很大的影响。在各类宗教中，佛教和印度教主张禁欲和对物质财富的追求，宣扬克制欲望以换取灵魂的安宁；西方新教（基督教）则认为财富的集聚是上帝的恩赐，同时又提倡勤俭节约的清教徒的生活。在中国，由于儒家文化思想和佛教的影响，人们对“名分”、“积蓄”、“洁身自好”等看得高于“利益”、“消费”、“适者生存”等。尽管我们没有形成真正意义上的宗教，但是固有的儒家传统对中华民族的影响却是根深蒂固的 |

**2. 分析企业的微观环境**

（1）企业内部环境

企业开展管理活动必须充分考虑企业内部的环境力量，结合企业的目标，合理配置企业的资源。企业的内部环境力量包括企业股东会、董事会、监事会、财务部门、研发部门、采购部门、生产部门、营销部门、人力部门、行政部门等。企业的管理者在制定决策和计划时，必须考虑到协调各部门之间的关系，因为各部门之间既有多方面的合作和联系，又存在争取资源方面的矛盾。而企业的目标要靠各部门相互协作，最大程度发挥各自的职能，才能实现既定目标。现代企业管理没有协调就难以避免内部之间的摩擦与消耗，因此，管理者加强部门间的管理，协调好相互之间的利益关系，营造和谐的工作氛围，使之形成有凝聚力的组织，是保证企业目标实现的关键。

（2）企业渠道环境

1）供应商

企业的供应商是指为企业生产产品和服务提供所需资源的企业和个人。供应商提供的资源主要包括原材料、设备、能源、劳务、资金等。原材料、零部件、能源及机器设备等货源的保障，是企业运营活动顺利进行的前提。

供应商对企业的影响主要表现在原材料或零部件供应的及时性、稳定性，供货质量、供货价格的合理性等方面。及时、稳定的原材料供应可以保证企业生产正常运行，供货质量和价格的合理性能够保证产品质量的稳定性和成本的可控性，最终才能够保证利润的可预期性。企业必须和供应商保持良好的合作关系，密切注意原材料与零部件市场上的状况和价格变化趋势，分析供应商的状况和可能发生的变化，做好积极应对措施。

2）中间商

中间商是把产品和服务从生产领域流向顾客的中间环节和渠道。主要包括批发商和零售商。企业要选择合格的中间商，在共赢的基础上建立良好的合作关系，随时掌握其经营活动，并采取相应的激励措施来调动中间商的积极性。一旦中间商不能履行职责或环境有变时，企业可以中止与他们之间的合作关系。

3）辅助商

企业的辅助商是指帮助企业完成运营活动的其他服务机构、物质分销机构和金融机构等。这些机构在广告宣传、市场调研、咨询、运输、物质存储、融资和保险等方面为企业提供服务。当企业在某一方面实力比较薄弱或者是无暇顾及时，可以选择辅助商。辅助商是企业剥离弱势业务，打造核心竞争力的有力保障。

（3）企业顾客环境

企业产品和服务是否符合市场的需求，最后都要通过顾客来检验。因此，顾客是影响企业盈利的直接因素。只有企业的产品和服务满足顾客的需求，获得顾客的认可，企业的利润目标才能实现，因此现代管理都把满足顾客目标作为企业管理的核心。这要求企业熟悉自己的目标顾客，透彻分析他们的职业、年龄、收入、家庭及文化教育背景以及购买习惯和特点，提供符合顾客需求的产品和服务，提高顾客满意度，培养更多的忠实顾客，促进企业的长远发展。

（4）竞争环境

现代社会是一个竞争的社会，绝大多数的企业都处在激烈的竞争环境中。企业的竞争环境是由同企业生产或出售相同或相似产品和服务的竞争者构成的。企业绝不能把竞争者狭义化，即使在某个市场上只有一个企业在提供某种产品和服务，也不能说明该企业在这个市场上没有竞争者了。因为企业的竞争者有多种类型的，具体包括以下四种（见表1–4）：

**表1–4　企业竞争的类型**

| 类别 | 内容 |
| --- | --- |
| 属类普通竞争者 | 属类竞争者又被称为普通竞争者，是指提供不同产品以满足同一需要的竞争者。例如冬天到了，某位消费者想选择一种适合自己的锻炼方式，增强免疫力。他选择的锻炼方式是瑜伽、网球和游泳。这时，瑜伽中心、网球俱乐部和游泳馆就成了属类竞争者 |
| 愿望竞争者 | 愿望竞争者是指提供不同产品以满足不同需要的竞争者。例如某位消费者在过年时想花一万元犒劳自己一年的辛苦工作。他所面临选择的商品可能有：一台心仪已久的摄像机、一辆中意许久的赛车、一次梦寐以求的出国游，等等。这时，摄像机经营企业、赛车经营企业、、旅行社之间就存在着竞争关系，就成为愿望竞争者 |

续表

| 类别 | 内容 |
|---|---|
| 品牌竞争者 | 品牌竞争者是指满足同一需要的同种形式产品不同品牌之间的竞争。例如，消费者想买一台32英寸国产液晶电视机，这时候他可以选择海尔、长虹、TCL等品牌。这时，海尔、长虹、TCL这三家企业就构成了品牌竞争者 |
| 形式竞争者 | 形式竞争者是为满足同一需要提供同类别但不同形式产品的竞争者。不同形式主要指产品的规格、型号、款式等方面存在差异。例如，两家汽车生产企业，一家是生产大客车的，一家是生产微型家用汽车的。这时，这两家企业就构成了形式竞争者 |

对企业来讲，必须熟悉自己所处的竞争环境，分析竞争企业的范围、企业的主要竞争对手、主要竞争对手的产品特征、主要竞争对手的营销策略等，有针对性地制定营销战略，知己知彼，方能百战百胜。

（5）公众环境

公众环境是指对企业完成其目标能力有着实际或潜在兴趣或影响的群体环境。企业是一个社会组织，要想获得长远发展，必须树立良好的企业形象，与社会公众之间保持良好的关系。企业的公众一般包括政府公众、金融公众、媒体公众、群众团体、社区公众、企业内部公众，等等。不同类别的公众分别在企业经营过程中不同方面产生影响。例如，包括报纸、杂志、电台、电视台、网络等在内的媒体公众是舆论的导向。如果企业不重视与他们之间保持良好的关系，在经营过程中发生的过失就有可能被渲染成故意，会严重影响企业的声誉。只要企业在公众心目当中留下不好的印象，短期内是很难消除的，必将给企业的经营活动带来沉重打击，导致企业遭受巨大损失。所以任何一个企业都不能忽视公众环境，必须正确地处理好与不同公众之间的关系。

## 三、企业组织结构的选择

### 1. 组织结构的含义

组织结构是管理者有效实现计划、组织、指挥、协调和控制职能所建立的一种组织体系。通过这个体系，管理者对组织的资源进行合理配置，顺利完成企业目标。

### 2. 组织结构的类型

（1）直线制

直线制是组织发展初期的一种结构形式。这种组织结构至今仍被广泛采用，以生产企业为例，我们来看直线制的构成。如图 1–1 所示。

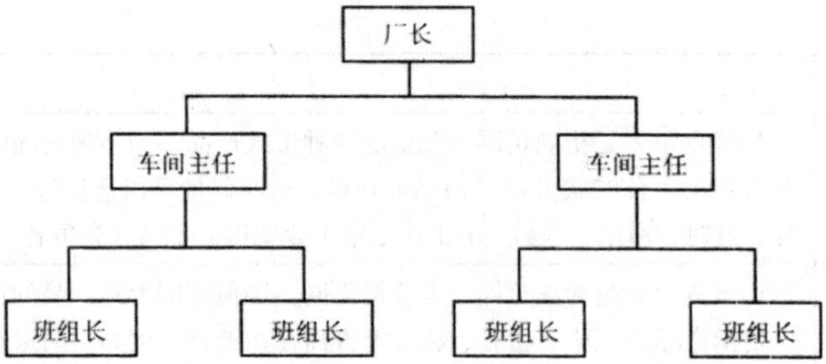


**图1–1　直线制组织结构示意图**

这种组织结构的基本特点是：组织中各种职位均按垂直系统直线排列，下级从上级那里直接接受命令，上级对下级进行综合管理，因而机构简单、权力集中、命令统一、决策迅速。在组织中，上下级和同级之相互关系很明确，职权从下到上逐级提高，各级组织的数目由下到上逐渐减少。这种组织结构实行的是没有职能机构的个人（或自我）管理，它要求各级主管人员必须具有多方面的管理知识和技能。由于各项业务工作都由主管人员亲自处理，因此也容易使他们陷入烦琐的日常行政事务中，而无暇思考企业发展等战略性问题。

由于这种组织结构具有指挥灵、职责明、效率高等优点，因此在这种组织形式适合规模较小、职工人数不多、产品比较单一、生产比较简单的企业。

（2）直线职能制

直线职能制又称直线参谋制，是在直线制基础上，为适应现代化工业生产的要求而发展起来的，是当前企业最常用的一种组织结构。在这种组织结构里，企业的职能被划分为两个层面，即直线职能和参谋职能。直线职能是指对企业经营任务完成和目标实现负有直接责任的各项职能，如子公司、生产车间、业务部门等。参谋职能是指为了保证作业职能的良性运转所提供的各项支持、咨询和服务等，它们一般不直接从事生产经营活动，如企业的人力资源部门、财务和后勤部门等。直线职能制如图 1–2 所示。

由上不难看出直线职能制的优点：集中领导，保证了统一的指挥；各部门和分支机构在部门负责人的领导下，发挥各职能的作用，有利于效率的提高。直线职能制的缺点也很明显：各职能部门之间缺乏横向联系和沟通，容易产生割裂和矛盾；由于管理权集中在企业高层，下级部门的积极性、主动性很难发挥；同时由于这种机构较为僵化，因此不利于培养全面的业务和管理人才。

鉴于上述情况，可以看出直线职能制结构比较适用于企业规模不太大、产品种类较少、生产工艺较单一、市场销售情况比较容易掌握的企业。

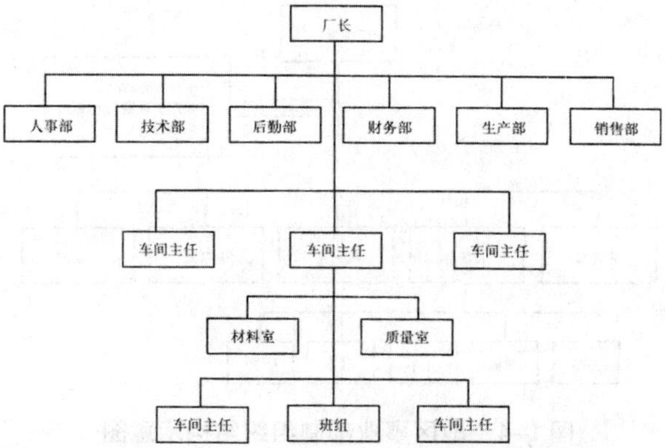


**图 1–2　直线职能制组织结构示意图**

（3）事业部制

1）产品事业部结构

产品事业部适合于产品种类繁多的企业。不同产品需要不同的生产技术；不同产品的最终用户市场有很大差异，营销手段和分销渠道不能共用；将产品的生产、营销和研究结合起来十分必要。产品事业部组织结构如图 1–3 所示。

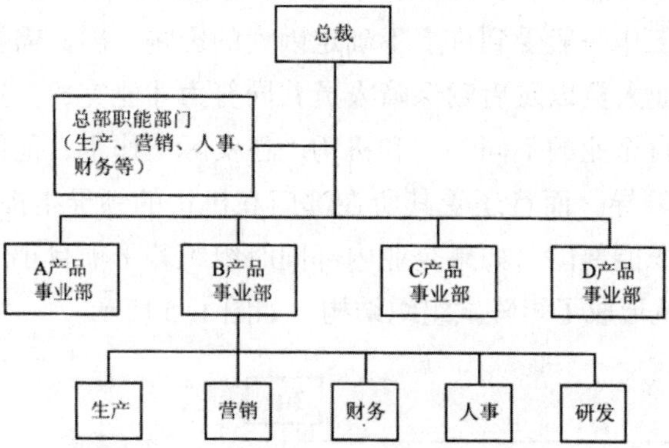


**图 1–3　产品事业部制组织结构示意图**

2）地区事业部制结构

地区事业部制结构适合于产品种类相对较少、业务地理分布较广的公司。这种组织形式是以地区为中心的。地区的划分视企业经营情况的不同而不同，有的是按公司的生产机构的所在地来划分，有的是以顾客的地理分布来划分。地区事业部的管理者负责企业某一特定地区的经营活动，总部负责所有地区经营的计划与控制。地区事业部制组织结构如图 1–4 所示。

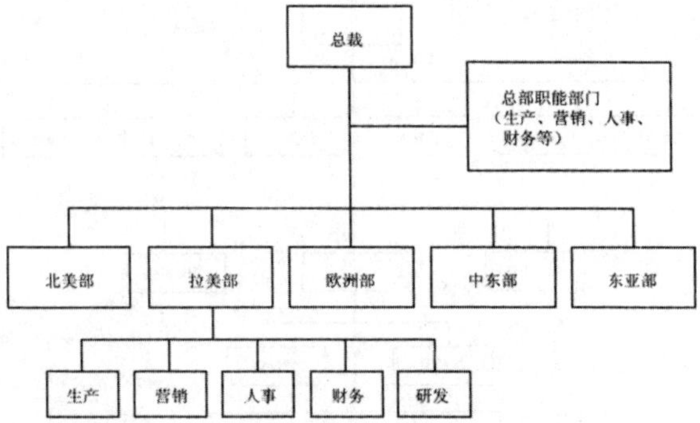


**图 1-4　地区事业部制组织结构示意图**

事业部制有利于公司最高领导层集中力量搞好经营决策，集中力量思考全局问题；各事业部实行独立核算，更有利于发挥经营管理的积极性，更便于组织专业化生产。但是事业部制也不是十全十美的，各事业部职能机构重叠，造成机构臃肿；各事业部实行独立核算，如果只是考虑自身利益，容易造成沟通和协作困难，不利于企业整体目标的实现。

（4）矩阵结构

矩阵结构是在专门服务于某项工作的项目小组基础上发展而来的一种组织结构。项目小组所从事的工作一般受到许多不确定因素的影响，因此需要具有不同专业背景的技术人员、专业人员以及后勤保障人员共同努力才能完成。这些专业技术人员和服务人员往往来自企业的不同部门和机构。在实际工作中，他们不仅要接受项目小组的技术与业务领导，而且还受其所在部门和机构的领导指挥。当项目完成后，项目成员又回到原职能部门。如果企业内部同时组织若干项目小组，而且这种项目小组长期存在，这就形成了矩阵式组织结构。如图 1-5 所示。

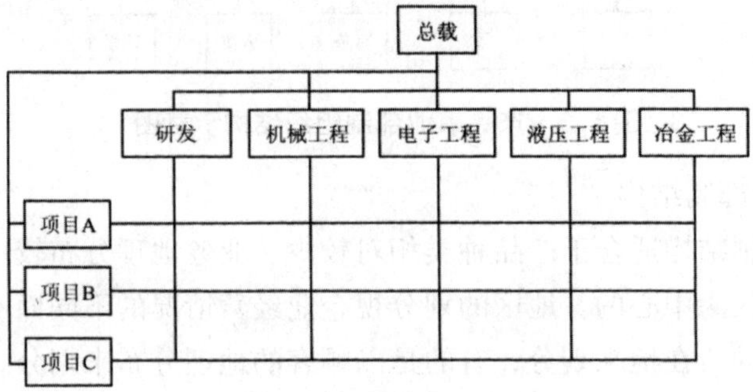


**图 1-5　矩阵式组织结构示意图**

矩阵结构的主要优点是：灵活性好，适应性强，集思广益，通过加强企业在纵向与横向方面的联系，有利于各职能部门间的协调配合和信息交流，将集权与分权很好地结合起来；可以有效地保证企业专业人员之间在技术与业务等方面的合作支持与优势互补，有利于为企业培养更高水平的技术和管理人才；通过项目开发与研究，可以加快企业新产品开发的步伐，提高其整体素质和水平。

矩阵结构的主要缺点是：成员不固定，有临时性，责任性不够强，对项目主管提出的要求比较高，造成的难度比较大。同时由于接受多头指挥领导，项目成员容易产生角色冲突，从而产生很大的心理压力，影响工作的正常开展和项目的进程。

（5）委员会结构

委员会也是一种常见的组织形式，通常由各部门各层次代表组成。委员们在委员会中权力地位是平等的，最后以少数服从多数原则通过决策并采取集体行动。这种结构形式的优点是：集思广益、集体决策，避免了个人专断和滥用职权；鼓励参与，便于沟通协调，民主气氛较浓，有利于充分发挥各部门和各级管理者的积极性。其缺点是：决策比较缓慢，尤其在委员素质不太高、缺乏全局观念的情况下往往会陷入久议不决的局面或导致决策水平低下的结果。

（6）虚拟结构

当今，有些企业被称作虚拟企业。这种结构是指企业总部仅保留最关键的职能，如研发和营销等，其他职能通过外包或协作方式借助外部力量完成。虚拟企业能够自由地选择合作伙伴。

这种组织弹性对企业的生存与发展很重要，因为它是企业适应变化环境的能力的体现。特别值得指出的是，虚拟企业能够在全球范围内吸纳最优秀的人才、资源和知识，从而获得强大的可持续发展潜力。任何一个企业都不可能在任何知识技术方面有绝对优势，虚拟企业的运作模式在当今快速多变的市场与技术环境中是获取竞争优势以提高竞争力的一种很有前途的合作方式，它正在被越来越多的企业所认识和采纳。一个极端的虚拟组织结构如图1-6所示。

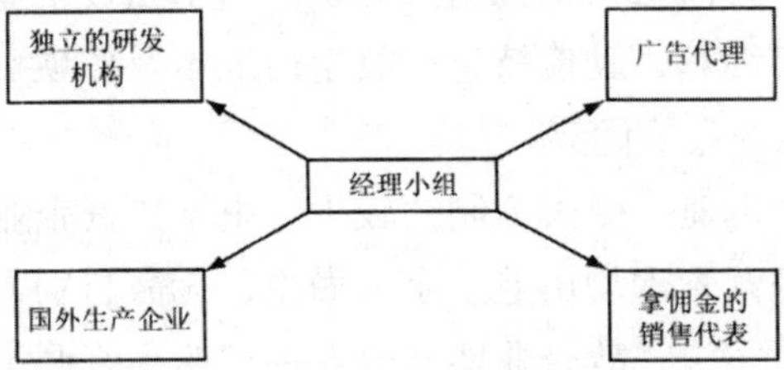


**图1-6　虚拟组织结构示意图**

因此，对一个企业管理者来讲，选择适合企业的组织结构非常重要。管理者应根据企业的规模、产品复杂程度、各部门之间的相关度、企业所处不同发展阶段等因素来选择适合企业的组织结构。

# 第二节　企业制度

## 一、现代企业制度的基本形式和内容

### 1. 目前企业制度的基本形式和内容

（1）独资企业

1）独资企业的概念。独资企业又称个人业主制企业，就是由一个自然人出资自主经营或雇人经营，资产和盈利归投资人个人所有，投资人以其个人财产对企业债务承担无限清偿责任的经营实体。独资企业在法律上为自然人企业，不具有法人资格，是最古老、最简单的企业形式，也是在现代经济社会中，数量占绝对多数的企业。即使是在经济高度发达的美国，独资企业数也占全国企业总数的 75% 左右。

2）独资企业的优点：

①开办和停业简单，产权能自由转让。该企业开办手续最为简单，资本金无严格限制，只需个人出资，有合法的企业名称，固定的生产经营场所和必要的生产经营条件，在当地工商行政管理机关申请，15 日内即可登记注册，领取营业执照。此外，业主可在任何时候停办自己的企业，停办成本相对较低，但停办之前，业主必须以企业和其个人的其他财产，清偿所欠职工工资和社会保险费用、所欠税款、所有债务。企业产权转让完全由业主自己决定。

②无双重课税，税负较轻，利润归业主个人所有。独资企业只征收业主的个人所得税。如果全年应纳税所得额在 3 万 ~ 5 万元，税率为 30%；不足 3 万元的，税率更低。独资企业的经营收入扣除成本、费用、损失和个人所得税后的经营利润，全部归业主个人所有，无需与其他任何人分享。由于独资企业的利润为业主个人所得，因而业主善于精打细算，勤俭持家，故生产成本及各项费用开支很低，企业的产品和服务也具有很强的竞争优势。

③经营灵活，决策迅速，受人为制约较少。由于独资企业规模小，几乎没有任何管理机构，企业的经营管理均由业主个人做主，无需与别人商量。只要业主看准的事情，马上可以付诸实施，故企业能充分发挥“船小好调头”的优势，迅速适应市场发展的变化。

④独享企业的经营管理权，能使个人得到最大的满足。独资企业属于业主所有，归业主控制。业主能够完全按照自己的意愿经营管理企业，企业的经营目标、经营项目、经营时间、经营方式等等，完全由业主自己决策，自己承担责任，这样更容易实现个人的理想抱负和人生价值，使业主的事业心、领袖欲等得到最大限度的满足。

⑤容易保守商业秘密。由于独资企业通常是业主一人负责企业全面的经营管理，且企业经营各方面情况无需向外公布，如经营决策、产品销量、经营利润、生产工艺、技术设备，财务状况等等，因而有利于保守商业秘密，为企业竞争赢得优势。通常除个人所得税表格中所列项目之外，其他均可保密。

3）独资企业的缺点：

独资企业的缺点，见表 1–5。

**表 1–5　独资企业的缺点**

| 缺点 | 内容 |
| --- | --- |
| 资金筹集困难 | 一般说来，由于独资企业的出资者只有一人，故其筹资能力十分有限，筹资渠道仅限于个人积累、向亲朋好友借款。银行贷款常常由于业主个人信用和可用于抵押的财产有限而受到很大限制 |
| 承担无限责任 | 独资企业一旦经营失败，业主对企业的债务负有全部清偿责任。若企业资产不足于偿债，业主必须以个人家庭财产抵付。这对独资企业的业主来讲，是一种巨大的、后果严重的风险 |
| 企业寿命有限 | 独资企业的存在完全取决于业主。如果业主不愿经营，或精神失常，或犯罪在押或死亡，则企业寿命随之终结。虽然业主的亲人也可以继续经营，但由于经营能力所限，很难维持企业长久生存。因此，企业的员工和债权人的风险较大 |
| 企业发展受到局限 | 受业主个人资金、经营能力和时间、精力所限，独资企业的规模不可能发展得很大。况且，个人所得税采用的超额累进税制也不利于独资企业规模的扩大。当独资企业规模发展到一定程度时，业主的个人所得税的税率高于公司所得税税率 |

（2）合伙企业

1）合伙协议。成立合伙企业，必须事先经合伙人协商同意，然后订立书面的合伙协议，明确规定各个合伙人在合伙企业中的责任、权利和义务，以共同维护各个合伙人的利益。合伙人出资可以是资金或实物，也可以是权力、信用和劳务等。

合伙协议一般包括以下内容：合伙企业的名称和经营场所；合伙经营的目的和经营范围；合伙人的姓名与住所；每个合伙人的出资方式、数额及期限；合伙人的种类及其责任和主要业务分工；利润分配及亏损分担；老合伙人退伙和新合伙人入伙的办法；企业解散与清算；违约责任；协议上未规定的争端解决方式；协议有效期；所有合伙人在协议上签字盖章。合同订立后，要经有关部门公正签字，这样的合同对各方都有约束力。

2）合伙人的类型。在合伙企业中，拥有合伙企业并在合伙协议上签字的人即为合伙人。根据是否参加企业经营管理及负无限责任还是有限责任，合伙人可分为普通合伙人、有限合伙人和其他合伙人以及不参与企业管理的合伙人、秘密合伙人、匿名合伙人、名义合伙人等。普通合伙人是合伙企业必备的合伙人，也是合伙企业经营管理中最重要的、最有权力的合伙人。每个普通合伙人都拥有分得利润和参与管理的基本权利，都有权代表企业对外签订重大的经济合同，同时承担债务无限清偿责任和连带责任。

3）合伙企业的优点：

①资金来源较多。由于合伙企业的合伙人较多，故筹资能力比独资企业强，企业信用和可用于抵押的财产较多，比较容易得到银行贷款和赊销商品。特别是有限合伙人对企业债务仅限于出资额的有限清偿责任，可吸引众多的投资者成为合伙企业的有限合伙人，在一定程度上拓宽了企业资金的来源。

②提高企业经营管理水平。合伙企业的合伙人一般都很有活力、志同道合、相互比较了解，都可以参与企业的经营管理并进行相互监督。由于所有权与经营管理权紧密相连，无形中会强化合伙人之间的信任感、责任感。同时还可以根据每个合伙人的特长进行科学合理的分工协作，以汇集众合伙人的知识、经验、智慧、能力，形成很强的整体优势，全面提高企业的经营管理水平。这样，合伙制更可能出现于亲戚之间和保持长期关系的相识者之间。

③较长的企业寿命。由于上述优点，大大增强了合伙企业的生存发展能力，故其平均寿命要比独资企业长得多。美国《福布斯》杂志最近的一项研究表明，自1960年以来，美国合伙企业的生存率为个人业主制企业的4倍。

4）合伙企业的缺点：

合伙企业的缺点，见表1–6。

**表1–6　合伙企业的缺点**

| 缺点 | 内容 |
| --- | --- |
| 无限的责任 | 普通合伙人对合伙企业的债务负有无限清偿责任，即如果合伙企业的合伙财产不足于偿债时，普通合伙人都必须以其个人财产加以弥补。当普通合伙人不止一个时，他们之间还存在着连带责任。所谓连带责任就是有清偿能力的普通合伙人对没有清偿能力的普通合伙人应付债务的连带清偿责任，哪怕是企业资不抵债的严重损失是由某个普通合伙人的行为不当所致 |

续表

| 缺点 | 内容 |
| --- | --- |
| 有限的规模 | 与独资企业相比合伙企业能筹到更多的资金，但和公司相比，其融资渠道和融资能力仍很有限，不能满足企业大规模扩张的需要，所以它的发展规模仍然受到限制。此外，合伙企业的设立和发展的基础是合伙人之间的相互信任、相互监督。合伙人都是风险承担者，同时都享有剩余索取权。这种利润分享的合约安排是由相对少的、有活力的合伙者，根据具体情况自由协商制定的协议。从这个意义上说，合伙制能促进自我控制，合伙人之间也能进行更为有效的相互监督。与业主制不同，其监督不需要专门化。该企业制度尤其适合于技术性或专业性技能群体的协作生产如律师、会计审计、广告事务所、股票经纪所等 |
| 复杂的决策 | 合伙企业任何重要决策均需征得所有合伙人的一致同意，而在经营过程中往往因为意见难以统一或相互不信任使决策过程复杂化。尽管合伙人事先通过签订合伙协议的方式，对企业经营管理、业务分工协作、利润分配、企业损失和风险分担等方面加以明确规定，但实际情况错综复杂，协议很难规定得清楚、合理，一些分歧和矛盾的产生，也会导致一些合伙人缺乏工作热情与责任感，致使企业缺乏效率 |
| 产权转让比较困难 | 合伙人一旦加入合伙企业，由于种种原因很难从合伙企业脱身，其产权转让必须征得所有的合伙人同意方可进行 |
| 企业寿命仍然有限 | 一旦合伙协议期满，合伙人不愿续签，或关键合伙人中途退出、破产、丧失经营能力或死亡等，则合伙企业很难维持下去 |

### 2. 公司制

#### （1）公司制的特性

公司制度与传统企业制度（如个体业主制企业和合伙制企业）相比较，有两个鲜明的特点：

1）公司是一个法人组织，在独立的法人财产的基础上营运。传统企业，不论是单个业主制企业还是合伙企业，都是在业主的个人（自然人）财产的基础上营运的，这决定了传统企业规模不可能很大。在公司中，多个股东投入的股本组合在一起，形成具有独立生命的法人财产，为公司的大规模经营奠定了基础。而且，公司股东只在其资本金的范围内对公司债务负有限责任，这就大大降低了个别股东的风险。而且，公司有“永续的生命”，个别股东发生股权转移或其他变动都不会影响企业的营运。

2）公司是由一个公司治理结构来统治和管理的。任何治理都得靠有意志的人来进行。公司是一个组织，没有意识和意志，它只能由一个组织系统，即公司治理结构支配的管理人员才能对公司进行治理。所谓公司治理结构，是指由所有者、董事会和高级执行人员即高级经理人员三者组成的一种组织结构。在这种结构中，上述三者之间形成一定的制衡关系。通过这一结构，所有者将自己的资产交由公司董事会托管；公司董事会是公司的最高决策机构，拥有对高级经理人员的聘用、奖惩以及解雇权；高级经理人员受雇于董事会，组成在董事会领导下的执行机构，在董事会的授权范围内经营企业。

（2）公司制的优缺点

1）公司的优点：

公司的优点，见表1–7。

**表1–7　公司的优点**

| 优点 | 具体内容 |
|---|---|
| 有限责任 | 公司股东对公司债务只承担其股金范围内的有限清偿责任。一旦公司由于资不抵债而破产，债权人只能要求公司的资产予以清偿，而无权要求公司股东用其股金以外的个人财产抵偿公司的债务。这样，股东的风险远远小于独资企业的业主和合伙企业的普通合伙人。因此，责任有限这一特点吸引了大量的投资者，尤其是那些投资少，平时不能、也不愿亲自参与企业管理的投资者 |
| 独立法人地位 | 公司是法人企业，公司的财产属于公司所有，但独资、合伙企业的财产属于业主所有。公司一旦设立，即在法律上拥有脱离于公司股东的、独立的法人地位，具有独立的生命。除非其自身破产或歇业，否则，其生命永续。公司的业务也不会因为任何股东的股权转让、丧失经营能力、死亡等而终止。而独资和合伙企业都是自然人企业，没有脱离业主的单独的法律地位，业主与企业在法律上是一个统一体 |
| 组织机构托管 | 公司是组织经营的企业形式，而独资和合伙企业是个人经营的企业形式，尽管合伙企业具有财产联合的性质。公司的经营业务与股东没有直接关系，虽然股东可参与公司的管理，但主要表现在投票权和建议权两方面，股东大会按照一股一票的原则，投票选聘董事组成董事会托管公司的法人财产，而董事会则聘任专业人员担任总经理和其他高级经理从事公司日常的经营管理活动。不像合伙企业的普通合伙人，亲自对企业进行经营管理，从事具体的生产经营活动 |
| 股东民主决策 | 公司在业务决策上严格按照股东手中所持股本的多少进行民主表决，只需要多数同意即可付诸实施，而勿需股东一致同意，大大减少了不必要的争论，可迅速赢得时间 |
| 管理水平较高 | 由于公司实行所有权和经营权的适度分离，公司的经营管理主要由受过专业化训练、拥有丰富企业经营管理实践和经验的各方面专家担任，再加上聘任高中层经理人员时的精挑细选和公司严格的管理制度，故能比股东更有效地管理，公司管理水平较高。此外，公司经理人员作为股东的代理人行使职权和履行财务职责时，还受到了《公司法》、公司章程和管理制度的严格限制以及董事会和监事会的严格监督，保证了公司决策的科学性、连续性和及时性，减少了差错，提高了公司的管理效率 |
| 发展空间广阔 | 公司可以通过银行贷款、发行债券和股票，迅速集聚大量的资金，扩大企业生产经营规模，发展壮大公司的事业 |

2）公司的缺点：

①设立手续复杂，组建费用较高。如法定资本金数额大，需请律师或代理人，需要法定验资机构的验资证明、公司章程、组织机构等等。

②政府限制较多。公司涉及到众多的股东和数额巨大的投资，也是国家的重要税源。为了保障股东的权利和国家的税收，维护社会的稳定，政府主要通过法律如公司法、证券法、税法、广告法、反不正当竞争法等等对公司进行严格的管制。

③不能严格保密。一般情况下，公司不仅要向政府报告经营状况，而且要定期将公司的财务状况告知股东，甚至公告于众，特别是上市的股份有限公司。公司有做好各项记录和报告的义务，政府有权检查。因此，竞争对手有可能得知公司的有关情况，从而对企业构成某种威胁。

④双重缴纳所得税。公司首先要上缴公司所得税；其次公司用税后利润给股东分发股利时，股东还要缴纳个人所得税。故对股东而言，公司的税负比合伙企业要重。

## 二、现代企业制度的特征与内容

### 1. 现代企业制度的特征

（1）产权清晰

产权即所有者对财产所拥有的权力。产权清晰是指公司制企业的出资者和企业法人之间以及企业的出资者之间、企业法人财产与借贷所形成的企业资产之间的产权内容及其归属清晰。“产权清晰”主要有三层意思：①具有明确的产权主体；②具有清晰的产权边界；③具有合格的产权行使能力。

（2）责权明确

责权明确，主要有两个方面的含义：①要合理区分和确定企业所有者、经营者和劳动者各自的权利和责任。所有者按其出资额享有资产受益、重大决策和选择管理者的权利；经营者受所有者的委托在一定时期和范围内经营企业资产及其他生产要素，并拥有获取相应收益的权利；劳动者按照与企业的合约拥有就业和获取相应收益的权利。②在所有者、经营者、劳动者和其他利益相关者之间建立起相互依赖、相互制衡的机制。责权利是相互对等、不可分割的统一体。

（3）政企分开

对国有企业和由国家投资或控股的企业，政企分开包含两层含义：

1）政资职能分开。即政府的行政职能和其资产管理职能分开。前者作为国家行政机关，面对整个国家和社会，行使政府的行政权力，而后者仅仅作为投资者，只能针对国有资产，行使财产所有者的权力。因此，政府的行政职能要由强调上下级的服从和被服从关系的行政法规调整，而资产管理职能要由强调当事人双方平等的民事主体地位的民法调整。实行政府政资职能分开，可以确保政府与企业（尤其是国有企业）在资产关系上只能是平等的民事主体地位，避免政府对企业的行政性干预。

2）政企职能分开。为了提高企业的运营效率，确保国家投资取得良好的经济效益，政府的资产管理部门对国有企业和由国家投资或控股的企业，只能按照《公司法》规定的程序和原则，以股东或董事、监事、特派员的身份代表国家和政府，按照其所持股份的多少行使其所有者的权力，如总经理聘任权、重大经营决策投票权、企业经营行为和财务的监督权等，而不能直接干预企业正常的经营管理，更不能通过行政命令来管理企业。实践表明，政企分开，有利于保障企业的法人地位，落实企业经营自主权；有利于把企业推向市场，实现生产资源的优化配置；有利于企业经营者对资产承担经济责任，避免国有资产流失；有利于避免“婆婆”的指挥和不合理的指令性计划；有利于提高企业管理效率和企业经济效益，促进企业扩张。

（4）管理科学

所谓管理科学，就是要按照市场经济发展的要求，树立现代的管理理念、培养素质高超的员工，建立合理的组织机构，健全内部管理制度，采用科学的管理方法，拥有先进的管理手段，以优化资源配置，提高管理效率，充分调动人的积极性、主动性和创造性，力求减少机会主义。管理科学，更多地体现在建立健全科学完整的组织制度和管理制度两个方面：①科学的组织制度。包括企业的权力机构、决策机构、执行机构和监督机构设立的规范化、法律化，各自职责的合理分工，四者之间相互促进和相互制衡机制的确立等。②科学的管理制度。包括经理人员的选聘制度、员工的民主管理制度、企业的用工制度、人事制度、分配制度、财务会计制度等等。现代企业制度通过科学的制度建设和管理机制的确立，来诱导企业正确处理产权关系和责权利关系，有效调动投资者、所有者、经营者、管理者、生产者等各方面的积极性，通过各种方式集聚和优化社会资源，选聘各个专业优秀的人才从事企业经营管理，全面提高企业的管理水平。

**2. 现代企业制度的内容**

（1）法人产权制度

产权是指法定主体（所有者）对其财产所拥有的各项权力的总和。产权制度即以产权为依托，对财产关系进行合理有效的组合、调节的制度安排，具体表现为建立在一定生产资料所有制基础上，对财产占有、支配、使用、获益和处置过程中所形成的各类产权主体的地位、行为权力、责任、相互关系加以规范的法律制度。

1）法人产权与原始所有权的分离。这是公司所有权与经营权第一次具有法律意义的分离。法人产权是指公司作为法人对公司财产的排他性的支配权、使用权、获益权和自由处置转让权。这种分离对公司法人产权制度的建立具有重要意义：

①公司作为法人，在法律上获得了与个人财产享有同等权利的法人资产产权，具有独立的资产所有权——公司财产的物权。由此，公司法人全面获得了对公司资产的支配权和控制权，完全保证了公司资产无论是谁投资，一旦形成公司的资产投入运营，其产权就归属公司，而原来的出资者就与现实资产的运营脱离了关系。公司作为法人在其存续期间，对其运营的资产始终拥有占有、支配、使用、获益和处置的权利，能以自己的名义直接地、稳定地占有和经营股东出资的资产，摆脱了资产原始所有者的直接干预。

②公司资产的投资者仍是资产的原始所有者，拥有所出资部分的财产的股权和终极所有权。相对于本来意义上的所有权而言，其权能已被大大弱化了。股权的代表者股东已经没有对公司资产直接经营和直接处置的权利，只有通过股东大会形式反映出资者利益，通过选举董事会间接参与公司管理，从股权获得资产收益或转让股权。出资人退居股东地位，能够仅负较小的风险和很少的时间、精力投入而享受极大的利益。

③所有者和法人之间产权关系十分明晰。当股东出资以后，财产的实物形态和价值形态就发生了分离。股东作为原始所有者保留对财产的价值形态——股票的占有权利（股权），而法人享有对财产的实物形态——生产资料的占有权利（财产物权）。虽然原始产权与法人产权的客体是同一财产，但反映的是不同的价值形态和经济法律关系。原始产权体现了该财产最终归谁所有，而法人产权则体现了该财产由谁占有、使用和处置。这样，不仅所有者与法人之间的纵向产权关系十分明确，而且终极所有者之间、法人之间的横向产权关系也十分明确。

2）经营权与法人产权的分离。这是具有经济意义的公司所有权与经营权的第二次分离。其主要原因：一是由于公司资本所有权多元化和分散化，以及公司规模的大型化和管理的复杂化，管理活动需要专门的人才，经理阶层于是崛起，出现了一个专门以从事经营管理活动为业的企业家群体。二是出资者投资股票主要为了获利，因此，需要把经营企业的重任交给有能力的职业经理，而股东自己则以投资者身份存在，把目光集中在对于投资回报率具有更大意义的投资行为选择，以及参与委托经营者挑选和监督工作之上。

经营权是企业对其经营管理的财产享有占有、支配和使用的权利。虽然它同法人产权都是从所有权中分离出来的权能，但两者有着重要的区别：

①两者表述的角度不同。企业经营权是相对所有权而言，而法人产权则是相对原始所有权和其他民事权利而言，其重点是规定企业作为独立法人区别于其他的民事主体与企业财产之间的权利义务关系。

②两者内涵不完全一致。经营权不包含收益权和处置权，而法人产权包含收益权和处置权，即企业作为法人，可以现金、实物，无形资产等向外投资依法获得投资收益，也可以用占有的资产去抵债，而公司的经营者却无权这样做。同样，企业的租赁者和承包者尽管拥有企业资产的经营权，但也不能用租赁和承包的企业资产去抵债。

③二者的期限不同。经理人员拥有经营权的期限小于法人产权的存续期限。只要公司的法人身份不改变，法人产权就永远不会丧失。

④经营权由法人产权规定其界区。公司法人产权集中于董事会，而经营权集中于经理手中。在法人产权界区明确，且对经营权操作区间给定时，经理具有独立的、自由的经营决策权。

（2）有限责任制度

有限责任制度是指企业与出资者双方对企业债务清偿所承担的责任和义务均为有限。对于包括国家在内的出资者来说，它对企业债务所承担的责任为有限清偿责任，即在企业破产清算时，只以投入企业的出资额及其留给企业的收益为限，不涉及出资者的其他财产。对于企业来说，它负有对出资者财产保值、增值的责任。企业破产清盘时，仅以其全部法人财产为限对所负债务承担清偿责任。因此，有限责任制度不仅是调动出资者投资企业积极性、推动企业发展的动力因素，也是出资者实行自我保护的一种有效方法。同时，有限责任制度也提醒企业的债权人必须要时时刻刻监督、了解债务人企业的经营和财务状况，不断强化和完善外部约束，促进企业改善经营管理。

（3）组织领导制度

现代企业由法人治理结构来组织和领导。所谓法人治理结构，就是由股东会、董事会和高级经理人员三者组成的三层统治和管理公司的组织结构。其基本形式为公司董事会领导下的总经理负责制。因为公司与自然人企业不同，是一些人由于共同目的而互相结合组成的法人团体，具有自己独立的意志，要体现这个意志，只能由一个组织即法人治理结构对公司进行治理。其特点是原始所有权、公司产权、经营权相互分离，各有人格化的载体，界定明确，责权利分明。这种机构按照所有权、决策权、经营权、监督权相互分离、相互制衡的原则，依据法律规定的章程，由股东会、董事会和经理层三大机构组成公司的领导职能体系，以保证公司资产的完整性和体现公司法人团体的意志。

股东大会是公司的最高权力机构，行使公司财产的最终管理权。股东是公司财产的原始所有者，为了维护自身的利益，通过股权代表机构—股东大会，用手投票选举董事会，以对重大决策进行表决的方式，反映自己的意志，制约董事会的行为。一旦此举未能达到预期目的，股东还可以采取“用脚投票”的方式，买进或卖出公司股票，对公司行为形成外部化的制约。

董事会是公司的决策和管理机构，是公司法人财产的代表，由股东大会投票选举出的若干董事组成。它以股东对其信任为基础，托管和经营公司资产，对公司重大问题进行决策，对公司资产的运营与增值负责，承担资产风险；同时受股东利益制约，并对经理人员进行监督。董事会的核心作用是保证公司经营管理符合股东利益，使得公司法人治理结构有效运行。

经理层是公司的日常管理与执行机构，由以总经理为首的经理人员所组成，负责企业日常经营管理业务，是公司的经营者。主要经理人员由董事会或股东大会精心选聘，对自己的经营成果负责。

以上三大机构和股东大会构成了公司完整的权力层次和有机的组织领导结构。经理层直接对董事会负责，董事会、监事会直接对股东大会负责。同时，在我国的企业中还有党组织领导制度、职工代表大会制度和工会制度，它们从不同的方面完善和促进了现代企业的组织领导制度建设，形成了具有中国特色的现代企业制度。

（4）内部管理制度

内部管理制度是企业制度中最基本的制度之一。其主要作用是规范企业与员工的关系，确立内部各种关系，协调各方面利益，确保企业生产经营活动的正常进行。主要包括以下内容（见表1–8）：

**表1–8　内部管理制度的内容**

| 名称 | 主要内容 |
|---|---|
| 人事分配制度 | 这是关于企业人事变动、职工劳动报酬和企业纯收入的分配制度。我国目前是按劳分配和按资分配等多种分配形式并存。企业人事分配制度通常是在不违反国家有关法律的前提下完全由企业自主确定。主要包括：提升晋级制度，选拔招聘制度，职工培训制度，工资制度，津贴制度，奖金制度，生活福利制度，各项提留制度，股利分配制度等 |

续表

| 名称 | 主要内容 |
|---|---|
| 财务会计制度 | 这是有关企业资金营运的财会活动的原则和规范。主要包括：资本金制度，固定资产折旧更新制度，资产负债制度，成本管理制度，利润分配制度、资金结算制度等 |
| 劳动用工制度 | 在现代社会中，劳动用工制度主要是全员劳动合同制，即劳动主体与用工主体（企业）双方，在平等自愿的基础上经过相互选择、协商，以法律契约的形式规定各自的责权利，并能根据双方意见及时调整劳动关系。这种以市场为基础，以经济为保障的全员劳动合同制，不仅赋予了企业自主用工和劳动者自主择业的权力，而且有利于劳动力的合理分配与流动，完善劳动力市场体系 |
| 管理工作制度 | 这是指企业日常生产经营和管理的各个方面的工作条例、规定和规程。主要包括：计划管理制度，生产管理制度，销售管理制度，人事管理制度，质量管理制度，劳动管理制度，技术管理制度，物资管理制度，设备管理制度，安全生产制度等 |
| 民主管理制度 | 员工的利益与企业的命运息息相关。员工位于企业经营管理工作的第一线。企业经营活动的方方面面，如各项决策方案实施和计划执行，技术设备管理，各种产品生产和提供服务等等，都离不开员工。他们人数众多，也对企业最了解，最清楚企业经营管理的不足，只有实行民主管理，才能充分调动全体员工的积极性、主动性和创造性，集众人的智慧，全面提高企业的经营管理水平 |

## 三、现代企业制度的建立

### 1. 现代企业制度是我国企业制度发展的方向

（1）建立现代企业制度，有利于实现政企分开。我国国有企业特别是大中型国有企业建立现代企业制度，有利于实行政企分开，促进政府职能转变，使政府对经济管理的方式按市场经济要求进行；有利于改变企业是政府附属物的现状，使企业自主经营，真正成为市场竞争主体，为国有企业参与市场公平竞争创造条件。

（2）建立现代企业制度，有利于企业成为独立的市场主体。明晰产权关系。现代企业制度下，国家以出资者身份享有出资者所有权，企业作为法人拥有法人财产权，企业成为法人实体，企业民事权利能力和行为能力达到统一，使企业能自主经营、自负盈亏、承担民事责任。

（3）建立现代企业制度，有利于建立企业的资产流动机制。建立现代企业制度中，通过公司制改革建立企业资本金制度，实行股份制，同股同权、同股同酬，使出资者所有权与企业经营权分离，能使投资者的投入由固定化转为流动化。这种资本流动机制可以使国有资本和其他资本一样，以追求最高效益为目标，按照市场经济运行规律有效配置资源，优化国有资本结构，从而使产业结构、企业结构不断趋向合理。

（4）建立现代企业制度，有利于拓宽融资渠道、放大国有资本功能。十六大提出：国有资本通过股份制可以吸收和组织更多的社会资本，放大国有资本的功能，提高国有经济的控制力、影响力和带动力。建立现代企业制度，可以壮大国有经济实力，增强国有资本的市场竞争能力和抗市场风险能力，国家可以通过控股或参股的形式，起到引导和带动作用，从而支配社会化资本，使国有资本的功能成倍放大，控制国民经济命脉，对经济发展起主导作用。

（5）建立现代企业制度，有利于完善经营机制。公司企业在市场经济发展中形成了一套科学合理的治理结构，并形成了这样的机制：所有者通过法定形式进入企业行使职权，利用企业内的权力机构、决策机构、监督机构、执行机构，保障所有者对企业的最终控制权，形成所有者、经营者和劳动者之间的激励和制衡机制，使企业管理科学化、制度化，从而建立起自负盈亏、优胜劣汰以及激励和约束相结合的经营机制。

**2. 建立现代企业制度的基本框架**

从中国的国情实际出发，建立现代企业制度的基本框架应该着重从以下几个方面进行积极探索：

（1）实行多元股权制为主的公司形式（主要是股份有限公司和有限责任公司）。公司是现代企业制度的主要形式，股份有限公司和有限责任公司能够较好地体现现代企业制度的内涵。建立现代企业制度，够条件的企业会逐步转变为公司制，但不可能所有的企业都会变成公司，根据现实情况，公司制企业必然和独资企业、合伙企业、合作企业同时并存。

（2）界定产权，明确投资主体，建立企业资本金制度。资产评估是明晰产权关系、落实企业法人财产权的必要前提，在此基础上建立资本金制度。资本金是企业在工商行政部门登记的注册资金，是各种投资者以实现盈利和社会效益为目的，用以进行生产经营和承担民事责任而投入的资金。建立资本金制度，有利于企业实现自负盈亏，保证生产经营活动持续进行，有助于真实反映企业的经营状况。

（3）形成权责制衡的法人治理结构。这种治理结构的主要特征应该是：所有者、经营者、生产者之间通过公司的权力机构（股东会）、决策机构（董事会、经理）、监督机构（监事会），形成各自独立、权责分明、相互制约的关系。针对目前企业普遍存在的“法规型董事会、虚拟型监事会”的状况。①实施组织化，完善董事会、监事会的运作规则；②要建立外部董事、监事制度，逐步使由专家、学者组成的外部董事、监事在其中起主导作用；③建立国有股东的董事、监事任职资格制度。使董事、监事逐步实现知识化、专业化。

（4）转变政府职能，实现政企分开。建立适应市场经济体制、办事效率高的组织人事体制，规范的决策、指挥、检查、督促体制等，要使企业剥离承担的社会职能，给自己一个准确的定位，集中于经济效益的目标，真正成为独立法人实体和市场竞争主体。

（5）设立系统科学的企业内部管理制度。重点是克服我国现有企业管理制度的弊端和提高经济效益，对企业的机构设置、用工制度、工资制度、财务制度、会计制度进行改革，建立严格的责任体系。特别是要建立和完善企业经营者的选择、任免、考核、奖励机制，建立企业经营者人才市场，对经营者实行公开招聘。

## 第三节　企业管理的发展趋势

### 一、产权制度的发展

#### 1. 经理层收购

经理层收购（MBO）是20世纪80年代美国兼并浪潮中涌现出来的一种企业经理层通过融资来向原企业所有者购买，使其放弃所有权从而完成收购的新方式。目标公司的经理利用杠杆收购这一金融工具，通过负债融资以少量资金投入收购自己经营的公司。MBO是企业实现产权重组、有效节约“代理成本”的较恰当的选择和途径。

经理层收购也为我们国家存在的产权不明晰提供了一条可行的途径。经理层收购使我国企业经理层合法持有本公司的股票，从而使公司的产权得以明晰，同时实现经营者与所有者的局部甚至是全部的结合，将经营者利益与所有者利益、企业利益以最直接、最简单的方式统一化，使经营者对自身的利益关心转化为对企业市场价值的关心，从对自身人力资源的保值增值转化为对企业整体资本的保值增值。

#### 2. 经理层股票期权

股票期权起源于20世纪70年代的美国，它赋予管理人员或技术骨干一种选择权利，持有者可以在定期内行权，即在特定时期内以事先确定行权价购买本公司的股票，行权时，如果股票价格上涨，股票期权持有者将获得市场价和行权价价差带来的客观收益；如果股票价格下跌，则有权放弃行权。股票期权是一种创新，只有在管理者增加股东财富的前提下才能同时获得收益，从而和股东形成了利益共同体。

在美国500家大公司80%都在不同程度上采用股票期权激励。股票期权是企业实行长期激励的一种方式，把经理的回报与反映企业未来价值的股价相联系，它的设计初衷就在于使得企业经理人能够参与企业剩余索取权的分享，激励经理人努力工作，同时通过让其自身承担一部分风险，使其能够努力行使好企业剩余控制权。因此，经理人一般在被赠予股票期权时并未被确保得到一定的补偿金额，而是在将来通过享有的剩余索取权去分享不确定的企业剩余（利润）。若未来企业剩余（利润）未增长，甚至出现亏损，企业经理人也就无企业剩余（利润）可以分享，表现为在股票市场上，企业股票价格下跌，这样，经理人就只好放弃行权。

股票期权激励是20世纪80年代以来西方企业最富有成效的激励制度之一。股票期权一般只针对以总裁为首的少数高层管理人员和技术骨干，因此也被称做“高级管理人员的股票期权”。

股票期权与传统的薪酬相比，克服了企业经营者的短期行为，是经营者追求企业的长期利润最大化，促使企业的经济效益持续稳定增长。另外股票期权是按任期实施的，在任期届满经过审计合格后，才能将期股转化为实股完成收益的实现，这样也加大了对期股收益人的约束作用。

## 二、营销理论的发展

### 1. 4Cs理论

美国西北大学的著名营销学专家舒尔茨在1990年提出4Cs理论，并于20世纪90年代末期传入我国。4Cs理论中的4C分别指顾客（consumer）、成本（cost）、方便（convenience）和沟通（communication）四个要素。把这四个要素英文单词的第一个字母组合起来，就被称为4Cs。

（1）顾客（consumer）。强调企业要从以往对产品的关注转到对顾客需求的重视。企业不应该销售自己制造的产品，而是要销售顾客真正想买的东西。在制造业发达的今天，尤其强调创造顾客比开发产品更重要，满足顾客的需求比产品功能更重要，应该在不同消费者的个性需求方面下大工夫。有人形象地描述为：忘掉你的产品，去想想顾客的需求和欲望。

（2）成本（cost）。强调企业要从对定价策略的关注转向重视顾客为满足某项需求而愿意支付的各项成本（代价）。传统的定价方式是“以我为主”，而按照4Cs理论，正确可行的定价方法应该是依据顾客为满足其需求而愿意支付的各项成本，不仅是顾客购物时的货币支出，还包括购物过程中时间、体力和精力的耗费以及购买和使用中的风险承担。这一原理被人们形象地描述为：忘掉定价，考虑消费者为满足其需求愿意支付多少。

（3）方便（convenience）。强调企业要从对分销渠道体系建设和管理的关注转向重视为顾客的购买提供便利，使消费者能方便地买到所需产品，并重视在销售中为顾客提供各种服务以方便他们的选购。营销工作要了解不同类型消费者的购买方式、偏好，调整原有销售渠道，包括使用以电子商务为代表的新型销售方式，为顾客提供实实在在的便利。有人也形象地把这一要求描述为：忘掉渠道，多考虑为顾客提供方便。

（4）沟通（commimication）。强调企业要从对各种促销策略和促销技巧的关注转向重视企业与顾客之间的双向沟通。4Cs 理论认为，促销是一种强迫或试图引起顾客注意的单向沟通，如果促销或 4Ps 的营销组合未能收到理想的效果，就说明顾客尚未完全接受企业的产品和服务。这时，就要着眼于加强双向沟通，增进相互的了解，实现真正的适销对路。有人把这一原理形象地描述为：忘掉促销，考虑与顾客展开双向沟通。

可见，4Cs 理论重点强调的就是企业的一切营销活动都要从消费者的所想、所愿出发。它要求企业的营销活动真正建立在以消费者为中心的理念基础上，把满足消费者的需求和愿望作为企业的责任。

**2. 4Rs理论**

（1）与顾客建立关联（relation）。在竞争性市场中，顾客具有动态性。顾客忠诚度是变化的，他们会转移到其他企业。要提高顾客的忠诚度，赢得长期而稳定的市场，重要的营销策略是通过某些有效的方式在业务、需求等方面与顾客建立关联，形成一种互助、互需、互求的关系。把顾客与企业联系在一起，这样就大大减少了顾客流失的可能性。特别是企业对企业的营销与消费市场营销完全不同，更需要靠关联、关系来维系。

（2）提高市场反应速度（reaction）。在现今相互影响的市场中，对经营者来说最现实的问题不在于如何控制、制定和实施计划，而在于如何站在顾客的角度及时地倾听顾客的希望、渴望和需求，并及时答复和迅速做出反应，满足顾客的需要。

当代先进企业已从过去推测性商业模式，转移到高度回应需求的商业模式。面对迅速变化的市场，要满足顾客的需求，建立关联关系，企业必须建立快速反应机制，提高反应速度和回应力。这样可最大限度地减少抱怨，稳定客户群，减少客户转移的概率。

（3）关系（relationship）营销越来越重要。在企业与客户的关系发生了本质性变化的市场环境中，抢占市场的关键已变成为与顾客建立长期而稳固的关系，从交易变成责任，从管理营销组合变成管理和顾客的互动关系。

与此相适应产生5个转向：从交易营销转向关系营销，不仅强调赢得用户，而且强调长期地拥有用户；从着眼于短期利益转向重视长期利益；从单一销售转向建立友好合作关系；从以产品性能为核心转向以产品或服务给客户带来的利益为核心；从不重视客户服务转向高度承诺。所有这一切的核心是处理好与顾客的关系，把服务、质量和营销有机地结合起来，通过与顾客建立长期稳定的关系实现长期拥有客户的目标。

（4）回报（reciprocation）是营销的源泉。对企业而言，市场营销的真正价值在于其为企业带来短期或长期的收入和利润的能力。一方面，追求回报是营销发展的动力；另一方面，回报是维持市场关系的必要条件。企业要满足客户需求，为客户提供价值，但不能做“仆人”。因此，营销目标必须注重产出，注重企业在营销活动中的回报。一切营销活动都必须以为顾客及股东创造价值为目的。

4Rs理论的优势（见表1-9）。

**表1-9　4Rs理论的优势**

| 序号 | 内容 |
| --- | --- |
| 一 | 4Rs体现并落实了关系营销的思想。通过关联、关系和反应，提出了如何建立关系、长期拥有客户。保证长期利益的具体的操作方式，这是一个很大的进步 |
| 二 | 4Rs营销理论的最大特点是以竞争为导向，在新的层次上概括了营销的新框架。4Rs根据市场不断成熟和竞争日趋激烈的形势，着眼于企业与顾客互动与双赢，不仅积极地适应顾客的需求，而且主动地创造需求，运用优化和系统的思想去整合营销，通过关联、关系、反应等形式与客户形成独特的关系，把企业与客户联系在一起，形成竞争优势 |
| 三 | “回报”兼容了成本和双赢两方面的内容。追求回报，企业必然实施低成本战略，充分考虑顾客愿意付出的成本，实现成本的最小化，并在这些基础上获得更多的顾客份额，形成规模效益。这样，企业为顾客提供价值和追求回报相辅相成，相互促进，客观上达到的是一种双赢的效果 |
| 四 | 反应机制为互动与双赢、建立关联提供了基础和保证。企业对市场的适应能力已成为其生存和发展的关键因素，而快速准确的反应机制则对企业管理系统提出了非常高的要求。 |

### 3. 关系营销

（1）关系营销的内涵

1）强调交易与关系的结合。关系导向的营销观认为，营销既是一个管理过程，又是一个社会过程。营销中既要通过相互交换，实现交易活动；又要通过履行承诺，建立和巩固各方关系。从交易到关系是一个连续的、系统的过程，只有两者的结合，才是完整的营销。

2）强调“关系”的系统与多元性。关系营销理论把企业的营销活动放在整个社会经济的大系统中来考查，认为企业作为社会经济系统中的一个子系统，其经营活动是与周围各种因素相互作用的过程；与一切“参与者”建立起良好的关系是营销活动的关键。关系营销强调，不仅要注重关系的识别与建立，而且要注重关系的维持与巩固，通过利益各方之间的相互沟通与磨合，形成稳定的、相互信任、相互依赖的关系。

3）强调实现“共赢”目的。关系营销理论强调营销中必须兼顾企业、消费者及其他利益相关者的利益，在实现企业的利润目标的同时，实现各方的目的。关系导向营销观是现代营销观念发展的一次历史性突破。关系营销所揭示的系统论思想和“共赢”这一思想，对于现代企业的可持续发展具有重要的现实意义。

（2）关系营销与传统交易营销的区别

关系营销取代传统的交易营销有其必然性，这主要体现在两者的区别上：

1）交易营销强调市场占有率，企业营销重点工作是不断开发新市场、新客户；关系营销强调客户占有率，企业营销重点工作是不断培育有价值的客户，提高客户忠诚度和客户的回访率。

2）交易营销的核心在交易，企业通过诱使对方发生交易活动而从中获得尽可能多的利润；而关系营销的核心理念是“共赢”，企业通过与相关组织、个人建立良好合作互动关系而获利，追求长期利益。

3）交易营销是有限的顾客参与和适度的客户联系；关系营销需要顾客高度参与，更倾向于一对一营销策略与顾客保持紧密联系。

4）交易营销活动以4P（product，price，place，promotion）组合为核心，价格是主要的竞争手段；关系营销活动则是以4C（customer，cost，convenience，communica-tion）组合为核心，完全以客户为中心。

（3）建立客户关系的营销手段

1）一级关系营销。一级关系营销也可称为财务层次营销，主要是运用财务方面的手段，使用价格来刺激目标公众以增加企业收益。在一级关系营销中，具有代表性的是频繁市场营销计划。所谓频繁市场营销计划，指的是那些频繁购买以及按稳定数量进行购买的顾客给予财务奖励的营销计划。美国航空公司是首批实行频繁市场营销计划的公司之一，20世纪80年代，它决定对它的顾客提供免费里程信用服务。接着，旅馆推出荣誉贵宾计划。常住顾客在累积了一定的分数后，就可以享用上等客房或免费房。频繁市场营销计划也可以在企业之间联合进行。合作将为双方客户提供更全面、更优质的服务，有利于实现合作双方客户资源的优势互补，也将为双方展开全方位、深层次合作打下了坚实的基础。

一级关系营销的另一种具有代表性的形式是企业设立高度的顾客满意目标来评价营销实施的绩效，如果顾客对企业的产品或服务不满意，企业承诺将给予顾客合理的价格赔偿。目前我国企业开展营销活动时，常常制定一些高度的顾客满意目标，随意做出承诺，而不能实现。而当顾客觉得企业没有达到自身所制定的目标或没有履行其承诺，要求其赔偿时，企业又坐置不理，导致了大量顾客的流失。

总的说来，财务层次营销是一种低层次的营销，容易被竞争对手所模仿，很难将企业与竞争者区别开来。一旦营销方式被仿效，所产生顾客忠诚的作用将会消失。因此从严格的意义上讲，财务层次的营销不是真正的关系营销的方法。只有在一级关系营销的基础上，同顾客建立二级关系营销和三级关系营销的联系，才会增加顾客转移成本，使顾客忠诚于企业。

2）二级关系营销。二级关系营销也可称为社交层次营销。与一级关系营销财务层次营销相比，这种方法在向目标顾客提供财务利益的同时，也增加他们的社会利益。在二级关系营销里，与顾客建立良好的社交关系比向顾客提供价格刺激更重要，企业把对客户营销方式引入对顾客的营销。企业尽量了解到单个顾客的需要和愿望，提供并使服务个性化和人格化，来增加公司与顾客的社会联系。

二级关系营销的主要表现形式是建立顾客组织。以某种方式将顾客纳入到企业的特定组织中，使企业与顾客保持更为紧密的联系，实现对顾客的有效控制。它包括两种形式：无形的顾客组织和有形的顾客组织。

3）三级关系营销。三级关系营销又称结构层次营销，是企业在向交易伙伴提供财务利益和社会利益的同时，与交易伙伴结成稳定结构的纽带联系。结构性联系要求企业为交易伙伴提供这样的服务：服务对交易伙伴有价值，但交易伙伴不能通过其他来源得到这种服务。这种关系的建立是企业自身的行为，而不是仅仅依靠企业销售或者服务人员交际的态度和技巧。这种服务的提供依赖于企业通过自身竞争优势建立起企业的核心竞争能力。

结构层次营销主要是企业建立起与交易伙伴之间的结构性纽带。它分为企业与顾客（或客户）的结构性纽带和企业与企业的结构性纽带。

企业与顾客（或客户）的结构性纽带是企业通过向顾客或客户提供独特的服务来建立起双方结构性的关系。如美国美林公司为了方便消费者的股票和债券交易，创建了一套先进的管理会计系统。这一自动平衡系统，通过在资金市场上卖出股票和债券，获得现金，让消费者的基金持续地赚取利息，同时也减少了消费者在交易上所消耗的时间，大部分消费者喜欢这一简单、灵活的账户。而与美林公司相比，竞争者要提供类似服务的技术系统需要很多年，于是美林公司就通过这一系统与消费者结成了稳定结构纽带联系。

企业与企业的结构性纽带是指两个企业结成紧密合作的伙伴关系，在开发、研究、供应、人员等方面互相协作，以促进双方的共同发展。德国工业巨子西门子每年销售额高达 500 亿美元，在世界各地的供应商总数超过 120000，其中有 20000 个被认为是“第一选择供应商”，西门子与其建立了结构纽带关系。这种关系的确立基于两个原则，供应商的竞争优势（主要根据产品和技术的复杂度以及寻找替代供应商的难度）和供应商对公司利润的影响。目的是促进共同发展。通过互派工作人员，对双方企业的工作流程和信息系统进行相应的改进和适应调整，西门子与“第一选择供应商”建立了密切的、长期战略合作伙伴关系，双方也取得了共同的发展和进步。

总的说来，财务层次营销是一种低层次的营销，容易被竞争对手所模仿，很难将企业与竞争者区别开来。一旦营销方式被仿效，所产生顾客忠诚的作用将会消失。因此财务层次营销可以购买顾客忠诚感，但无法真正创造忠诚顾客。当竞争者做出反应后，频繁市场营销计划反而会变为公司的负担。当竞争对手采用类似的措施后，企业必须要在经营方式上发生根本性变化，在一级关系营销的基础上，同顾客建立二级关系营销和三级关系营销的联系，才会增加顾客转移成本，使顾客忠诚于企业。

## 三、生产理论的发展

### 1. ERP 系统

（1）ERP 的主要理念

企业资源计划（ERP）是由美国著名的计算机技术咨询和评估集团 GarterGroupInc. 最早提出的一种管理理念，也是一整套企业管理系统体系标准。ERP 是一种主要面向制造行业进行物质资源、资金资源和信息资源集成一体化管理的企业管理软件系统，是指建立在信息技术基础上，以系统化的管理思想为企业决策层及员工提供决策运行手段的管理平台。ERP 的核心管理思想就是实现对整个供应链的有效管理，主要体现在以下 3 个方面：

1）体现对整个供应链资源进行管理的思想。在知识经济时代，仅靠自己企业的资源不可能有效地参与市场竞争，还必须把经营过程中的有关各方如供应商、制造工厂、分销网络、客户等纳入一个紧密的供应链中，才能有效地安排企业的产、供、销活动，满足企业利用全社会一切市场资源快速高效地进行生产经营的需求，以期进一步提高效率和在市场上获得竞争优势。

换句话说，现代企业竞争不是单一企业与单一企业间的竞争，而是一个企业供应链与另一个企业供应链之间的竞争。ERP 系统实现了对整个企业供应链的管理，适应了企业在知识经济时代市场竞争的需要。

2）体现精益生产、同步工程和敏捷制造的思想。“精益生产（leanproduction，LP）”的思想是由美国麻省理工学院（MIT）提出的一种企业经营战略体系。即企业按大批量生产方式组织生产时，把客户、销售代理商、供应商、协作单位纳入生产体系，企业同其销售代理、客户和供应商的关系，已不再是简单的业务往来关系，而是利益共享的合作伙伴关系，这种合作伙伴关系组成了一个企业的供应链，这便是精益生产的核心思想。

“敏捷制造（agile manufacturing）”的思想：当市场发生变化，企业遇有特定的市场和产品需求时，企业的基本合作伙伴不一定能满足新产品开发、生产的要求，这时，企业会组织一个由特定的供应商和销售渠道组成的短期或一次性供应链，形成“虚拟工厂”，把供应和协作单位看成是企业的一个组成部分，运用“同步工程（SE）”组织生产，用最短的时间将新产品打入市场，时刻保持产品的高质量、多样化和灵活性，这便是“敏捷制造”的核心思想。

3）体现事先计划与事中控制的思想。ERP 系统中的计划体系主要包括：主生产计划、物料需求计划、能力计划、采购计划、销售执行计划、利润计划、财务预算和人力资源计划等，而且这些计划功能与价值控制功能已完全集成到整个供应链系统中。

另一方面，ERP 系统通过定义与事务处理相关的会计核算科目与核算方式，以便在事务处理发生的同时自动生成会计核算目录，保证了资金流与物流的同步记录和数据的一致性。

**2. ERP 的特点**

ERP 的特点，见表 1-10。

**表 1-10　ERP 的特点**

| 特点 | 具体内容 |
|---|---|
| 数据的统一和共享性 | ERP 的所有数据来自企业的中央数据库，各个子系统在统一的数据环境下工作。任何一种数据变动都能适时地反映给所有部门，做到数据共享。在统一的数据库支持下，规范化的处理程序进行管理和决策的各项活动 |

续表

| 特点 | 具体内容 |
| --- | --- |
| 计划的一贯性和可行性 | ERP是一种计划主导型管理模式，计划由粗到细逐层细化，并始终保持与经营目标的一致。“一个计划”是ERP的原则，它将多级管理统一起来，计划编制工作集中在厂级管理部门，车间班组只能执行计划、调度和反馈信息。它可提供丰富的管理工具，如可储存长期产品结构的物料清单模块、验证计划可行性的能力需求计划等，因此，计划下达前可反复验证和平衡生产能力，并根据反馈信息及时调整、处理好供需矛盾，确保计划的一贯性、有效性和可执行性 |
| 高度的模拟预测性 | ERP具有模拟功能，能根据不同的决策方针，模拟出各种将会发生的结果，因此它也是企业上层管理人员的决策工具。管理人员可更精确地编制未来的生产和供应计划、人力需求和资源计划，并提前对数种计划进行测试与评价。例如，根据生产计划要生产的项目、库存状态和物料清单等，模拟未来库存和缺件状况，并编制计划订单按生产提前期提前下达，以确保高效率的生产 |
| 物流、资金流的统一 | ERP包含了成本会计和财物功能，把实物形态的物料流动直接转换成价值形态的资金流动，保证生产和财务数字一致。财物部门可及时得到资金信息，用于妥善控制成本；管理部门通过资金流动反映物流和经营情况，可随时分析企业的经营效益，用于指导经营和控制活动 |
| 灵活的决策应变性 | ERP是一个从整体角度出发的信息系统，将企业内各个子系统结合，形成一个面向整个企业的一体化系统。它要求跟踪、控制和反馈信息万变的实际情况，管理人员随时根据内外环境的变化迅速做出反应，及时调整决策，保证生产计划正常进行。由于它可及时掌握各种动态信息，保持较短的生产周期，因而有较强的应变能力 |

以上这些特点表明：ERP是一个完整的经营生产管理系统，是实现制造业整体效益的有效管理模式。

2. LAF

（1）LAF生产系统的基本特征

1）以精简、灵捷和柔性为竞争战略，以迅速响应市场需求变化为基本目标。

2）致力于组织变革、人员培训和技术创新及三者间的有效集成。不一味追求制造技术的先进性，从实际出发，综合权衡先进性、可达性和经济性，选择“先进实用”的制造技术，而致力于它与组织和人员的有效集成，以总体效果的优越来弥补不能采用最先进制造技术的缺憾。精简、灵捷和柔性源于组织、人员和技术三大基本资源的快速有效集成。

3）组织动态变化保证资源的快速有效集成，它分为三个层次，一是LAF环境下独立企业内工作团队的组建；二是根据市场机遇，独立企业的组织创新；三是根据市场机遇，由若干独立企业组建LAF企业。

4）“虚拟公司”是LAF企业的理想组织形式，此外尚有伙伴关系、制造团队和战略联盟等形式。重要的是应根据具体情况，按资源有效集成的原则，选择或创立适用的形式。

5）人是LAF生产系统中最宝贵的资源。信任、合作、交流、协调、激励和培训成为管理的基调，而管理对人的指挥和控制功能将逐步削弱。

（2）LAF生产系统与传统生产方式的分析比较

LAF生产系统作为一种制造生产的新的制度安排，与传统的制造生产方式（其中最受推崇的是大量生产方式）有着质的差异。从经济学的角度看，它们主要表现为：

1）新型的网络组织结构。大量生产方式对应于层级组织结构，LAF生产系统则要由网络组织结构来支持。机器加工、技术复杂、雇员众多但大多数素质很低是早期大量生产方式的基本标志。制造生产过程是一个复杂的有机整体，大量生产的制造企业的惟一选择是运用周密的计划和协调，强有力的指挥和控制以及严格的监督和奖惩来实现两者的统一。大量生产方式导致了企业层级组织的诞生，而企业层级组织的强化又推动了大量生产方式完善。LAF生产系统面对的情况却是：市场环境复杂多变、企业员工的技能和知识水平大大提高且不断追求其人格的全面发展、计算机等科技手段的应用延伸了决策者及管理者的体能并加强了他们的决策能力。因此，以能实现迅速应变和有利于人员全面发展的网络组织结构替代层级组织结构就成为一种必然。

2）致力于提高交易活动的效率，重点在缩短交易时间。交易活动的效率体现在两个方面：交易单位费用和交易时间。以往对企业和市场的讨论往往针对前者，对LAF生产系统而言，必须两者兼得。这是因为：LAF生产系统所要获得的战略优势——灵捷、精简和柔性依赖于交易单位费用的降低和交易时间的缩短。从某种意义上说，后者比前者还要重要一些。LAF生产系统借助于组织的不断创新和人员潜能的充分发挥来提高交易活动的效率，具体措施有：通过生产要素的集成化减少交易次数；网络组织结构加速信息流通；准时制作业杜绝各种形式的浪费；培育员工的合作、诚实和主动精神等。

3）企业交易方式和市场交易方式交替并用。LAF生产系统中含有若干独立企业，当某个市场机遇来临时，由它们或其部分组建成一个临时性网络（LAF企业），在这个网络中的各个成员都发挥自己的核心能力，共享技术，分担费用，合作生产出市场所需要的高质量产品。这样势必出现各个成员之间的交易活动，他们一般会采取三种形式：建立在充分信任和合作基础上的交易（新型的企业交易方式）、行政方式（传统的企业交易方式）和利用价格机制（市场交易方式），更多的情况是交易兼有企业形式和市场形式的特点。这种 LAF 企业内部交易形式的构成将随 LAF 生产系统发展状态的提高而得到改变，即市场交易方式将逐步退出。

4）分工、专业化和集成化（一体化）交互作用、共同发展。生产分工和专业化与作为生产活动的最基本单位的操作（或职能）相联系。在 LAF 生产系统中由于先进制造技术及其装备的复杂性和集成性，使它的基本操作的内容含量增加，但操作种类数减少。既然操作数减少了，那么就意味着分工和专业化程度在一个较高层次上的提高。在 LAF 生产系统中，个人成为“多面手”，但由于基本操作的内涵的扩大（注意这是集成化的结果），每人所能担负的基本操作的种类并未增加，所以个人专业化程度并未降低。LAF 生产系统中的独立企业集中精力发展自己的核心能力，所以企业专业化程度也得以提高。

集成化是将部分综合为整体并产生比部分功能之和更大效能的过程。在这里它既指与分工和专业化相背的纵向一体化的趋向，也指在不同层次上（作业组织层、企业层和 LAF 生产企业）将不同生产要素有机结合起来的行为。综上所述，在 LAF 生产系统中，分工、专业化和集成化的交织作用体现在 4 个层次上：个人是“多面手”，但所从事的基本操作种类并不多（个人之间的分工与专业化不是像大量生产中那样衔接，而是有较大的重叠）；工作团队具有自己的核心能力（专业化），且兼有多种资源（集成化）；独立企业也是有其独特的核心能力的资源集成实体；LAF 企业根据市场机遇，对独立企业（或其中的工作团队）进行有效集成，而从社会经济范围看，它的生产活动亦是（社会）分工和专业化的。

# 第二章　企业经营管理研究

## 第一节　企业经营战略管理

### 一、企业战略环境分析

#### 1. 企业外部环境分析

（1）宏观环境分析

企业的宏观环境分析我们已经在项目一中详细介绍过了，主要包括对企业所处的人口环境、经济环境、技术环境、政治环境、法律环境和社会文化环境等进行分析，在此我们就不赘述了。

（2）行业环境分析

1）行业周期分析

企业都是处于一个具体的行业环境中，每个行业都有自己的生命周期，都有自己产生、发展和衰退的过程。行业的生命周期一般分为四个阶段（见表 2–1）：

**表 2–1　行业的生命周期**

| 阶段 | 具体内容 |
| --- | --- |
| 形成期 | 形成期是指某一个行业刚刚出现在市场上，公众对其技术和产品还处于非常陌生的阶段。这时的行业被称为“朝阳行业”。在此阶段，有较多的小企业出现，颇具规模的大企业很少，企业之间的争夺顾客的压力比较小。因为此时，消费者对该行业和产品都不熟悉，普遍对产品的接受度比较低，各企业更看重的是以后的发展，都热衷于开发新产品和提高生产技术，积极为下一个阶段竞争作准备。此时整个行业呈现的特征是：产品尚未成型、消费者知晓和认可度低、竞争较少、生产能力过剩、利润少、风险大，行业发展略显失衡 |
| 成长期 | 行业进入成长期，表现在产品已经比较完善，消费者对产品的认知度提高，市场迅速扩大，企业的销售额和利润迅速增长，企业对风险的抵抗力增强。由于利润的增长，不少新企业加入进来，行业规模开始扩大，竞争日益激烈 |

续表

| 阶段 | 具体内容 |
| --- | --- |
| 成熟期 | 在这一阶段，产品为绝大多数消费者所熟知，重复购买成为重要特征，市场需求趋向饱和，潜在顾客几乎被挖掘殆尽。销售额增长速度变缓甚至转而下降，产品设计缺乏变化，生产能力开始过剩，利润不再增长，甚至开始回落。行业内部竞争异常激烈，合并、兼并大量出现，许多小企业开始退出，行业开始由分散走向集中，往往只能留下少量大企业 |
| 衰退期 | 消费者对产品已经没有兴趣，随着科学技术的发展，市场上出现新产品和性价比更好的替代产品，这时行业进入衰退期。此时销售额明显下降，生产能力严重过剩，竞争激烈程度由于某些企业的退出而趋缓，行业规模缩小，利润大幅度下降。这一行业被人们称为“夕阳行业”。当行业进入这一阶段，有可能还会持续一段时间，也有可能因为没有创新留不住消费者而迅速消失 |

2）行业竞争结构分析

①供应商的议价能力

供应商可以通过提价或者降低产品和服务的质量来影响企业。当供应商具有以下特征时，将处于强有力的议价地位：当供应者处于卖方市场，买家很多，而行业中的企业只购买供应商产品的一小部分，对供应商的影响比较小；供应者的行业是垄断行业，只由一'家或少数儿家企业控制，但是买主很多；供应商提供的产品或者服务没有替代品；供应商具有较强的深加工的能力甚至会与买方企业形成竞争。此时，供应商就会拥有强有力的议价能力，这就是我们俗称的“店大欺客”。

②购买者的议价能力

购买者往往通过压价、要求提高产品或服务的质量来使企业与竞争者相互倾轧，从而来影响行业中现有企业的盈利能力。当购买者具有以下特征时，将处于有利的议价地位：当市场处于买方市场，而同时与企业提供相同或相似产品和服务的卖方竞争企业很多；购买者需要购买的产品或服务的数量很多，占了卖方销售量很大的比例；购买者具有自己生产该产品的能力；购买者转向企业的竞争者的成本很低。这时，购买者就有强有力的议价能力，俗称“客大欺店”。

③潜在进入者的威胁

当一个行业拥有较高的利润水平和较低的进入障碍时，就容易出现潜在进入者，对现有企业构成威胁。潜在进入者在给行业带来新生产能力、新资源的同时，将希望在已被现有企业瓜分完毕的市场中赢得一席之地，这就有可能会与现有企业发生原材料与市场份额的竞争，最终导致行业中现有企业盈利水平降低，严重的话还有可能危及现有企业的生存。

潜在进入者威胁的严重程度取决于两方面的因素，这就是进入新领域的障碍大小与预期现有企业对于进入者的反应情况。进入障碍主要包括规模经济、产品差异、资本需要、转换成本、销售渠道开拓、政府行为与政策、自然资源、地理环境等方面。预期现有企业对进人者的反应情况，主要是采取报复行动的可能性大小，则取决于现有企业的财力情况、报复记录、固定资产规模、行业增长速度等。总之，新企业进入一个行业的可能性大小，取决于进入者主观估计进入所能带来的潜在利益、所需花费的代价与所要承担的风险这三者的相对大小情况。

④替代品的威胁

企业向市场上提供的产品和服务都在不同程度上受到替代品的威胁。这种威胁有时是直接的，有时是间接的，替代品的威胁取决于企业替代品的多少和在功能上的相似程度。替代品的威胁对企业来讲主要表现在价格上。替代品越多，与企业产品或服务相似度越高，对企业产品的价格或服务的影响就越大。

⑤同业竞争者的威胁

大部分行业中的企业，相互之间的利益都是紧密联系在一起的，作为企业整体战略一部分的各企业竞争战略，其目标都在于使得自己的企业获得相对于竞争对手的优势。所以，在实施中就必然会产生冲突与对抗现象，这些冲突与对抗就构成了现有企业之间的竞争，这类竞争者称为同业竞争者。

行业中的每一个企业或多或少都必须应付以上五种力量构成的威胁。企业可以采取尽可能地将自身的经营与竞争力量隔绝开来，努力从自身利益需要出发影响行业竞争规则，先占领有利的市场地位再发起进攻性竞争行动等手段来对付这五种竞争力量，以增强自己的市场地位与竞争实力。

（2）企业内部条件分析

1）企业结构

企业结构是指企业的组织结构，它决定了企业内部的相互关系、信息沟通的形式和权力结构分配以及企业运行的工作流程。不同的企业适合不同的结构形式，结构形式主要包括直线制、直线职能制、事业部制、矩阵结构、委员会结构和虚拟结构等类型。企业结构应该适合企业战略，合适的企业结构可以促进企业战略的实施。反之，如果企业结构与战略不相适应，它将会成为企业战略实施过程中的绊脚石，不利于企业战略目标的实现。

2）企业文化

企业文化是企业在长期的发展中逐渐形成的，是企业成员共同接受的理想、信念、价值观和行为准则，外显于各种规章制度、行为准则，内隐于员工潜意识中。

企业文化对企业的战略形成及实施具有重要的作用，世界上经营成功的企业都具有其独特的企业文化，这种独特的文化是这些企业具有创造力和保持其领先地位的源泉。创造和保持一种支持战略的企业文化对于成功实施战略是非常重要的，优良的企业文化可以形成一种努力达到业绩目标、积极参与战略行动的工作氛围，有利于战略目标的顺利达成。

3）企业资源

企业资源包括企业的人力资源、财力资源、物质资源、技术资源、信息资源等多种因素，是企业战略要素的总和，是企业战略实力的综合体现。企业应该根据自身的资源来选择适合的战略类型。例如，企业资源丰富，就可以选择积极的发展型战略；反之，资源匮乏不足，则应该选择稳定型战略。

（3）企业战略环境分析方法

对企业战略环境进行分析最常用的方法是SWOT分析法。SWOT分析法就是将企业的各种主要内部优势（Strengths）、劣势（Weaknesses）以及外部环境中的机（Opportunities）、威胁（Threats）通过调查罗列出来，并按照一定的次序按矩阵形式排列起来，然后运用系统分析的思想，把各种因素相互匹配起来加以分析，从中得出一系列相应的结论。SWOT分析法的步骤依次是：分析环境因素、构造SWOT矩阵和进行战略选择。

1）分析环境因素

通过各种调查研究方法，分析出企业主要的优势、劣势、机会和威胁。

企业的优势是企业所擅长的，比竞争对手强的内部条件。例如企业的资金实力雄厚、规模大，产品种类比竞争对手多、知名度高、拥有一大批忠实的客户等。

企业的劣势是企业缺少的或者不擅长的，比竞争对手弱的内部条件。例如企业没有明确的战略方向，企业的产品质量不够好、售后服务水平较低等。

企业的机会是指对企业比较有利的外部环境。例如政府的支持、市场需求增长趋势强劲等。

企业的威胁是指对企业不利的外部环境因素。例如政局不稳、自然灾害发生、新竞争对手的增加、供应商和购买者的议价能力增强等。

2）构造SWOT矩阵

将调查得出的各种因素按照重要性和影响力大小等排序方式，构造出SWOT矩阵。在这个过程中，将那些对企业发展产生长远的、直接的、重要的、迫切的因素优先排列出来，而将那些短暂的、间接的、次要的影响因素排在后面。

3）进行战略选择

在完成环境因素分析和SWOT矩阵的构造后，便可以制订相应的行动计划。发挥优势、克服劣势、利用机会、化解威胁，利用系统分析法，将排列的各种环境因素互相匹配起来加以组合，得出一系列企业未来发展可以选择的对策，构成SWOT战略选择表，如表2-2所示。

**表2-2　SWOT战略选择**

| 外部条件<br>内部环境 | 优势（S） | 劣势（W） |
|---|---|---|
| 机会（O） | SO战略 | WO战略 |
| 威胁（W） | ST战略 | WT战略 |

结合企业的外部机会、威胁和内部优势、劣势，企业可以得出以下四种不同的战略（见表2-3）：

**表2-3　企业的战略类型**

| 战略名称 | 内容 |
|---|---|
| WO战略 | WO战略是企业劣势与机会的组合。此时企业虽然拥有外部机会，但是缺少有利的内部条件。在这种情况下，企业可以采取扭转型战略，有效地利用企业的外部机会，尽快改善企业内部的不利条件 |
| SO战略 | SO战略是企业优势与机会的组合，是利用企业内部的长处去抓住外部机会的战略。这时企业拥有强大的内部优势和众多的增长机会，可以采取增长型战略 |
| WT战略 | WT战略是企业威胁与劣势的组合，是一种最不利的情况。此时外部面临威胁，内部又存在缺陷，内外部都缺少有力的支持。在这种情况下，企业可以采取减少产品的紧缩战略，或是改变产品的放弃战略 |
| ST战略 | ST战略是企业威胁与优势的组合。此时企业的外部环境不太理想，面临诸多威胁，但是拥有不错的内部条件。在此情况下，企业应该考虑多元化战略，利用自身优势在其他产品或市场上寻找发展机会；或者在自身优势非常明显，实力异常强大的情况下，也可以考虑采用一体化战略，前向或后向并购，利用规模优势克服环境带来的不利影响 |

从战略制定的角度来看，一家企业的内部优势意义非凡，因为它们是企业战略的奠基石，是建立竞争优势的基础。如果一家企业没有明显的竞争优势来制定企业的战略，企业的管理人员必须采取积极的应对措施纠正企业的不足和劣势，增强其竞争优势，为战略制定创造良好的条件。

## 二、企业战略选择

### 1. 企业总体战略选择

（1）发展型战略

发展型也称扩张型战略，是以发展壮大企业为基本导向，致力于使企业在产销规模、资产和利润或新产品开发等方面获得增长的总体战略。发展型战略主要包括三种基本类型：密集型战略、一体化战略和多元化战略。

1）密集型战略

密集型战略也称加强型战略，指企业在原有的生产范围内，充分利用在产品和市场方面的潜力来求得发展的战略。该战略主要包括三种战略态势：市场渗透战略、产品开发战略和市场开发战略，如表 2–4 所示。

**表2–4　产品—市场矩阵**

| 市场产品 | 现有产品 | 新产品 |
|---|---|---|
| 现有市场 | 市场渗透 | 产品开发 |
| 新市场 | 市场开发 | 多元化 |

①市场渗透战略是指利用现有产品在现有市场中销售，它的主要目标是通过各种方法来提高现有市场中的消费者对现有产品的使用频率或者在现有市场上吸引和争取更多顾客。市场渗透主要包括两方面的内容：扩大产品使用人的数量和扩大产品使用人的频率。扩大产品使用人的数量往往是通过刺激现有顾客更多地购买本企业的现有产品，或者把竞争对手的顾客吸引过来以及激发潜在顾客的购买动机等方式来提高现有产品的市场占有率。扩大产品使用人的频率主要是通过劝说消费者增加使用次数和增加每次的使用量或者让消费者相信产品具有其他新功能而促使他们更多地购买本企业的这种产品。

②市场开发战略是利用现有产品在新市场中销售的策略。其主要方式是扩大产品的销售区域，甚至是进入国际市场。

③产品开发战略是在现有市场中销售新产品，以满足不同消费者需求的策略。实施这种策略的重点是改进产品设计，同时也要开展以产品特色为主要内容的销售宣传活动。

2）一体化战略

①纵向一体化战略

纵向一体化战略是指企业根据物质流动的方向，利用自身的产品、技术、市场等方面的优势，整合其他企业的资源，不断向深度发展的战略。纵向一体化战略可以分为：前向一体化战略和后向一体化战略。此处的“前”和“后”指的是相对市场距离而言。

前向一体化战略是企业通过一定的形式对下游的产品加工或者销售单位取得控制权或拥有所有权，从而达到拥有和控制其分销系统，实行产销一体化目的的战略。

后向一体化战略是企业依靠自身优势，对上游原材料或零部件供应商取得控制或拥有权。最终表现为自己生产原材料或零部件或者通过兼并供应商成为自己的一分子，达到扩大经营范围的目的的战略。

②横向一体化战略

横向一体化战略又称水平一体化战略，是企业利用自身优势对竞争对手进行收购、兼并和重组，形成统一的经济组织，从而达到降低交易成本、提高经济效益的战略。

③混合一体化战略

混合一体化战略是纵向一体化和横向一体化的综合使用，是指处于不同行业、不同市场且相互之间没有特别的生产技术联系的企业之间的联合。

3）多元化战略

①相关多元化战略

相关多元化战略又称关联多元化战略或同心多元化战略，是指企业进入与现有产品和服

务在技术或市场等方面有关联性的经营领域，进而实施企业规模扩张的战略。

企业实现相关多元化的方法是多样的，包括企业转入密切相关产品的经营；建立在企业现有技术基础上相关多元化经营；寻找提高工厂设备使用率的途径实现多元化经营；建立在企业已有商标牌号和信誉基础上的多元化经营等。

②非相关多元化战略

非相关多元化战略又称无关多元化战略或集团多元化战略，是指企业进入与现有产品和服务在技术、市场等方面没有任何关联的新行业或新领域的战略。

（2）稳定型战略

稳定型战略又称维持型战略，是企业在经营方向上没有重大改变，在业务领域、市场地位和产销规模等方面基本保持现有状况，以安全经营为宗旨的战略。稳定型战略有利于降低企业实施新战略的经营风险，减少资源重新配置的成本，为企业创造一个加强内部管理和调整生产经营秩序的休整期，并有助于防止企业发展过快。

根据战略目的和资源配置方式的不同，稳定型战略可以进一步细分为无变化战

略、维持利润战略、暂停战略和谨慎实施战略（见表 2–5）。

**表2–5　稳定型战略的分类**

| 类型 | 内容 |
| --- | --- |
| 维持利润战略 | 维持利润战略是指为了维持企业现有的利润水平而牺牲企业未来成长的战略。这是一种注重短期效果而忽略长期利益的战略，主要目的是为了渡过暂时性的难关，一般在企业面临不利的外部环境时使用。该战略主要采取减少投资、压缩可控费用（例如研发费用、广告费用等）等方式来维持利润。这种战略只适合企业在面对困境时暂时使用，不可长期使用，否则会影响企业长远的发展 |
| 无变化战略 | 无变化战略是指不实行任何新举动的战略，这种战略适合于外部环境没有重大变化且本身过去经营非常成功，一直以来具有合理盈利和稳定市场地位的企业 |
| 谨慎实施战略 | 如果企业外部环境中的某一重要因素变化趋势既不明显，又难以预测，则需要放缓相应的战略方案的实施进度，根据情况的变化实施或调整战略规划和步骤 |
| 暂停战略 | 当企业在一段较长时间的快速发展后，有可能会遇到效率下降，此时可采取暂停战略。暂停战略即休养生息，是指企业在一定时期内降低企业目标和发展速度，重新调整企业内部各要素，实现资源的优化配置的战略方式 |

（3）收缩型战略

收缩型战略也称撤退型战略，是指企业因经营状况恶化而采取的缩小生产规模或取消某些业务的战略。按照实现收缩的目标，可以将收缩型战略分为三种类型：扭转战略、剥离战略和清算战略。

1）扭转战略

扭转战略是企业采取缩小产销规模、削减成本费用、重组等方式来扭转销售和盈利下降趋势的战略。扭转战略对企业整合资源、改进内部工作效率，加强独特竞争力有重要意义。

2）剥离战略

剥离战略是指企业停止或出售一个或几个经营部分的战略行为。这个部分可以是一个经营单位、一条生产线或者一个事业部。实施剥离战略的目的是使企业摆脱那些缺乏竞争优势、

失去吸引力、不盈利、占有资金过多或与企业其他活动不相应的业务，以此来优化资源配置，使企业集中精力致力于优势领域。

3）清算战略

清算战略是指企业将全部资产出售，停止企业经营的战略。清算战略对任何企业而言都不是一个首选的战略，往往是在其他战略失败的情况下才使用。尽管所有

的管理者都不愿意使用清算，但是在企业毫无希望，继续经营会导致更大损失的情况下，及时清算是一种相对比较好的战略选择。

成长型战略、稳定型战略和收缩型战略作为企业的总体战略，它们不仅可以单独使用，也可以组合使用。因为对很多大企业来说，他们一般拥有多个业务单位。这些业务单位面临的外部环境和所需要的内部条件都不完全相同，完全可以因地制宜、因时制宜地采用不同的总体战略。

**2. 企业业务战略选择**

（1）成本领先战略

成本领先战略又称低成本战略，即企业的全部成本低于竞争对手的成本，甚至是同行业中最低的成本。成本领先战略的核心是企业加强内部成本控制，将成本降到同行业中最低，从而获得竞争优势。

1）成本领先战略的适用范围

成本领先战略适用于市场占有率较高、成本和费用控制较好、达到规模经济的企业。

2）实施成本领先战略的途径

成本领先战略是使用得最为普遍的战略，许多企业在获取竞争优势上都力图从成本入手，在成本领先方面积累了不少经验，主要有以下获取途径（见表2–6）：

**表2–6　实施成本领先战略的途径**

| 途径 | 具体内容 |
|---|---|
| 技术优势 | 技术优势来自对传统技术的更新和新技术的研发。一旦企业获得技术优势，生产效率提高，生产成本将得以降低 |
| 企业资源整合 | 企业可以通过资源整合，来提高资源的共享性，减少资源浪费从而获得协同效应。但是需要注意的是，成本领先战略必须建立在保障产品或服务质量的前提下，否则成本降低所带来的产品或服务质量的下降最终会导致消费者强烈不满而致使企业名誉受损，得不偿失 |
| 规模效应 | 在合理的规模经济适用范围内，企业通过扩大活动规模使固定成本能在更多的产品上进行分摊，使单位平均成本降低 |
| 与价值链的联系 | 每个企业的业务都是某一产业价值链条上的一个环节，通过加强与价值链上各成员之间的联系，找到共同的利益解决方案，才能提高自己的业务活动效益 |

（2）差异化战略

1）差异化战略的适用范围

差异化战略不是每个企业都适用的，只有满足下列条件的企业，使用差异化战略才能促进企业发展。

①企业具有很强的研发能力且研发人员数量众多，对市场把握准确且能及时了解客户需求。

②企业在产品或服务上具有领先的声望，具有较高的知名度和美誉度。

③企业具备较强的市场营销能力，灵活使用并创新营销手段。

2）实现差异化战略的途径

实现差异化战略主要依靠下列途径：

①通过产品质量的不同实现差异化战略

即企业向市场提供竞争对手无法比拟的高质量产品以吸引目标顾客。由于产品质量上乘，能产生较高的市场价值，进而可以获得较高的市场利润。

②通过产品创新实现产品差异化战略

企业的研发部门根据消费者的需求研发新的产品，使新产品具有竞争产品没有而消费者又特别喜欢的功能，获得竞争优势。

③通过服务不同实现产品差异化战略

服务差异化是市场竞争的重要战略。以质取胜，以服务取胜，是世界优秀企业的一贯战略。企业在实施差异化战略时应该注意：企业在产品、服务上创造的差异化必须是有一定数量的消费者关注和感兴趣的，差异化是以顾客需求为前提条件，不能盲目追求差异；企业实施差异化是需要投入大量成本的，在实施差异化时应该考虑成本和收益之间的关系。

（3）集中化战略

集中化战略又称专一化战略，是指企业把经营活动集中于某一特定的购买群、产品线的某一部分或者是某一地区市场上的战略。与成本领先战略和差异化战略不同的是，企业不是围绕整个产业，而是面向某一特定的目标市场展开生产经营与服务活动，以期待比竞争对手更有效地为特定的目标顾客服务。

1）集中化战略适用的范围

①企业资源和能力有限，不足以追求广泛的市场目标。

②在行业中有特殊需要的顾客存在，或在某一地区有特殊需要的顾客存在；目标市场的竞争对手还没有采取同一目标。

2）实现集中战略的途径

①通过选择产品系列实现集中战略

对于产品开发和工艺装备成本偏高的行业而言，选择所有的产品线是不可能的，企业只能选择一个或几个比较擅长的产品系列作为经营重点，为企业的持续发展奠定基础。

②通过细分市场选择重点地区或消费者实现集中战略

不同地区或特征的消费者在文化习俗、购买习惯等方面的差异使得同一产品不能满足所有消费者的需求，但是企业的资金实力限制企业没有精力去满足所有消费者的差异化需求。因此，企业可以通过选择重点地区或重点消费者的方法来实现重点经营，也能获得竞争优势。

由此不难看出，集中战略一般是中小企业采用。因为中小企业的资金实力比较有限，要以所有的消费者为目标顾客不太现实，反倒是以某一个或几个目标群体为顾客，可以集中优势力量开展经营活动，更好地满足目标顾客的需求。

## 第二节　企业营销管理

### 一、开展企业市场调查

#### 1. 确定市场调查对象、内容

（1）选择市场调查的对象

市场调查的对象一般为消费者、零售商和批发商。零售商和批发商为经销调查产品的商家，消费者一般为使用该产品的消费群体。在以消费者为调查对象时，要注意到有时某一产品的购买者和使用者不一致，如对婴儿食品的调查，其调查对象应为孩子的母亲。此外，还应注意到一些产品的消费对象主要针对某一特定消费群体或侧重于某一消费群体，这时调查对象应注意选择产品的主要消费群体，如对于化妆品，调查对象主要选择女性；对于酒类产品，其调查对象主要为男性。在选择市场调查对象时，还需注意调查对象要有代表性，选择数量要足够多，样本要足够大。

（2）确定市场调查内容

市场营销调查涉及营销活动的方方面面，主要包括以下内容（见表 2–7）：

**表 2–7　市场调查的内容**

| 项目 | 内容 |
|---|---|
| 营销环境调查 | 营销环境是企业开展营销活动的基础，企业的营销环境调查主要包括对宏观环境、微观环境的调查。对宏观环境的调查主要包括政治、经济、技术、法律、自然条件、社会文化环境等的调查；微观环境调查是对企业内部营销渠道、社会公众等的调查 |

续表

| 项目 | 内容 |
| --- | --- |
| 顾客调查 | 顾客调查主要是掌握顾客的购买动机、购买欲望和购买能力，以分析本企业产品的现实购买者和潜在购买者。包括对购买心理、购买行为的特征进行调查分析，研究社会、经济、文化等因素对购买决策的影响。而且还要了解潜在顾客的需求情况，影响需求的各因素变化的情况，消费者的品牌偏好及对本企业产品的满意度等 |
| 产品调查 | 产品调查包括对现有产品进行改良，对新产品进行设计、开发和试销，对目标顾客针对在产品款式、性能、质量、包装等方面的偏好趋势进行预测；在成本基础之上根据供求关系对产品价格进行调查分析，以确定未来价格调整的方向和预期的效果；对营销渠道的规模、构成、合作情况、成本费用等进行调查，为合理调整营销渠道提供依据；对产品促销情况进行调查研究，包括对广告、人员促销、营业推广等促销方式的比例、表现方式、成本费用和效果进行调查分析，找出对消费者影响最大、成本费用相对比较合理的促销方式作为下一步促销方案策划的依据 |
| 市场竞争情况调查 | 市场竞争情况调查包括对竞争者的企业战略、经营规模（设备先进程度、生产规模、劳动效率等）、技术设备（技术队伍、新产品研发、实验室建设等）、产品特点（包装、质量、价格水平等）、服务特色（售前、售中、售后服务等）、渠道建设（渠道规模、渠道层级、渠道管理等）促销水平（促销时点选择、促销方式运用、促销成本控制等）和应变能力（对市场反应速度、适应市场需求能力、危机公关水平等）等方面全面深刻了解和掌握竞争对手的动向，以便制定恰当的竞争战略和策略 |

**2. 选择市场调查方法**

（1）观察法

观察法是调查者在被调查者不察觉的情况下，对被调查者进行直接观察，借助一定的设备、物品记录被调查者行为、反应和感受的方法。观察法是用来收集原始资料的一种方法，要求避免被调查者看出来或感觉出来自己正在被调查，以便获得真实、可靠的资料和数据。观察法常被用于客流量调查、企业服务水平调查和消费者满意度调查等。

（2）访问法

访问法也是收集原始资料的基本手段，根据访问形式不同有四种类型：

1）人员访问法

人员访问法又被称为面谈调查法，需要调查者和被调查者之间进行面对面的沟通，它要求调查人员应该做到以下几点才能获得比较好的调查效果：

①熟悉调查的问题，明确问题的核心、重点和实质。

②事先设计好问卷或者调查提纲。

③掌握人际沟通的技巧和方法，给对方创造宽松自由的氛围，能够不受拘束地

接受调查。

人员调查的优点是可以灵活地和被调查者接触，能够直观地感受到被调查者的反应，调查结果真实度比较高；缺点是调查费用比较高，容易给双方造成压力，被调查者容易受到调查者

语气、态度的影响等。

2）电话访问法

电话访问法是调查者利用电话作为工具，按调查内容询问被调查者意见和建议的一种方法。此类调查要求组织者做到以下几点：

①设计电话调查问卷。注意其中受通话时间、纪律规定的约束。

②挑选和培训电话调查人员。

③选择样本方案、调查对象和访问时段。

这种方法的优点是：资料收集速度快，统一程度高；给被调查者施加的压力较小，对有些不便于面谈的问题在电话中可能会得到回答。缺点是：如果被调查者不能把握调查时机往往会遭受被调查人拒绝；且问题太多易引起被调查者反感，不能深入详细地进行讨论分析。

3）信函访问法

信函访问法是调查者将调查表邮寄给被调查者，要求被调查者在填好后在一定期限内寄回给调查者的一种调查方法。这种方法的优点是：调查范围比较广泛；被调查者可以不受调查者的影响，在一定程度上可以保证填写的客观真实性；被调查者有充分的时间仔细思考作答，

可以填写得比较全面翔实。缺点是：回收率低；时间周期较长；如果填表者不是目标被调查者，回答问题会比较肤浅。

4）网络访问法

利用互联网展开市场调查是当今流行的商业调查形式，其主要方式有网络自动问卷、E-mail 问卷调查、在线小组讨论、在线点击调查、BBS 讨论版自动统计等。这种方法的优点是：调查成本低，调查速度快。缺点：是由于网络的匿名性使得调查者不了解被调查者的背景，导致调查结果真实程度低。

（3）实验法

实验法是从影响调查问题的若干因素中，选择一两个因素，将它们置于一定的条件下进行小规模实验，然后对实验结果作出分析，研究是否值得大规模推广的一种调查方法。实验法多用于将实验的产品在选定的市场中进行试销，以测定各种营销手段的效果，它不见得像自然科学中的实验一样必须在实验室完成。实验法的优

点是：可以有效地防范因盲目生产和销售产品而带来的巨大风险，在一定程度上提高营销的安全系数。缺点是：实验时间长、费用高，选择的市场不一定具有代表性，可变因素难以控制和把握，测试结果不易比较。

3. **设计市场调查问卷**

（1）调查问卷设计的原则

调查问卷设计得完善与否直接影响到调查结果的质量。因此在设计调查问卷时应注意遵循以下原则（见表 2–8）：

**表 2–8 调查问卷设计的原则**

| 原则 | 具体内容 |
| --- | --- |
| 准确性原则 | 调查问卷中应该用词准确，避免含糊不清，似是而非，让被调查者产生误解和疑问。同时，尽量用通俗的易于理解的语言进行表述，少用晦涩的专业词语以免引起调查者的不解和不快 |
| 必要性原则 | 调查问卷必须紧紧围绕着调查目的展开，设计的问题应该精要、有针对性，不能长篇累牍，拖沓冗长 |
| 可行性原则 | 调查问卷的填写需要被调查者的配合，所以调查问卷设计的内容要符合被调查者的习惯和认知，使被调查者愿意回答和方便回答。这就要求调查者在提问时简洁清楚明了，注意使用礼貌用语，尽可能设计选择题，问题设计遵循由简到难的顺序 |
| 数量化原则 | 如果能够量化的问题，尽可能量化，以便于数据整理 |
| 客观性原则 | 调查问卷中的问题要客观，不能有引导性和倾向性的问题，不能有提示或暗示被调查者的意图，以保证资料收集的客观真实 |

（2）调查问卷设计的步骤

问卷设计没有统一、固定的格式和程序，一般说来有以下几个步骤：

1）根据调查目的，拟定调查内容提纲，列出调查所需资料范畴，并征求专家和实际业务人员的意见。

2）根据专家和业务人员的意见编写问卷。在问卷编写时，注意结合调查问卷设计的原则，将问题和答案按照顺序依次列入调查问卷表中。

3）测试并修改完善问卷。将初步设计出来的调查问卷，在小范围内作初步测试，根据测试结果对调查问卷作必要的修改，使问卷设计渐趋完善。

4. 撰写市场调查报告

将市场调查问卷进行分析整理得出结果就可以撰写市场调查报告了 Q 撰写市场调查报告是市场调查的最后一步，是调查成果的反映。一份条理清楚、目简意赅的市场调查报告会为企业决策者提供有力的依据，因此在撰写调查报告时一定要把握以下原则：内容客观真实；重点突出而简要；文字简练；应利用易于理解的图、表说明问题；计算分析步骤清晰，结论明确。

调查报告没有固定统一的结构，它会随着调查项目的不同、调查公司和报告撰写者的不同而呈现出各种风格。但是不管如何变化，调查报告一般是由题目、目录、摘要、正文、结论和建议、附件等几个部分组成的（见表 2–9）。

**表2–9　调查报告的组成**

| 组成项目 | 内容 |
| --- | --- |
| 题目 | 题目包括市场调查标题、报告日期、委托方、调查方等。一般应打印在扉页上。有的调查报告还采用正、副标题形式，一般正标题表达调查的主题，副标题则具体表明调查的单位和问题。标题要简单明了，题文相符，高度概括，具有较强的吸引力 |
| 目录 | 提交调查报告时，如果涉及的内容及页数很多，应当用目录或索引形式标记出来，以便于使读者对报告的整体框架有一个具体的了解。目录包括各章节的标题，题目、大标题、小标题、附件及各部分对应的页码等。一般来说，目录的篇幅不宜超过一页 |
| 摘要 | 摘要是市场调查报告的内容提要，是整个报告的概括，围绕着调查目的、调查对象、调查内容和调查方法等进行简要陈述。摘要不仅为报告的其余部分规定了切实的方向，同时也使得管理者在评审调查结果和建议时有一个大致的参考框架 |
| 正文 | 正文是市场调查报告的主体部分，包括调查主题的提出、调查内容的确定、调查问卷的设计、调查方法的选取、调查结果的分析等内容，详细地向报告阅读者呈现调查研究的全过程，使他们能够了解所有调查结果和必要的市场信息 |
| 结论和建议 | 结论和建议是撰写调查报告的主要目的，是报告阅读者最终关心的问题。这部分包括对整个报告内容的总结、在全面分析的基础之上形成报告结论、提出解决问题的方法和建议以及对未来的展望等。结论和建议应该简明扼要，给阅读者启发和联想 |
| 附件 | 附件是指调研报告中正文包含不了或没有提及，但与正文密切相关且必须附加说明的部分，它是正文报告的补充或更详尽的说明。附件一般包括以下内容：数据汇总表、统计图表、原始资料背景材料、调查问卷和必要的技术报告等 |

## 二、着手企业目标市场选择

### 1. 市场细分

（1）市场细分的依据

1）地理细分

地理细分是企业按照市场所处的不同地理位置及其他地理特征（包括城市农村、地形气候、交通运输等）来细分消费者市场。地理细分的具体因素有地理区域、自然气候、资源分布、人口密度、城市大小等。地理细分的依据是处在不同地理位置的消费者对企业产品和服务有不同的需求和偏好，对企业的市场营销策略有不同的反应。企业应该尽可能选择那些自然灾害较少发生、资源丰富、人口密度较大的区域作为市场，以减少企业经营的风险，获取更大的收益。

2）人口细分

人口细分是企业按照年龄、性别、家庭人数、家庭生命周期、收入、职业、受教育程度、宗教信仰、种族和国籍等人口变量对市场进行的细分。由于人口变量与市场规模相关且易于统计，所以是企业进行市场细分的主要依据。

3）心理细分

心理细分是企业按照社会阶层、个性、价值观、生活方式和心理动机等心理变量对市场进行的细分。心理变量与市场需求和促销有着极为密切的关系，尤其是在经济发展水平较高的社会中，对购买者的影响更为突出，因此企业要非常重视对市场的心理细分。

4）行为细分

行为细分是企业按照消费者或使用者购买某种产品的时机、所追求的利益、使用情况、消费者对品牌的忠诚度、待购阶段和对产品的态度等行为变量来细分消费者市场。

（2）市场细分的步骤

市场细分一般遵循以下步骤进行（见表 2–10）：

**表2–10　市场细分的步骤**

| 步骤 | 具体操作 |
|---|---|
| 进行市场调查 | 通过市场调查研究找出影响消费者购买决策的变量，再按照重要性将这些影响变量进行排序，找出最重要的几个变量 |
| 着手市场细分 | 以影响消费者购买决策的几个最重要的变量为依据，对消费者进行市场细分，确定出几个细分市场 |
| 分析细分市场 | 对划分出来的细分市场进行分析，根据需求及购买特点进行进一步的细分或者合并 |
| 测量细分市场 | 根据企业所处的内外部环境对细分市场的潜力进行测量，为进一步选择进入哪个或哪些细分市场提供依据 |

### 2. 目标市场选择

（1）选择目标市场的条件

对于企业而言，不能随意选择一个或几个细分市场作为目标市场，必须对细分市场进行全方位的评估。如果某个细分市场满足下列条件，企业就可以将其选择为目标市场：

1）市场规模大，潜力足

规模大、潜力足指的是某一细分市场中消费者人数众多，需求未被满足且都具有相当的购买能力，企业进入市场后还有充分挖掘消费者需求和潜力的机会。

2）市场结构合理，吸引力大

市场结构是某一细分市场内经营者的数量与质量、市场进入与退出的限制、产品销售与供应等状况。一个细分市场如果竞争者数量较少且实力较弱、市场进入退出相对比较容易，产品供应旺盛，则符合结构合理、吸引力大的条件。

3）企业本身资源与目标能驾驭市场

如果企业在某个细分市场具有明显的资源优势，且该市场的特征符合企业战略目标的要求，企业有足够的实力去驾驭该市场，该市场可以考虑成为目标市场。

（2）制定目标市场营销策略

选择好目标市场以后，企业需要对所选择的目标市场制定市场营销策略。目标市场营销策略分为三类：无差异性营销策略、差异性营销策略和集中性营销策略。

1）无差异性营销策略

无差异性营销策略是指企业将整个市场作为目标市场，不考虑各个细分市场的特征，只重视各市场的共性，决定只推出单一产品、运用单一市场营销组合，试图在一定程度上满足所有市场消费者的需要。此策略认为消费者的需求应该相同，这种策略对绝大多数产品不适用，不适合企业长期使用。

2）差异性营销策略

差异性营销策略是企业选择多个细分市场作为目标市场，针对每一个细分市场设计不同的营销组合以适应各市场不同的需要。差异性市场营销策略最大限度考虑到每个细分市场消费者需求差异，对提高消费者满意度、扩大产品销售有重要意义。但是为每个细分市场设计不同的市场营销组合策略需要花费高额的成本，会给企业带来巨大的经济压力。此策略比较适合资金实力雄厚的大企业，对势单力薄的小企业不太适用。

3）集中性营销策略

集中性营销策略是指企业集中所有力量，以一个或少数几个性质相似的细分市场作为目标市场，实行专业化的生产和销售，试图在较小的细分市场上占有较大的市场份额。集中性营销策略有利于企业在特定的细分市场上通过专业化来获取竞争优势，但是这种策略因为目标市场范围窄，一旦市场情况突变，企业可能陷入困境而存在较大的风险。此策略适合资金实力较弱的小企业或是刚刚进入市场的新企业。

### 3. 市场定位

（1）市场定位的步骤

企业的市场定位工作一般分为三个步骤（见表 2-11）：

**表2-11　企业的市场定位步骤**

| 步骤 | 内容 |
| --- | --- |
| 调查研究影响定位的因素 | 影响定位的因素包括竞争者的定位状况、目标顾客对产品和服务的评价标准以及企业的竞争优势等，企业只有在了解顾客需求、竞争对手和自身优势的情况下，才能找准自己的定位 |
| 选择定位策略 | 企业在选择定位策略时，一定要明确自身优势所在，以能更好彰显特色，扬长避短。定位策略可以通过对产品定位、消费者定位和竞争定位来实现 |
| 传播定位观念 | 企业在做出定位决策后，还需要在宣传定位上做足工夫，才能把企业的定位准确地传播给目标消费群体。在宣传定位观念时，企业一定要注意避免宣传定位太低、宣传定位太高以及宣传定位不清等几种误区，给目标群体一个清晰、准确的定位印象 |

（2）市场定位方法

1）产品定位

企业在定位时会考虑根据产品的价格、质量、用途和特色等因素，从而形成不同的市场定位。

价格是产品给消费者的第一印象，因此很多酒店都会根据产品或服务价格来进行市场定位，例如如家酒店将自己定位为经济型酒店，希尔顿酒店将自身定位为豪华型酒店。利用产品使用的场合和用途不同来进行市场定位也是诸多企业定位时的一种选择，例如阿迪达斯定位于运动服饰，而利郎定位于商务服饰。

2）消费者定位

消费者定位是企业进行市场定位的常用方法。企业可以根据目标消费者在年龄、性别、收入、职业、受教育程度、个性、价值观、宗教信仰、种族等方面的差异，塑造出不同的形象。例如老年公寓定位于为老年人提供幸福、安乐的晚年生活；新东方教育集团最初定位于为大学生出国提供外语培训服务等，都是根据消费者进行定位。

3）竞争定位

竞争定位是企业根据竞争者的特色与市场位置，结合企业自身发展需要来进行市场定位的方法。

## 三、决定企业市场营销组合

### 1. 产品策略

产品是市场营销组合中的首要和关键因素，是市场营销研究的出发点。

（1）产品组合策略

产品组合策略是指企业生产全部产品的结构。企业可以根据自己的资金技术实力选择单一的产品、一个或几个品种的产品或者是所有品种的产品。

（2）产品品牌策略

企业在使用品牌时可供选择的品牌策略有多种：企业可以选择是否使用品牌；可以选择使用制造商品牌、中间商品牌或是混合使用制造商和中间商的品牌；可以选择利用成功品牌的声誉来推动新产品销售，将成功品牌延伸到新产品身上；可以选择所有产品用一个品牌，也可以选择每一个产品用不同的品牌等。但是需要注意的是，品牌延伸要注意与产品性质相符合，不能随意延伸；同时作为资金实力较弱的企业不适合多品牌策略，因为建立和推广品牌需要耗费大量的人力、物力、财力，如果把握不好会适得其反，影响企业收益。

（3）产品包装策略

包装作为现代产品营销的基础元素，已经越来越受得企业的重视。产品包装是指产品的容器或包装物及其设计装潢。企业可以通过选择各种包装材料、对产品外观及其容器进行设计，给顾客耳目一新的感觉，促进产品销售。由此可见，包装是提高产品附加价值最简单、最有效的一种途径。

（4）产品生命周期策略

产品的生命周期如同行业的生命周期一样，有引入期、成长期、成熟期和衰退期。产品在每个阶段的特征与对应的行业特征较为类似，因为在上个任务中详细叙述了，在此就不赘述了。需要注意的是，企业应针对不同生命周期，采取不同的营销策略。

### 2. 价格策略

价格是市场营销组合中最活跃、最关键的因素，是市场竞争的重要手段，也是唯一产生收入的因素。

（1）影响定价的因素

影响产品定价的因素很多，主要包括产品的市场供求状况、产品成本、产品价值、企业定价目标、竞争者行为以及政府的价格政策等。一般来讲，当产品供不应求、产品成本越高、产品价值越高、企业盈利目标越高、竞争者定价越高或政府对产品价格限制越宽松时，企业对产品的定价就越高，反之也成立。

**（2）定价方法**

企业产品定价方法主要有三种：成本导向定价法、需求导向定价法和竞争导向定价法。

1）成本导向定价法

成本导向定价法是一种很常用的定价方法，是一种以产品的成本作为企业定价的基础。因为产品要想获利，最起码的就是要收回投入在产品生产、流通和销售过程中的成本。

2）需求导向定价法

需求导向定价法是符合市场经济规律的一种灵活定价法，是以需求为中心的方法。当市场对产品的需求比较旺盛，企业可以制定高价；当市场对产品的需求不足，企业则需要调低价格来促进产品的销量。

3）竞争导向定价法

竞争导向定价法是一种以竞争对手的售价作为企业定价依据的一种方法。企业需要对比竞争对手的产品价格、质量、服务和声誉等来制定自己的价格。

（3）定价策略

定价的策略，见表2-12。

**表2-12　定价的策略**

| 策略 | 具体内容 |
|---|---|
| 新产品定价策略 | 新产品定价策略可以分为三种：①撇脂即高价策略，为了在短期内收回投资获得较大润；②渗透即低价策略，为了在上市初期让价格敏感型消费者接受产品，从而占领市场；③满意定价策略，介于撇脂定价与渗透定价策略之间，目的是让投资者和消费者均能满意 |
| 心理定价策略 | 心理定价策略是根据消费者心理活动特征而采取的定价策略。这种策略根据不同消费者的需求心理来制定价格，以诱导消费者产生购买行为。心理定价主要包括整数定价、尾数定价、声望定价、幸运数字定价、招徕定价和习惯定价等 |
| 差别定价策略 | 差别定价策略是按照两种或两种以上不反映成本费用比例的差异价格销售某种产品或服务，它主要有四种形式：顾客差别定价、产品形式差别定价、地理位置差别定价和销售时点差别定价 |
| 折扣定价策略 | 折扣定价策略是企业为了鼓励消费者大量购买的一种价格策略，折扣定价策略主要包括现金折扣、数量折扣、交易折扣和销售折扣等 |

**3. 渠道策略**

分销渠道是指某种产品和服务从制造商向消费者转移过程所经过的各个环节。

企业在选择分销渠道时，需要确定渠道的长度和宽度，以及确定具体的渠道成员。

（1）分销渠道的长度

按照流通环节的多少，可以将分销渠道划分为直接渠道和间接渠道。

1）直接渠道

直接渠道是指产品或劳务从制造商手上不经过任何中间环节就转移到消费者手中的分销渠道，直接渠道的营销模式又叫零级渠道。

2）间接渠道

间接渠道是指产品或劳务从制造商手上需要经过若干中间环节才能转移到消费者手中的分销渠道，是产销分离的一种形式。根据中间环节的数量，可以将间接渠道分为一级渠道、二级渠道和三级渠道。

（2）确定分销渠道的宽度

渠道的宽度是指在渠道的同一层级上使用同种类型中间商的数目。生产者选择较多的同类型中间商销售产品，则这种产品的分销渠道就叫做宽渠道；反之称为窄渠道。

根据渠道宽度可以将分销渠道分为独家分销、密集分销和选择分销。独家分销是一种窄渠道分销，指的是生产者对于同类型的中间商只选择一家。密集分销是一种宽渠道分销，指的是生产者尽可能多地选择同类型的中间商，以便于拓宽产品的销路。选择性分销的宽度介于独家分销和密集分销之间。

（3）选择分销渠道

1）选择渠道长度

生产企业应该根据产品、市场和自身资源因素来选择合适的渠道长度，因为渠道越长，控制和管理难度就越大。①产品因素：一般来讲，体积较大或结构复杂、单价较高、不容易保存的产品应该选择短渠道，反之则选择长渠道。②市场因素：商品市场销路窄、顾客集中、距离生产企业较近、顾客不需要经常购买的、市场季节性明显或需求集中的，适合采取短渠道，反之则选择长渠道。③自身资源因素：企业资金实力雄厚、销售能力强、完全有能力建立自己的销售系统的、有必要对最终用户提供较多直接服务的、不需要依靠中间商来扩大市场的，适合采取短渠道，反之则选择长渠道。

2）选择渠道宽度

如果生产企业想对中间商进行服务水平和服务售点的控制，那企业适合选择窄渠道。反之，如果企业想尽可能多地使用中间商销售商品或服务，那应该选择宽渠道。

3）选择渠道成员

渠道的长度和宽度确定下来后，最后就是选择具体的销售成员了。企业选择渠道成员主要根据中间商的销售能力、支付能力、经营管理能力和信誉来进行选择。所有的企业都希望选择销售能力强、支付及时、经营管理得当和信誉好的中间商进行合作。

**4. 促销策略**

（1）人员促销

人员促销是指通过促销人员深入中间商或消费者进行直接的宣传介绍活动，使中间商或消费者产生购买行为的促销方式。在商品经济高度发达的现代社会，人员促销这种古老的形式更焕发了青春，成为现代社会最重要的一种促销形式。人员促销的基本形式包括上门促销、柜台促销或者会议促销。人员促销的优点是销售的针对性强、信息传递通畅、易密切买方双方关系，通过销售人员的展示解答和指导，使消费者产生信任，容易促成交易。人员促销的缺点也比较突出，表现在费用支出较大，对推销人员的要求比较高，如果推销人员素质不合格，将直接影响消费者的购买乃至影响到品牌和企业在消费者心目中的印象。

（2）非人员促销

1）广告促销

广告促销是通过大众媒体与有选择的受众进行付费的、非人员的信息沟通。广告作为一种信息沟通方式，它是企业在促销策略中应用得最广泛的促销方式。

2）营业推广

营业推广是指企业通常运用各种短期诱因来刺激需求，鼓励消费者和中间商购买、经销或代销企业的产品和服务，使需求能立即增长的一种短期工具。营业推广可以针对最终消费者、中间商或是企业内部员工，但是以面向消费者和中间商为主。面向消费者的营业推广主要包括免费赠送样品、优惠券、促销包装、奖券、现场演示和联合推广等手段；面向中间商的营业推广主要包括批发回扣、推广津贴、销售竞赛、扶持零售商和派遣厂方信息员或代培销售人员等手段。

3）公共关系

公共关系是企业与消费者、供应商、股东、政府官员及社会大众进行沟通，企图塑造企业本身与其产品或品牌的良好形象。

# 第三节　企业人力资源管理

## 一、企业招聘与录用管理

### 1. 招聘与录用原则

企业进行招聘与录用是人力资源管理中最为基础的工作，是获取优秀人才的重要手段，有利于提高员工士气和企业声誉，为企业的发展不断注入新鲜血液，事关企业成败。因此，企业的招聘与录用对企业长远发展非常关键。在进行此项工作时，一定要注意本着信息公开、公正公平、效率优先、双向选择和择适录用五大原则（见表 2–13）。

**表2–13　招聘与录用原则**

| 原则 | 具体内容 |
|---|---|
| 信息公开 | 信息公开是指企业在招聘人才时必须将招聘的职位名称、数量、任职资格与条件、待遇构成、考试方法等相关信息提前通过各种适当的途径和渠道向社会公开，以便能够吸引更多的人才参与竞争 |
| 公正公平 | 公正公平是指企业应该对所有符合应聘条件的人员一视同仁，使他们能够在公平的环境下接受公正的考核，阳光竞争。招聘企业不能人为地设置一些不平等的限制条件（例如性别歧视、乙肝歧视等）和优惠条件（例如本市户口优先、城镇户口优先等），应该营造一个公平竞争的氛围，尤其是需要关注残疾人、下岗职工和应届大学生等特殊群体，承担起一定的社会责任，赢得更多的社会认可 |
| 效率优先 | 效率优先是指企业应优化招聘与录用程序，争取在能够招到符合岗位要求人员的前提下合理控制招聘费用、合理压缩招聘周期 |
| 双向选择 | 双向选择是指企业在招聘员工时，可以根据岗位要求来选择自己所需要的人才；同时企业也应该充分尊重求职者的选择权，以平等的姿态对待求职者，给求职者自由选择的空间 |
| 择适录用 | 择适录用是指企业应该摒弃择优录用的传统招聘观念，选择最合适的而不一定是最优秀的人才，以保持员工队伍的稳定性。因为最优秀的人才不一定适合任何企业，当他们在工作一段时间后发现该企业并不适合自己时会选择离开，这对企业和应聘者双方而言都是一种损失。所以企业在招聘时需要衡量自身的资源状况和应聘者的相关情况进行择适录用 |

### 2. 招聘与录用程序

企业的招聘与录用程序会根据行业与企业本身而略有所不同，但大致都可以分为六个步骤：进行员工需求预测、制订招聘计划、选择招聘渠道、确定招聘方法、实施招聘选拔活动和评价分析招聘效果。其中实施招聘选拔活动是最为复杂的一环，包括对简历进行资格初审、笔试、面试、背景和资格确认、主管决定录用、体检、试用和正式录用等多个环节。

**3. 招聘渠道选择**

（1）内部招聘

内部招聘是指企业从内部正在任职的员工中选择人员进行空缺职位填补的方法。内部招聘的形式有内部晋升和岗位轮换两种形式。内部招聘的优点在于可以节约招聘费用、减少招聘风险，有利于调动员工工作的积极性和忠诚度，有利于维持员工队伍的稳定性。其缺点在于内部招聘容易导致山头主义和近亲繁殖，不利于工作的创新，容易导致企业内部各部门之间或员工之间的矛盾，若协调不好容易引起员工的强烈不满，导致工作效率的降低。

（2）外部招聘

外部招聘是指企业从外部选择合适的人员进行空缺职位填补的方法。外部招聘的形式很多，包括媒体广告招聘、人才招聘会招聘、校园招聘、中介机构招聘、猎头公司招聘、海外招聘和申请人自荐。外部招聘缺点是成本较高，容易打击内部员工积极性，招聘风险较大；但优点是能够快速招聘到企业所需人才，为企业带来新鲜血液，有利于企业的创新。

企业应该根据拟招职位的性质、市场的劳动力供求状况和预算成本等进行招聘渠道的选择，将内部招聘与外部招聘有机结合起来，为企业发展招募到合适的人才。

**4. 招聘测试方法**

（1）知识测试

知识测试被称为笔试，是目前人才招聘中常用的方法。该方法通过纸笔测试的形式对求职者的知识广度、深度和结构进行全方位了解，要求应聘者在规定时间内作答。常见的知识测试的内容包括综合知识测试、专业知识测试和相关知识测试等类型。企业应该根据职位对知识的需求，选择适当的知识考试类型，在设计试题时必须做到难度适中、突出职位特征，能够科学、公正、严格地考察应聘者的知识广度、深度和结构层次。

（2）心理测试

心理测试是对求职者心理素质和能力的测试。通过心理测试能够判断出求职者心理素质状况，从而可以考察求职者对应聘职位适合与否。在员工招聘测试工作中，心理测试的内容主要包括以下几个方面（见表 2–14）：

**表2-14 心理测试的内容**

| 测试项目 | 内容 |
|---|---|
| 倾向测试 | 倾向测试是用来鉴定一个人的潜在能力，即可能的发展前景或可能具有的能力水平的测试。倾向测试分为综合倾向测试和特殊倾向测试两种。综合倾向测试是用以鉴别应聘者多种特殊的潜在能力的方法，以求全面地了解应聘者的综合素质。特殊倾向测试是为鉴定应聘者在某一方面是否具有特殊能力的倾向测试，例如音乐才能、文字才能等 |
| 成就测试 | 成就测试是用来鉴定一个人的某一方面在经过学习或训练后实际能力水平高低的测试。企业在进行员工招聘时，成就测试适用于对专业管理人员、研发人员或其他技术工作者和熟练工人在某一方面的实际能力的测试 |
| 人格测试 | 人格测试是对应聘者的体格与心理特质进行测试。心理特质包括需要、动机、兴趣、爱好、感情、态度、性格、气质和价值观等。人格特征对工作成就的影响极其重要，不同人格特征的人适合不同类型的工作。个人在某些职位中的不胜任往往是其人格不成熟所导致的，所以某些重要职位必须要对求职者进行人格测试 |
| 智力测试 | 智力测试是对应聘者智力水平高低进行考察的一种方法，具体测试包括记忆、词汇、数字和口头表达等一组能力。智力测试主要是用来判断求职者的思维能力、学习能力和适应环境能力，以更好地确定是否符合职位要求 |
| 能力测试 | 能力测试是企业为了测试求职者在某方面的能力，而有针对性地设计和实施的测验方案。如为了测试求职者的记忆广度而进行的“顺背数字”和“倒背数字”的广度测试 |

（3）情景模拟测试

情景模拟测试是在测试过程中，假定一个场景，使应聘者就在其应聘的岗位上，通过逼真的工作环境，解决该工作岗位在实际工作中可能出现的问题，从而评价其心理素质与工作能力的一种方法。情景模拟测试主要是针对应聘者明显的行为以及实际的操作，其主要内容是公文处理、无领导小组讨论、角色扮演和即席发言等。

（4）面试

所谓面试，又叫面试测评，或者叫专家面试。这是一类要求应聘者用口头语言来回答面试提问，以便了解应聘者心理素质和潜在能力的测试方法。面试是企业员工招聘中常用的一种方法，也是争议最多的一种方法。面试的主要效果取决于面试的经验，如果面试官的经验比较缺乏，面试效果往往较差。招聘企业要想克服面试偏差，需要对面试官的经验进行审核，同时严格控制面试程序，包括通过工作分析确定工作要求；严格根据工作分析的结果设计面试问题；编制包括一系列评价标准的评价表格；注意从应聘者的非语言行为中获取消息；对面试官进行训练，使其能够客观评价应聘者的反应等。

## 二、企业绩效管理

### 1. 企业绩效管理流程

企业绩效管理流程是绩效管理人员运用人力资源的知识、技术和方法与企业员工通过持续不断的沟通，就企业目标和目标实现方式达成共识，促使员工做出有利于企业目标实现的行为等一系列管理过程。

企业绩效管理是一个包括多阶段、多项目标的综合管理过程，包括绩效计划、绩效辅导、绩效考评、绩效反馈与面谈、绩效改进、绩效结果与应用六个基本过程。六个过程环环相扣，紧密相连，形成一个循环往复的 PDCA 体系。

### 2. 企业绩效考评

（1）绩效考评的含义

企业绩效考评指的是企业的绩效管理人员通过一套正式的、结构化的制度对员工的工作完成情况进行定量与定性评价，并以此为依据对员工进行有针对性的奖惩，从而了解员工的发展潜力，最终实现员工与企业的共同发展。

（2）确定绩效考评内容

由于绩效考评的对象、目的和范围不同，绩效考评的内容也呈现复杂多样化。但基本内容包括工作态度、工作能力、工作效率和工作业绩四个方面。

工作态度是指员工对待工作的喜好与忠诚程度；工作能力是指员工对工作的胜任程度及发展潜力；工作效率是指员工对时间、财物、信息、人力等资源的利用的效率，涉及工作的行为方式；工作业绩是指员工在工作中取得的数量和质量，主要指工作活动所实现的预定目标的程度，涉及工作的结果。

（3）建立绩效考评指标体系

在确定了绩效考评的内容后，接下来需要用具体的指标来体现态度、能力、效率和业绩。

1）制定关键绩效指标（KPI）

要列出衡量工作态度、工作能力、工作效率和工作业绩所有指标是不具备现实操作价值的，所以只需要找出那些与绩效直接相关、能最大限度地反映绩效且容易量化和操作的关键绩效指标（KPI）就可以了。

一般来说，衡量工作态度的关键绩效指标包括出勤率、责任感和工作主动性等。

衡量工作能力的关键绩效指标包括员工的专业知识广度与深度、技能水平、团队合作精神、沟通能力和创新能力等。

衡量工作效率的关键绩效指标因职位不同会有所区别。例如对于生产线上的工人来讲，工作效率的关键绩效指标一般包括单位时间内生产的产品数量或者生产单位产品所耗费的时间。

衡量工作业绩的指标视具体的职位而有很大区别。例如对销售人员而言，衡量其工作效率的关键绩效指标包括订单数和客户数等。

2）对指标权重赋值

确定了关键绩效指标后，还需要对指标赋权重。指标的权重表明的是指标在整体考评体系中的相对重要程度，权重是否合理将直接影响到考评的效果。

对关键指标权重赋值的方法主要有专家咨询法、层次分析法、二项系数加权法、环比评分法等。其中比较有代表性的、较成功的方法为专家咨询法和层次分析法。专家咨询法是邀请数位专家匿名赋值，多次论证后求均值。层次分析法是将所有的指标在方格矩阵中按纵横方向分别排列，进行两两比较，按照其重要度不同，标示出其比较值，填写在对应的方格中，再综合分析各个指标的重要度。

（4）确定绩效考评主体

建立绩效考评指标体系后，接下来需要确定绩效考评的主体，也就是确定到底由谁来参与考评。由于不同的主体观察问题的角度不同，得出的结果也不尽相同，因此需结合以下六类人员的考评意见：

1）直接主管

直接主管考评是绩效考评的重点，因为直接主管对员工的工作态度、能力、效率和业绩非常熟悉，而且负有责任。由直接主管对员工的绩效进行考评也便于管理工作的顺利开展，但是要注意监督和引导直接主管客观公正地进行考评，避免其利用手中权力故意抬高或降低员工的绩效水平，导致绩效考核结果出现偏差。

2）员工本人

员工本人对自己的工作状况最为熟悉，让自己参与考评有利于提高员工的积极性。但是由于绩效考评直接与薪酬挂钩，自评很难客观，因此最容易导致的一个现象是高估自己，所以这部分的权重应该适当的小一些。

3）同事

同事之间在工作中接触频繁，沟通较多，相互比较了解。同事参与考评有利于促进团队合作精神和建立和谐的企业文化，但是要避免由于工作矛盾或者利益关系而产生的相互打压行为。

4）下属

由下属对员工进行考评也有重要意义。尤其对于其领导能力、沟通能力等方面的评价，往往具有很强的针对性。但也要看到，下属由于顾虑上级的态度及反应，可能不会反映真实情况。所以应该采用匿名或是降低该部分权重的办法来客观对待该考评结果。

5）客户

对于与客户接触较多的服务型员工来讲，其绩效考评应该要考虑客户的评价。因为企业的利润和发展最终取决于客户的满意度，因此客户的考评极其重要。客户考评对于促进企业规范员工队伍、提高员工素质和增强服务水平有重要作用。

6）专业委员会

为了克服以上考评主体所带来的偏见和不客观，应该组织专门的专家委员会进行考评。专家委员会由部门领导、员工代表和内外人力资源专家组成。专业委员会进行考评有特殊的意义。因为他们具有较强的专业技能，同被考评者之间没有直接利害关系，因而往往比较客观公正，考评结果也容易为员工所认同。但这样做成本较高，而且对于专业性很强的内容，专家也不一定十分了解。

由于每个主体的考评标准都可能不客观，所以在进行考评时要根据本企业的实际情况，谨慎客观重点综合地对待考评主体的意见，以实现考评结果的公正公平性。

（5）选择绩效考评方法

绩效考评的方法比较多，包括简单排序法、交替排序法、配对比较法、强制分配法、关键事件法、等级评价法、行为锚定评价法、行为观察评价法、目标管理法和360度考评法十种方法，其中最常用的是等级评价法和目标管理法。

1）等级评价法

等级评价法是把被考评岗位的工作内容划分为相互独立的几个考评要素，并把每个考评要素划分为若干等级，且对每个等级均用明确的定义或说明来描述达到该等级的标准，然后按此进行评估，最后再综合得出总的评价。

等级评价法的优点是相对规范、比较容易操作且成本较低，应用非常普遍。其缺点是：①对评价等级的标准表述容易抽象和模糊，令评价者产生歧义，不同的人可能有不同的理解，故人与人之间评定等级差异较大；②习惯于评定较高等级，主管和同事碍于情面，很少打较低等级，从而造成评价结果没有明显差距；③容易流于形式，往往敷衍了事，达不到有效考核效果。

2）目标管理法

目标管理法是一种综合性的绩效考评方法，是一种领导者与下属之间的双向互动过程。在进行目标制定时，上级和下属依据自己的经验和手中的材料，各自确定一个目标，双方沟通协商，找出两者之间的差距以及差距产生的原因；然后重新确定目标，再次进行沟通协商，直至取得一致意见，即形成了目标管理的期望值。

目标管理法的优点较多，体现在：①由于考核职能由主管人员转移到直接的工作者，因而能保证员工的完全参与；②员工的目标是本人参与设定，在实现业绩目标后，员工会有一种成就感；③改善授权方式，有利于促进员工的自我发展；④促进良性沟通，加强上下级之间的联系；⑤适用面较广，有利于整体绩效管理。

目标管理的局限性表现在：①某些工作难于设定短期目标，因而难于实行；②有时员工们在设定目标时偏宽松；③一些管理者也对“放权”存在抵触情绪。

任何一种方法都存在着一定的局限性，因此现实中的企业往往结合自身的实际情况，综合，多种绩效考评方法，形成适合自己的方法。

## 三、企业薪酬管理

### 1. 企业薪酬的构成

企业薪酬所包含的内容非常广泛，但就其构成可以分为经济性薪酬和非经济性薪酬。

（1）经济性薪酬

企业的经济性薪酬是指员工从企业获得的各种货币形式的收入和可以间接转化为货币的或可以用货币计量的其他形式收入的总和。经济性薪酬是员工最为看重的部分，可以分为直接薪酬和间接薪酬。

1）直接薪酬

直接薪酬是以货币形式支付的劳动报酬，它可以分为基本薪酬、补偿薪酬和激励薪酬。

①基本薪酬

基本薪酬是企业根据员工的职位、职称、级别、能力和工作表现等支付给员工的相对比较稳定的报酬，表现为基本工资。基本工资是员工在企业工作的主要收入，也是其他薪酬设置和变动的依据。

②补偿薪酬

补偿薪酬是企业对员工在非正常工作时间、特殊或困难工作条件下提供的额外的报酬，主要包括加班费和各种津贴（高温补贴、出差补贴和特殊工作条件补贴等）。

③激励薪酬

激励薪酬是为激励员工更加积极努力或者愿意更长期地为企业工作而支付给员工的报酬，主要包括奖金、员工持股、员工分红和经营者年薪制等。

2）间接薪酬

间接薪酬是指企业给员工一般不以货币方式发放，但可以转化为货币或者可以用货币计量的各种福利、待遇、服务和消费活动，一般被称为福利薪酬或员工福利。福利薪酬可以分为公共福利、生活福利和个人福利等。

①公共福利

公共福利又被称为法定福利，主要包括养老保险、医疗保险、失业保险、工伤保险和生育保险等。

②生活福利

生活福利包括免费班车、免费工作餐、免费体检、免费体育锻炼、住房公积金、企业内部商品优惠、通信补贴和节假日礼物等。

③个人福利

个人福利包括公费进修培训、年金、补充医疗计划、带薪年假和企业集体旅游等。

（2）非经济性薪酬

非经济性薪酬是指企业为员工提供能愉悦身心但无法用货币衡量的工作特征、环境和企业文化。它不仅包括企业知名度带给员工的自豪感、舒适的工作环境、融洽的同事关系和良好的团队合作精神等社会性的非经济薪酬，还包括职业安全感、自我发展空间、职业灵活性和晋升机会等职业性的非经济薪酬。

非经济薪酬更能抓住人的高层次需要，是影响人们进行职业选择的重要因素，和经济性薪酬共同结合成为企业吸引并保留人才的重要手段。

**2. 企业薪酬制度设计**

完善合理的薪酬制度是企业吸引优秀人才获得长远发展的重要途径，因此了解和掌握企业薪酬制度的设计流程和方法就显得尤为重要了。

（1）企业薪酬制度设计的流程

企业的薪酬制度设计流程可以分为九个步骤：通过对员工进行调查，明确他们薪酬现状和需求；分析员工需求结构、激励重点和本企业的实力，确定员工薪酬策略；分析员工知识技能和心理特征以及任职要求，编制职位说明书；对各职位相对价值进行排序和评价，奠定薪酬设计基础；按照一定的规则着手职位等级划分；制定绩效考评制度、技术评价标准和能力评价标准等，建立健全各项配套制度；选择与本企业有竞争关系的企业，进行市场薪酬调查；正确划分不同职务等级的薪酬水平、薪酬幅度和薪酬差距，确定薪酬结构和水平；进行全员充分沟通后，实施和修正薪酬制度。

（2）企业薪酬制度设计方法

企业薪酬制度设计主要包括基本薪酬制度设计、激励薪酬制度设计和福利薪酬制度设计。

1）基本薪酬制度设计方法

基本薪酬是员工最为看重的部分，是薪酬设计的重点。基本薪酬制度设计包括以职位为导向的薪酬设计和以技能为导向的薪酬设计两种方法。

①以职位为导向的薪酬设计

以职位为导向的薪酬设计是指根据员工的职位类型和等级不同来设计薪酬的方法，包括职位等级法、职位分类法、计点法和比较因素法。

职位等级法是将员工的职位划分为若干级别，按所处的职位级别制定其基本薪酬的水平和数额。这种方法适用于规模较小、职位类型较少且员工对本企业各职位都较为了解的小型企业。

职位分类法是将企业中的所有职位划分为若干类型，根据各类型对企业的贡献和重要程度不同确定每一类职位员工的基本薪酬。例如将企业的职位按照研发类、财务类、营销类、生产类和行政类等进行划分。这种方法适合于专业化程度较高、分工较细、工作目标比较固定的产业和工种。

计点法首先将职位划分为若干种职位类型，找到各类职位中包含的共同的“付酬因素”付酬因素包括学历、年资、体力与智力、工作条件和承担的责任等。其次是把各种付酬因素划分为若干等级，并对每一因素及其等级进行说明，以便于实际操作。然后确定每一付酬因素的各等级分值，最后利用转换表将处于不同等级上的职位的付酬因素数值转换成具体的薪酬金额。这种方法成本较高，操作比较复杂，是外企普遍使用的方法。

比较因素法的步骤分为六步：找出各类职位共同的付酬因素；确定关键职位；依次按所选各付酬因素，将各关键职务从相对价值由高到低排列；为各关键职位按各付酬因素分配薪值；比较按薪额及按因素价值排出的两种顺序；对照因素比较表对非关键待评职位进行职位评价。这种方法较为灵活，但是相对比较复杂且员工很难理解，所以应用不是很广泛。

②以技能为导向的薪酬设计

以技能为导向的薪酬设计，其设计思路是根据员工掌握的知识和技能来确定基本薪酬，具体分为以知识为基础的基本薪酬设计法和以技能为基础的基本薪酬设计法。

以知识为基础的基本薪酬设计法是根据员工所具有的知识的深度来确定基本薪金的数额的。这种设计方法的理论依据是较高文凭和学历的员工可以承担更高要求的工作，这种方法比较适合于企业职能管理人员基本薪酬的确定。

以技能为基础的薪酬设计方法是根据员工所掌握的技能广度和深度来确定其基本薪酬，这种方法比较适合于在研发、生产和业务一线员工基本薪酬的确定。

2）激励薪酬制度设计方法

激励薪酬制度设计主要包括奖金制度的设计、员工持股制度设计和员工分红制度的设计。

①奖金制度的设计

奖金制度设计主要是对绩效奖金、建议奖金、节约奖金和特殊贡献奖金的设计。

绩效奖金是企业根据员工在一定时间内工作达到某一绩效时给予的奖励措施。企业制定绩效奖金时，必须保证绩效标准合理、明确，保证绩效奖金能够促进员工提高工作热情，从而提高工作绩效。

建议奖金是企业为了激发员工的责任感和主人翁意识，为企业多提供有建设性的意见而设置的奖金。在制定建议奖金时需注意只要员工提供的建议是有益于企业发展的，就应该进行奖励。但需要根据贡献大小确定不同金额的奖励，而且重复建议应该只奖励首先提出者。

节约奖金是企业为了鼓励员工节约资源、降低成本而设立的奖金，主要针对在不影响产品质量的情况下节约原材料的一线员工。

特殊贡献奖是企业奖励员工作出的特殊贡献而设立的，例如重大技术革新、项目创新等。特殊贡献奖主要针对少数关键任务，奖金数额应该适当加大。

②员工持股制度设计

员工持股制度是企业向内部员工提供公司股票所有权的行为。在该制度下，企业向员工无偿分配或低于市价出售本企业的股票，员工在一定年限后可以转让获利或继续持有分红。

期权是员工持股制度的一种重要表现形式，是指员工以某一基期价格购买未来某一年份的同等面额的本企业股票，员工的报酬就是股票的基期价格与未来市场价格的差额。期权比持股的激励作用更强，但风险也较大，这种方法往往适用于企业创业初期吸引关键人才。

③员工分红制度设计

员工分红制度也被称为利润分享计划，是指企业把超过目标利润的部分对全体员工进行分配的制度。此种制度可以让员工共享企业的成果，有利于促进员工为创造企业利润而努力拼搏。但是往往分红制度会延期，员工获得奖励的时间与付出努力的时间间隔较长，奖励不够及时，容易使员工动力不足而工作积极性受影响。

3）福利薪酬制度设计方法

福利薪酬包括公共福利、生活福利和个人福利。福利作为经济性薪酬的有效补充，是影响员工选择企业的重要因素。企业福利薪酬的设计应该参照行业标准，不能简单地照搬和模仿其他企业的经验，注意结合员工的实际需要进行灵活设计。

4）非经济性薪酬设计

非经济性薪酬是企业采用非经济方法来满足员工高层次需要的一种措施，包括工作本身的挑战性、合理性和发展性；工作软环境和硬环境的设置以及企业文化的氛围等。企业在进行非经济性薪酬设计时，需要从员工精神层面入手，挖掘符合员工心境的需求，给员工创造愉悦的工作环境，切实体现企业的人文关怀。

## 第四节　企业财务管理

### 一、企业筹资管理

#### 1. 企业筹资的目的

企业之所以需要筹集资金，主要有以下几方面原因：

（1）设立企业需要筹资

法律规定企业在创建设立时必须符合设立条件和设立程序要求，包括符合最低注册资本金的要求、必须有固定的经营场所和必备的生产经营条件，以及必须到工商、税务、银行、会计师事务所等相关部门办理相应的设立登记手续等。所有的条件和程序都对企业主的资金实力提出了一定的要求，而企业主往往自有资金不足，此时需要通过筹集资金。

（2）扩大规模需要筹资

随着企业的发展壮大，企业需要添置新设备、开发新技术、招聘新员工和投资新项目，这都需要企业进一步投入资金，以满足企业日益扩大的规模需要，此时需要筹集资金。

（3）偿还债务需要筹资

现代企业负债经营普遍存在，其原因是为了获得财务杠杆利益和满足经营周转的临时需要。债务到期必须偿还，如果企业当下现金支付能力不足，或虽有一定的支付能力但支付后将影响资本结构的合理性时，便产生了筹资需要。

（4）优化财务结构需要筹资

由于在不同时期采用不同的筹资方式或不同的筹资组合，会产生不同的资本结构，企业全部资本中自由资本与债务资本、长期资金与短期资金的构成与比重是企业的一个重要财务结构问题，直接关系到所有者、债权人及其他有关各方面的利益。为此，企业必须使财务结构优化以符合财务目标，这就需要选择不同的筹资方式来筹集资金，使财务结构趋向合理。

2. **企业筹资的方式**

（1）权益资金筹集

权益资金筹集是指企业依法筹集并长期拥有、自主调配运用的资本，是企业最基本的筹资来源。权益资金筹集可以分为吸收直接投资、发行股票筹资和留存收益筹资三种方式。

1）吸收直接投资

吸收直接投资是指企业按照共同经营、共担风险、共享利润的原则，采取书面合同的形式直接吸收国家、其他法人、个人、外商投入资金的一种方式。企业接受投资的方式可以是现金方式，也可以是房产、车辆、机器设备等实物形式，还可以是土地使用权、商标专利权等无形资产的形式。企业最乐于接受的直接投资是现金投资，因为现金使用方便灵活，不受限制。其他非现金方式的投资只能按照特定的功能加以使用，且作价评估手续繁杂，受限较多。

2）发行股票筹资

股票是企业签发的证明股东所持股份的凭证，是股份有限公司为筹集股权资本而发行的、表示股东按其持有的股份享有权益并承担义务的、可转让的书面凭证。股票应当载明公司名称、公司成立日期、股票种类、票面金额及代表的股份数、股票的编号等。它代表持股人对公司净资产的所有权。股票持有人即为公司股东。公司股东作为出资人按投入公司的资本额享有资产受益、公司重大决策和选择管理者的权利，并以其所持股份为限对公司承担责任。发行股票筹资是股份公司筹集资本的基本方式。

股票可以按照不同的划分标准分为不同的类型：按照票面有无记名分为记名股票与无记名股票；按照投资主体的不同分为国家股、法人股、个人股和外资股；按照发行对象和上市地区分为 A 股、B 股、H 股、S 股和 N 股等；按照股东权利和义务分为普通股和优先股。在此我们主要介绍普通股和优先股。

①普通股

普通股是公司发行的代表着股东享有平等的权利、义务，不加特别限制，股利不固定的股票。普通股是最基本的股票。通常情况下，股份有限公司只发行普通股。

普通股筹资的优点体现在：发行普通股筹措资本具有永久性，无到期日，不需归还，对保证公司对资本的最低需要和维持公司长期稳定发展极为有益；发行普通股筹资没有固定的股利负担，没有固定的到期还本付息的压力，所以筹资风险较小；发行普通股筹集的资本是公司最基本的资金来源，它反映了公司的实力，可作为其他方式筹资的基础，尤其可为债权人提供保障，增强公司的举债能力；由于普通股的预期收益较高并可一定程度地抵消通货膨胀的影响（通常在通货膨胀期间，不动产升值时普通股也随之升值），因此普通股筹资容易吸收资金。

普通股筹资的缺点表现在：由于股利从税后利润中支付而不具有抵税作用等特征决定了其筹资成本较高；普通股筹资会增加新股东，可能会分散公司的控制权；新股东分享公司未发行新股前积累的盈余，会降低普通股的每股净收益，从而可能引发股价的下跌。

②优先股

优先股是公司发行的优先于普通股股东分取股利和公司剩余财产的股票。多数国家公司法规定，优先股既可以在公司设立时发行，也可以在本公司增发新股时发行。但有些国家的法律则规定，优先股只能在特殊情况下，如公司增发新股或清理债务时才准发行。

优先股筹资优点很多，具体体现在：首先，优先股筹集的资本属于权益资本，通常没有到期日，即使其股息不能到期兑现也不会引发公司的破产，因而筹资后不增加财务风险，反而使筹资能力增强；其次，优先股股东一般没有投票权，不会使普通股股东的控制权受到威胁；最后，优先股的股息通常是固定的，在收益上升时期可为现有普通股股东“保存”大部分利润，具有一定的杠杆作用。

但是优先股筹资也有一定的缺点：首先，优先股筹资的成本比债券高，这是其股息不能抵冲税前利润所致；其次，有些优先股（累积优先股，参与优先股等）要求分享普通股的剩余所有权，降低其每股收益。

3）留存收益筹资

留存收益筹资也称为内部筹资，它是指企业将实现利润的一部分甚至全部留下来作为资本来源的一种筹资方式。

留存收益筹资的具体方式有：按法定要求提取盈余公积金、当期利润不分配、向股东配发股票股利等。留存收益的实质是所有者向企业追加投资，对企业而言是一种筹资来源。

留存收益筹资的优点主要体现在：不发生筹资费用；由于资本利得税率一般低于股利收益税率，股东往往愿意将收益留存于企业而通过股票价格的上涨获得资本利得，从而避免取得现金股利而交较高的个人所得税，使企业的所有者获得税收上的利益；留存收益筹资在性质上属于权益资本，可提高企业信用和对外负债能力。

留存收益筹资的缺点主要体现在：留存收益的数量常常会遭到某些股东的限制，尤其会遭到依靠股利维持生活的股东的反对；留存收益过多，股利支付过少，可能会影响今后的部分筹资，同时不利于股票价格的提高，影响企业在证券市场上的形象。

（2）负债资金的筹集

1）借款筹资

借款筹资指的是企业根据借款合同，向银行或者其他金融机构借入所需资金，到期需要还本付息的一种筹集资金方式。银行借款是目前企业借款筹资的主要方式。

银行借款的优点体现在：筹资速度快、成本低、借款弹性大。缺点是财务风险大、限制条款多，审批手续烦琐，筹资数额有限等。

2）发行债券筹资

债券是企业为筹集债务资金而发行的、约定在一定期限内向债权人还本付息的有价证券。发行债券是企业筹集债务资金的重要方式。

发行债券筹资与股票筹资相比，具有资金成本低、财务杠杆发挥得当、保障股东控制权的优点；与借款筹资相比，具有筹资范围广、筹资数额大的优点。但是其缺点也很明显，体现在：由于债券有固定到期日，且需要定期支付利息，当企业经营不景气时会导致较高财务风险；与借款或租赁融资相比，债券发行限制条件多且异常严格；筹资数量受法律规定的限制，且当负债比率超过一定程度后，会导致债权人投资风险、筹资成本急速上升。

3）融资租赁筹资

融资租赁又称资本租赁或财务租赁，是由出租人按照承租企业的要求注资购买设备，并在契约或合同规定的较长期限内提供给承租企业使用的信用业务。承租企业之所以需要出租人购买设备后再租给自己使用，往往是因为所需设备价格太高而自身资金匮乏无力购买。因此不难看出融资租赁的实质是为了筹资。

融资租赁的优点是：能迅速获得所需设备，比采用别的筹资方式购买设备速度快，效率高；比企业采用发行债券或借款筹资等方式的限制条件少；融资租赁期限一般为资产使用寿命的75%，有效降低因设备更新换代过快而带来的淘汰风险；分期支付租金使企业资金支付压力减小，财务风险降低。

融资租赁最主要的缺点就是资金成本高。一般来说，其租金要比银行借款或发行债券所负担的利息高得多，在企业财务困难时，固定的租金支付也会构成一项较沉重的负担；另外，承租企业如不能在租赁期结束后享受设备残值，也可认为是一项损失。

4）商业信用筹资

商业信用是指商品交易中延期付款或延期交货所形成的借贷关系，是企业之间的一种直接信用关系。商业信用筹资是一种灵活多样、适用范围很广的短期资金筹措方式。商业信用主要包括赊购商品所形成的应付账款、延期交货所形成的预收账款以及商业汇票三种方式。

利用商业信用筹资的优点是筹资便利、成本低，限制条件少。缺点是商业信用的期限一般比较短，如果企业取得现金折扣，则时间会更短。如果放弃现金折扣，则要付出较高的资金成本。

综上所述，不管是权益筹资还是负债筹资都有其优缺点。企业在面临资金压力时，需要综合考虑筹资成本、股东权益、税收支付、还款期限等因素，在保障股东权益的前提条件下优化财务结构，灵活运用各种筹资方式，更好地解决经营管理中遇到的筹资难题。

## 二、企业投资管理

### 1. 企业投资的方式

（1）实业投资

1）实业投资的类型

企业的实业投资类型有水平型、垂直型和混合型三种。水平型投资也称横向型投资，是指企业投资的对象是与本企业生产经营方向一致的公司，一般适用于机器制造业和食品加工业。垂直型投资也称纵向型投资，指企业投资与本企业产品生产有关联的公司，并在投资企业和被投资企业间实行专业化分工与协作，这种方式常见于汽车、电子行业、资源开采和加工行业等。混合型投资是指企业投资与本企业生产和经营方向完全不同、生产不同产品的公司。这主要是一些实力雄厚的大企业为了充分利用被投资企业的某种优势资源而进行的跨行业的经营活动。

2）实业投资的方式

实业投资的方式有三种：并购、合营和联营。①并购是企业通过投资兼并竞争者的方式，企业通过投资并购其他企业，容易获得市场协同效应、管理协同效应和财务协同效应。②合营是企业和其他企业或个人共同投资建立的企业，该被投资企业的财务和经营政策必须由投资双方或若干方共同决定。企业通过合营可以有效降低成本，迅速获得本企业所需要的资源。

③联营是企业之间或企业和事业单位之间的联合经营，它是法人参加横向经济

联合的主要形式。在联营中，联营各方地位平等，主要是以合同或章程的方式确定双方的权利义务，并以此协调经营活动。企业通过和其他企业联营可以有效解决融资难的问题，对分散风险有积极作用。

3）实业投资的内容

实业投资的内容形式多样，具体包括房地产、机器设备、技术和商标专利等。

（2）金融投资

随着企业在投资决策中主体地位的确立，投资的形式也日益丰富。它不仅可以直接投资于生产经营上，通过建造厂房、添置设备、购买原材料等来直接增加社会财富或提供社会所必需的劳务，也可以把资金用于购买金融资产，以期获得收益。

1）金融投资的类型

企业金融投资的类型主要有股票、基金、债券、衍生金融资产等（见表2-16）。

**表2-16　企业金融投资的类型**

| 形式 | 内容 |
| --- | --- |
| 基金 | 基金是一种利益共享、风险共担的集合投资方式，即通过发行基金股份或受益凭证等有价证券，聚集众多的不确定投资者的资金，交由专业投资机构经营运作，以规避投资风险并谋取投资收益的证券投资工具。与股票投资相比，基金投资风险较小，投资收益略低 |
| 股票 | 企业投资股票的行为属于权益性投资，企业可以在一定程度上参与和控制参股企业的经营决策。但是由于股票价格波动较大，收益不稳定，因此股票投资是一种风险和收益都较大的投资 |
| 债券 | 债券是发行者为筹集资金，向债权人发行的，在约定时间支付一定比例的利息，并在到期时偿还本金的一种有价证券。企业可以根据需要选择投资政府债券、金融债券和企业债券。债券投资是与股票投资基金投资相比，风险较低，收益稳定 |
| 衍生金融资产 | 衍生金融资产包括期货、期权、远期和互换等，投资衍生金融资产的目的是为了投机获利和套期保值，具有高风险高收益的特点，一般企业往往较少采取这种投资方式 |

2）金融投资的必要性

企业进行金融投资主要是出于以下目的的考虑：暂时存放闲散资金，以替代大量非盈利的现金获取一定的收益，加快资金的运转和使用效率；金融资产变现比较容易，以满足偶然性或突发性的财务需求；通过股票投资以获得对相关企业的控制权和决策权，更好地保障资产的安全性。

**2. 企业投资的原则**

为了降低风险，获得预期的收益，企业在投资活动中需要遵循以下原则：

（1）认真进行市场调查，分析投资环境，及时捕捉有利投资机会

投资机会是企业投资活动的起点，也是企业投资决策的关键。财务管理人员必须认真进行市场调查和市场分析，寻找投资机会，并要从动态的角度加以把握。

（2）制定科学的投资决策程序，认真进行投资项目的可行性分析

在市场经济条件下，企业的投资都会面临一定的风险，为了保证投资决策的正确有效，必须按科学的投资决策程序，进行投资项目的可行性分析。

（3）及时足额地筹集资金，保证投资项目的资金供应

企业的投资项目，特别是大型投资项目，建设工期长，所需资金多，一旦开工，就必须有足够的资金来支持。因此，在投资项目上马之前，必须科学预测投资所需资金的数量和时间，采用适当的方法，筹措资金，保证投资项目顺利完成，尽快产生投资效益。

**3. 企业投资的步骤**

科学的投资决策，一般分八个步骤进行：确定并量化投资目标；收集和鉴别相关投资信息，寻找投资机会；制订投资计划，提出投资备选方案；通过定量和定性结合法对备选方案作出初步评价；综合考虑影响投资的因素，确定最优方案；执行投资决策，并严加监控；进行投资结束后评估，作为下一次投资决策的依据。

# 第三章　企业生产管理研究

## 第一节　企业生产过程管理

### 一、生产运作设计与组织

#### 1. 生产运作能力设计

生产运作能力是指在一定时期内，在一定的生产技术组织条件下，生产设施的最大产出率，即生产运作设施在一定时期内，在合理的生产组织条件下，经过综合平衡后所能生产一定种类和一定质量产品的最大数量或者能够加工处理一定原材料的最大数量。生产运作能力是保证一个企业未来长期发展和事业成功的核心条件。一个企业所拥有的生产运作能力过大或过小都是很不利的：能力过大，导致设备闲置，人员富余，资金浪费；能力过小，又会失去很多机会。因此，必须对生产能力运作能力的现状有确切的了解，对未来的生产运作能力有周密的计划。

（1）影响生产能力的因素

影响企业生产能力的因素很多，如产品品种、产品结构、产品工艺；质量要求；零部件的标准化和通用水平；机床设备的数量和性能；工艺方法和通用性水平；有效生产面积；组织管的水平和工人的劳动积极性和技术水平等。从核定生产能力的角度来考虑，可以将这些因素归结为三个基本因素，即生产设备数量（生产面积数）、设备工作时间（生产面积利用时间）和设备（生产面积）生产效率。

1）生产设备数量

2）设备工作时间：$Fe=FyH-D$

Fe——设备全年有效工作时间，单位小时

Fy——设备全年制度工作日数

H——每日制度工作小时数（工作日长度）

D——设备计划停修小时数

3）设备生产效率

（2）设备组生产能力计算

当企业以产出量作为计量单位时，则需考虑企业生产的产品种类有多少，如果只有一种主要产品，则可以以该产品作为计量单位。如果生产多种产品，则很难以其中某一种产品的产出量作为整体的计量单位，这时可采用代表产品计量法；选择出代表企业专业方向、产量与工时定额乘积最大的产品作为代表产品，其他的产品可利用换算系数换算成代表产品。

1）单一产品生产情况下设备组生产能力计算

$$M=SFe/t=SFyH（1-0）/t$$

M——设备组生产能力

S——设备组内设备的数量

Fe——设备全年有效工作时间

Fy——设备计划期制度工作时间

H——设备每天制度工作小时数

t——单位产品的单位定额

O——设备计划停修率

2）多种产品生产情况下设备组生产能力的计算——代表产品法

换算系统 Ki 的计算公式如下：

$$Ki=ti/to$$

Ki——i 产品的换算系数

ti——i 产品的时间定额

to——代表产品的时间定额。

（3）生产运作能力规划

生产运作能力规划是企业对满足现在和未来需求量的生产能力所作的抉择。生产运作能力规划是制订企业年度生产运作计划的重要依据之一。通过对现有能力的掌握，可以及时发现生产运作中的薄弱环节和富余环节，以便挖掘潜力，提高企业生产运作的经济效益，使基本建设投资费用得到更为合理有效的运用。

1）最佳运行生产运作能力

生产运作能力可以通过许多方法作调整，但这时生产成本会有所变化，把最小单位成本下的生产量定义为最佳运行生产运作能力。一个企业要获得最佳运行生产运作能力，必须充分利用生产设施。对设施利用不足会使得单位成本提高，反之，对设施使用过度也会造成单位成本提高，最佳运营点如图 3–1 所示：

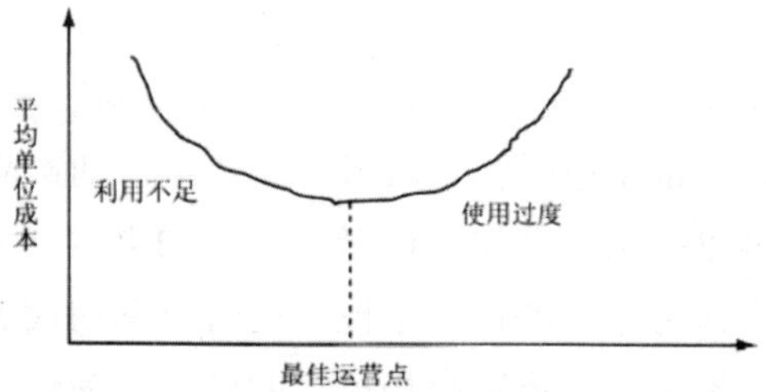


图3–1　最佳运行生产运作能力示意图

2）经济规模生产运作能力

指单位产品或产出的生产运作成本随生产运作规模的变动而变动的特征。当企业规模扩大时，由于产量增加，会使平均成本降低，总体来说扩大规模是有利的。经济规模与最佳运行生产力的关系如图 3–2 所示：

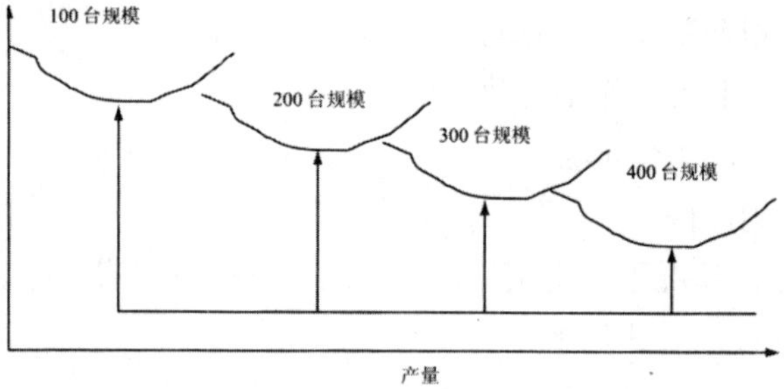


图3–2　经济规模与最佳运行生产力的关系示意图

扩展生产能力的时机与规模主要有两种策略：进攻型与保守型策略，如图 3–3（a）、（b）所示：

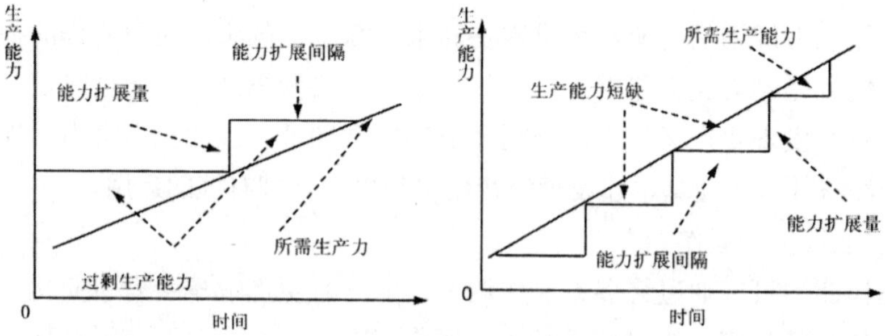


（a）进攻型策略　　（b）保守型策略

图3–3　进攻型与保守型策略示意图

## 2. 生产运作系统设计

（1）生产运作系统的一般模式

生产运作系统的一般模式，见图 3–4。

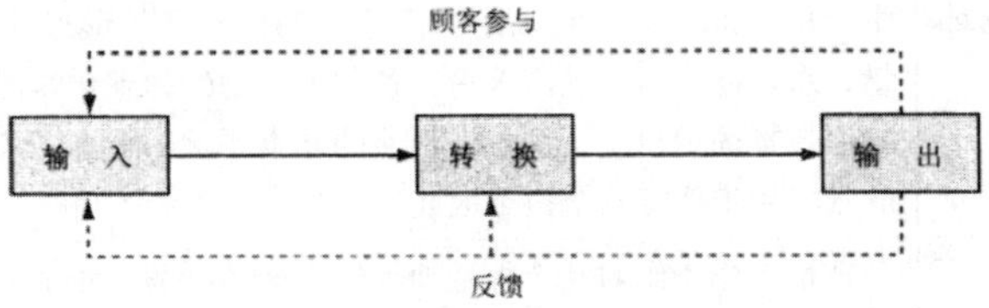


**图 3–4　生产运作系统的一般模式**

输入的是生产要素，包括人、财、物和信息，这是生产运作系统形成的前提条件，也是企业生产经营目标实现的保证；输入的生产要素在质量、数量、时间上必须符合生产需要，按一定比例有机构成。转换过程也就是生产制造过程，生产制造过程必须采用最经济的形式进行。输出的是产品、服务与信息。反馈必须迅速，且信息要明确、精确。

生产运作系统构成要素主要包括结构化要素和非结构化要素。结构化要素包括生产技术、生产设施、生产能力及其集成；非结构化要素包括人员组织、生产计划、库存控制、质量管理和设备维护。结构化要素的内容及其组合形式决定生产运作系统的结构形式；非结构化要素的内容及其组合形式决定生产运作系统的运行机制。这里我们主要探讨结构化要素，非结构化要素在后面章节介绍。

（2）设施选址

设施选址对今后设施的建设和生产与运作的效果影响非常大，是关系到企业生存发展的百年大计。企业组织机构如有不善，规章制度如有不妥，还可研究并重新改组或变革，但一旦选址失误，或者注定失败，或者注定长期承受麻烦。因此，需要认真地进行内部和外部环境条件的综合分析与平衡，使之满足企业生产与运作活动当前的和长远发展的要求。

1）设施选址的步骤和内容

制造业企业设施选址一般可按三个阶段顺序进行（见表 3–1）：

2）影响设施选址的因素

影响选址的因素很多，但大致可分为四大类：

①经济方面的因素

包括原料供应条件、能源条件、市场、运输条件、人力资源和资金融通情况。

表3-1 制造业企业设施选址的步骤

| 步骤 | 具体内容 |
|---|---|
| 准备阶段，成立选址工作小组 | 该小组主要由建设单位和设计单位的有关人员组成。该小组在准备阶段的主要工作有：编制工作计划；根据企业产品、工艺、规模、生产单位构成、生产协作原则等大致确定生产单位的面积和外形尺寸；根据企业内外运输量，水、电、汽、气需求量，各种废弃物的物理化学性质、排放量及初步的处理方案确定对工程和水文地质的基本要求；根据经济、社会、自然等有关的资料初步确定几个拟选地址 |
| 现场勘察阶段 | 选址工作小组对几个拟选地址进行现场勘测，收集地区的地质、水文、气象、交通、运输以及经济、社会、教育、发展规划等方面的资料，并草拟初步选址方案 |
| 方案比较和选择阶段 | 根据现场勘察的结果，对若干可行方案进行全面的技术经济论证，从中确定一个最合理的方案，并与所选地区签订有关协议 |

②政治方面的因素

包括政局和治安、政策和法律、税收负担。

③社会方面的因素

包括社区条件、环境和生态保护、科学技术环境、风俗文化等。

④自然环境方面的因素

包括土地资源和气候条件。

### 3. 生产过程组织

（1）生产过程组织的基本要求

生产过程组织，就是要对生产过程的各个阶段和各个环节进行合理安排，从而使产品在生产过程中行程最短、时间最省、耗费最小、效益最高。要达到这一目的，在生产过程组织必须达到几个基本要求：生产过程的连续性、平行性、比例性、均衡性和适应性（见表3–2）。

表3–2 生产过程组织的基本要求

| 要求 | 具体内容 |
|---|---|
| 平行性 | 当生产任务是一个可分解的系统时，把生产任务分解成若干个可以平行作业的任务链来同时处理，显然是可以缩短生产周期的。比如，有100页手稿要键入计算机，如果一个人每小时可以键入10页，共需要10小时；如果安排5个人分别在5个终端上键入，则2小时就可以完成。这就是提高作业平行性的好处 |
| 连续性 | 生产过程组织最重要的要求是连续性要求。从时间上考察，对象处理的连续性，是影响生产周期长短的重要因素之一。从生产过程在空间上的组织，通常也可以根据提高对象处理的连续性和生产资源利用的连续性来布置，称为对象专业化原则和工艺专业化原则 |

续表

| 要求 | 具体内容 |
| --- | --- |
| 均衡性 | 生产过程的均衡性，是指在不连续利用资源的情况下，资源的利用率能够做到各时期大致相同，避免生产时松时紧。不均衡地生产是造成工人纪律松弛、产品质量低劣、事故频繁的原因 |
| 适应性 | 生产过程的均衡性和比例性，是通过保留原有的工艺和产品来实现的。为了能适应外部条件的变化，生产过程的组织必须提高适应性，即生产系统能在不破坏均衡性和比例性的条件下，迅速地对用户的需求改变作出响应 |
| 比例性 | 在多数的生产中，各个可以平行作业的任务往往需要不同的生产能力资源，为了做到连续性，生产系统所配置的资源的构成必须与生产能力的需求成比例。这就是所谓的生产过程组织的比例性要求。生产任务是根据市场情况变动的，而根据特定任务配置均衡的生产能力，在市场变化或产品改进时，就可能不符合比例性要求。另外，工人技术水平与熟练程度的变化、设备的技术革新、工艺的改进等，都可以使比例性发生改变。因而，生产过程组织只能动态地保持其比例性 |

（2）生产过程组织的基本内容

1）生产过程的空间组织

生产过程的空间组织是指在一定的空间内，合理地设置企业内部各基本生产单位，如车间、工段、班组等，使生产活动能高效地顺利进行。生产过程的空间组织有两种典型的形式：

①工艺专业化形式

工艺专业化又称为工艺原则，即按照生产过程中各个工艺阶段的工艺特点来设置生产单位。在这种生产单位内，集中了同种类型的生产设备和同工种的工人，可完成各种产品的同一工艺阶段的生产，即加工对象是多样的。如机械制造业中的铸造车间、机加工车间、热处理车间及车间中的车工段、铣工段等，都是工艺专业化生产单位。

②对象专业化形式

对象专业化又称为对象原则，就是按照产品的不同来设置生产单位。在对象专业化生产单位里，集中了不同类型的机器设备、不同工种的工人，对同类产品进行不同的工艺加工，能独立完成一种或几种产品的全部或部分的工艺过程，而不用跨越其他的生产单位。如汽车制造厂中的发动机车间、底盘车间，机床厂中的齿轮车间等。

2）生产过程的时间组织

产品生产过程各环节在时间上的衔接程度，主要表现在劳动对象在生产过程中的移动方式。一批工件在工序间存在着三种移动方式，这就是顺序移动、平行移动、平行顺序移动。

①顺序移动方式

顺序移动方式指一批零件在前一道工序全部加工完毕后，整批转移到下一道工序进行加工的移动方式。采用这种方式，一批零件在各道工序上进行加工的时间集中，设备没有停歇，可以连续加工，但是，每个零件都有等待加工和等待运输而产生的中断，工艺周期较长。

②平行移动方式

平行移动方式指一批零件中的每个零件在每道工序完毕以后，立即转移到后道工序加工的移动方式。其特点是：一批零件同时在不同工序上平行加工，缩短了生产周期。但是如果后道工序的单件加工时间大于前道工序时，又会产生零件等待加工的现象，所以各工序单件加工时间彼此相等或成倍情况时（如流水生产）会比较理想。

③平行顺序移动方式

平行顺序移动吸收了上述两种移动方式的优点，避开了其短处，但组织和计划工作比较复杂。平行顺序移动的特点是：当一批制件在前道工序上尚未全部加工完毕，就将已加工的部分制件转到下道工序进行加工，并使下道工序能够连续地、全部地加工完该批制件。为了达到这一要求，要按下面规则运送零件：当前一道工序时间少于后道工序的时间时，前一道工序完成后的零件立即转送下道工序；当前道工序时间多于后道工序时间时，则要等待前一道工序完成的零件数足以保证后道工序连续加工时，才将完工的零件转送后道工序。这样就可将人力及设备的零散时间集中使用。

（3）生产过程组织的形式

1）流水线

流水线是指劳动对象按照一定的工艺过程，顺序地、一件接一件地通过各个工作地，并按照统一的生产速度和路线，完成工序作业的生产过程组织形式。它将对象专业化的空间组织方式和平行移动的时间组织方式有机结合，是一种先进的生产组织形式。流水线具有如下特点（见表 3-3）：

2）成组技术与成组加工单元

成组技术的基本思想是：用大批量的生产技术和专业化方法组织多品种生产，提高多品种下批量的生产效率。成组技术以零部件的相似性（主要指零件的材质结构、工艺等方面）和零件类型分布的稳定性、规律性为基础，对其进行分类、归并成组并组织生产。

表3-3　流水线的特点

| 特点 | 主要内容 |
|---|---|
| 连续性 | 流水线上的制品在各工序之间须用平行或平行顺序移动，尽量减少制品的延误时间 |
| 节奏性 | 流水线生产都必须按统一节拍或节奏进行 |
| 专业性 | 流水线上各个工作地的专业化程度很高，即流水线上固定地生产一种或几种制品，固定地完成一道或几道工序 |
| 比例性 | 流水线上各工序之间的生产能力相对平衡，尽量保证生产过程的比例性和平行性 |
| 封闭性 | 生产工艺过程是封闭的，各工作按照制品的加工顺序排列，制品在流水线上做单向顺序移动完成工艺过程的全部或大部分加工 |

成组加工单元，就是使用成组技术，以“组”为对象，按照对象专业化布局方式，在一个生产单元内配备不同类型的加工设备，完成一组或几组零件的全部工艺的组织。采用成组加工单元，加工顺序可在组内灵活安排，多品种小批量生产可获得接近于大量流水生产的效率和效益。目前，成组技术主要应用于机械制造、电子、武器等领域。

3）柔性生产单元

柔性生产单元，即以数控机床或数控加工中心为主体，依靠有效的成组作业计划，利用机器人和自动运输小车实现工件和刀具的传递、装卸及加工过程的全部自动化和一体化的生产组织。它是成组加工系统实现加工合理化的高级形式。它具有机床利用率高、加工制造与研制周期短、在制品及零件库存量低的优点。

## 二、现代生产运作方式

### 1. 计算机集成制造系统

（1）计算机集成制造系统基本构成

计算机集成制造系统（CIMS）通常由管理信息系统、计算机辅助技术信息设计、计算机辅助制造和计算机辅助质量控制 4 个基本分系统构成。

1）管理信息系统

管理信息系统主要是利用计算机的信息处理功能，为企业提供完成五个大类的基本管理工作的各种有用的信息。其主要模块及功能如下：

①生产计划与控制模块

首先提供生产计划功能，根据市场预测和企业自身条件，安排年度生产的产品品种与数量；然后将年度生产计划分解到各季度、各周份，编排初步的主生产进度计划，并通过初步计划对设备能力与物资供应的需求情况进行初步测算，对照库存情况，反复修改初步的主生产进度计划，制订出原材料采购计划、外协件加工计划和零部件作业计划；最后进入生产控制阶段，完成作业分派与控制工作，包括决定工件的加工顺序、下达工人进行作业的指令、发放物料、控制加工过程和控制加工质量等一系列任务。

②销售管理模块

包括提供回复顾客询价、产品定价分析、市场行情预测和合同签约决策、合同进度管理、合同统计等方面的信息帮助。

③财务管理模块

完成制订利润计划、流动资金计划、固定资产计划等财务计划，进行成本核算与财务状况分析。

④库存供应管理模块

完成原材料的采购与保管工作以及相关信息的管理，监控厂外订货和供货情况以及产成品的装运情况。

⑤人力资源管理模块

2）计算机辅助技术信息设计分系统

计算机辅助技术信息设计分系统由计算机辅助设计、计算机辅助工艺设计和数控程序自动编写三部分组成。

①计算机辅助设计系统

能够将零件的形状用几何方法在计算机上存储、显示，使设计者有的放矢地在图形终端上对产品或零部件的设计进行修改，设计的最终结果可以通过图形打印机打印出正式的图纸，并可以按照要求进行放大、缩小、旋转等特殊处理。

②计算机辅助工艺设计

根据计算机辅助设计的设计结果，利用计算机进一步完成用于指导零部件制造与装配的工艺，产生工艺流程、工艺参数、使用的设备、必须配备工艺装备等工艺信息。由于其在处理一个具体的工艺设计任务时，可以尽量参照已有的相似零件的工艺方案进行修改，所以，完成的生产工艺设计标准性强，节约大量的人力资源。

③数控程序自动编写

在计算机辅助工艺设计给定了各种工艺参数后，计算机通过分析完成该加工所必须进行的各种动作及其顺序，计算出合理的刀具运动轨迹和运动速度，并将这些信息直接转换成数控程序的整个过程。

3）计算机辅助制造分系统

计算机辅助制造是指利用计算机对生产设备进行直接控制，完成制造过程中的信息流对物流的控制与调整的整个生产过程。主要功能包括制造控制、进货管理、运输管理、仓库管理等方面的管理自动化，通常设有加工、装配、检验、装箱、发运、维修等功能模块。

4）计算机辅助质量控制分系统

计算机辅助质量控制分系统是利用计算机辅助完成质量的计划、实施、检查、处理的全过程，以达到提高产品质量目标的一整套工作体系，包括制订质量计划与检测计划、进行计算机监控与检测、进行质量分析与评价等主要工作。由于计算机控制的自动化设备具有及时准确收集质量数据的能力，并能对收集到的数据进行整理分析，因而极大地改善了管理人员在质量管理方面的工作环境。在实际生产中，人们经常使用计算机将收集到的各种数据整理成直方图、控制图、统计分析图以及各种统计表格，帮助管理人员迅速、直观地掌握质量的变化情况，及时进行质量分析，解决质量问题。

（2）计算机集成制造系统的基本优势与存在的问题

1）降低成本

从近期效益上分析，企业使用 CIMS 后，一方面通过降低工人操作的失误，大幅度降低质量成本；另一方面，直接降低人工成本和管理费用。这样，企业就具有了较强的盈利能力。从长期效益上分析，企业在应用了 CIMS 后，可以减少雇佣与培训工人的费用，提高企业的整体实力。

2）增强市场适应能力

CIMS 系统不仅适用于大批量生产的企业，同时也适应于生产批量较小、市场需求变化较大的企业。CIMS 系统能够帮助企业适应市场需求，具有迅速作出反应的竞争优势。

3）能最大限度地发挥先进生产技术的综合优势，获得整个生产系统的最佳效益

据美国国家研究会初步调查的结果，美国实施 CIMS 的企业通常能做到：减少的设计费用可达 30%，生产率可增加 40% ~ 70%，设备利用率可增加 2 ~ 3 倍，库存减少 30% ~ 60%，改进质量 3 ~ 4 倍，生产提前期减少 30% ~ 60%。

尽管企业使用 CIMS 可以取得如此之多的好处，但真正实施 CIMS 的企业仍然较少，主要是因为在 CIMS 的发展过程中还存在着许多问题：

①构成 CIMS 主体框架的各技术单元的发展尚不完全成熟。

②发展 CIMS 需要较雄厚的财力支持，建立一个 CIMS 是一项浩大的系统工程，

耗时长、投资大，目前尚非一般企业财力所能负担。

③存在传统思想的障碍。

CIMS 的实施，必然要改变过去传统的管理方式与方法，这种转变往往是非常困难的，需要克服许多人为的障碍，需要得到全体员工的理解。

因此，CIMS 的发展路途还很长，还需要克服许多困难，为了搞好 CIMS 的开发工作，在其发展的整个过程中，应注意遵循以下几项原则：

①在评价 CIMS 的效益时，应强调 CIMS 发展战略的长期性、全局性，不能简单地从短期的财务分析的角度考虑问题。

②在制订 CIMS 发展计划时，必须在企业整体范围内进行统一计划、统筹安排，制订出的 CIMS 开发计划应包含企业所涉及的所有业务的每一个方面。

③在 CIMS 的正式实施前，必须对企业的管理组织结构和人员配备进行合理有效的调整，以便最大限度地发挥出 CIMS 的全部功效。

④在 CIMS 的实施过程中，必须对企业中的各种生产活动随时进行必要的调整，以适应新的生产环境。

总之，计算机集成制造系统（CIMS）已经成为生产运作管理现代化的发展方向，企业必须重视以计算机集成制造系统（CIMS）为代表的现代生产技术，强化现代生产技术的管理工作，才能跟上时代的步伐。

### 2. 柔性制造系统

（1）柔性制造系统基本组成部分

柔性制造系统基本组成，见表 3–4。

**表 3–4　柔性制造系统基本组成**

| 组成项目 | 内容 |
| --- | --- |
| 物流系统 | 物流系统，指由多种运输装置构成，如传送带、轨道以及机械手等，完成工件、刀具等的供给与传送的系统，它是柔性制造系统主要的组成部分 |
| 自动加工系统 | 自动加工系统，指以成组技术为基础，把外形尺寸（形状不必完全一致）、重量大致相似，材料相同，工艺相似的零件集中在一台或数台数控机床或专用机床等设备上加工的系统 |
| 信息系统 | 信息系统，指对加工和运输过程中所需各种信息收集、处理、反馈，并通过电子计算机或其他控制装置，对机床或运输设备实行分级控制的系统 |
| 软件系统 | 软件系统，指保证柔性制造系统用电子计算机进行有效管理的必不可少的组成部分。它包括设计、规划、生产控制和系统监督等软件 |

（2）柔性制造系统的柔性表现

柔性已占有相当重要的位置，柔性主要包括：

1）机器柔性

当要求生产一系列不同类型的产品时，机器随产品变化而加工不同零件的难易程度。

2）工艺柔性

一是工艺流程不变时自身适应产品或原材料变化的能力；二是制造系统内为适应产品或原材料变化而改变相应工艺的难易程度。

3）产品柔性

一是产品更新或完全转向后，系统能够非常经济和迅速地生产出新产品的能力；二是产品更新后，对老产品有用部分的继承能力和兼容能力。

4）生产能力柔性

当生产量改变，系统也能经济地运行的能力。对于根据订货而组织生产的制造系统，这一点尤为重要。

（3）柔性制造方法

1）单元生产方式

与传统的大批量生产方式比较，单元生产方式有两个特点，一个是规模小（生产线短，操作人员少），另一个是标准化之后的小生产单元可以简单复制。由于这两个特点，单元生产方式能够实现：

①简单应对产量的变化，通过复制一个或一个以上的单元就能够满足单元生产能力整数倍地提升。

②减少场地占用，单元是可以简单复制的（单元生产线可以在一天内搭建完成），因此不需要的时候可以简单拆除，节省场地。

③每一个单元的作业人数少，降低了平衡工位间作业时间的难度。

④通过合理组合员工，即由能力相当的员工组合成单元，可以发挥员工最高的作业能力水平。

2）一人生产方式

针对一些作业时间相对较短、产量不大的产品，如果能够打破常规（流水线生产），改由单个员工单独完成整个产品装配任务。同时，由于工作绩效（品质、效率、成本）与员工个人直接相关，一人生产方式除了具有细胞生产的优点之外，还能够大大地提高员工的品质意识、成本意识和竞争意识，促进员工成长。

3）一个流生产方式

一个流生产方式是这样实现的，即取消机器间的台车，并通过合理的工序安排和机器间滑板的设置让产品在机器间单个流动起来。它的好处是：①极大地减少了中间产品库存，减少资金和场地的占用；②消除机器间的无谓搬运，减少对搬运工具的依赖；③当产品发生品质问题时，可以及时将信息反馈到前部，避免造成大量中间产品的报废。

4）台车生产方式

我们经常看到一个产品在制造过程中，从一条线上转移到另一条线上，转移工具就是台车。台车生产线，即在台车上完成所有的装配任务，减少搬动及转移过程中的损耗。

5）固定线和变动线方式

根据某产品产量的变动情况，设置两类生产线，一类是满足某一相对固定的固定生产线；另一类是用来满足变动部分的变动生产线。通常，传统的生产设备被用作固定线，而柔性设备或细胞生产方式等被用作变动生产线。

（4）柔性制造系统的优点

柔性制造系统是一种技术复杂、高度自动化的系统，它将微电子学、计算机和系统工程等技术有机地结合起来，理想和圆满地解决了机械制造高自动化与高柔性化之间的矛盾。具体优点如下（见表3–5）。

**表3–5　柔性制造系统的优点**

| 优点 | 具体内容 |
|---|---|
| 减少在制品 | 在制品能够减少80%左右 |
| 设备利用率高 | 一组机床编入柔性制造系统后，产量比这组机床在分散单机作业时的产量提高数倍 |
| 产品质量高 | 零件在加工过程中，装卸一次完成，加工精度高，加工形式稳定 |
| 生产能力相对稳定 | 自动加工系统由一台或多台机床组成，发生故障时，有降低运转的能力，物料传送系统也有自行绕过故障机床的能力 |
| 产品应变能力大 | 刀具、夹具及物料运输装置具有可调性，且系统平面布置合理，便于增减设备，满足市场需要 |
| 运行灵活 | 有些柔性制造系统的检验、装卡和维护工作可在第一班完成，第二、第三班可在无人照看下正常生产。在理想的柔性制造系统中，其监控系统还能处理诸如刀具的磨损调换、物流的堵塞疏通等运行过程中不可预料的问题 |

### 3. 准时生产方式

（1）JIT 生产方式的目标和基本方法

1）适时适量生产

适时适量生产，即“只在需要的时候，按需要的量生产所需的产品”，以免由于生产过剩引起人员、设备、库存费用等一系列的浪费。JIT 这种思想与以往的有关生产及库存的观念截然不同。

2）弹性配置作业人数

在劳动费用越来越高的今天，降低劳动费用是降低成本的一个重要方面。达到这一目的的方法是“少人化”，即根据生产量的变动，弹性地增减作业人数以及用较少的人力完成较多的生产。这就一反以往的“定员制”。具体方法是实施独特的设备布置，以便对各作业点作柔性调整，作业人员必须是具有多种技能的“多面手”。

3）质量保证

历来认为，质量与成本之间是一种负相关关系，即要提高质量，就得花人力、物力来加以保证。但在 JIT 生产方式中，将质量管理贯穿于每一工序之中来实现提高质量与降低成本的一致性。具体方法是“自动化”。这里所讲的“自动化”不是一般意义上的设备监控系统的自动化，而是指融入生产组织中的这样两种机制：第一，在设备或生产线安装自动检测和停止装置，一旦发现异常产品可以自动停止的设备运行机制；第二，生产第一线操作人员发现产品或设备有问题时，有权自行停止生产的管理机制。这样的机制，改变了“事后检验”的传统机制，避免了可能造成的大量浪费。

（2）实现适时适量生产的具体方法

1）生产同步化

为了实现适时适量生产，首先需要实现生产的同步化。生产的同步化是通过“后工序领取”这样的方法来实现的。即“后工序只在需要的时候到前工序领取所需要的加工品；前工序只按照被领取走的数量和品种进行生产”。这样制造工序的最后一道，即总装配线成为生产的出发点，生产计划只下达给总装配线，在需要的时候，向前工序领取必要的工件，而前工序提供该工件后，为了补充被领取走的量，再向更前一道工序去领取所需的零部件。这样一层一层向前工序领取，直至粗加工以及原材料部门把各个工序都连接起来，实现同步化生产。为此，采用以下三种具体方法：

①采取产品对象专业化的组织形式，按照工件加工顺序来布置设备。

②改善作业方法、改善作业工具、提高作业人员的作业更换速度，以及开发小

型、简易设备等方法，以缩短作业更换时间。

③生产节拍随着生产量的变化而变化。

2）生产均衡化

这是实现适时适量生产的前提条件。所谓生产均衡化，是指总装配线向前工序领取零部件时，应均衡地使用各种零部件，混合生产各种产品。为此，在制订生产计划时必须安排好产品投产顺序；在制造阶段，通过专用设备通用化和作业标准化来实现。所谓专用设备通用化是指在专用设备上增加一些工具，使其能加工多种不同的产品；作业标准化是指将作业节拍内作业人员所应担当的一系列作业内容标准化。

3）采用看板管理

在实现适时适量生产中具有极为重要意义的是作为其管理工具的看板。在 JIT 生产方式中，月度计划是集中制订并传达到各个工厂以及协作企业。而日生产指令只下达到最后一道工序或总装配线，对其他工序的生产指令均通过看板来实现。即后工序“在需要的时候”用看板向前工序领取“所需的量”时，同时向前工序发出了生产指令。日生产量的不均衡以及日生产计划的修改都通过看板来进行微调。看板就相当于工序之间、部门之间以及物流之间的联络神经。

（3）JIT 生产方式中的生产计划与控制

对 JIT 生产方式，有这样的种误解，即认为既然是“只在需要的时候，按需要的量，生产所需的产品”，那生产计划就无足轻重了。但实际上恰恰相反，以看板为其主要管理工具的 JIT 生产方式，是一种计划主导型方式，但它又在很多方面打破以往生产管理中的常识观念。在以往的生产计划方式中，生产指令同时下达给各个工序，即使前后工序出现变化或异常，也与本工序无关，仍按原指令不断地生产，其结果会造成工序间生产量的不平衡以及工序间的在制品库存。而在 JIT 生产方式中，由于生产指令只下达到最后一道工序，其余各前工序的生产指令是由看板在需要的时候向前工序传递，这就使得：第一，各工序避免生产不必要的产品；第一，减少了不急需品的库存重；第二，因为生产指令只下达给最后一道工序，最后的成品数量与生产指令所指示的数量是一致的，而在传统的生产中这两者往往是不同的。并且该生产顺序指令是以“天”为单位，可以做到在生产开始的前一两天才下达，从而能够反映最新的需求，大大缩短了生产与市场的距离。

**4. 精益生产**

（1）精益生产的原理

精益生产的基本原理是：不断改进；消除对资源的浪费；协力工作；沟通。其中不断改进是精益生产的指导思想，消除浪费是精益生产的目标，协力工作和沟通是实现精益生产的保证。

1）不断改进

改进，就是永远不满足于现状，不断地发现问题，寻找原因，提出改进措施，改变工作方法，使工作质量不断提高。改进与创新都是进步和提高。改进是渐进式的进步，是细微的改变，其过程是连续的，日积月累会获得巨大的成功；创新是跃进式的进步，是显著的变化，其过程是不连续的。创新可为少数人所为，改进则必须依靠众人努力。如果创新之后无改进则实际成果会降低；创新之后继续改进，成果将更大。改进是众人之事，是每个职工的责任，应该成为每个职工的指导思想，成为职工生活的一部分。

2）消除浪费

对于库存和质量可以给出一个绝对的标准，即零库存和零缺陷。"零"是一种极限，可以无限地接近它，但永远不可能达到。"双零"标准使得改进永无止境，驱使员工不懈努力，在质量与库存方面消除浪费。

3）协力工作

协力工作是将职业、专长不同的人组织到一起，以小组的形式完成特定任务的工作方式。它是对传统的分工方式的革命。大量生产将分工推向极端，致使每个人只能从事极其简单而专门的工作，极大地妨碍人的创造力的发挥，使"人"这一最重要的资源只能发挥简单机械设备所发挥的功能，是对人力资源的一个极大的浪费。

4）沟通

人员之间，部门之间，本企业与顾客、供应商之间都需要沟通。没有沟通谈不上协力工作。为此，小组的成员都必须了解其他成员的专业和工作内容。这样，才能有共同语言，才能将自己的工作放到全局中去考虑，才能避免片面性。沟通可以面对面进行，也可以通过各种通信手段来实现。现代化的通信设备是实现组织之间沟通的物质条件。

（2）精益生产的主要内容

精益生产是对 JIT 生产方式的进一步提炼和理论总结，是一种扩大了的生产管理、生产方式的概念和理论。其主要内容见表 3-6：

**表 3-6　精益生产的主要内容**

| 项目 | 内容 |
|---|---|
| 生产系统方面 | 一反大量生产方式下的作业组织方法，以具有高度工作热情的、多种技能的"多面手"和独特的设备配置为基础，将质量控制融会到每一生产工序中去，能够灵活敏捷地适应产品的设计变更、产品变换以及多品种混合生产的要求 |

续表

| 项目 | 内容 |
|---|---|
| 产品的研究与开发方面 | 以并行工程和团队工作方式为研究开发的主要组织形式和工作方式，以“主查”负责制为领导方式。在一系列开发过程中，强调产品开发、设计、工艺、制造等不同部门之间的信息沟通和同时并行开发。这种并行开发还扩大至零部件供应厂家，促使它们从早期开始参加开发，由此而大大缩短开发周期和降低成本 |
| 零部件供应系统方面 | 采取与大量生产方式截然不同的方法，在运用竞争原理的同时，与零部件供应厂家保持长期稳定的全面合作关系，包括资金合作、技术合作以及人员合作，使零部件供应系统也能够灵活敏捷地适应产品的设计变更以及产品交换。并通过管理信息系统的支持，使零部件供应厂家也共享企业的生产管理信息，从而保证及时、准确地交货 |
| 流通方面 | 与顾客以及零售商、批发商建立一种长期的关系，使来自顾客和零售商或批发商的订货与工厂的生产系统直接挂钩，销售成为生产活动的起点；以迅速、周到的服务来最大限度地满足顾客的需要；并极力减少流通环节的库存 |

# 第二节　企业物流管理

## 一、运输管理

### 1. 运输方式

运输方式是指为完成客货运输任务而采取的一定性质、类别的技术装备（运输线路和运输工具）和一定的管理手段。现代运输方式有铁路运输、公路运输、水上运输、航空运输和管道运输等。

### 2. 如何选择合适的运输方式

在各种运输方式中，如何选择适当的运输方式是物流合理化的重要问题。一般来讲，应从物流系统要求的服务水平和允许的物流成本来决定。可以使用一种运输方式也可以使用联运方式。决定运输方式，可以在考虑具体条件的基础上，对下述五个具体项目认真研究考虑（见表 3–7）：

**表3–7　决定运输方式的因素**

| 因素 | 具体内容 |
|---|---|
| 运输时间 | 必须调查各种运输工具所需要的运输时间，根据运输时间来选择运输工具。运输时间的快慢顺序一般情况下依次为航空运输、汽车运输、铁路运输、船舶运输。各运输工具可以按照它的速度编组来安排日程，进行有计划的运输，保证准时交货 |

续表

| 因素 | 具体内容 |
| --- | --- |
| 货物品种 | 关于货物品种及性质、形状，应在包装项目中加以说明，选择适合这些货物特性和形状的运输方式，货物对运费的负担能力也要认真考虑 |
| 运输成本 | 运输成本因货物的种类、重量、容积、运距不同而不同。而且，运输工具不同，运输成本也会发生变化。在考虑运输成本时，必须注意运费与其他物流子系统之间存在着互为利弊的关系，不能只考虑运输费用来决定运输方式，要由全部总成本来决定 |
| 运输批量 | 因为大批量运输成本低，应尽可能使商品集中到最终消费者附近，选择合适的运输工具进行运输是降低成本的良策。一般来说，15 ~ 20吨以下的商品用汽车运输；15 ~ 20吨以上的商品用铁路运输；数百吨以上的原材料之类的商品，应选择船舶运输 |
| 运输距离 | 从运输距离看，一般情况下可以依照以下原则：300公里以内，用汽车运输；300 ~ 500公里的区间，用铁路运输；500公里以上，用船舶运输。一般采取这样的选择是比较经济合理的，但是还要综合考虑运输实际情况 |

在上述五个选择条件中，输送货物品种、输送批量和运输送距离三个条件是由物品自身的性质和存放地点决定的，因而属于不可变量。与此相反，运输时间和运输成本是不同运输方式相互竞争的重要条件，运输时间和运输成本必然带来所选择的运输方式的改变，换句话说，这两个因素作为运输机构竞争要素的重要性日益增强。

缩短运输时间与降低运输成本是一种此长彼消的关系。如果要利用快速的运输方式，就有可能增加运输成本；同样，运输成本下降有可能导致运输速度减缓。所以，如何有效地协调这两者间的关系，使其保持一种均衡状态，是企业选择运输方式时必须考虑的重要因素。

## 二、仓储管理

### 1. 仓储的基本经济功能

（1）整合

装运整合是仓储的一个经济利益，仓库接收来自一系列制造工厂指定送往某一地的材料，然后把它们整合成单一的一票装运，其好处是，有可能实现最低的运输费率，并减少在顾客的收货站台处发生拥塞。

（2）分类和交叉站台

除了不对产品进行储存外，分类和交叉站台的仓库作业与整合仓库作业相类似。

分类仓库或分类站把组合订货分类或分割成个别的订货，并安排当地的运输部门负责递送。交叉站台先从多个制造商处运来整车的货物；收到产品后，如果有标签的，就按顾客进行分类，如果没有标签的，则按地点进行分配；然后，产品穿过“站台”装上指定去适当顾客处的拖车；一旦该拖车装满了来自多个制造商的组合产品后，它就被放行运往零售店去。由于产品不需要储存，降低了搬运成本。

（3）加工／延期

仓库还可以通过承担加工或参与少量的制造活动，被用来延期或延迟生产。具有包装能力或加标签能力的仓库可以把产品的最后一道生产一直推迟到知道该产品的需求时为止。例如，等到按具体的顾客订单，仓库给产品加上标签，完成最后一道加工，并最后敲定包装。

（4）堆存

这是仓储服务的直接经济利益，对于所选择的业务来说储存是至关重要的。例如，家具和玩具是全年生产的，但主要是在非常短的一段市场营销期内销售的。与此相反，农产品是在特定的时间内收获的，但底层的消费则是在全年进行的。这两种情况都需要仓库的堆存来支持市场营销活动。堆存提供了存货地点，使生产活动在受到材料来源和顾客需求的限制条件下提高效率。

**2. 仓储的保管原则**

（1）面向通道进行保管

为使物品出入库方便，容易在仓库内移动，基本条件是将物品面向通道保管。

（2）尽可能地向高处码放，提高保管效率

有效利用库内容积，应尽量向高处码放，为防止破损，保证安全，应当尽可能使用棚架等保管设备。

（3）根据出库频率选定位置

出货和进货频率高的物品，应放在靠近出入口，易于作业的地方；流动性差的物品放在距离出入口稍远的地方；季节性物品则依其季节特性来选定放置的场所。

（4）同一品种在同一地方保管

为提高作业效率和保管效率，同一物品或类似物品应放在同一地方保管，员工对库内物品放置位置的熟悉程度直接影响着出入库的时间，将类似的物品放在邻近的地方也是提高效率的重要方法。

**3. 库存的分类管理——ABC分类管理法**

ABC分析法又称“ABC分类管理法”、“ABC重点管理法”。一般说来，企业库存物资的品种规格繁多，各种物资的效用、价格及数量也有很大差异，有的物资品种不多但价值很大，而有的物资品种很多但价值不高。而企业资源有限，因此，要根据具体情况，区分轻重缓急，对库存物资进行有选择、有重点的控制与管理。ABC 库存物资分类管理法就是这样一种方法。

（1）基本原理

将品种繁多的物资按其重要程度分为特别重要库存（A 类库存）、一般重要的库存（B 类库存）和不重要的库存（C 类库存）三个等级，然后针对不同级别的库存进行不同形式的管理和控制。

（2）具体分类方法

将所有库存物资按其所占总库存资金的比例和所占库存总品种数目的比例这两个指标来分类。

① A 类库存

品种数目少但资金占用大，A 类库存品种占库存品种总数的 5% ~ 15%，而其占用资金金额占库存占用资金总额的 60% ~ 70%。

② B 类库存

品种数目占库存品种总数的 20% ~ 30%，其占用资金金额占库存占用资金总额的 20% 左右。

③ C 类库存

品种数目大但资金占用小，C 类库存品种占库存品种总数的 0 ~ 70%，而其占用资金金额占库存占用资金总额的 15% 以下。

以上比例只是近似值，可根据实际情况具体确定。

（3）具体管理

对库存进行 ABC 分类之后，便是根据企业的经营策略对不同级别的库存进行不同的管理和控制。

①对 A 类库存实行严格的集中管理，进行经常性的盘点检查，应尽量控制订货批量，每次批量按下一期的实际需要订购。尽量减少安全库存，以避免过多占用资金。

②对 B 类库存在管理上实行集中管理与分散管理相结合的管理方式，采用一般管理方法，适当建立安全库存。

③对 C 类库存进行简单的管理，一般可进行较大批量进货，减少这类库存的管理人员和设施、库存检查时间间隔长，以便有更多的精力集中抓好 A 类物资的管理。

**4. 仓储的一般业务程序**

（1）签订仓储合同。

（2）验收货物。

（3）办理入库手续。

（4）货物保管。

（5）货物出库。

## 三、配送管理

### 1. 配送的要素

配送的要素，见表 3–8。

表 3–8 配送的要素

| 要素 | 内容 |
| --- | --- |
| 分拣 | 分拣是将物品按品种、出入库先后顺序进行分门别类堆放的作业。分拣是配送不同于其他物流形式的功能要素，也是配送成功的一项重要支持性工作 |
| 集货 | 即将分散的或小批量的物品集中起来，以便进行运输，配送的作业。集货是配送的重要环节，为了满足特定客户的配送要求，有时需要把从几家甚至数十家供应商处预订的物品集中，并将要求的物品分配到指定容器和场所 |
| 配装 | 在单个客户配送数量不能达到车辆的有效运载负荷时，就存在如何集中不同客户的配送货物，进行搭配装载以充分利用运能、运力的问题，这就需要配装。跟一般送货不同之处在于，通过配装送货可以大大提高送货水平及降低送货成本 |
| 配货 | 配货是使用各种拣选设备和传输装置，将存放的物品，按客户要求分拣出来，配备齐全，送入指定发货地点 |
| 配送运输 | 配送运输是短距离、小规模、高频度的运输形式，一般使用汽车做运输工具。配送运输由于配送客户多，一般城市交通路线又较复杂，如何组合成最佳路线，如何使配装和路线有效搭配等，是配送运输的特点，也是难度较大的工作 |
| 配送加工 | 配送加工是按照配送客户的要求所进行的流通加工。在配送中，配送加工这一功能要素不具有普遍性，但往往是有重要作用的功能要素 |

### 2. 配送的作用

（1）推行配送有利于物流运动实现合理化。

（2）完善了运输和整个物流系统。

（3）提高了末端物流的效益。

（4）通过集中库存使企业实现低库存或零库存。

（5）简化事务，方便用户；提高供应保证程度。

## 四、包装管理

在物流中包装主要有以下四种功能：

### 1. 保护功能

保护功能，也是包装最基本的功能，即使商品不受各种外力的损坏。一件商品，要经多次流通，才能走进商场或其他场所，最终到消费者手中，这期间，需要经过装卸、运输、库存、陈列、销售等环节，这些环节都会威胁到商品的安全。因此，包装保证商品在流通过程中的安全。

### 2. 便利功能

包装使得商品便于使用、携带、存放等，在物流过程中更加方便装卸搬运、存储和运输。

### 3. 销售功能

产品最终要直接面向消费者。好的包装，能直接吸引消费者的视线，让消费者产生强烈的购买欲。

### 4. 信息传输

包装是现代物流各项活动的信息载体。可以通过条码、射频等技术将物流、产品信息附着在包装上，然后在物流活动中快速准确地读取信息。

## 五、装卸搬运管理

装卸搬运是伴随输送和保管产生的，它是对运输、保管、包装、流通加工等物流活动进行衔接的中间环节，包括装、卸、堆垛、入库、出库以及连接以上各项动作的短程搬运。

装卸搬运在物流活动过程中频繁发生，每次都要花费很长时间，所以往往成为决定物流速度的关键。装卸活动所消耗的人力也很多，所以装卸费用在物流成本中所占的比重也较高。

因此，为了降低物流费用，装卸是个重要环节。

装卸搬运具备以下几个特点，见表 3–9。

**表3–9　装卸搬运具备的特点**

| 特点 | 内容 |
|---|---|
| 装卸搬运是支持、保障性活动 | 装卸搬运的附属性不能理解成被动的，实际上，装卸搬运对其他物流活动有一定决定性。装卸搬运会影响其他物流活动的质量和速度，例如，装车不当，会引起运输过程中的损失；卸放不当，会引起货物转换成下一步运动的困难。许多物流活动在有效的装卸搬运支持下，才能实现局水平 |

续表

| 特点 | 内容 |
| --- | --- |
| 装卸搬运是衔接性的活动 | 在任何其他物流活动互相过渡时，都是以装卸搬运来衔接，是物流各功能之间能否形成有机联系和紧密衔接的关键。联合运输方式就是着力解决这种衔接而实现的 |
| 装卸搬运是附属性、伴生性的活动 | 装卸搬运是物流每一项活动开始及结束时必然发生的活动，因而有时常被人忽视，有时被看做其他操作不可缺少的组成部分。例如，一般而言的“汽车运输”，就实际包含了相随的装卸搬运；“仓库中”即泛指的保管活动，也含有装卸搬运活动 |

## 六、流通加工管理

### 1. 流通加工功能

（1）克服生产和消费之间的分离，更有效地满足消费需求

（2）提高加工效率和原材料利用率

集中进行流通加工，可以采用技术先进、加工量大、效率高的设备，不但提高了加工质量，而且提高了使用率和加工效率。集中进行加工还可以将生产企业生产的简单规格产品，按照客户的不同要求，进行集中下料，做到量材使用，合理套裁，减少剩余料。

（3）提高物流效率

有的产品的形态、尺寸、重量等比较特殊，如过大、过重产品不进行适当分解就无法装卸运输，生鲜食品不经过冷冻、保鲜处理，在物流过程中就容易变质腐烂等。对这些产品进行适当加工，可以方便装卸搬运、储存、运输和配送，从而提高物流效率。

（4）促进销售

流通加工对于促进销售也有积极的作用，特别是在市场竞争日益激烈的条件下，流通加工成为重要的促销手段。例如，将运输包装改换成销售包装，改变商品形象以吸引消费者；将蔬菜、肉类洗净切块分包以满足消费者的要求。

### 2. 流通加工的类型

根据不同的目的，流通加工具有不同的类型（见表 3-10）。

### 3. 流通加工的特点

流通加工的对象是进入流通过程的商品，具有商品的属性；流通加工大多是简单加工，而不是复杂加工；流通加工的目的则在于完善其使用价值，并在不做大的改变的情况下提高价值；流通加工有时是为消费（或再生产）所进行的加工，有时

是为物流方便进行的加工。

**表3-10　流通加工的类型**

| 类别 | 主要内容 |
|---|---|
| 为方便消费、省力的流通加工 | 根据下游生产的需要将商品加工成生产直接可用的状态。例如将水泥制成混凝土拌和料，使用时只需稍加搅拌即可使用等 |
| 为保护产品所进行的流通加工 | 在物流过程中，为了保护商品的使用价值，延长商品在生产和使用期间的寿命，防止商品在运输、储存、装卸搬运、包装等过程中遭受损失，可以采取稳固、改装、保鲜、冷冻、涂油等方式。例如，水产品、肉类、蛋类的保鲜、保质的冷冻加工、防腐加工等 |
| 为适应多样化需要的流通加工 | 生产部门为了实现高效率、大批量的生产，其产品往往不能完全满足用户的要求。这样，为了满足用户对产品多样化的需要，同时又要保证高效率的大生产，可将生产出来的单一化、标准化的产品进行多样化的改制加工。例如，对钢材卷板的舒展、剪切加工；平板玻璃按需要规格的开片加工；木材改制成枕木、板材、方材等加工 |
| 为促进销售的流通加工 | 流通加工也可以起到促进销售的作用。比如，将过大包装或散装物分装成适合依次销售的小包装的分装加工 |
| 为弥补生产领域加工不足的流通加工 | 由于受到各种因素的限制，许多产品在生产领域的加工只能到一定程度，而不能完全实现终极的加工。例如，木材如果在产地完成成材加工或制成木制品的话，就会给运输带来极大的困难，所以，在生产领域只能加工到圆木、板、方材这个程度，进一步的下料、切裁、处理等加工则由流通加工完成 |
| 为提高物流效率、降低物流损失的流通加工 | 有些商品本身的形态使之难以进行物流操作，而且商品在运输、装卸搬运过程中极易受损，因此需要进行适当的流通加工加以弥补，从而使物流各环节易于操作，提高物流效率，降低物流损失。例如，自行车在消费地区的装配加工可以提高运输效率，降低损失 |

# 第三节　企业质量管理

## 一、质量成本

### 1. 质量成本构成

质量成本又称质量费用。根据 ISO9000 系列国际标准质量成本的定义是：将产品质量保持在规定的质量水平上所需的有关费用。质量成本是由两部分构成，即运行质量成本和外部质量保证成本，其构成如图 3-5 所示。

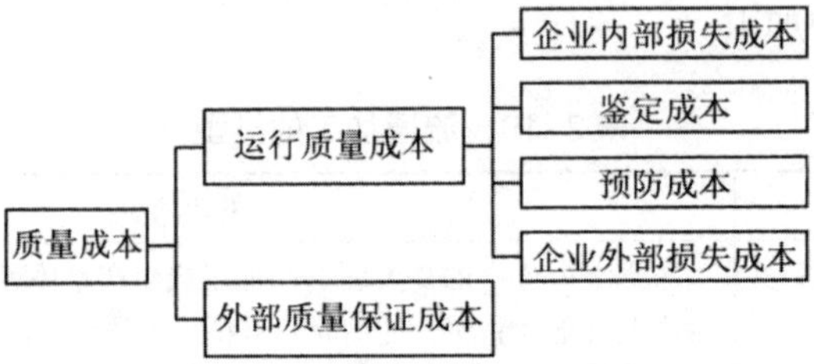


**图3–5　质量成本构成示意图**

（1）运行质量成本

运行质量成本是指企业为保证和提高产品质量而支付的一切费用以及因质量故障所造成的损失费用之和。它又分为四类，即企业内部损失成本、鉴定成本、预防成本和外部损失成本等。

1）企业内部损失成本

企业内部损失成本又称内部故障成本，是指产品出厂前因不能满足规定的质量要求而支付的费用。主要包括废品损失费用、返修损失费用和复试复验费用、停工损失费用、处理质量缺陷费用、减产损失及产品降级损失费用等。

2）鉴定成本

鉴定成本是指评定产品是否满足规定的质量水平所需要的费用。主要包括进货检验费用、工序检验费用、成品检验费用、质量审核费用、保持检验和试验设备精确性的费用、试验和

检验损耗费用、存货复试复验费用、质量分级费用、检验仪器折旧费以及计量工具购置费等。

3）预防成本

预防成本是指用于预防产生不合格品与故障等所需的各种费用。主要包括质量计划工作费用、质量教育培训费用、新产品评审费用、工序控制费用、质量改进措施费用、质量审核费用、质量管理活动费用、质量奖励费、专职质量管理人员的工资及其附加费等。

4）企业外部损失成本

企业外部损失成本是指成品出厂销售后客户因不满足规定的质量要求，导致索赔、修理、更换或信誉损失等而支付的费用。主要包括申诉受理费用、保修费用、退换产品的损失费用、折旧损失费用和产品责任损失费用等。

（2）外部质量保证成本

外部质量保证成本是指为用户提供所要求的产品质量的客观证据所支付的费用。

主要包括：

为提供特殊附加的质量保证措施、程序、数据所支付的费用；产品的验证试验和评定的费用；满足用户要求，进行质量体系认证所发生的费用。

**2. 质量成本一般分析**

质量成本分析，就是分析质量成本各要素与产品质量水平（合格率）的关系，及其对经济效益影响程度。在实际工作中，企业要获得好的经济效益，必须追求最佳质量水平和最佳成本水平。所谓最佳质量水平不是最高质量水平，而是指质量要达到必要功能与成本耗费的最佳结合。

质量成本的各部分费用之间存在着一定的比例关系，所以对质量成本分析要深入到质量成本构成要素中去，探讨这些费用的合理比例关系，分析质量成本构成变化对质量及总成本的影响。如图 3-6 所示。

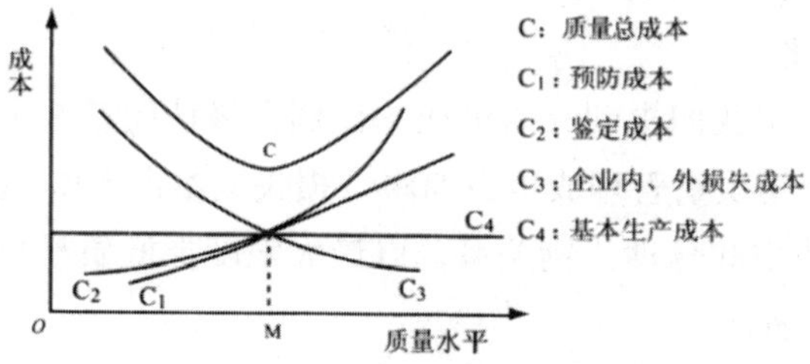


**图3-6 质量成本分析示意图**

当产品质量为 100% 不合格时，预防成本为零。随着质量升高，预防、鉴定成本逐渐增高；当质量为 100% 合格时，预防成本很高。企业内、外故障成本变动规律是：当产品质量较低时，企业内外损失成本很大，当然质量总成本也很大；当质量提高到 100% 合格时，企业内外损失成本为零。基本生产成本不随质量成本而变化，属于不变成本，质量总成本为 $C_1$、$C_2$、$C_3$、$C_4$ 之和。当质量水平较低或较高时，总成本都比较高，在 M 点或 M 点附近区域总成本最低，该点就是最佳质量水平点。

根据企业质量成本分析，企业还可以借鉴很多。图中还可以看出，曲线 $C_1$ 左面部分的变化趋势比较平缓；这说明当质量水平低时，即不合格品率高时，略微增加一些预防成本就可使不合格品率大幅度降低，即这时企业采用加强预防的措施会取得十分显著的效果。可是，当超过某个限度后，再要提高质量水平，即要求不合格品率进一步降低时，即使稍有一点变化，也要在预防成本上付出很大的代价。曲线 $C_2$ 则是另外的一种情况。当不合格品率为 0 时，曲线交于横轴，即内外损失成本也为 0。但随着不合格品率的增加，这部分成本急剧上升。企业要重视减少内外损失成本，如果内外损失成本的上升速度这么快，那么产品质量恶化，信誉下降将给企业造成严重损失。

产品质量成本构成要素并不是彼此孤立和毫无联系的，而是相互影响相互制约的。当企业放松检查后，鉴定成本可能很少，但将造成大量不合格品出厂，一旦在使用中被用户发现，产生显著的外部损失成本，就导致质量总成本的上升。反之，如果在企业内部严格质量管理，加强质量检查，虽然使鉴定成本增加，但损失成本大幅减少，使得质量总成本的降低。因此增加预防成本，加强工序控制，则会使内部损失成本和外部损失成本，甚至连鉴定成本一起都可能大大降低，而使质量成本大幅度下降。

综上所述，质量成本比例在最佳质量水平点附近应该最合适。根据国内外成功的经验，质量成本比例最佳值为 $C_3$ 占 50%，$C_2$ 为 40%，$C_1$ 占 10%，即质量管理成本占 50%，损失成本占 50% 为宜。

**3. 质量成本优化**

在质量成本分析中我们提到，质量成本比例在最佳质量水平点附近最合适，国内外成功的经验也表明质量管理成本占 50%，损失成本占 50% 比较适合。质量成本优化就是探讨这些费用的合理比例关系，以最大限度降低质量总成本，这是质量成本管理的一项重要任务。

质量成本分析的目的是，通过质量成本核算所提供的数据信息，对质量成本的形成，变动原因进行分析和评价，找出影响质量成本的关键因素和管理上的薄弱环节。再以质量成本报告的形式，将质量成本分析的结果，向领导及有关部门汇报，从而作为制定质量方针目标、评价质量体系的有效性和进行质量改进的依据。

据统计资料表明，质量成本的四类费用大致存在着以下的比例关系：内部损失成本占质量总成本的 25% ~ 40%，外部损失成本占质量总成本的 20% ~ 40%，鉴定成本占总成本的 10% ~ 50%，预防成本占总成本的 0.5% ~ 5%。这些数据说明：内部损失成本和外部损失成本占了总成本的大部分，根据最佳质量水平要求，应着重采取措施降低这部分成本。下面以质量特性曲线（图 3–7）来说明。

图中在质量最佳水平 M 点处附近将曲线划分为 I、Ⅱ、Ⅲ三个区域，它们分别体现质量成本各项费用的不同比例区域。

（1）I 区是质量改进区

一般来说，内外部损失成本占质量总成本的 70%，而预防成本不足 10% 的属于这个区域。这时，质量损失成本较大，是影响达到最佳质量成本的主要因素。因此质量管理工作的重点应放在加强质量预防措施，加强质量检验，以提高质量水平，降低内外部损失成本。

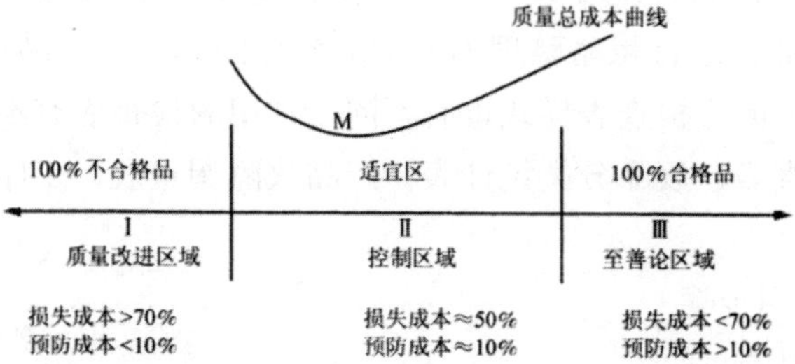


**图3-7　质量特性曲线示意图**

（2）Ⅱ区是质量控制区

这时内外损失成本约占总成本的50%，而预防成本约占10%。质量成本处于最佳水平，如果用户对这种质量水平表示满意，认为已达到要求，而进一步改善质量又不能给企业带来新的经济效益，则这时的质量管理的重点应是维持或控制现有的质量水平。

（3）Ⅲ区是质量至善区或质量过剩区

鉴定成本成为影响质量总成本的主要因素。这时质量管理重点应该减少预防费用和鉴定费用，适当降低质量水平，从而降低总成本。

综上所述，可以采取以下几项措施达到质量成本优化：

1）当质量总成本处于质量改进区时，应增加预防费用，采取质量改进措施，以降低质量总成本；当处于质量最佳区时，应维持现有的质量措施，控制住质量水平的最佳状态；若处于质量过剩区时，则应撤销原有的过严质量要求措施，减少一部分鉴定和预防费用，使质量总成本回到质量最佳水平。

2）通过增加预防成本，可在一定程度上降低鉴定成本。

3）通过增加鉴定成本，可降低外部损失，但可能增加内部损失成本。

## 二、质量管理方法

### 1. 常用的质量管理统计方法

在质量管理的历史发展过程中，数理统计方法和质量管理紧密结合起来，为加强质量管理效果提供了方法支持。时至今日，数理统计方法已经成为质量管理不可或缺的一部分。多年来企业广泛使用并取得显著效果的质量管理统计方法有如下几种：

（1）检查表

检查表也称为查检表、核对表等，它是用来系统地收集和整理质量原始数据，确认事实并对质量数据进行粗略整理和分析的统计图表。因产品对象、工艺特点、调查和分析目的的不同，检查表样式也有不同。常用的检查表有不合格品项目调查表，不合格原因调查表，废品分类统计表，产品故障调查表，工序质量调查表，产品缺陷调查表等。

1）检查表的应用步骤

①明确收集资料的目的。

②确定为达到目的所需收集的资料（这里强调问题）。

③确定检查的人员和方法。

④根据目的不同，设计检查表格式，其内容应包括调查者及调查的时间、地点、方式等栏目。

⑤对收集和记录的部分资料进行预先检查。

⑥如有必要，应评审和修改该调查表格式。

2）检查表的形式

①点检用检查表。在设计时即已定义使用时，只做是非或选择的注记，其主要功用用于确认检核作业过程中的状况，以防止作业疏忽或遗漏。例如设备保养查检表、点名册、装配表，等等。

②记录用检查表。主要用来收集计划资料，应用于不良原因和不良项目的记录。例如签到表、产品履历表、设备异常记录表，等等。

（2）分层法

分层法也称分类法或分组法，把“类”或“组”称为“层”。在进行分层时，常常按层把数据进行重新统计，作出频数频率分表。在分层时，要求同一层的数据波动较小，而不同层的数间的波动较大，这样便于找出原因，改进质量。一般如下分层：

1）按时间分：例如按日期、季节、班次等。

2）按操作者分：例如按性别、年龄、技术等级等。

3）按使用的设备分：例如按机床的型号、新旧程度等。

4）按原材料分：例如按原材料的成分、规格、生产厂家、批号等。

5）按操作方法分：例如按工艺流程、生产过程中所采用的温度等。

6）按检测手段分：例如按测量方法、测量仪器等。

7）按其他分：例如按使用单位、使用条件等。

（3）排列图

排列图将影响产品质量的众多因素按其对质量影响程度的大小，用直方图形顺序排列，从而找出主要因素。它是建立在帕累托原理的基础上。帕累托原理，又叫“80/20”法则，其内涵是“关键的少数和次要的多数”。利用这一原理可知，对质量产生主要的、决定性影响的往往是少数的项目。质量管理过程中，要解决的问题很多，但往往不知从哪里着手。通过区分最重要和最次要的项目，就可以用最少的努力获得最大的改进。

排列图由两根纵坐标和一根横坐标，若干个长方形和一条折线构成，具体用法如下：

1）两根纵坐标：

左：表示不合格品出现的频数（出现次数或金额等）。

右：不合格品出现的累计频率（累计百分数）。

2）一根横坐标：表示影响质量的各个因素（或项目），按影响大小顺序排列。

3）几个长方形：高度表示影响产品质量的大小程度（出现频率为多少），按从左到右，从大到小顺序排列。

4）一条曲线（或折线）：帕累托曲线，表示各影响因素大小的累计百分比。通常累计百分比将影响因素分为三类：占 0 ~ 80% 为 A 类因素，也就是主要因素；80% ~ 90% 为 B 类因素，是次要因素；90% ~ 100% 为 C 类因素，即一般因素。由于 A 类因素占存在问题的 80%，此类因素解决了，质量问题大部分就得到了解决。

（4）鱼骨图

鱼骨图，又叫石川图、特性要因图、树枝图、因果图，它表示质量特性波动与其潜在原因关系，亦即以图来表达结果（特性）与原因（要因）之间的关系，其结构见图 3–8。鱼骨图如能做得完整的话，容易找出问题之根本症结，采取相应的措施，解决质量问题。

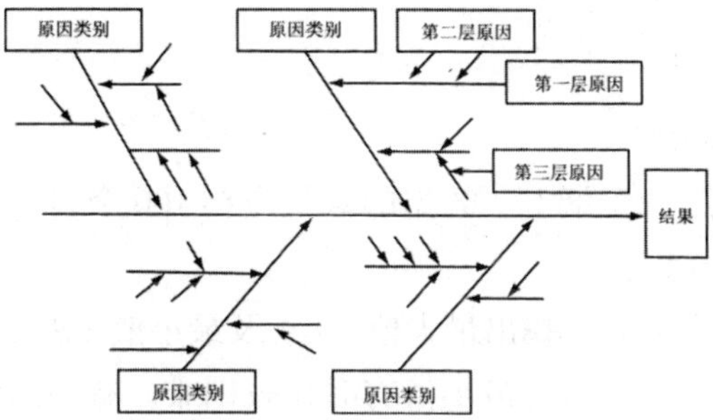


**图3–8　鱼骨图结构示意图**

1）鱼骨图类型

①整理问题型鱼骨图（各要素与特性值间不存在原因关系，而是结构构成关系，对问题进行结构化整理）。

②原因型鱼骨图（特性值通常以“为什么……”来写）。

③对策型鱼骨图（特性值通常以“如何提高 / 改善……”来写）。

2）鱼骨图制作

①简明扼要地规定结果，即规定需要解决的质量问题。

②头脑风暴，找出可能发生的原因的主要类别。

③开始画图，把“结果”画在右边的矩形框中，然后把各类主要原因放在它的左边，作为“结果”框的输入。

④寻找所有下一个层次的原因，画在相应的主（因）枝上，并继续一层层地展开下去。一张完整的因果图展开的层次至少应有 2 层，许多情况下还可以有 3 层、4 层或更多层。

⑤从最高层次（最末一层）的原因（末端因素）中选取和识别少量（一般为 3 ~ 5 个）看起来对结果有最大影响的原因（一般称重要因素，简称要因），并对它们作进一步的研究，如收集资料、论证、试验和控制等。

3）画鱼骨图的注意事项

①必须充分发扬民主，畅所欲言，各抒己见，集思广益，尽可能找出所有原因。

②确定要分析的主要质量问题（特性）。一个主要质量问题只能画一张鱼骨图，多个主要质量问题则应画多张鱼骨图。所以，鱼骨图是只能用于单一目的的研究分析工具。

③因果关系要层次分明，最高层次关系的原因就寻求到可以直接采取具体措施为止。

④“主因”必须用中性词描述，“要因”使用价值判断且一定要确定在末端因素上。

（5）直方图

1）直方图绘制步骤

①收集数据，并记录于纸上。数据的数量应在 100 个以上，在数量不多的情况下，至少也应在 50 个以上。

②确定数据的极差（R）。找出最大值（L）及最小值（S），R=L–S。

从全体数据中寻找最大值与最小值有时比较困难。有一简便方法，可以先找数据表各列（或各行〉数据的最大值与最小值，进而再从中找出全体数据的最大值和最小值。

③定组数（k）。数据为 5 ~ 100 时，选 5 ~ 10 组；数据为 100 ~ 250 时，选 7 ~ 12 组；数据为 250 以上时，选 0 ~ 10 组；一般情况下选用 10 组。

④确定组距（h）。h=R/k，求出组距的宽度。

为避免分组出现骑墙现象，组距（h）应该是测定值最小单位的整数倍。例如，假定最大值（L）及最小值（S）之差为 3.8，组数为 10，测定值最小单位 0.1，那么组距（h）取 0.4。

⑤确定组界值。先取测定值最小单位的一半，然后用最小值减去测定值单位的一半，作为第一组的下界值，即：

第一组下界值 =S– 测定值最小单位 /2

第一组的上界值 = 第一组的下界值 + 组距

第二组的下界值 = 第一组的上界值

依此类推……

⑥决定每组的中心点值。（上组界 + 下组界）/2= 组的中心点值

⑦统计频数（落在各组的数据个数）。依照数值大小记入各组的组界内，然后计算各组出现的次数。

⑧制作直方图。横轴表示测量值的变化，纵轴表示频数，将各组的组界值标示在横轴，频数标示在纵轴，作各组的矩形图。

2）直方图形态分析

正常生产条件下计量的质量特性值的分布大多为正态分布，这样获得的数据的直方图为中间高，两边低，左右基本对称的正态型直方图。但在实际问题中还会出现另一些形状的直方图，分析出现这些图形的原因，便于采取对策，改进质量。

①正态型

这是生产正常情况下常常呈现的图形，如图 3–9（a）所示。

②偏向型

偏向型有偏左和偏右之分。造成这种形状的原因是多方面的，有的是剔除了不合格品后作的图形，也有的是由于加工习惯造成的，比如加工孔的时候习惯于孔径偏小，呈偏左型，而加工轴的时候习惯于偏大，呈偏右型，如图 3–9（b）所示。

③双峰型

这种情况的出现往往由于把不同材料、不同加工者、不同操作方法、不同设备生产的两批产品混在一起造成的，如图 3–9（c）所示。

④孤岛型

在直方图的左边或右边出现了孤立的长方形。这种图形往往表示出现某种异常，譬如原材料发生了某种变化，生产过程发生了某种变化，刀具严重磨损，有不熟练的工人临时替班等，如图 3–9（d）所示。

⑤平顶型

直方图没有突出的顶峰，这种情况往往是由于生产过程中有某种缓慢变化的因素造成的，譬如刀具的磨损等，操作者疲劳等，如图 3–9（e）所示。

⑥锯齿型

直方图像锯齿一样凹凸不平，出现这种情况可能是由于测量方法不当，或者是量具的精度较差引起的，也可能是分组不当引起的，如图 3–9（f）所示。

当观察到的直方固不是正态型的形状时，需要及时加以研究，采取措施，改进质量。

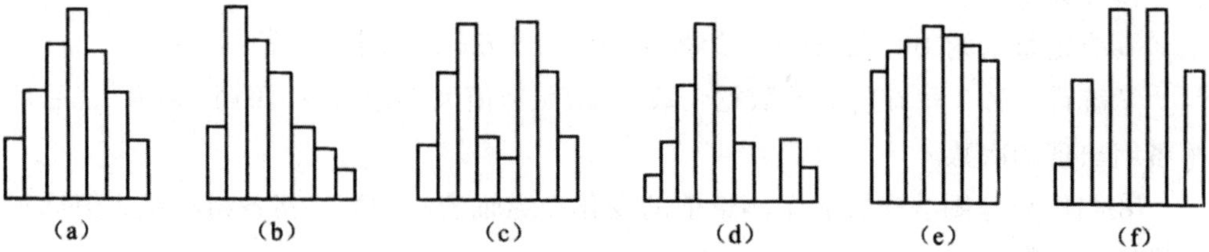


**图 3–9　常见的直方图形态**

（6）散布图

1）相关关系种类

在质量管理中，所要研究的变量之间的相关关系，主要有三种：

①因与果关系

生产条件与产品质量特性之间的相关关系就是原因和结果之间的相关关系。

②结果与结果关系

产品的某种质量特性与另一种质量特性之间的相关关系就属于这种关系。

③原因与原因关系

影响产品的某种质量特性的两种生产条件之间的关系就属于这种关系。

2）散布图画法

散布图画法比较简单，只要将具有相关关系的两个变量的对应观察值作为直角坐标平面上的点的坐标，一个作为横轴变量 X，一个作为纵轴变量 Y，并且把这些点描绘在平面上，那么就能得到一张具有相关关系的点的分布图，即散布图。

3）散布图形态分析

观察散布图，主要是查看点的分布状态，见图 3–10 通过对散布图的观察与分析，可以直观地对变量 X 与变量 Y 之间有无相关关系作出判断，从而便于采取相应的措施。

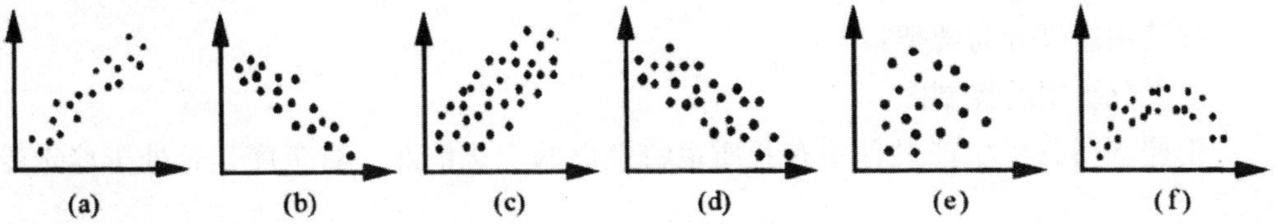


**图3–10　常见的散布图形态**

图形（a）和（b）表明 X 和 Y 之间有强的相关关系，且图形（a）表明是强正相关，即 X 大时，Y 也显著增大；图形（b）表明是强负相关，即 X 增大时，Y 却显著减小。图形（c）和（d）表明 X 和 Y 之间存在一定的相关性。图形（c）为弱正相关，即 X 增大时，Y 也大体增大；图形（d）为弱负相关，即 X 增大，Y 反会大致减小。图形（e）表明 X 和 Y 之间不相关，X 变化对 Y 没有什么影响。（f）表明 X 和 Y 之间存在相关关系，但这种关系比较复杂，是非线性相关，而不是线性相关。

对散布图观察和分析时，要注意几个事项：

①注意有没有异常点

在散布图上，如果有偏离集体很远的点，那么此点对应的数据应当认为时异常的。因此，有必要调查造成异常的原因。在多数场合，除了测定时出差错和记录时疏忽造成异常之外，散布图上的异常点都是由生产条件变化造成的。

②观察有没有分层的必要

如果用受到两种或两种以上因素影响的数据绘制散布图，可能会出相两种情况：一种是散布图整体看不相关，但如果作分层观察，则又存在相关关系；另一种是散布图整体呈相关关系，但如果分层观察，则又不相关。因此，在绘制散布图时，必须注意区分不同性质的数据，用不同记号或颜色来表示分层数据所代表的点。

③明确存在相关的范围

在研究两个变量之间的相关关系时，必须明确它们在什么范围内相关。有时当一个变量在小范围内取值时，它和另一个变量似乎不相关，但是当它在足够大的范围内取值时，和另一个变量却明显地存在相关关系。因此，要确定两个变量存在相关的范围，便于在一定规模范围内控制质量的特性。

通过观察散布图，虽然可以对变量间的相关趋势作出大致的估计，但是由于缺乏客观的统一判定标准，可靠性较低，还只能说是一种定性判断的方法。为了提高判断的精度，在实际工作中，常采用相关系数检验法，帮助进行准确判定。

（7）控制图

1）控制图分类

按其用途可分为两类：

①供分析用的控制图

用控制图分析生产过程中有关质量特性值的变化情况，看工序是否处于稳定受控状。

②供管理用的控制图

主要用于发现生产过程是否出现了异常情况，以预防产生不合格品。

按控制对象（目标特征值）的变化分为两种：

Ⅰ稳值控制图

一般用于对产品质量或目标值恒定不变的目标实施状态进行控制，控制图中通过中心线表示计划目标值，虚线表示控制上下限。

Ⅱ变值控制图

变值控制图用于对目标值随时间变化的目标实施状态进行控制。从计划线与实际线的对比，可看出目标实施状态，对于超出计划线的情况，查清超出的原因，采取措施，将其控制在计划线以下。

2）控制图的预防作用

控制图在贯彻实施中主要起到在问题出现初期，就能动态地解决，起到预先预防作用，主要体现在以下两个方面。

①应用控制图对生产过程不断监控，当异常因素刚一露出苗头，甚至在未造成不合格品之前就能及时被发现，在这种趋势造成不合格品之前就采取措施加以消除，起到预防的作用。

②在现场，更多的情况是控制图显示异常，表明异常原因已经发生，这时一定要贯彻“查出异因，采取措施，保证消除，不再出现，纳入标准”。否则，控制图就形同虚设，发挥不了应有的作用。每实施一次控制就消除一个异常因素，使它不再出现，从而起到预防的作用。

**2. PDCA循环**

（1）PDCA 循环的步骤

PDCA 循环是一个质量持续改进模型，它包括持续改进与不断学习的四个循环反复的程序和八个步骤，见图 3–11。PDCA 循环就是按照这四个程序和八个步骤，不停顿地周而复始地运转。

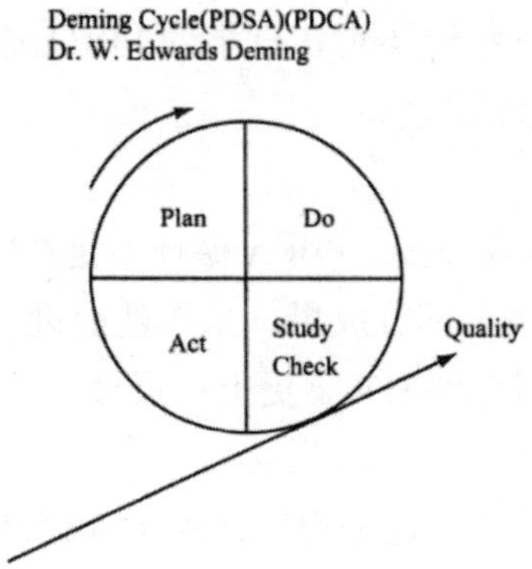


**图 3–11　PDCA 循环图**

1）计划阶段

计划阶段经过分析研究，确定质量管理目标、项目和拟定相应的措施。其工作内容可分为四个步骤：

①分析现状、找出存在问题，确定目标。

②分析影响质量问题的各种原因。

③从影响质量的原因中找出主要原因。

④针对影响质量的主要原因，拟订措施计划。

2）执行阶段

执行阶段根据预定目标和措施计划，落实执行部门和负责人，组织计划的实现。其工作步骤为：执行措施、实施计划。

3）检查阶段

检查阶段检查计划实施结果，衡量和考察取得的效果，找出问题。其工作步骤为：检查效果，发现问题。

4）处理阶段

处理阶段总结成功的经验和失败的教训，并将成功经验纳入有关标准、制度和规定，巩固成绩，防止问题重新出现，同时，将本循环中遗留的问题提出来，以便转入下一个循环去加以解决。其工作步骤为：

①总结经验，把成功的经验肯定下来，纳入标准。

②把没有解决的遗留问题，转人下一个阶段。

（2）PDCA 循环的特点

1）环环相扣

大环套小环，小环套大环，一环扣一环。如果把整个企业的工作作为一个大的PDCA 循环，那么各个部门、小组还有各自小的 PDCA 循环，大环带动小环，一级带一级，有机地构成一个运转的体系。

2）阶梯式上升

PDCA 循环每转一周就提高一步。PDCA 循环不是在同一水平上循环，每循环一次，就解决一部分问题，取得一部分成果，工作就前进一步，水平就提高一步。到了下一次循环，又有了新的目标和内容，更上一层楼。

3）关键程序

PDCA 循环关键在于“处理”这个程序，推动大循环阶梯式上升，实现质量管理飞跃。

（3）PDCA 循环与质量管理常用工具之间的关系

在 PDCA 这八个步骤中，需要利用大量的数据和资料才能作出科学的判断，对症下药。如何收集和整理数据？这就用得着质量管理工具、方法和技术。它们之间的关系如表 3-11 所示。

表3-11　PDCA循环和常用工具关系

| 阶段 | 步骤 | 主要办法 |
|---|---|---|
| P | 1.分析现状，找出问题 | 排列图、直方图、控制图 |
| | 2.分析各种影响因素或原因 | 鱼骨图 |
| | 3.找出主要影响因素 | 排列图、散布图 |
| | 4.针对主要原因，制定措施计划 | 回答“5W1H”<br>为什么制定该措施（Why）？<br>达到什么目标（What）？<br>在何处执行（Where）？<br>由谁负责完成（Who）？<br>什么时间完成（When）？<br>如何完成（How）？ |
| D | 5.执行、实施计划 | 要按计划执行，严格落实措施 |
| C | 6.检查效果、发现问题 | 排列图、直方图、控制图 |
| A | 7.总结成功经验，制定相应标准 | 巩固成绩制定或修改工作规程、检查规程及其他有关规章制度 |
| | 8.把未解决或新出现的问题转入下一个PDCA循环 | 反映到下一计划（从步骤1开始） |

## 三、全面质量管理

### 1. 全面质量管理的主要内容

（1）设计过程质量管理的内容

产品设计过程的质量管理是全面质量管理的首要环节。这里所指设计过程，包括市场调查、产品设计、工艺准备、试制和鉴定等过程（产品正式投产前的全部技术准备过程）。主要工作内容包括通过市场调查研究，根据用户要求、科技情报与企业的经营目标，制定产品质量目标；组织有销售、使用、科研、设计、工艺、制度和质管等多部门参加的审查和验证，确定适合的设计方案，等等。

（2）制造过程质量管理的内容

制造过程是对产品直接进行加工的过程。它是产品质量形成的基础，是企业质量管理的基本环节。它的基本任务是保证产品的制造质量，建立一个能够稳定生产合格品和优质品的生产系统。主要工作内容包括组织质量检验工作；组织和促进文明生产；组织质量分析，掌握质量动态；组织工序的质量控制，等等。

（3）辅助过程质量管理的内容

辅助过程是为保证制造过程正常进行而提供各种物资技术条件的过程。它包括物资采购供应，动力生产，设备维修，工具制造，仓库保管，运输服务等。它主要内容有：做好物资采购供应（包括外协准备）的质量管理，保证采购质量，严格入库物资的检查验收，按质、按量、按期提供生产所需要的各种物资（包括原材料，辅助材料，燃料等）；组织好设备维修工作，保持设备良好的技术状态；做好工具制造和供应的质量管理工作等。

（4）使用过程质量管理的内容

使用过程是考验产品实际质量的过程，它是企业内部质量管理的继续，也是全面质量管理的出发点和落脚点。这一过程质量管理的基本任务是提高服务质量（包括售前服务和售后服务），保证产品的实际使用效果，不断促使企业研究和改进产品质量。它主要的工作内容有：开展技术服务工作，处理出厂产品质量问题；调查产品使用效果和用户要求。

### 2. 全面质量管理的基本工作程序和方法

PDCA 循环是全面质量管理最基本的工作程序。实现全面质量管理需要从确定方针和目标到制订实施方案和贯彻执行，形成一个全面质量管理系统。通过信息反馈和对信息的分析研究，确定下一步的方针和目标。应用 PDCA 循环，在计划阶段，应用预测技术对市场产品质量需求等进行预测，经过分析研究，确定质量管理目标、项目和相应的管理方案；然后进入实施阶段，根据预定的目标和经过优选的方案，组织具体部门和人员实施；再次进入检查阶段，检查方案的实施情况，评价工作成果，找出问题；最后进入处理阶段，总结成功的经验和失败的教训，采取相应措施巩固成绩，防止问题再度出现；同时，将本次循环中的问题提出，以便转入下次循环解决。

在应用 PDCA 循环四个阶段进入全面质量管理工作程序，解决质量问题时，需要收集和整理大量的书籍资料，并用科学的方法进行系统的分析。全面质量管理要采取多种多样的管理方法。广泛运用科学技术的新成果，尽量用数据说话，坚持实事求是，科学分析，把质量管理建立在科学的基础之上。最常用的就是上一小节介绍的七种统计方法，它们是检查表、分层法、排列图、鱼骨图、直方图、散布图和控制图。这套方法是以数理统计为理论基础，不仅科学可靠，而且比较直观，在全面质量管理过程中提供了技术方法支持。

随着企业信息化程度的提高，企业在全面质量管理阶段，也要积极利用电子计算机建立质量管理信息系统，以便迅速地收集、处理、储存、检索、传递和更新质量管理所需要的数据和资料。

**3. 全面质量管理的特点**

全面质量管理的特点，见表 3-12。

**表 3-12　全面质量管理的特点**

| 特点 | 具体内容 |
|---|---|
| 管理的范围是全面的 | 从产品的设计、制造、辅助生产、供应服务、销售直至使用的全过程，均需把好质量管理关 |
| 管理的人员是全面的 | 企业的全体人员都是质量管理的参与者，因而全面质量管理是一种全员的质量管理方法 |
| 管理的内容是全面的 | 不仅要管好产品质量，还要管好产品质量赖以形成的工作质量 |
| 管理的方法是全面的 | 全面质量管理并没有固定不变的管理方法，而是根据不同的情况灵活地采用不同的管理技术和方法，包括科学的组织工作、数理统计方法的应用、现代化科技手段和技术改造措施等 |

# 第四章　技术创新与新产品开发管理研究

## 第一节　技术创新与新产品开发

### 一、企业技术创新与新产品开发的重要性

（1）技术创新是提高企业经济效益的根本途径。扩大市场占有率，增加产品销售收入是企业获利的基础。而销售收入的增加，市场占有率的扩大可以通过积极的促销手段、完善的营销网络来实现，但持久的、坚实的营销策略则是产品本身的结构、性能、质量、档次及由此决定的价格。只有适销对路的产品，满足消费者需求的产品才具有长久的生命力。因此，要提高企业的经济效益，必须通过不断技术创新，不断改善企业的产品结构，以提高产品的附加值。技术创新是提高企业经济效益的根本途径。

（2）技术创新是消除市场成熟化、替代化和发展新产业的有效出路。任何一种产品的市场容量都是有限的，当一种产品市场发展到一定程度，就会出现供过于求或饱和的状态。此时，整个行业的生产能力出现过剩，这必然会加剧市场竞争的程度。竞争的结果就会淘汰掉实力较弱的企业，最后这个行业的市场将被一些实力雄厚的竞争者占据。在这种情况下，竞争的胜利者只有通过持续的技术创新才能维持其优势；而被迫退出市场的失败者，也只有通过技术创新另谋出路。另外，当一个企业的产品被另一个企业的产品所替代时，现行技术领域的领先者未必会成为新技术领域的领先者，故被替代企业只有通过技术创新才能寻找出新的发展机会。尤其是在技术进步迅速，消费者需求个性化、多样化的时代，产品换代的速度曰趋频繁，只有技术创新才是消除市场成熟化、替代化和发展新产业的有效出路。

（3）技术创新是提高企业竞争实力的基本方法。竞争是企业之间为争夺消费者而进行的努力，满足消费者利益最大化的企业必能赢得竞争。因此，企业可以针对不同的目标市场（消费者）通过技术创新，提供能满足各自需求的差异化产品来战

胜对手。例如，企业可以利用自己的研究开发优势，制造出比竞争对手性能更好、质量更好、规格更多的产品；也可以利用大规模生产、先进工艺设备的优势，降低成本，创造同质低价的竞争优势；还可以利用支配流通领域的能力，为消费者提供优质的售后服务。由此可见，所有这些"制造差异化"的竞争手段都离不开技术创新，技术创新是提高企业竞争实力的基本途径。

（4）技术创新是维持企业持续竞争优势的关键手段。企业竞争优势是指一个企业在向消费者提供具有某种价值的产品或服务过程中所表现出来的超越其他竞争对手并能在一定时期之内创造超额利润的属性或能力。在市场竞争中，企业不仅希望能够在短期内或某个时点上获得竞争优势，而且更希望能在长期内抵御竞争者的侵蚀而维持竞争优势。战略管理理论认为，企业获取竞争优势的源泉在于拥有某些具有增值性、稀缺性、不可模仿性和不可替代性的资源要素（称之为专用性或关键性资源）；企业既可以通过隔离机制，保证原有关键性资源不被模仿和替代来延续原有的竞争优势，也可以通过持续的创新活动培植、更新、丰富企业的键性资源来不断产生新的竞争优势。由于隔离机制维护的复杂性，使得企业通过隔离机制维持竞争优势较难，因此创新活动就成为企业获取持续竞争优势的最根本途径。企业持续竞争优势与技术创新的良性循环图如图 4–1 所示。

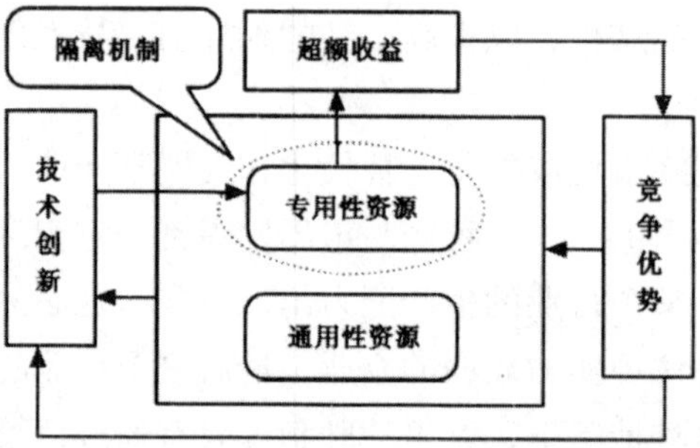


图4–1　技术创新与企业持续竞争优势良性循环示意图

## 二、技术创新与新产品开发管理和现代企业管理

如前所述，现代企业的竞争越来越依赖于科学技术。技术创新是企业的灵魂，是企业生存与发展的基本前提。但在市场经济条件下，企业的技术能否成为企业内在的发展动力，企业能否通过技术创新增强盈利能力和竞争力，其实不仅仅是一个单纯的技术问题，而是一个管理问题，而这一管理问题日益受到人们的关注。著名

的经济管理学家彼得·杜拉克曾经强调，20世纪日本经济强盛的原因并不是因为日本在某个领域成为技术先锋，而是由于它们在管理上的领先，即对技术的管理。

技术创新一般可以理解为从新产品或新工艺的设想产生到市场应用的完整过程，但另一方面，从技术创新的职能角度看，也可以将其理解为一种为实现企业经营目标的经济性行为。在技术创新的历史上，偶然发现和灵感曾经起了很大的作用，至今也并不是没有偶然发现和灵感，但现代企业的技术创新已经变得越来越有计划和组织，计划性和组织性已成为现代企业技术创新的主流。这一点体现在企业内部，就是企业有计划、有组织的技术创新活动已成为企业经营战略和企业基本活动中不可缺少的重要部分。因此，为了有效地进行技术创新，不仅需要技术上的创造力，对技术创新从时间、预算、组织、人才等多方面进行^1*学管理也已成为必不可少的前提条件。但是，由于技术创新活动本身所具有的创造性特点和不确定性特点，企业技术创新的管理与企业的其他管理相比较，更复杂和更困难，更具独特性。表现在：工作人员应具有强烈的创造意识和专业归属意识，独立性较强；活动内容和过程经常变化，从而组织结构也随之变化，没有一成不变的固定模式；有些活动成果很难测评；各种人员之间必须形成一种平等和谐而又热烈的关系局面；需要不断提出新的挑战性任务，时间和预算的不确定性更大等。因此，近年来技术创新管理已开始作为一门新兴的专门学科被研究。技术创新对企业具有重要的作用，而技术创新与新产品开发管理在现代企业管理中的重要性也日益提高，有效地组织和管理技术创新活动是21世纪现代企业获取竞争优势的关键所在。

## 第二节　现代企业的技术创新管理

### 一、企业技术创新战略规划

#### 1. 企业创新战略类型

（1）领先创新战略。领先创新战略，又称进攻型创新战略，是指企业拟在市场上最早推出新产品所采取的技术创新战略。

企业选择领先战略必须具备如下条件：企业有大量的研究开发投入，并具有很强的技术研究和开发能力；企业后续部门具有快速反应和配合的能力，能够迅速将研究开发的成果产品化；企业具有较强的市场营销能力，能够迅速打开市场；企业必须有很强的知识产权保护意识，形成隔离机制。因为越是创新产品，越易受人模仿；要有持续创新能力。一般而言，创新技术的复制、模仿需要一定时间，在此时间内，如果技术领先者能持续创新，推出新一代产品，往往能保持住这种技术领先地位。

技术领先者相比较后继者而言，具有以下优势：由于领先者常常是敢于开拓的企业，领先者由此而获得独特的市场信誉，使自己与用户比较容易建立起良好的关系；领先者率先进入市场容易建立销售网络和人们消费习惯，具有市场比较优势地位；通过制定技术标准，使市场的随后进入企业在制造同类产品时，须向领先者的技术标准进行认同，从而增加了市场进入成本。

创新领先者也有不少比较劣势：创新领先者的开发成本较高，而这反过来又能减少模仿者的市场进入成本；创新领先者需花大量时间去开拓市场。

（2）跟随创新战略。跟随创新战略，又称防守型创新战略，是指让进攻型策略的企业先搞出技术来，然后通过对专利情报的分析，或对实物的解剖，或通过引进等方式，掌握关键技术，模仿、追随或再度开发产品以占领市场的战略。

采取跟随创新战略的企业要想取得成功首先需要有能够迅速及时地掌握其他企业技术创新的“动向和成果”的情报网络，要有很强的解剖能力和分析手段，并能够在一种新产品上市后迅速准确地分析使用者的评价，能够对本企业是否追随做出正确果断的决策，以及要有较强的经营管理水平，使模仿产品的成本和质量都具有竞争力。在这种创新战略下，企业应以不断提高通用技术水平为研究重点，技术创新的组织形式要富于弹性，研制周期要短等等。

跟随创新战略的优势在于：跟随者无需做大量的研发工作，成本较低；由于市场对新产品已有一定程度的认可，模仿者在开辟新市场时风险较小；跟随者通过参考创新者比较成熟的技术和经验教训，可以高效快速地实现创新；跟随者往往在领先创新者产品还没有扩展到的地区或跟随者利用低价优势开辟自己的市场。历史表明，许多大公司都是在某一产业的新兴初期和主导设计产生之前进入该产业而获得了较大市场利润。IBM 就是以跟随创新战略方式进入计算机行业而一举获得成功。

跟随创新战略的缺点在于：由于领先创新者会采取某种方式来保护自己的知识产权，跟随者必须想办法绕过领先者的知识产权而确立起自己的知识产权；另外，由于领先者在市场上有先入的优势（包括销售渠道和消费市场等），若没有二度创新的能力，企业可能无法克服市场进入壁垒，在市场上很难获取竞争优势。

**2. 技术创新战略目标的设立**

技术创新战略作为企业经营战略的一部分，其战略目标是由经营战略的目标所决定的。但是企业的经营战略目标并不能直接作为技术创新的目标。在选择和决定企业技术创新战略目标时，首先应明确企业的经营目标，同时还应把企业现有的技术与市场、对现有事业所采取的策略，以及企业资源（包括人力、资金资源）作为重要的判断因素。这些对于技术创新的方向，提高技术创新的效率和成功率都有很大的影响。

3. **技术创新的空间选择**

企业技术创新的空间选择，就是在由市场 – 技术组成的创新空间中的定位问题。其定位过程可划分为两个阶段：第一阶段为创新子空间的选择，即新事业领域选择问题；第二阶段为创新技术的选择，即根据前一阶段选定的创新子空间的市场、技术特性，结合对企业自身核心能力以及创新实现方式的考虑选择具体的创新技术。

（1）新事业领域的选择。企业从现有技术和现有市场向新事业领域的探索可以分为四种类型（图 4–2）。

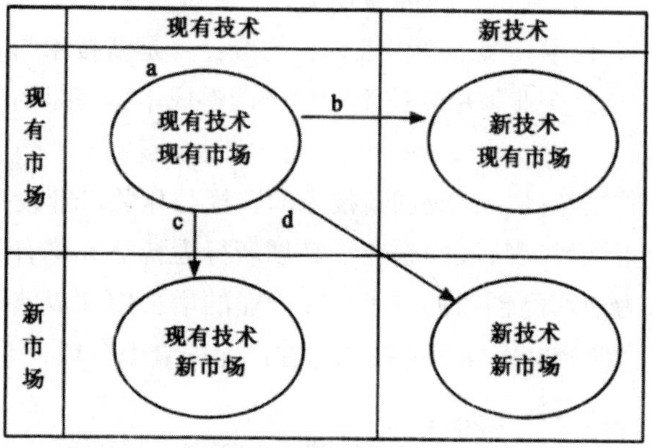


**图 4–2　企业技术创新事业领域的类型**

①在现行事业领域，依靠现有的技术开发多种产品，以扩大现有市场；②向原有市场推出用新技术开发出的新产品；③利用原有技术的产品打入新市场；④用新技术开发新产品，并 加入新市场。

在这四种类型中，①型通常只是有产品的改进或同系列产品的开发，技术、市场的风险都很小。②型的技术风险较大，对技术创新的依赖程度也较高。③型的重点应是对原产品进行改进以适应新市场，因此市场风险较大。④型一般是要开发全新产品投入到新市场，因此技术风险和市场风险都很大，技术创新起着关键性的作用。这四种类型有着不同的特点或性质，企业进行新事业领域选择的决策时，必须首先分析不同市场条件下的不同产品的特点，了解企业自身创新资源状况（强项、弱项），并在对创新空间（市场、技术）的“新”、“旧”不同类型组合及各维结构特征现状和发展趋势（机会、威胁）进行分析的基础上，选定对企业有利的创新子空间和方式来进入新事业领域。

（2）创新技术的选择。影响创新技术选择的主要因素有：

①创新技术的市场特性。创新贵在以“新”胜“旧”，无论是根本型创新还是渐进型创新，至少在某一方面应具有优于市场上已有技术的特性；

②用户的需求及其变化。满足用户的需求是新技术的价值在市场上得以实现的前提条件，创新企业只有迎合、引导并创造用户需求，创新选择才有可能获得成功；

③企业自身的核心能力。企业的核心能力是能够使企业显示自身特色并为之带来竞争优势的一个知识集合。建立在企业的核心能力上的创新才能立于不败之地。

④竞争对手的态势，即竞争对手现有的同类或替代技术的情况，以及竞争对手对推出此项创新技术可能做出的反应。

⑤当企业面向新的市场域选择创新技术时，还应考虑市场进入壁垒及由此引发的“技术转换成本”。技术转换成本由三部分构成：一是新技术与企业原有技术域之间的“匹配成本”；二是企业采用新技术的生产调整成本；三是由新技术的不确定性所带来的风险成本。

⑥产业的技术阶段特性。企业创新技术的选择与相关产业发展的不同阶段有密切关系，处在产业不同发展阶段的企业，其创新行为特征亦将有所不同。在产业的萌芽期，可研制致力于产品创新的技术。在产业的增长期和成熟期，应分别致力于可使产品成本降低、使产品多样化的技术。在产业的衰退阶段，要注重选择新技术，使企业完成新旧产品的交替。

影响企业技术创新的技术选择因素如图 4–3 所示。

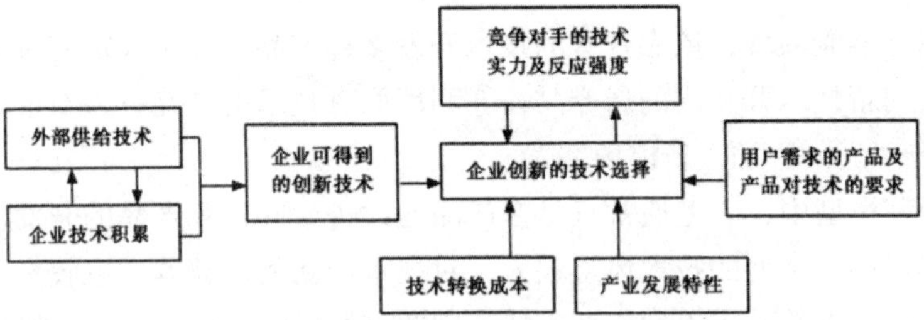


**图 4–3　企业创新方向的技术选择因素图**

（3）技术创新方式的选择。一般来说，技术创新有以下几种方式：

①独立技术创新方式，也称自主技术创新方式。这是在本企业技术力量范围内可能实现目标的基础上选择的方式。这种方式的有利方面是研究与开发活动完全可以独立管理，可以取得由研究与开发成果所带来的全部经济利益，并能加强与提高

企业研究与开发的能力。不利方面是必须独自承担进行研究与开发投资的全部风险。

②模仿技术创新方式。这是指在率先创新者的示范影响和利益机制驱动之下，企业通过合法手段（如购买专用技术或专用许可等方式）引进领先者技术，或通过逆向工程或反求工程等手段破解领先者的技术，进而模仿、改进制造产品的创新模式。采取这种方式的大都是发展中国家的企业。他们与技术领先者相比，技术差距较大，难以直接与之竞争，但他们可利用地区等因素通过模仿而进入这一产品领域。这种方法的有利方面是风险小，见效快，企业的技术创新人员在此过程中也可得到一定的提高。不利方面是模仿创新，尤其是技术引进创新的实现通常是要付出一定的代价、承担一定的义务的，还会带来限制今后企业经营自由的可能。

③合作技术创新方式。这是利用本企业和其他企业或公共研究机关各自不同的研究基础，共同或合作进行技术创新的方式。采取这种方式一般出于两个原因：一是为达到战略目标仅依靠本企业的力量有困难，只有依靠合作者的技术专长才有可能实现；二是通过与其他企业或部门合作，不仅能够取得开发成果的利益以外，还可能取得其他的经营利益，如合作营业、建立承包关系或长期交易关系等。共同研究一般有四种形态；按生产流程如材料—加工—组装分工的企业垂直合作；共同承担风险的同行业企业的水平合作；产（企业）、官（政府）、学（科研机构）的共同合作；以及政府指导下的共同合作。采取这种技术创新方式主要应考虑如何适当地分配各个企业、部门投入的资源，分担的责任，以及今后可能带来的利润。

## 二、技术创新费用管理

### 1. 研究费用的计划与控制

研究费用一般由材料费用、人事费用、设备费用以及流动费用构成。研究费用计划制定的步骤是：

（1）进行内外部情况分析。一般是从市场竞争程度和企业能力大小两方面来考虑。对于前者，不仅要考虑与同类企业的竞争，还应考虑与相关行业企业的可能竞争，以了解竞争对手情况及企业在市场中的位置；对于后者，则不仅要考虑企业的资金、人才供给能力，还应考虑企业的管理、生产及营销能力的大小，以确定企业的研究规模。

（2）确定费用规模。在确定了研究规模的基础上，利用一定的方法来确定费用规模。可采用的方法有：定率法。即根据企业的销售额、利润、投资额或流动资金等的实值中技术创新费用所占的一定比率，并结合企业未来相关销售额等指标的预测值来决定研究费用范围；定额法。即为了维持技术创新活动的稳定，根据以往经验以固定金额决定研究费用范围；比较法。即根据同行业其他企业的研究费用平均值、领先企业或有直接竞争关系的企业的研究费用实际数额或比率来制定出能与其抵抗的本企业的研究费用范围。

（3）在研究费用规模的基础上，参照企业长期经营目标、发展规模等，制定出适当的研究费用规模计划。

制定出研究费用计划后，就要实施计划。实施计划中，为了尽力避免风险和损失，应该经过分析把资金优先投入到最有效的研究项目中；另外，还必须根据市场、经济技术环境变化及企业具体情况适时修改和变更投资计划。在某种情况下，也许会停止向某个研究项目继续提供费用，而把该部分费用转移到其他研究项目上。

**2. 研究费用的经济性分析**

为了分析企业研发投入是否被有效利用以及是否取得了预期的效果，必须对企业的研究费用进行经济性分析。对此要注意几个问题：

（1）由于现代的技术创新通常需要较长的时间，研究结果转变为企业的实际效益也需要一定的时间，所以必须以一种长远的目光来看待研究与开发的成果。

（2）经过长期的技术创新而创造出的企业经济效益不仅仅是技术创新的单独产物，而是企业经营、生产、销售、财务等不同部门经营活动的共同成果，因此要注意采用适当的方法、指标来评价该技术创新效果。

（3）研究费用经济性分析方法问题。由于技术创新本身的性质所决定，技术创新效果并不一定全部能够用数字来表示。因此，在分析研究费用经济性问题时，既要采用定量化分析方法，也要采用定性分析方法；尤其是考虑到技术创新效果与企业整体效果的关系，故以企业的整体业绩为重点，把技术创新成果作为综合评价的一环，这样既可以评价出企业的整体经营效果，也可以评价出技术创新效果对企业的贡献，所以是可行和有效的方法。

## 三、技术创新组织

技术创新组织机构一般有以下四种类型（见表 4–1）：

**表 4–1　技术创新组织机构的类型**

| 型式 | 内容 |
|---|---|
| 分散型 | 可以有如下表现形式：不设置中央研究所，各事业部或工厂设立各自的研究机构；同时设有中央研究所和各事业部或工厂的研究机构（研究部或研究室），彼此相互独立；中央研究所人员分散在各事业部或工厂进行研究。一般机械等工业部门的企业大多采取分散型组织，另外，从企业规模看，大型企业一般以分散型组织为主 |

续表

| 型式 | 内容 |
| --- | --- |
| 集中型 | 即指企业的研究与开发都集中在一个研究机构，即所谓的中央研究所机构。一般冶金、食品、医药和化学工业等部门的企业，大多采取集中型组织；另外，从企业规模看，中小型企业大多采用集中型组织 |
| 混合型 | 可以有如下表现形式：企业同时设有中央研究所和各事业部或工厂的研究机构（研究部或研究室），彼此相互独立；设中央研究所，有部分人员分散在各事业部或工厂进行研究。一般适于大企业特别是实行多样化经营的大企业。这些企业除了各事业部或工厂拥有研究机构外，还有进行新产品、新技术开发以及基础研究的中央研究所、基础研究所以及综合研究所，等等 |
| 矩阵组织形式 | 对一些没有常设研究机构的中小企业，一般是以课题组的方式来组织和开展研究与开发活动，即所谓的课题责任制。课题组的成员来自各个职能部门，一旦课题的目的达到，成员还返回各自的职能部门；在课题日趋复杂、课题组数目增大的情况下，可以再确定管理指导全盘工作的产品负责人，由产品负责人统管各课题组长，即所谓的产品责任制。课题责任制以及产品责任制组织与企业的职能组织相互交叉，实际上就形成了通常所说的矩阵组织形式。在采取职能制组织结构的企业中，用这种矩阵组织形式来组织技术创新工作是很有效的 |

## 第三节　企业新产品开发

### 一、新产品开发方向

新产品的开发方向主要有以下几个方面：

（1）大型化、微型化、轻型化。由于专业化及整体效益的缘故，像船舶等运输设备，水压机、金属压延机、发电机等均向大型化发展；而有些生产资料和大部分生产资料，通过缩小产品的体积，减轻重量，向着便于携带、运输、安装的方向发展，而且这样还可以大量节省资源和能源，降低成本；轻型化主要是对重工业生产企业而言的。重工业企业改变只生产重工业产品的传统，适当地生产一些生活消费品，如重工企业生产些耐用消费品；军工企业生产一些民用品；重型化工企业生产些轻化工产品；机械工业企业为轻工企业提供一些先进技术装备等。

（2）复合化。即把功能上相互关联的不同单一产品发展为复合产品。例如，洗衣机和干燥机的一体化，集打字、计算、储存、印刷为一体的便携式文字处理机，集办公（文字处理、电话、传真）、计算、娱乐为一体的多媒体计算机等。

（3）节能化。这是一个新的也是今后产品发展的主要方向之一。从工业生产设备到耐用消费品，尤其是家用电器，节能化产品会给用户和整个社会带来极大的经济利益，而且这方面的潜力相当大。

（4）高能化、多能化。高能化，即提高产品的功能效率（速度、精度、使用可靠性、寿命等）。多能化，即一机多能，一机多用。电子计算机、机床设备等都在向高能化发展；耐用消费品向多能化发展。例如，收录唱组合音响，多功能计算器等。在扩大产品功能时还应注意提高产品的效率和精度。

（5）艺术化、品味化。即从产品的造型、色彩、质感和包装等方面使产品款式翻新，风格各异，体现独特的艺术品味，给人以健康、美的享受。

（6）智能化、知识化。即把一般人需要长期学习才能掌握的知识和技术转化到产品中去，使产品功能“傻瓜化”。这可以使许多专业性产品发展成大众产品，从而大大扩大这些产品的市场。

## 二、新产品开发的方式

新产品开发的方式见表 4–2。

**表 4–2 新产品开发的方式**

| 方式 | 内容 |
| --- | --- |
| 独自研制 | 企业通过自己的研发部门，对社会潜在的消费需求或现有产品存在的问题开展基础理论和应用研究，从而设计出具有突破性的新产品或更新换代产品。这要求企业要有雄厚的资金和强大的研发力量 |
| 委托研制 | 指企业通过支付一定的研究开发费用，委托社会上独立的研究机构、研究人员为其研制本企业特定产品。这种方式充分利用了社会上科技力量，减少了企业用于这方面的基础研究费用，又能达到与独自研发同样的效果 |
| 联合研制 | 这种方式是将企业内外技术力量结合起来开发新产品，如从社会上请专家、教授、研究员、工程师等来厂进行技术指导、审查设计方案；或与科研单位、大专院校组成联合设计小组，共同攻关；还可组成各种形式的科研–生产联合体，共同开发新产品等等。多年来的实践证明，这种联合开发、技术协作的形式，是我国开发新产品的一种有效的、良好的形式 |
| 仿制方式 | 按照样品仿制国内外的新产品，是迅速赶上竞争者的一种有效的新产品发展形式。其优点是仿制费用低，成功率高。其缺点是上市落后一步，市场占有率较领先发展新产品的企业要低。但是如果能在仿制时有所创新，则可收到后发制人之效。此种方式的运用要注意不能违反有关新产品专利权的法规 |
| 技术引进 | 指通过与外商进行技术合作、补偿贸易，向国外购买技术专利、关键设备等，引进比较先进和成熟的新技术。其优点是，能够利用有限的资金和技术力量，较快地掌握先进的生产技术，缩短与国外产品的技术差距，提高企业的竞争能力。但是，由于这种产品的市场已为别人率先占领，技术引进的代价也较高，只能有选择地重点引进，引进以后，要在一定时间、一定范围内造成产品市场优势才是可取的 |

## 三、新产品开发的程序

新产品的开发是一项复杂的工作，要求按照科学的程序进行。一般讲，新产品开发始于新产品的构思，终于新产品投放市场达到商业化，中间要经过构思筛选、形成产品概念、可行性分析、生产技术准备（产品设计、工艺准备、试制鉴定）、试生产与试销等若干阶段。

（1）产品构思。也称创意，是指对拟开发的新产品的设想，是新产品开发的第一步。产品构思的内容包括产品使用目的（基本功能）、产品大致轮廓和大概的制造方式等。其目的是为了探索开发新产品的方向和途径。一般来说，产品构思的主要来源有：①来自企业内部的职工建议以及研究所的或生产、销售、服务等部门的工作经验和体会；②来自用户的要求、意见、批评以及某些支持与抗议行为；③来自竞争对手，例如同类产品、可替代产品的发展、国内外产品目录或展品的启示等；④来自社会上科研部门、大专院校、学术团体的基础研究或应用研究成果，以及科学家们的启迪；⑤偶然的机遇。“哥顿法”、“头脑风暴法”等方法的应用有助于构思的产生和形成。

（2）构思的评审与筛选。这是通过去粗取精、反复评比，从大量创意构思中选出具有开发价值方案的过程。其目的是淘汰掉没有可行性的构思，减少构思的数量。筛选时企业要考虑：新产品潜在市场的大小，需要的投资额和企业资金实力，原材料和能源的供应状况，所需设备和人力资源状况，新产品的销售渠道和储运能力，以及获利能力，等等。

（3）形成产品概念。构思虽经筛选但仍是抽象产品，用有意义的语言描述产品构思，对产品构思具体化和形象化过程就是这一阶段的任务。比如有的方案提出要生产一种有滋补效用的饮料，这是构思，其饮料具体有可乐、果珍、低度酒等等，确定了具体品种，便是形成了具体化产品的概念。构思只明确了“产品”的用途、使用对象，而（具体）产品概念，则明确了产品的外形、成分、结构性能等参数。对形成的各种产品概念，也要从销售量、收益率、生产条件等方面进行比较分析和产品概念检验，目的是进一步完善产品的概念及其有助于选优。

（4）可行性分析。在产品概念形成以后，主要是进行产品的可行性分析。即对某一新产品方案从技术、经济、生产条件、市场条件和社会环境等方面进行全面的调查研究和分析比较，最终判断是否开发这一新产品的过程。新产品可行性分析主要考虑如下方面：产品技术先进性、适用性、可靠性分析；产品生产的资金、人力、原材料等条件分析；产品的成本和利润以及投资收益等经济因素的分析；产品的开发是否有利于企业、用户和国家三方利益的社会效益分析等。可用一些评价方法，如投资回收期法和投资收益率、净现值等来比较选择。

（5）生产技术准备。企业选定最佳产品设想以后，就要在生产前做好生产技术准备工作，这项准备工作的内容按照工作性质可以概括为：产品设计、工艺准备、试制鉴定。

产品设计是指从确定产品设计任务书起到确定产品结构为止的一系列技术工作的准备和管理，是产品开发的重要环节，是产品生产过程的开始，必须严格遵循“三段设计”程序。即编制技术任务书（是由设计部门向上级主管部门提出体现产品合理设计方案的改进性和推荐性意见的文件。经上级批准后，作为产品技术设计的依据。其目的在于正确地确定产品最佳总体设计方案、主要技术性能参数、工作原理、系统和主体结构，一般由设计员负责编写）、进行技术设计（是在已批准的技术任务书的基础上，完成产品的主要计算和主要零部件的设计）和工作图设计（是在技术设计的基础上完成供试制（生产）及随机出厂用的全部工作图样和设计文件）。

工艺准备要解决的是用何种设备和工具，采用何种加工顺序和方法生产产品的问题，是保证新产品试制和正式生产达到设计要求、指导工人、保证产品质量、降低生产成本、提高劳动生产率的重要环节。一般包括分析和审查产品设计的工艺性；拟订工艺方案；编制工艺规程（文件）；设计、制造和调整工艺装备；制定工时和材料消耗定额等。

产品试制是在产品按科学程序完成“三段设计”的基础上进行的，是正式投入批量生产的前期工作，试制一般分为样品试制和小批试制两个阶段。样品试制是指根据设计图纸、工艺文件和少数必要的工艺装备，由试制车间试制出一件（非标设备）或数十件样品，然后按要求进行试验，借以考验产品结构、性能和设计图的工艺性，考核图样和设计文件的质量。此阶段完全在研究所内进行；小批试制是在样品试制的基础上进行的，它的主要目的是考核产品工艺性，验证全部工艺文件和工艺装备，并进一步校正和审验设计图纸。在样品试制小批试制结束后，应分别对考核情况进行总结，并按要求编制试制总结、型式试验报告和试用（运行）报告。

在完成样品试制和小批试制的全部工作后，按项目管理级别申请鉴定。鉴定是对新产品从技术上、经济上做全面的评价，以确定是否可进入下阶段试制或正式投产。鉴定分为样品试制后的样品鉴定和小批试制后的小批试制鉴定，不准超越阶段进行。属于已投入正式生产的产品的系列，规格、开发产品，经过批准，样品试制和小批试制鉴定可以合并进行，但必须具备两种鉴定所应有的技术文件。

（6）试生产与试销。经过试制和鉴定的新产品，在正式进入市场前有时还必须经过用户试用，这就需要制造少量正式产品，投入到一定范围的市场进行试销。其目的是检验在正式销售条件下的市场反应以及用户的反应，了解本产品营销策略如何，发掘本产品在开发过程中未被发现的缺陷，进一步掌握目标市场的情况。但并非开发任何新产品都必须经过试销这一环节。企业对新产品的市场试销必须进行周密的筹划和精心的组织。试销时要注意以下几个问题：试销地点要有代表性；发现问题后及时调整试销手段，如改变试销地点、调整价格；试销期要适当。如试销时期过长，往往会遭受“为他人做嫁衣”的损失。

（7）投入市场。新产品经过试销，从获取的资料证明是成功的，就可以进行大批量生产，投入市场。新产品投入市场必须做好生产安排与必要的储备，并制定价格、促销、销售渠道等营销组合策略。选择首批用户进行营销；通过广告宣传等手段，建立顾客对新产品以及生产经销企业的强烈印象，唤起并刺激顾客对新产品的消费欲望；利用企业原有的销售渠道，利用原产品的声望、信誉和知名度，把新产品推入市场；把新产品向重要的市场与地区投入，当竞争对手将进入同一市场时，可采取快速投放，抢占市场份额的措施。

## 四、新产品开发管理

（1）建立适宜的新产品开发的管理体制和机构。新产品开发属于企业的长远战略决策，应由企业最高行政领导机构研究决定，具体的组织领导工作由总工程师负责。新产品开发的管理机构的组织形式多种多样，主要取决于企业的产品性质、生产规模、生产类型等具体的生产条件。主要组织形式有：在技术部门或销售部门内成立新产品开发机构；独立的新产品开发部门；按要开发的新产品组成专门研究小组；成立新产品开发委员会；由领导直接进行指挥。

（2）做好新产品开发规划。新产品开发不仅涉及企业很多部门、环节、人员的活动，而且周期长，是一个复杂的延续过程。把这些要素和活动组织、协调起来，就得有个完整的规划。它一般包括预定计划期内应达到的研制目标、实现规划目标需要的物资、技术组织措施（如人员、设备、资金等）以及产品规划的原则、依据，产品开发的方式、进度、策略和各部门及岗位的责任。

（3）加强新产品开发实施中的专项管理。关于新产品开发中的人员管理、费用管理问题可参阅技术创新管理中的有关部分。除此之外，新产品开发中还要加强以下管理：①新产品开发中的质量管理。其重点是：有关产品质量情报的搜集与分析；制定质量目标；组织新产品试制的质量评价活动。②研发时程缩短与时间管理。包括分析诊断研发时程延迟的原因、探讨研发时程缩短原则与方法以及推行研发时间管理的技巧[甘特图法、工作结构展开法与计划评审技术（PERT）]。③研发技术文件档案管理。包括研发技术的情报管理（研发技术信息、研发过程产生的技术文件、技术数据等的搜集、制作、归档、检查等）、图面管理、专利情报管理、商品目录分类管理、防止技术资料泄密方法、技术数据计算机化管理等。

# 第五章　企业资产管理研究

## 第一节　企业流动资产管理

### 一、流动资产基础知识

#### 1. 流动资产的构成

流动资产在企业生产经营过程中以各种不同形态同时存在，包括表 5-1 中的内容。

表 5-1　流动资产的构成

| 项目 | 内容 |
| --- | --- |
| 短期投资 | 短期投资指各种能够随时变现、持有时间不超过一年的有价证券以及不超过一年的其他投资，如各种短期债券 |
| 货币资金 | 货币资金是企业的经营资金在周转过程中暂时以货币形态表现的资金，包括库存现金、银行存款和其他货币资金 |
| 应收预付账款 | 应收预付账款指在商业信用条件下企业的延期收回和预先支付的款项，如应收票据、应收账款、其他应收款等 |
| 存货 | 存货指企业在生产经营过程中为生产、销售或耗用而储备的物资，包括原材料、在产品、产成品、外购商品等 |

#### 2. 流动资产的周转

企业为形成流动资产而占用的资金是流动资金，流动资金存在的具体形态则是流动资产。流动资产以不同形态分别表现企业资产的分布状况，流动资金则以价值形态表现企业流动资产的规模及在企业全部资产中的结构。

流动资金在每次生产经营周期循环中，都要依顺序经过供应过程、生产过程和销售过程，表现为生产储备资金、未完工产品资金、成品资金、货币资金与结算资金四种形态。流动资产形态不断变化的同时，所占用的资金也不断循环周转。

流动比率是指企业的流动资产与企业的流动负债之比，计算公式为：

流动比率=流动资产/流动负债

流动资产大于流动负债，一般表明偿还短期债务能力强，流动比率越高，企业资产的流动性越强，表明企业有足够变现的资产用于偿债。

流动资产周转率指企业一定时期内主营业务收入净额同平均流动资产总额的比率，是销售收入与全部流动资产的平均余额的比值，反映流动资产周转速度和流动资产利用效果。计算公式为：

流动资产周转率（次）=主营业务收入净额/平均流动资产总额 ×100%

流动资产周转速度快等于相对扩大资产投入，增强企业盈利能力；而周转速度慢，需要补充流动资产参加周转，形成资金浪费，降低企业盈利能力。

流动比率和流动资产周转率都是企业财务分析的重要指标，分别为企业偿债能力和发展能力的重要指标，评价企业偿债和发展能力时还应结合其他财务分析指标以及报表项目进行综合分析。

3. **流动资产的分类**

从不同的角度，流动资产可以有不同的分类方式。而且不同的行业也有不同的流动资产构成。

（1）按照企业性质和其在生产经营中的作用分类

按照企业性质和其在生产经营中的作用可以将其分为工业企业的流动资产和商业企业的流动资产。

1）工业企业的流动资产分类，见表5–2：

**表5–2 工业企业的流动资产分类**

| 类别 | 具体内容 |
|---|---|
| 生产资产 | 生产资产是指从投入到产成品入库为止，处于生产过程中的流动资产，包括在产品自制半成品、待摊费等 |
| 储备资产 | 储备资产是指从购买到投入生产为止，处于生产准备阶段的流动资产，包括原材料及主要材料、辅助材料、燃料、修理用备件、低值易耗品、包装物、外购半成品等 |
| 成品资产 | 成品资产是指从产品入库到产品销售为止，处于产品待销过程中的流动资产，包括产成品和准备销售的半成品和零部件等 |
| 货币资产 | 货币资产是指银行存款和库存现金等 |
| 结算资产 | 结算资产是指各种发出商品、应收账款和应收票据等 |

2）商业企业的流动资产分类如下：

①商品资产

商品资产包括库存商品和在途商品等。

②非商品资产

非商品资产包括包装物、物料用品、低值易耗品和待摊费用。

③结算资产

结算资产包括各种应收、应付款和应收票据等。

④货币资产

货币资产包括银行存款、库存现金等。

（2）按流动资产的表现形态分类

流动资产按照表现形态可分为货币性流动资产和实物形态的流动资产。货币性流动资产以货币形态存在，包括上述结算资产和货币资产。实物形态流动资产包括上述储备资产、生产资产、成品资产等，是流动资产价格鉴证的重点。

（3）按对流动资产进行计划管理的需要分类

流动资产可按计划管理的需要分为定额流动资产和非定额流动资产。定额流动资产是流动资产的基本组成部分，包括原材料、辅助材料、在产品、自制半成品、产成品等。非定额流动资产包括结算资产和货币资金。

## 二、货币资金管理

### 1. 货币资金的含义

货币资金是指企业在生产经营过程中暂时以货币形态存在的资金，按其存放地点和用途的不同分为现金、银行存款和其他货币资金。在企业各类资产中，货币资金具有最强的流动性和变现能力，但货币资金的营利性最弱。企业因种种需要必须持有货币资金，但应合理安排货币资金的持有量，减少货币资金的闲置，提高货币资金的使用效果。

### 2. 货币资金管理的内容

（1）确定货币资金的最佳持有量

货币资金的最佳持有量是指理论上最合理的货币资金持有量。保持资金的最佳持有量能使企业在资金存量花费的代价最低，即机会成本最小，而且又相对能确保企业资金需求的最佳持有量。这是企业货币资金管理的重点。

（2）现金预算

现金预算是指用于预测企业还有多少库存现金，以及在不同时点上对现金支出的需要量。现金预算内容包括定期编制现金预算，合理安排现金收支，从而及时反映企业现金的余缺情况。

（3）建立和完善现金收支管理制度

建立和完善现金收支管理制度包括运用现代企业科学的管理手段，实现从预算到结算的现金使用绩效考核制度，进一步提升企业的现金使用效率。同时，加强对企业资金的控制，建立并完善资金内部控制制度，确保经营管理活动合法而有效。

## 三、应收账款管理

### 1. 应收账款的作用

应收账款在企业经营管理过程中起着巨大的作用，一方面借助应收账企业可以促进销售，增加销售收入；另一方面，可以减少企业存货，降低仓储、保险等管理费用。具体作用如下：

（1）促进产品销售

企业产品销售主要有现金销售和赊账销售两种方式。现金销售方式企业可以直接获取款项，并且无须担心坏账，所以这是企业的最佳销售方式。但是，在激烈的市场竞争环境下，企业需要赊账销售来进一步增加销售额、开拓新市场，赊账销售方式除了向客户提供产品外，同时提供了商业信用，即向客户提供了一笔在一定期限内无偿使用的资金。因此、赊销是一种重要的促销手段，对于企业销售产品、开拓并占领市场具有重要意义。如果企业否定赊销方式，必然会把一部分财务支付能力欠缺的客户拒之门外而使其转向其他同类企业，这无疑是自我断送销路，缩小产品的市场份额，在竞争中处于劣势；反之，适时灵活地运用赊销方式能增加销售，增加市场竞争力。

（2）降低管理费用

1）降低库存水平

通过赊销方式能增加销售量，同时促成库存产成品存货的减少，使存货转化成应收账款。有利于企业减少存货能降低仓储、保险等管理费用支出，能减少存货变质等损失，有利于加速资金周转。

2）加强与客户沟通

通过赊账销售方式，对于客户可以延期支付所购商品的货款，使客户的资金使用效率提高，为客户的生产经营带来好处，有利于建立更好的客户关系。

### 2. 应收账款的日常管理

应收账款过多使得企业营业周期延长，影响企业资金循环，使大量的流动资金沉淀在非生产环节上，致使企业现金短缺，加大了企业的财务风险，严重影响企业正常的生产经营。因此，完善应收账款管理机制，对加快货款回收、防范财务风险、提高经营效益具有重要意义。从企业经营全局看，应收账款的产生直接受生产部门、财务部门和销售部门等行为的影响；而产生的应收账款能否顺利回收则直接影响到企业的现金流动，进而影响企业持续经营的顺利进行。因此，企业应该从经营管理全局思考，结合企业战略需求和财务管理目标等，依托生产、销售等部门强化应收账款的日常管理和全面管理。

综上所述，应收账的日常管理是非常重要的，企业应进一步强化日常管理工作，采取有力的措施进一步分析、控制，及时发现问题，提前采取对策。这些措施包括以下方面内容：

（1）加强应收账款的控制措施

1）确定适当的信用标准

信用标准是企业决定授予客户信用所要求的最低标准。信用标准较严，可使企业遭受坏账损失的可能减小，但会不利于扩大销售。反之，如果信用标准较宽，虽然有利于刺激销售增长，但有可能使坏账损失增加，得不偿失。可见，企业应根据所在行业的竞争情况、企业承担风险的能力和客户的资信情况进行权衡，确定合理的信用标准。

2）加强产品生产质量和服务质量的管理

在产品质量上，应采取先进的生产设备、聘用先进技术人员，生产出物美价廉，适销对路的产品，争取采用现销方式销售产品。如果生产的产品畅销，供不应求，应收账款就会大幅度地下降，还会出现预收账款。同时在服务上企业应形成售前、售中、售后一整套的服务体系。

3）确定应收账款最佳持有额度并对客户使用奖惩政策

确定企业应收账款的最佳持有额度是在扩大销售与控制持有成本之间的一种权衡，企业信用管理部门要综合考虑企业发展目标，以确定一个合理的应收账款持有水平。为了促使客户尽早付清欠款，企业在对外赊销和收账时要奖罚分明。即对于提前付清的要给予奖励，对于拖欠付款的要区分情况，给予不同的惩罚。

4）建立应收账款坏账准备金制度

不管企业采用怎样严格的信用政策，只要存在着商业信用行为，坏账损失的发生总是不可避免的。因此，企业要遵循稳健性原则，对坏账损失的可能性预先进行估计，建立弥补坏账损失的准备金制度，以促进企业健康发展。

（2）加强应收账款的日常管理措施

1）实施应收账款的追踪分析

赊销企业有必要在收款之前，对该项应收账款的运行过程进行追踪分析，重点要放在赊销商品的变现方面。企业要对赊购者的信用品质、偿付能力进行深入调查，分析客户现金的持有量与调剂程度能否满足兑现的需要。应将那些挂账金额大、信用品质差的客户的欠款作为考察的重点，以防患于未然。

2）认真对待应收账款的账龄

一般而言，客户逾期拖欠账款时间越长，账款催收的难度越大，成为呆坏账的可能性也就越高。企业必须要做好应收账款的账龄分析，密切注意应收账款的回收进度和出现的变化，把过期债权款项纳入工作重点，研究调整新的信用政策，努力提高应收账款的收现效率。

3）谨慎对待应收账款的转换问题

虽然应收票据具有更强的追索权，但企业为及时变现应急应收票据贴现，会承担高额的贴现息。另外，企业可通过抵押或让售业务将应收账款变现，这些虽然都可以解决企业的燃眉之急，但都会给企业带来额外的负担，并增加企业的偿债风险，不利于企业的健康发展。

4）进一步完善收账政策

企业在制定收账政策时，要在增加收账费用与减少坏账损失、减少应收账款机会成本之间进行比较、权衡，以前者小于后者为基本目标，掌握好宽严界限，拟订可取的收账计划。

**3. 应收账款的催收措施**

（1）企业内部对应收账款的动态管理

在中小企业，应收账款的规模较小，企业的财务部门通常只是向业务员提示应收账款即将到期或已经逾期的期限，并为业务员提供业务发生的有关原始单据，供业务员催款使用。但在大的集团公司，财务部门应该设立专人负责应收账款的管理。同时财务部门协助有关部门制定收回欠款的奖励制度，加速逾期账款回收。

（2）定期分析应收款账龄以便及时收回欠款

在向客户催收货款时，必须讲究方式才能达到目的，催收应收账款的方式一般有：

1）由公司内部业务员直接出面

一般情况下，业务员可能与客户有多年的交情，见面易于沟通，这是其他人所做不到的。

2）由公司内部专职机构出面

在业务员的协调下，可以集中多人的智慧采取最佳方式与客户接触和谈判，避免可能的极端行为给催收造成不必要的麻烦。

3）委托收账公司代理追讨

当做了种种努力，仍未能收回客户欠款时，为了避免耗费无法预测的追讨成本，这笔逾期应收账款的追收工作可以委托专业的收账公司继续追收。总之，在市场竞争日益激烈的今天，企业要想提高销售量和市场的占有率，就必须进行赊销，应收账款对企业来说是不可避免的。所以加强对应收账款的核算和管理，尽量降低三角债、呆账和坏账事件的产生，避免企业的资金在非生产环节上沉淀，是保障企业资金的正常运行的一种重要措施。

## 四、短期投资管理

短期投资是指可以随时兑换成现金并且持有时间不准备超过一年的投资，实物上一般是企业购买的股票、债券和国库券。

由于短期投资具有极易变现的特点，当企业现金暂时充裕时，选择流动性较强的股票、债券、国库券进行投资是最佳理财方式；当企业现金不足时，可以将投资出售获取现金。短期投资作为企业灵活使用资金的一种策略，当企业持有货币资金过多时，银行存款的收益较低，企业可以将剩余资金投入股票、基金等金融产品中，使得企业获得更好的收益。

## 五、存货管理

### 1. 存货的作用

（1）保证生产或销售经营的连续性

企业生产过程中，需要有一定数量的原材料、半成品的准备，以保证整个生产过程能够顺利、有序进行，特别是对于连续生产过程（例如流水线生产），一种原材料的短缺，可能导致整个生产过程的停滞。同时，各类企业都会因为各种原因导致生产水平的高低变化，拥有合理的存货可以缓冲这种变化对企业生产活动及获利能力的影响。所以，维持一定数量的原材料、半成品对于企业均衡生产、提升生产效率起着至关重要的作用。

存货储备能增强企业销售方面的机动性以及适应市场变化的能力。当企业有足够的库存产品，可以有效地供应市场。相反，如某种畅销产品库存不足时，将会失去潜在的收益以及未来的推销良机，并有可能因此而失去顾客。

（2）降低进货成本

部分企业为了促进销售或处理积压产品，当采购方采购数量达到一定规模时，即会在价格上给予一定的折扣优惠。同时，通过增加每批采购数量，减少采购次数，可以减少采购和运输费用支出（当然，采购成本的减少应大于因此带来的存货成本）。并且，在通货膨胀时，适当地储存原材料，能使企业获得因市场物价上涨而带来的好处。

**2. 存货的成本**

存货的成本是指企业存货所耗费的总成本，是企业为存货所发生的所有支出。主要包括采购成本、订货成本、储存成本、缺货成本等部分（见表 5–3）。

**表5–3　存货成本的内容**

| 项目 | 主要内容 |
|---|---|
| 订货成本 | 订货成本有一部分与订货次数无关，如常设采购机构的管理费、采购人员的工资等基本开支，属于固定成本。另一部分与订货次数有关，如邮资、差旅费等，它们属于变动成本。为了降低订货成本，企业需大批量采购，以减少订货次数 |
| 采购成本 | 采购成本是指与采购原材料部件相关的物流费用，包括采购订单费用、采购计划制订人员的管理费用、采购人员管理费用等 |
| 缺货成本 | 缺货成本是指由于存货供应中断而造成的损失，包括材料供应中断造成的停工损失、产成品库存缺货造成的拖欠发货损失和丧失销售机会的损失（还应包括需要主观估计的商誉损失）等；如果生产企业以紧急采购代用材料解决库存材料中断之急，那么缺货成本表现为紧急额外购入成本（紧急额外购入的开支会大于正常采购的开支）。缺货成本能否作为决策的相关成本，应视企业是否允许出现存货短缺的不同情形而定。若允许缺货，则缺货成本便与存货数量反向相关，即属于决策相关成本；反之，若企业不允许发生缺货情形，此时缺货成本为零，也就无须加以考虑 |
| 储存成本 | 储存成本是指企业在存货过程中各种要素投入的以货币计算的总和。主要包括存货资金费用或机会成本、仓储费用、保险费用、管理费用和存货损失等。储存成本可以按照与储存数额的关系分为变动性储存成本和固定性储存成本两类。其中，固定性储存成本与存货数额多少没有直接的联系，如仓库折旧费、仓库职工的固定月工资等。这类成本属于决策的无关成本；而变动性储存成本则随着存货储存数额的增减成正比例变动。如存货资金的应计利息、存货残损和变质损失、存货的保险费用等，这类成本属于决策的相关成本 |

**3. 存货控制**

存货控制主要考虑如何获取存货、管理存货，主要目标包括使存货商品达到最经济的订购量并在最适当的时间订购物料，从而使存货量控制在一个适当的范围，最终达到企业在存货使用和周转过程中相关成本最小的目标。存货的范围包括原料、零配件、在制品、成品、包装材料和设备器具等。

# 第二节　企业固定资产管理

## 一、固定资产管理基础知识

### 1. 固定资产的分类

企业固定资产的种类繁多，为了合理地组织固定资产的管理与核算，必须对固定资产进行分类，归类反映和监督各项固定资产的增加、售出、使用和保管情况。固定资产可以按不同的标准进行分类，如：

（1）按固定资产的经济用途，可以分为生产经营用固定资产和非生产经营用固定资产。

（2）按固定资产的使用情况，可以分为使用中固定资产，未使用固定资产和不需用固定资产。

（3）按固定资产的所有权，可以分为自有固定资产和租赁固定资产。

（4）企业实际生产经营中，更常见的是用综合分类方法将固定资产分成以下七类，见表 5–4：

**表 5–4　固定资产按综合分类方法分类**

| 类别 | 具体内容 |
|---|---|
| 非生产经营用固定资产 | 非生产经营用固定资产是指不直接参与企业生产经营活动，而是在非生产经营领域内使用的固定资产，如职工宿舍、招待所、食堂、浴室、理发室、医务室、学校等方面使用的房屋、设备等 |
| 生产经营用固定资产 | 生产经营用固定资产是指直接参与企业生产经营过程的各种固定资产，如生产经营部门和管理部门所使用的房屋、建筑物、动力设备、运输设备、工作机器及设备、仪器、管理工具等 |
| 未使用固定资产 | 未使用固定资产是指尚未投入使用的新增固定资产，调入尚未使用的固定资产，进行该建、扩建的固定资产，以及经批准停止使用的固定资产 |
| 租出固定资产 | 租出固定资产是指经批准以经营性租赁的方式出租给其他单位使用的固定资产 |
| 融资租入固定资产 | 融资租入固定资产是指以融资租赁方式租入的固定资产 |
| 不需用固定资产 | 不需用固定资产是指本企业不需用、拟处理的固定资产 |
| 土地 | 土地是指过去已估价并单独入账的土地，而不包括企业取得的土地使用权及因征用土地而支付的补偿费 |

### 2. 固定资产的确认

固定资产在同时满足以下两个条件时，才能加以确认：

（1）该固定资产包含的经济利益很可能流入企业。

（2）该固定资产的成本能够可靠地计量。

具体确认条件可以参照上节固定资产概念中的财务制度规定。企业对固定资产进行确认时，应当按照固定资产含义和确认条件，考虑企业的具体情形加以判断。企业的环保设备和安全设备等资产，虽然不能直接为企业带来经济利益，却有助于企业从相关资产获得经济利益，也应当确认为固定资产。当固定资产的各组成部分具有不同使用寿命或者以不同方式为企业提供经济利益，适用不同折旧率或折旧方法的，应当分别将各组成部分确认为单项固定资产。

### 3. 固定资产的计价

固定资产的计价采用原始价值、重置完全价值和净值三种计价标准。

（1）原始价值

原始价值是指企业在购置、建造或获得某项固定资产时的全部货币支出，企业为取得固定资产而缴纳的契税、耕地占用税、车辆购置税等相关税费也应包括在内。原始价值是固定资产计价的基本计价标准。

（2）重置完全价值

重置完全价值是指在当前的生产技术条件和市场情况下，重新购建某项相同的固定资产所需发生的全部支出。当某些情况下企业取得无法确定原价的固定资产时，如出现盘盈固定资产时，按照同类固定资产的重置完全价值计价。当国家要求企业对固定资产进行重估价时，也应当采用重置完全价值。

（3）净值

净值又称折余价值，是指固定资产原始价值或重置完全价值减去累计折旧后的净额。它反映固定资产尚未损耗的现有价值和新旧程度。这种计价方法主要用于计算盘盈、盘亏、毁损固定资产的溢余或损失。

## 二、固定资产的折旧管理

### 1. 固定资产折旧概述

影响固定资产折旧的因素包括：

（1）折旧的基数。计算固定资产折旧的基数一般为取得固定资产的原始成本，即固定资产的账面原值。

（2）固定资产净残值。固定资产净残值是指预计的固定资产报废时可以收回的残余价值扣除预计清理费用后的数额。

（3）固定资产使用年限。固定资产使用年限指固定资产预期使用的期限。有些固定资产的使用寿命也可以用该资产所能生产的产品或提供的服务的数量来表示，固定资产的使用寿命一经确定，一般不得随意调整。

**2. 固定资产折旧的计算方法**

固定资产的折旧方法有平均年限法、工作量法、双倍余额递减法、年数总和法等。企业应根据固定资产所含经济利益的预期实现方式选择折旧方法。折旧方法一经确定，不得随意变更。如需变更，应在会计报表附注中予以说明。

（1）平均年限法

平均年限法也称直线法，是实际中应用最为广泛的一种折旧方法。它是将固定资产原值减去净残值（残值扣除清理费用的净额）后的余额，按照预计使用年限均衡地分摊到各期的方法。平均年限法主要适用于各期的负荷程度比较接近的固定资产。计算方法如下：

1）折旧额计算公式

$$\text{固定资产年折旧额}=\frac{\text{原始价值}+\text{清理费用-残余价值}}{\text{折旧年限}}$$

$$=\frac{\text{原始价值}\times(\text{1-预计净残率})}{\text{折旧年限}}$$

2）折旧率计算公式

$$\text{固定资产年折旧率}=\frac{\text{原始价值}+\text{清理费用-残余价值}}{\text{原始价值}\times\text{折旧年限}}\times 100\%$$

$$=\frac{\text{1-预计净残值率}}{\text{折旧年限}}\times 100\%$$

（2）工作量法

工作量法是将固定资产原值减去净残值（残值扣除清理费用的净额）后的余额均衡地分摊至固定资产预计使用年限内完成的工作总量上，并根据当期固定资产在生产过程中实际完成的工作总量（总产量、总里程、总工时数、总工作台班等）计算折旧额的一种方法。工作量法主要适用于各个使用期内提供的收益较不均衡，使用强度差别较大的固定资产。

如某些价值很大而又不经常使用的大型机器设备，汽车、船舶等运输设备等。计算方法如下：

$$\text{单位工作量折旧额}=\frac{\text{原始价值}+\text{清理费用-残余价值}}{\text{预计使用年限内完成的总工作量}}$$

$$=\frac{原始价值\times(1-预计净残率)}{预计使用年限内完成的总工作量}$$

（3）双倍余额递减法

双倍余额递减法是指在不考虑固定资产残值的情况下，根据双倍的直线法折旧率和逐年递减的固定资产账面折余价值计算旧的方法。计算方法如下：

$$年折旧率=\frac{2}{折旧年限}\times100\%$$

计算方法补充说明：

1）年折旧率保持不变；

2）不考虑固定资产残值；

3）在固定资产使用年限到期前两年内，将固定资产折余价值（净值）扣除预计净残值后的净额平均计提折旧。

（4）年数总和法

年数总和法又称使用年限积数法，是将固定资产的原值减去预计净残值后的净额乘以一个逐年递减的分数以计算每年折旧的方法。计算方法如下：

$$固定资产年折旧率=\frac{折旧年限-已使用年限}{预计使用年限的年数总和折旧年限\times(折旧年限+2)\div2}\times100\%$$

$$月折旧率=年折旧率/12$$

$$月折旧额=（固定资产原值-预计净残值）\times 月折旧率$$

## 三、固定资产的日常管理

### 1. 实行固定资产归口分级管理，建立使用保管责任制

建立和健全固定资产管理制度，正确处理好企业和企业所属单位之间在固定资产保管和使用方面的关系，确立责任制，避免无人负责现象。企业的各项固定资产，首先要按类别实行归口管理，如施工机械、运输设备、生产设备等由机械设备部门管理，房屋建筑物、管理用具等由行政部门管理。各该部门负责对所管各类固定资产的采购、调配、维修和清理，并定期对使用保管情况进行检查。

由于各项固定资产实际上是由企业所属各施工队和加工厂等掌握使用的，因此，在实行归口管理的同时，必须建立起使用单位的保管使用责任制，实行分级管理。各使用单位应对机械设备部门等负责，严格执行各项财产管理制度，加强固定资产日常维修保养，保证固定资产完整无缺，不断提高可用率和利用率。对于机械设备的管理，还要根据谁用、谁管、谁负责维护保养的原则，把机械设备保管责任落实

到使用人，使每台机械设备有人管理。同时，各级使用单位均应分别指定专人，全面负责本单位的固定资产管理工作。这样，就可以做到层层负责任，物物有人管，从而有利于加强职工对机械设备保管的责任心，使企业财产不受损失；有利于促使职工加强对机械设备的维护保养，提高机械设备的可用率和利用率；有利于做到账物相符，家底清楚。

**2. 对固定资产的使用、保管、调拨、出售、清理进行经常性的核算和检查**

为了保证固定资产的完整无缺，不断提高固定资产的利用效果，财务部门必须对固定资产的存在情况和使用情况进行全面的核算和考核。为此，财务部门要会同财产管理部门建立和健全固定资产管理制度和各项财产管理制度，对各项财产的增减变动、内部转移及修理、清理等规定统一而严密的手续；根据固定资产核算资料，掌握固定资产的增减变动和分布情况，检查有关单位执行财产管理办法的状况，经常分析固定资产的利用效果，促使各单位管好用好固定资产。

**3. 做好固定资产的清查盘点工作，保证固定资产的完整无缺**

为了保证固定资产的完整无缺，必须定期对固定资产进行清查盘点。建立固定资产定期清查盘点制度，除了弄清固定资产实有数量、保证账实相符外，还具有下列重要意义：首先可以了解固定资产的使用和维护情况，进一步挖掘机械设备的生产潜力，促使增产节约运动的深入开展；其次，可以查明账外固定资产，促进企业改善固定资产管理；此外，还可发现丢失、毁损的固定资产，从而堵塞漏洞，揭发破坏盗窃行为。

固定资产的清查盘点，每年至少进行一次。为了做好定期清查盘点工作，必须依靠和发动群众，并成立主管人员、专业人员（包括财产管理人员和财务人员）、员工的“三结合”领导小组，尽可能把固定资产的清查和机械设备的大检查结合起来进行。

## 第三节　企业无形资产管理

### 一、企业无形资产基础知识

**1. 无形资产的特点**

与有形资产相比，无形资产具有以下特点：不具有实物形态，看不见，摸不着，通常表现为某种权力、技术或获取超额利润的综合能力；属于非货币性长期资产；是为企业使用而非出售的资产；有可能会给企业带来较大的经济效益，但在创造经济效益方面存在着较大的不确定性。

**2. 无形资产的内容**

无形资产通常包括商标权、专利权、非专利技术、著作权、特许权和土地使用权等（见表5–5）。

**表5–5 无形资产的内容**

| 项目 | 主要内容 |
|---|---|
| 专利权 | 专利权是指国家专利主管机关依法授予发明创造专利申请人对其发明创造在法定期限内所享有的专有权利 |
| 商标权 | 商标权是指专门在某类指定的商品或服务上使用特定的名称或图案的权利 |
| 非专利技术 | 非专利技术也称专有技术，是指不为外界所知，在生产经营活动中应采用了的、不享有法律保护的，可以带来经济效益的各种技术和诀窍 |
| 特许权 | 特许权又称经营特许权、专营权，指企业在某一地区经营或销售某种特定商品的权利或是一家企业接受另一家企业使用其商标、商号和技术秘密等的权利 |
| 著作权 | 著作权是指作者对其创作的文学、科学和艺术作品依法享有的某些特殊权利 |
| 土地使用权 | 土地使用权是指国家准许某企业在一定期间内对国有土地享有开发、利用和经营的权利 |

**3. 无形资产管理的重点**

虽然无形资产包括的内容很多，但对大部分的企业而言无形资产管理的中心和重点在对商标、专利和非专利技术的管理上。而商标是品牌法律化的部分，专利是技术法律化的部分。

所以企业的无形资产管理的重点是品牌管理和技术管理。

## 二、企业品牌管理

### 1. 进行品牌定位与设计

（1）品牌定位

1）品牌定位的含义

品牌定位是指建立或塑造一个与目标市场有关的品牌形象的过程与结果。品牌定位应该与品牌所对应的目标消费群建立一种内在的联系，考虑企业的资源条件和竞争者的品牌定位，考虑企业的成本效益比，遵循顾客导向原则，着力突出品牌的个性化与差异化。

2）品牌定位策略

品牌定位是技术性较强的一项工作，离不开科学严密的思维，必须讲究策略和方法。品牌定位策略主要有以下几种：

①功效定位

功效定位是根据产品的功能、效果和利益进行定位的策略。功效定位要抓住消费者的特征和需求，塑造出适合消费者的功能和利益。例如沃尔沃以强调耐用和安全性著称，海飞丝一直以来突出去屑功能等都属于功效定位。

②品质定位

品质定位就是以产品优良的或独特的品质作为表述内容，以吸引那些注重品质的消费者。适合这种定位的产品往往实用性较强，能经得起市场的考验，方能赢得消费者的信赖。例如蒙牛的特仑苏宣称“不是所有牛奶都叫特仑苏”，间接突出它的品质定位。

③情感定位

情感定位是把人类情感中的关怀、牵挂、思念、温暖、怀旧、爱情等情感内涵融入品牌中，使消费者在购买或使用产品的过程中获得这些情感体验，从而唤起消费者内心深处的认同和共鸣，最终使品牌获得消费者的喜爱。例如雕牌洗衣粉创造的下岗片中一句“妈妈，我也能帮您干活啦”引起了消费者内心深处的强烈震撼和情感共鸣；长虹以“产业报国、民族昌盛”为己任等。

④文化定位

文化定位是利用各种内外部传播途径形成受众对品牌的高度认同，从而形成一种文化氛围，通过这种文化氛围形成很强的客户忠诚度。例如国窖 1573 宣称其窖池建立于 1573 年，突出其悠久的酒文化历史和背景。

⑤质量 / 价格定位

质量 / 价格定位是将质量和价格结合起来构筑品牌识别，让消费者感觉物有所值，乐于购买。例如戴尔电脑强调“物超所值，实惠之选”；雕牌用“只选对的，不买贵的”来暗示雕牌的实惠价格；美廉美宣称“美的不仅是商品，廉的绝对是价格”来塑造它的高质量与价格比。

（2）品牌设计

1）品牌名称设计

品牌名称设计就是指品牌命名。品牌命名对于建立品牌非常重要。好的品牌名称容易让消费者记住，是品牌资产形成的前提。品牌名称的组合方式较多，一般由汉字、字母和数字等构成。整体而言，在品牌命名的时候需要遵循以下原则（见表 5-6）：

**表5-6 品牌命名应遵循的原则**

| 原则 | 内容 |
| --- | --- |
| 简洁性 | 如果品牌名称太长或过于晦涩难懂，确实满足了独特性要求，但是消费者难以理解，运作起来非常困难。例如在欧洲属于第一大奶品公司的帕拉玛特兵败中国，其原因就是名字晦涩难懂，所以简洁的品牌名称非常重要。简洁明快的名称应该是使消费者易读、易记、易理解和易辨认的，可以有效降低设计和宣传品牌的成本，有助于提高传播效果 |
| 独特性 | 一个平淡无奇的品牌名称很难让消费者留下深刻的印象，因此在对品牌进行命名时，一定要结合产品特征设计出个性独特的名称，以便让消费者容易辨认且能够与其他企业或商品的名称相区别 |
| 愉悦性 | 愉悦性是指在设计品牌名称时，一定要注意使用美好恰当的词汇。不管读还是看都要使人感到愉快，避免不悦和消极的感觉。例如可口可乐、百事可乐等 |
| 营销性 | 好的品牌名称应该暗示产品的利益，富有美好的寓意，具有促销、广告和说服的作用，适合包装，与企业和产品形象相匹配。例如"蒙牛"这个品牌名称，容易让人联想到广袤无垠的内蒙古大草原上自由放养的奶牛以及企业创始人牛根生，一个豪情万丈的创业者。这个品牌很容易暗示出产品的绿色无污染性，易于促销和包装。且名称只由两个字构成，简洁有力而又寓意丰富，同时宣传了企业的领导人，可谓营销性十足 |
| 长远性 | 在品牌名称设计时要尽量考虑品牌远景，以免陷入区域性的误区，保证通用性。例如"厦新"改为"夏新"即是考虑到日后品牌发展的需要，尽量淡化厦门的区域特色而为。而早在1993年，海信之所以由"青岛电视机"改名为"海信"应该也有这方面的考虑 |
| 文化性 | 由于客观上存在着不同地域、不同民族的风俗习惯及审美心理等文化差异，品牌名称要考虑到不同地域、不同民族的文化传统、民众习惯、风土人情和宗教信仰等因素。例如金利来品牌的创始人曾宪梓最初准备把中文的品牌名称定为金狮，但是由于考虑到香港人的语言习惯会将"金狮"与"金蚀"读为同音，而"金蚀"是赔本的意思。香港人爱讨吉利，不会喜欢"金蚀"，所以最终改为金利来，意味着名利双收 |
| 时代性 | 品牌名称应该要保持一定的稳定性，以便让消费者能够长期持续地关注购买并保持忠诚度。但是，随着企业的发展和社会的进步，品牌也应该与时俱进，反映时代特色和企业发展进程。例如我们现在熟悉的索尼最初叫做"东京通信工业"，后来由于准备进军欧美市场，而将品牌名称改为了现在大家耳熟能详的Sony |

2）品牌图案设计

品牌的图案设计包括对品牌平面图形、立体图形以及色彩等组合的设计。品牌的图案设计应该体现以下几方面：

①营销方面

品牌的图案应该能够体现品牌产品的特征和品质，凸显出品牌的价值和理念。

②视觉方面

品牌图案应该新颖独特，醒目直观，适合各种媒体传播，能够对消费者产生强烈的视觉冲击。例如百事可乐的蓝白相间的球形图案设计，对比鲜明，异常醒目，在远处亦能轻易识别。

③设计方面

品牌图案应该色彩搭配协调，线条搭配合理，图案清晰、简约、对称，布局合理。

④情感方面

品牌图案应该极富现代气息，感染力强，令人喜爱，让人产生丰富的联想。例如王老吉的“中国红”设计让消费者产生深深的爱国情结。

⑤认知方面

品牌图案应该易于辨认和记忆，通俗易懂，能够让人印象深刻，符合目标消费群体的文化背景和时代要求。

**2. 制定品牌策略**

（1）制定品牌宣传与推广策略

品牌的宣传与推广主要依靠公共关系（简称公关）和广告。

1）利用公关进行品牌宣传与推广

①公关在品牌宣传与推广中的作用

公关是打造品牌的途径。公关作为一种行之有效的沟通方式，为品牌传播提供大量信息；帮助企业宣传，塑造良好的品牌形象；能够协调各方面关系，加强情感交流，获得品牌认知度和忠诚度；服务社会，追求社会效益，使企业的品牌形象得以有效提升。

②品牌公关的方式

企业利用公关实现品牌的宣传与推广，主要包括策划新闻、新闻发布会、记者招待会、讲演、领导来访、开业仪式、周年庆典、产品促销、赞助活动、社区活动、展览展示、客户活动、专题活动、公益活动以及各种会议等其他特殊事件。

2）利用广告进行品牌宣传与推广

①广告对品牌宣传与推广的作用

广告是品牌传播的主要方式之一，它通过各种传播媒介向消费者传播品牌信息、诉说品牌情感，构建品牌个性，进而在消费者心理上形成强大的品牌影响力。从广告心理学角度讲，广告是建立消费者品牌认知、培养品牌意向和改变品牌态度的重要影响因素。

②品牌广告宣传与推广应考虑的因素

利用广告进行品牌宣传与推广时，要注意结合品牌产品的特征，采用理性和感性相结合的方法，综合考虑消费者接受媒体的习惯、竞争对手的广告传播方式、相关的法律规定、广告的预算、媒体的寿命和灵活性等因素，有针对性地选择广告代言人和广告媒体。

③品牌广告宣传与推广的步骤

要进行品牌的广告宣传与推广，-- 般需要经过五个步骤：Ⅰ根据品牌定位和市场营销目标，制定出品牌的广告宣传与推广目标；Ⅱ根据销售额百分比法、竞争平衡法或目标任务法等方法，确定广告预算；Ⅲ根据广告预算和消费者的偏好拟定广告信息；Ⅳ根据广告预算、消费者接受媒体的习惯以及各种广告媒体特征等情况，确定选择何种广告媒体来宣传品牌；通过直接测定和间接测定的方法来测定广告效果，为下次或其他品牌宣传与推广积累经验。

（2）制定品牌维护策略

1）品牌维护的原则

品牌竞争力的形成非一日之功，品牌维护必须具备前瞻性的思维，注意品牌的点滴积累，不可一味贪大求全和急于求成，否则可能会重蹈很多已经夭折品牌的覆辙。品牌维护时需要以消费者为中心，处理好品牌的知名度和美誉度的关系，力争提高消费者满意度和忠诚度。

2）品牌维护的内容

品牌维护涉及面广，是一项比较纷繁复杂的工作，包括进行品牌质量管理、品牌诚信管理、品牌机构建设和品牌创新管理。

①品牌质量管理

质量是品牌得以延续和发展的根基，优秀的品牌必须具有坚实的质量保障。对于品牌而言，消费者已经把高质量假定为品牌的内涵，因此不断提高品牌质量管理水平，保证品牌质量是企业品牌管理中的重要任务。企业尤其是中小企业在进行品牌质量管理时，必须强化质量教育，强化质量标准化管理，强化质量监督技术，强化质量责任奖惩，强化 ISO9000 标准的实施，坚定地推行品牌战略思想，将品牌质量管理落实在实际行动中。

②品牌诚信管理

品牌是联系消费者和企业的桥梁。品牌本身就是企业对消费者在产品特征和服务上的承诺，消费者视这种承诺为诚信。企业要想塑造强有力的品牌，必须加强品牌的诚信管理。

品牌诚信管理的最基本要求是产品质量信用。一旦产品的质量出现问题，就会引发消费者的信任危机，那么企业长期努力构建的品牌信任大厦就会坍塌，品牌随之会毁于一旦，因此必须严格把控品牌质量关。

品牌信任管理的另一重要内容是品牌广告真诚。虽然说广告要用艺术的手法来表现产品，但是过度的夸张甚至是用虚假信息来误导和蒙骗消费者可能会取得短期的利益，但是长期来讲对品牌是一种致命的伤害。因此，诉诸真实诉求的广告是品牌信誉和诚信的保障，是品牌长远发展的基础。

③品牌机构建设

品牌维护必须依靠建立强有力的机构来执行品牌管理任务，这就是品牌的机构建设。现阶段很多企业建立品牌机构主要是品牌经理制和品牌管理委员会两种。

品牌经理制的管理理念是让品牌经理像管理不同的公司一样来管理不同的品牌。品牌经理负责某个品牌的产品研发、包装设计、市场研究、业务拓展、电视广告制作和促销支援，等等。此制度的优点体现在对品牌进行全方位的计划和控制，能灵活地反映市场变化；减少人力重叠，节约成本，提高效率；保证品牌目标管理富有客户价值。其缺点在于：同类产品以多个品牌、不同风格出现，很难形成统一鲜明的形象；品牌太多容易分散企业资源，难以形成强势品牌；品牌之间容易发生为局部利益争斗的摩擦，不利于企业整体发展；多头领导导致下级无所适从和左右为难，影响工作效率。

品牌管理委员会是由企业的主管副总、品牌委员会会员、品牌项目经理、品牌经理、技术人员、营销人员和财务人员等来自不同部门的成员构成，可以弥补品牌经理制的一些不足。品牌管理委员会的主要工作内容是解决品牌体系的规划、品牌视觉形象的关联和新产品推出的原则等战略问题，它是现在很多大企业比较常用的品牌管理机构。

④品牌创新管理

创新是维持品牌恒久魅力、保持青春活力的良方，是打造强势品牌最重要的因素之一，可见创新是企业塑造强势品牌、获得长盛不衰的必然选择。企业的品牌创新管理包括品牌技术创新、管理创新和文化创新。企业通过运用技术手段，对品牌进行战略创新、制度创新、机制创新、模式创新和组织结构创新，赋予品牌更多的文化内涵，让品牌得以不断升华，创造出持久的魅力。

### 3. 评估品牌价值

（1）品牌价值评估的作用

1）对企业的意义

品牌价值评估不但可以量化具体品牌所具有的价值，还可以通过各个品牌价值的比较，从直观上了解名牌企业的状况，从某些侧面揭示出各个品牌所处的市场地位及其变动，以及揭示出品牌价值的内涵和规律，并且为企业实现以品牌为资本的企业重组扩张创造了良好的舆论基础和社会基础。

2）对消费者的意义

消费者通过了解评估出来的品牌价值，决定自己对某些品牌是否应该忠诚，从而更理性地指导自己的消费行为。

3）对投资者的意义

投资者通过参考品牌价值，决定自己的投资方向，以便更全面地制定投资决策。

（2）品牌价值的评估方法

1）重置成本法

重置成本法即依据实际投入在被评估品牌上的资源的现行成本确定品牌价值。换言之，品牌价值取决于按现有的市场、技术条件，重新开发一个同样的品牌所需的成本。

2）直接评估法

直接评估法即直接根据品牌的概念，计算出品牌资产价值。根据品牌概念，无形资产中的商标、顾客名单及部分商誉应属于品牌资产，即：

品牌资产价值=商标价值+顾客名单价值+部分商誉价值

3）市场影响力评估法

市场影响力评估法即根据品牌对市场亦即顾客产生的影响力进行测评，来评估品牌资产的价值。

4）英特品牌评估法

英国英特品牌公司提出了英特品牌评估法。该方法根据企业市场占有率、产品销售量以及利润状况，结合主观判断的品牌力量，估算确定品牌资产的价值。其计算公式为：

$$E = IG$$

上式中E代表品牌价值；I代表品牌给企业带来的年平均利润；G代表品牌因子。

5）北京名牌资产评估事务所评估法

北京名牌资产评估事务所参照英特品牌公司的评价体系，结合中国的实际情况，建立起了中国品牌的评价体系。这一评价体系所考虑的主要因素有：品牌的市场占有能力（M）、品牌的超值创利能力（S）和品牌的发展潜力（D）。一个品牌的综合价值（P）可简单表述为：

$$P = M + S + D$$

其中品牌的市场占有能力的代表指标是产品的销售收入；品牌的超值创利能力，即超过同行业平均创利水平的能力，其代表指标是营业利润和销售利润率；品牌的发展潜力的代表指标比较复杂，但所有指标都与利润有关，主要有：商标国内外注册状况、使用时间和历史、产品出口情况、广告投入情况等。

（3）品牌价值评估的内容

品牌价值评估的内容与品牌价值评估方法密切相关，采用不同的评估方法，评估内容就会产生差别。但整体而言，对品牌价值评估主要包括对商标、品牌名称、品牌寿命、品牌产品功能、品牌认知度、品牌产品质量、消费者态度、品牌连续性、媒体对品牌的支持度和品牌忠诚度等进行综合评估，从而确定出品牌的资产价值，列人企业的资产负债表中，从而为企业生产经营、消费者购买和投资者决策提供依据。

## 三、企业技术管理

### 1. 技术交易管理

（1）技术交易的内容

技术交易是企业技术管理的重要内容，包括技术转让、技术服务、技术咨询、技术培训、技术中介、技术入股、技术承包和技术招标等。技术交易是高新技术企业产生收益的重要来源，是实现无形资产增值的主要途径。

（2）技术交易的程序

技术交易的程序比较复杂，包括：1）收集信息情报，确定交易方；2）根据对方需求制定交易目标；3）论证交易项目；4）采取适当的促销策略，促进技术交易的达成；5）通过谈判，签订交易合同；6）组织技术交易实施；7）对技术交易进行评估，为下次交易总结经验。

### 2. 技术法律保护

对技术进行法律保护的途径主要有利用合同实施法律保护和利用专利实施法律保护。

（1）利用合同实施法律保护

1）对内的合同保护

企业利用合同进行技术法律保护涉及技术的开发、技术的转让以及技术的使用的全过程。企业对内可以利用劳动合同法和工作人员保密合同规定等各种合同形式确定技术的归属权属于企业，约束企业的开发人员及相关工作人员未经许可不能泄露、携带、使用和转让核心技术，否则将受到法律制裁。

2）对外的合同保护

企业对外在进行技术交易的过程中可以利用《技术转让合同》、《技术服务合同》和《技术咨询合同》等各种技术合同来规范对方按照要求使用本企业的相关技术，未经许可一律不能泄露和转让，否则将追究法律责任。

（2）利用专利实施法律保护

1）专利的含义

企业专利一般来讲是指企业专利权，是国家专利主管机关按照法律规定的条件和程序，授予申请企业在一定期限内对发明创造享有的独占权。

2）企业专利构成

企业专利一般包括发明专利、实用新型专利和外观设计专利三种（见表5–7）。

**表5–7　企业专利的构成**

| 专利类别 | 内容 |
| --- | --- |
| 发明专利 | 发明是指对产品、方法或者其改进所提出的新的技术方案。需要注意的是发明通常是自然科学领域的智力成果，文学艺术等社会科学领域的成果不属于专利意义上的发明 |
| 实用新型专利 | 实用新型是指对产品的形状、结构或其结合所提出的适合于实用的新技术方案。实用新型在技术水平上的要求比发明低，又称“小发明” |
| 外观设计专利 | 外观设计是指对产品的形状、图案、色彩或其结合所作出的富有美感并适于工业上应用的新设计 |

3）申请专利

①申请专利的条件

企业准备将技术申请为专利时，尤其是要申请发明专利或实用新型专利时，所申请的技术方案一定要具备三个条件：新颖性、创造性和实用性，否则将不符合授予专利的最基本条件。

②申请专利的材料

企业在申请发明专利或实用新型专利时，需要向专利局提交申请专利的请求书、对发明创造内容进行介绍的说明书及摘要和请求确定专利保护范围的权利要求书。如果要申请外观设计专利，还需要提交该外观设计的图片或照片等文件，同时需要写明使用该外观设计的产品及其所属的类别。

③专利申请的审批程序

企业的专利申请材料提交上去之后，专利局需要对提交的专利申请进行审批。

其中发明专利的审批程序是最复杂的，包括初步审查、早期公开、实质审查和授权登记公告四个步骤。而实用新型和外观设计专利只要初步审查没有驳回理由就直接颁发相应的专利证书，同时予以登记公告，它们无须进行早期公开和实质审查。

④注册专利的有效期限

注册专利因类别不同受法律保护的时间不同，发明专利的期限是 20 年，实用新型和外观设计专利的期限是 10 年，均自申请日开始计算。专利权期限届满后，专利权终止。专利权届满前，专利权人可以书面声明放弃专利权。

⑤专利权人的权利和义务

企业的专利一经审批之后，就成为专利权企业。专利权企业在专利有效期内对专利享有权利和负有义务。

专利权企业的权利包括独占实施权、实施许可权、专利转让权、专利标示权、放弃专利的权利和专利权遭侵害时的请求权。

专利权企业的义务包括缴纳专利年费义务、实施专利的义务和依法对职务发明创造的发明人或设计人给予奖励的义务。

4）专利维权管理

企业的专利维权是指针对其他个人或组织侵犯自己的专利权时依法所作的回应和处理。

①专利侵权的含义

专利侵权是指在专利权的有效期内，行为人未经专利权人许可又没有法律依据，以盈利为目的实施他人专利的行为。

②对专利侵权的认定

企业认定其他个人或组织是否侵害自己专利权的依据是：该个体或组织侵害的对象是本企业有效的专利；其他个人或组织必须对自己有侵害行为；其他个人或组织的专利侵权是以生产经营为目的的；其他个人或组织实施专利的行为未经本企业许可，又无法律依据。企业需要明确的是专利侵权的形式是多样的，包括制造、使用、销售、进口专利产品和使用令利方法等。

③对专利侵权的追究

当企业发现自己专利被侵权时，一定要利用法律武器对侵权个体或组织进行打击，维护商己的合法权益。企业必须在得知或应该得知自己被侵权的两年内，向专利管理机关或法院提出请求，要求其责令侵权人停止侵权行为并赔偿自己的损失。

# 第六章　企业信息管理研究

## 第一节　企业信息化建设

### 一、企业信息化

**1. 企业信息化的迫切需求**

企业信息化的迫切需求是企业实施信息管理的首要条件。企业要进行信息化管理，必然要建立相应的信息管理的自动化系统，或者开发管理信息系统，无论哪一种投入都是巨大的，而且其中技术复杂，牵涉企业管理的方方面面的关系及其利益，实施起来困难很大。因此，只有当企业真正感觉到必须实现信息化，企业才具备实现信息化的真正动力。企业信息管理不是赶时尚、追求花架子，如果企业没有信息化迫切的需求，只是为了装饰门面，而投入大量资金去建设信息管理工程，其结果必然造成各种资源的巨大浪费。

**2. 合理的企业信息化总体规划**

企业实施信息化管理，必须要有一个与企业发展相适应的整体规划。企业应该根据自身的生产经营情况制订企业信息化管理的总体发展规划，有步骤、有计划、有缓急地建设。设立哪些信息管理系统，以及建设的顺序都要与企业生产经营紧密结合并协调，避免不切合实际地追求“一步到位”。

**3. 技术和管理基础**

企业信息化首先必须建立在一定的技术基础和管理基础上，如果企业技术基础落后，机械化和自动化技术水平很低，那么企业实现信息管理只是一句空谈。现代化的信息技术只有和相应的机械化、自动化水平相匹配，其信息管理优势才能发挥出来。其次，企业信息化要有较好的管理基础，企业从上至下要有现代化管理理念，对企业信息化的重要性与迫切性有较为深刻的认识，另外要有合理的组织结构、健全的规章制度、完善的业务流程。

#### 4. 信息化人才

成功实施企业信息化必须要有相应的技术与管理人才。企业信息化是充分运用现代信息技术的过程，从项目的立项、开发、投入使用到运转过程中的维护，其中技术总是在不断地更新、升级，因而运用这些技术的信息管理系统也设计不断更新和升级的问题。那么企业必须在各个环节上有与之要求相适应的技术人才和管理人才，这是企业信息管理的重要基本条件之一。

## 二、管理信息系统（MIS）

### 1. 管理信息系统层次

企业的管理活动分为三个层次：战略计划、管理控制与战术计划、业务计划与控制，其对应于战略决策、战术决策和业务决策三个决策层次。战略计划处理长期问题，比如企业经营方向、市场战略、产品发展战略等；管理控制与战术计划考虑中期问题，比如合理组织和有效利用资源，调整工作机构设置，接收和培训工作人员等；业务计划与控制是关于现有业务活动的短期决策，比如价格、产量计划和库存控制等。当然，上述三个层次的管理活动是相互关联的，但由于活动内容、时间尺度的不同，信息需求和问题处理的方式也有差别，为了有效地支持各级管理决策，管理信息系统可以分为如下四个层次，如图 6–1 所示。

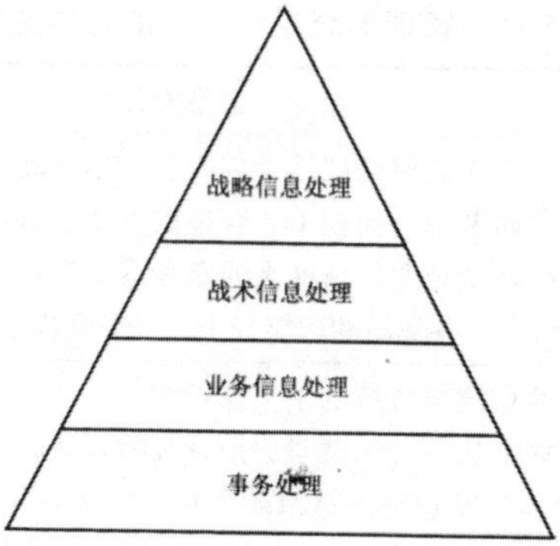


**图6–1　管理信息系统层次示意图**

（1）事务处理

主要处理各类统计、报表、信息查询和文件档案管理等。

（2）业务信息处理

主要协助管理者合理安排各项业务活动的短期计划，比如生产日程安排等。根据计划实施情况进行调度、控制。对日常业务活动进行分析、总结，提出报告等。业务信息处理的主要信息来源是内部环境信息，特别是反映当前业务活动情况的信息。

（3）战术信息处理

协助管理者根据企业的整个目标和长期规划制订中期产、供、销活动计划，应用各种计划、预算、分析、决策模型和有关信息，协助管理者分析问题，检查和修改计划与预算，分析、评价、预测当前活动及其发展趋势，以及对企业目标的影响等。战术信息处理要利用大量的反映业务活动状况的内部信息，也需要相当多反映市场情况、原材料供应者和竞争者状况的外部信息。

（4）战略信息处理

协助管理者根据外部环境的信息和有关模型方法确定或调整企业目标、制订或调整长期规划、总行动方针等。战略信息处理要利用下面各层次信息处理结果，同时要使用大量外部信息，如用户、竞争者、原材料供应者的情况，国家和地区社会经济状况与发展趋势，国家和行业管理部门的各种方针、政策等。

**2. 管理信息系统开发的基本原则**

开发管理信息系统是一件比较复杂的事情，为了取得良好的经济效果，在开发管理信息系统时，须遵循以下几个基本原则（见表 6–1）。

**表 6–1　管理信息系统开发的基本原则**

| 原则 | 主要内容 |
| --- | --- |
| 整体性原则 | 在传统管理中一个很大的弊病就是管理人员的本位观念较强，他们作决策往往从本部门出发考虑问题多，而考虑全局较少。管理信息系统恰好弥补了这个缺陷。所以，在一开始设计时，就要站在全企业的角度来通盘考虑。有些在局部看来最优，在整体看来不优的决策一定不要引入。各部门的职能分工，任务安排也要考虑到相互协调的问题 |
| 创新原则 | 不是简单地用计算机模仿传统的手工作业方式，而是要充分发挥计算机的各种能力去改革传统的工作。如果从一开始就只想用计算机代替人去干那些一般事务性工作，最后肯定弥补不了装置和开发管理信息系统所耗的巨大费用。所以在建立管理信息系统时，一开始就要寻找管理中的薄弱环节，分析它所带来的损失，想办法用计算机来克服它们。特别是过去人们一直认为应该干而又不能干的工作，如果用计算机来完成，一定会收到良好效果 |

## 三、决策支持系统（DSS）

**1. 决策支持系统的功能**

（1）决策支持系统用来整理和提供本系统与决策问题有关的各种数据。各种不同的待决策的问题可能需要不同方面、不同层次的数据，如生产数据、库存数据、财务数据和设备运行数据等。

（2）决策支持系统要尽可能地收集、存储和及时提供与决策有关的外部信息，外部信息是保证正确决策的重要依据。如市场需求、商品价格、原材料供应和竞争对手的经营状况等。

（3）决策支持系统能及时收集和提供有关各项活动的反馈信息，包括系统内和与系统相关的信息，如计划完成情况、产品销售情况和用户反应信息等。

（4）决策支持系统对各种与决策有关的模型具有存储和管理的能力。不同的决策内容需要不同的决策模型的支持，如库存控制模型、生产调度模型、投入产出模型等。

（5）决策支持系统提供对常用的数学方法、统计方法和运筹方法的存储和管理。如统计检验方法、回归分析方法、线性规划方法等。

2. **决策支持系统的组成**

决策支持系统的基本组成一般包括数据库管理系统（DBMS）、模型库管理系统（MBMS）和对话生成管理系统（DGMS），其结构如图6-2所示。总体来讲，在决策支持系统中，对话子系统为决策者提供使用系统的接口，数据子系统提供支持决策的数据和信息，而模型子系统则为决策者提供进行推理、比较、分析和选择资料的手段。

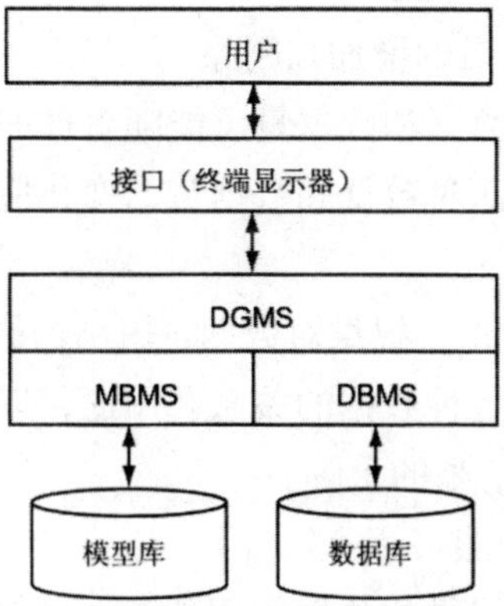


**图6-2　决策支持系统结构示意图**

（1）对话系统

对话系统是决策支持系统中的重要组成部分，它是用户使用系统的接口，具有很强的交互功能，即决策支持系统的全部功能必须通过对话系统来加以实现。

对话系统是具有交互功能的软件系统，具有的功能有：

1）具有处理不同类型对话方式的能力，以保证用户可以按照自己选定的对话方式进行工作。

2）系统提供多种输入设备，以适应用户根据相应的对话方式而使用不同类型的设备。

3）系统提供多种输出设备，以适应用户根据所采用的对话方式获得自己所需要的输出内容。

4）系统提供可供选择的用户所需要和习惯的数据输出格式，以满足不同层次用户的需要。在设计一个对话系统时，应先分析和了解用户的决策过程，特别是要了解决策者所要求或习惯的输出表达方式和输入方式，然后才能开始设计一组输入和输出控制模块。

（2）数据系统

数据子系统的核心是决策支持数据库，并通过数据库管理系统来实现对数据的提取、加工、存储和检索。由此可见，决策支持系统的数据子系统是一个以数据库技术应用为基础的数据库系统，其基本功能包括：

1）能适应多重数据来源的数据采集系统

它可获得各种数据并加以提取，因为用于决策过程中的数据可能来自内部也可能来自外部，而内部数据可能来自不同的部门。决策所涉及的方面越多，则所要采集的数据种类也越多，来源更广泛。

2）能提速对数据进行批量的增加和删除

在决策过程中所涉及的数据和数据量可能随事件的变化而不同，随决策的方法或决策者的不同而变化，因而对数据和数据量的变化应该提供支持，便于按需要进行调整。

3）能够按照决策者的要求，提供对数据逻辑结构的描述

使用户能够清楚地理解各种数据的关系和用途，以帮助决策支持系统的使用能对所提供的数据信息有比较清晰的了解。

4）有较强的数据管理功能

除了常规数据库系统应提供的数据管理和查询功能外，由于决策过程中的各种需要，如数据的归并、数据量的变更、数据粒度的选择、数据来源的记录、数据精度的变化、操作方式的多样等，都要求系统提供较强的辅助能力。

5）有多方面的表达能力

不仅应具有分析能力，还应有较丰富且直观的表达能力。表格是一种易于为人

们所接受且常使用的表达方式。此外，图形也是常用的表达工具，如统计报表的图形表示就常用到直方图、折线图或饼图等形式来表达。

（3）模型系统

模型系统应由模型库与模型库管理系统以及对外接口组成，模型系统的基本功能如下：

1）具有用集成的方法来存储和管理模型的功能

2）具有快速和方便地构造新的模型的功能

随着决策的需求，根据条件的变化和发展，新的模型的构造将是必不可少的，模型库系统支持模型构造的全过程。

3）具有支持对模型的操作和运行的功能

模型的运作是决策过程中的重要环节，模型库系统必须支持这一环节，能使各层用户利用模型对待决策的问题进行分析，对不确定的问题提供解决的线索。

4）具有向用户显示模型功能并描述模型与用户需求的关系的能力

5）具有获取、存储、分析与模型使用有关的数据和分析过程的能力；具有在模型建立和分析与支持中，能够产生灵活的自适应和可变更系统的能力；具有依据知识及推理规则进行模型连接，从而使模型具有相关联的能力；具有用户操作处理时根据需要引人主观信息的能力。

**3. 决策支持系统与管理信息系统**

在管理信息系统的实践中，人们发现它还是不能像预期的那样产生巨大的经济效益。管理信息系统虽然将企业内部的各种信息统一起来，加强了对企业生产经营活动的计划与控制，大大改善了企业中的管理工作，提高了整个企业的效率。但对企业的上层管理并没有产生决定性的影响。企业上层主管人员的主要任务是确定目标、选择战略和进行重大决策，对他们来说，重要的不是工作的效率，而是决策的效果，即主要不在“正确地做事”，而在于“做正确的事”。这使人们认识到，要对管理目标作实质性的贡献，必须更直接地面向决策。

一定程度上，我们可以认为管理信息系统和决策支持系统是计算机应用于管理活动中的两个不同发展阶段，它们之间既有联系又有区别。

（1）DSS 与 MIS 的区别

1）MIS 侧重于管理，而 DSS 侧重于决策。

2）MIS 的目标是提高工作效率和管理水平，而 DSS 的目标是追求工作的有效性和提高效益。

3）MIS 主要面对结构化系统，而 DSS 是处理半结构化和非结构化系统。

4）MIS 的分析和设计体现系统的全局和总体的信息需求，而 DSS 的分析和实现更着重于体现决策者的信息需求。

5）MIS 是以数据驱动的系统，而 DSS 则是以模型驱动的系统。

6）MIS 更强调信息的集中管理，而 DSS 却更趋向于信息的分散利用。

（2）DSS 与 MIS 的联系

1）MIS 能收集和存储大量的基础数据；DSS 可充分地利用这些基础数据，使数据发挥更大的作用。

2）MIS 能够担负起反馈信息的收集工作，可以对 DSS 的工作结果进行检验和评价。

3）DSS 的工作能够对 MIS 的工作进行检查和审核，为 MIS 的更加完善提供改进的依据。

4）在 DSS 的反复使用中对所涉及的问题模式和数据模式可逐步明确，逐步结构化，从而将相关功能并入 MIS 的工作范围。

## 四、企业资源计划（ERP）

### 1. ERP 系统与企业信息集成模型

ERP 与企业信息集成模型如图 6–3 所示。ERP 中的企业资源包括了厂房、仓库、物资、设备、工具、资金、人力、技术、信誉等全部可供企业调配使用的有形和无形的东西。ERP 集成了质量管理、全员质量控制 TQM、准时制生产 JIT、约束理论、实验室管理、EDI 电子数据交换、C/S 计算机技术、项目管理、运输管理、设备维护、供应商管理、客户管理等丰富内容，同时也能够适应混合模式的运作方式、及时提供决策信息。

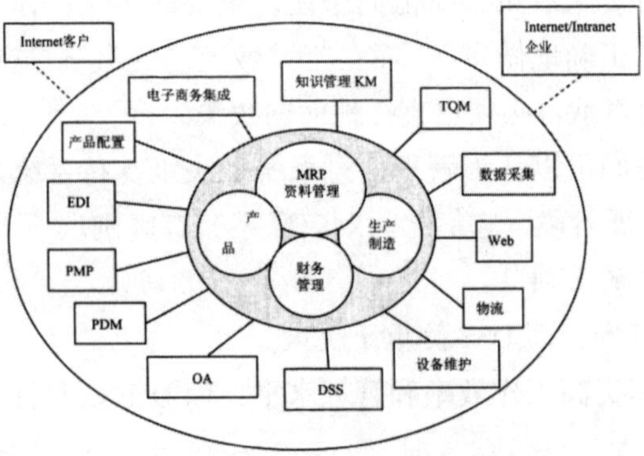


图6–3　ERP 系统与企业信息集成模型示意图

ERP 强调的是人、财、物、供、产、销，全面结合、全面受控；实时反馈、动态协调；效益最佳、成本最低；流程式管理、扁平化结构。体现了先进的管理思想和理念。

2. ERP 的核心管理思想

随着对企业资源及资源体系认识的扩展，现在的 ERP 不仅仅局限在物料需求、制造管理，而且延伸到了质量管理、实验室管理、流程作业管理、产品数据管理、维护管理、管制报告、仓库管理、供应链管理、客户关系管理、知识管理等领域。并且，随着管理研究和管理实践的进一步发展，企业资源体系与 ERP 都将不断调整和扩展。ERP 的核心管理思想就是实现对企业整体供应链资源的有效管理，主要体现在以下几个方面：

（1）体现了对集成化供应链资源整合管理的思想

现代企业的竞争已经不是单一企业与单一企业间的竞争，而是一个企业供应链与另一个企业的供应链之间的竞争，即企业不但要依靠自己的资源，还必须把经营过程中的有关各方如供应商、制造工厂、分销网络、客户等纳入一个紧密的供应链中，只有这样才能在市场上获得竞争优势。

（2）体现精益生产和敏捷制造的思想

ERP 系统支持混合型生产方式的管理。其管理思想表现在两个方面：其一是"精益生产（LeanProduction）"的思想，即企业把客户、销售代理商、供应商、协作单位纳入生产体系，同他们建立起利益共享的合作伙伴关系，进而组成一个企业的供应链。其二是"敏捷制造（AgileManufacturing）"的思想。当市场上出现新的机会，而企业的基本合作伙伴不能满足新产品开发生产的要求时，企业组织一个由特定的供应商和销售渠道组成的短期或一次性供应链，形成"虚拟工厂"，把供应和协作单位看成是企业的一个组成部分，运用"同步工程（SE）"，组织生产，用最短的时间将新产品打入市场，时刻保持产品的高质量、多样化和灵活性，这即是"敏捷制造"的核心思想。

（3）体现事先计划与事中控制的思想

ERP 系统中的计划体系主要包括主生产计划、物流需求计划、能力计划、采购计划、销售执行计划、利润计划、财务预算和人力资源计划等，而且这些计划功能与价值控制功能已完全集成到整个供应链系统中。另外，ERP 系统通过定义事务处理（Transaction）相关的会计核算科目与核算方式，在事务处理发生的同时自动生成会计核算分录，保证了资金流与物流的同步记录和数据的一致性。从而实现了根据财务资金现状，可以追溯资金的来龙去脉，并进一步追溯所发生的相关业务活动，便于实现事中控制和实时作出决策。

3. **ERP系统模块设计**

ERP 系统模块设计的内容，见表 6-2。

**表6-2 ERP系统模块设计**

| 项目 | 内容 |
| --- | --- |
| 生产制造系统 | 包括生产管理、成本管理、质量管理三个模块，主要对生产过程进行管理，帮助企业运用各种方法来降低成本，并保证质量，以达到提高经济效益的目的 |
| 物流系统 | 包括销售管理、采购管理、库存管理三个模块，主要对企业日常的销售活动进行管理，帮助采购部门控制并完成采购商品，并控制和管理库存。这些模块间有良好的接口，可以从这些系统中获取或向这些系统输送数据，保持数据的一致性 |
| 应收账款系统 | 应收账款系统的基本功能包括产生发票，收款处理和分析收款情况。应收账款的管理是一项相当繁杂的工作。系统可追踪客户的来款情况、拖欠情况，及时地提供客户的信用信息，同时还提供了账龄分析功能。从而大大提高了应收账款管理的效率，保障了企业的利益 |
| 总账系统 | 总账系统不仅提供准确及时的账务信息，也能灵活处理多种行业不同组织形式及所有特殊的会计需求，同时提供跨国功能，如货币转换及账务处理，增值税、营业税等税种的处理 |
| 人力资源管理 | 能帮助企业跟踪人力资源的各个方面，系统提供用户的许可权来支持所需的安全水平，从而保障了诸如工资率等敏感信息的保密性。该系统与账务系统、收付款系统、生产制造系统、购销链系统集成一体、数据共享 |
| 固定资产管理 | 固定资产管理系统分别从编号、类别、所在部门、地点、原值、现值、折旧等方面对固定资产进行系统的管理。本系统可单独使用，也可与账务子系统集成，自动生成有关的记账凭证 |
| 客户服务管理 | 具有客户需求处理、流程跟踪系统、客户信息管理、产品知识系统、售后质量控制、销售业务支持和市场分析研究功能 |
| 系统权限管理信息功能 | 所有的人员权限按部门等级划分、岗位等级划分。系统最高权限的设置由用户自定义，权限的修改，只能由操作员的上级主管来做，同级人员不能相互修改、查看，无权修改其他部门人员的权限 |

4. **ERP的实施**

ERP 项目是一个庞大的系统工程，不是有钱买来软件就可以的。ERP 更多的是一种先进的管理思想，它涉及面广，投入大，实施周期长，难度大，存在一定的风险，需要采取科学的方法来保证项目实施的成功。一般在实施中需要注意以下问题：

（1）最高决策者和全体员工的参与

ERP的实施关系到企业内部管理模式的调整，业务流程的变化及大量的人员变动，没有企业领导的参与将难于付诸实践。但同时ERP是企业级的信息集成，没有全体员工的参与也是不可能成功的。

（2）知识更新

ERP是信息技术和先进管理技术的结合，无论是决策者、管理者还是普通员工都要掌握计算机技术、通信技术，并将之运用到现代企业的管理中去。

（3）规范化的数据

ERP系统实现了企业数据的全局共享，作为一个管理信息系统，它处理的对象是数据。数据规范化是实现信息集成的前提，在此基础上才谈得上信息的准确、完整和及时。很多企业在基础数据的准备上很难投入足够的精力，结果是“输入了一堆垃圾，最后输出的还是垃圾”。所以实施ERP必须要花大力气准备基础数据。比如，产品数据信息、客户信息、供应商信息等进行合理编码。

（4）业务流程重组和机构重组

ERP是面向工作流的，它实现了信息的最小冗余和最大共享。传统需要几个步骤或几个部门来完成的任务，在实施ERP系统之后可能只需要一次便能完成了。因此企业要让ERP系统发挥作用，有必要在业务流程和组织机构方面进行重组，以使之符合ERP的实施要求。

（5）建立项目管理体系

ERP项目是一个具有系统复杂、实施难度大、应用周期长等特点的企业管理系统工程，因此，企业在ERP应用过程中，必须从系统工程和科学管理的角度出发，建立健全工程项目管理体系和运作机制，确保ERP项目的成功实施。

（6）加强培训，提高认识

培训是成功实施ERP系统的重要因素。ERP项目培训的主要目的是改变思想、提高认识。思想不统一绝不能进入实施阶段。为了增加人们对ERP相关知识的了解和规范管理人员的行为方式，要通过培训使各级管理人员不仅明确什么是ERP，它的实施将给企业带来哪些变化，并明确实施ERP后各个岗位的人员如何适应新的工作方式。

**5. ERP的优点**

（1）即时性

在当今信息社会里，不仅要知己知彼，还要贵在“即时”，能否如此，其效果迥异。在ERP状态下，资料是连动而且是随时更新的，每个有关人员都可以随时掌握即时的资讯。

（2）集成性

在ERP状态下，各种信息的集成，将为决策科学化提供必要条件。ERP把局部的、片面的信息集成起来，轻松地进行衔接，使预算、规划更为精确，控制更为准确，也使得实际发生的数字与预算之间的差异分析、管理控制更为容易与快速。

（3）远见性

ERP系统的会计子系统，集财务会计、管理会计、成本会计于一体，又与其他子系统融合在一起，这种系统整合，及其系统的信息供给，有利于财务作前瞻性分析与预测。

## 五、客户关系管理（CRM）

### 1. 客户关系管理产生的原因

（1）企业内在需求的拉动

目前，很多企业在信息化方面已经做了大量工作，收到了很好的经济效益。但是，在很多企业，销售、营销和服务部门的信息化程度越来越不能适应业务发展的需要，越来越多的企业要求提高销售、营销和服务的日常业务的自动化和科学化。这是客户关系管理应运而生的需求基础。

1）销售需求

销售人员发现从市场部提供的客户线索中很难找到真正的顾客，常常在这些线索上花费大量时间；出差在外，没有办法看到公司电脑里的客户、产品信息；面对一个老客户，如何给他报价才能留住客户。

2）营销需求

营销人员也面临一系列困境，急需解决：如何知道营销资金的回报率？怎么利用收集的客户资料？谁是真正的潜在购买者？怎么才能知道其他部门的同事和客户的联系情况，以防止重复地给客户发放相同的资料？有哪些人访问过公司的站点？

3）顾客服务需求

客户服务人员发现其实很多客户提出的问题都可以自己解决，但回答这种类型的客户电话占去了工程师的很多时间；顾客发现从公司两个销售人员那里得到了同一产品的不同报价；已经提出不希望再收到大量的宣传邮件，但是情况依然没有改变，等等。

4）管理需求

经理人员发现客户马上就要来谈最后的签单事宜，但一直跟单的人辞职了，所以对与这个客户联系的来龙去脉一无所知；如果有多个销售员和同一家客户联系过，无法完整知道他们都给客户承诺过什么，等等。

以上各个层次的需求首先说明企业的销售、营销和客户服务部门难以获得所需的客户互动信息。其次，来自销售、客户服务、市场、制造、库存等部门的信息分散在企业内，这些零散的信息使得无法对客户有全面的了解，各部门难以在统一的信息的基础上面对客户。这需要各部门对面向客户的各项信息和活动进行集成，实现对面向客户的活动的全面管理。

（2）技术的推动

办公自动化程度、员工计算机应用能力、企业信息化水平、企业管理水平的提高都有利于客户关系管理的实现。很难想象，在一个管理水平低下、员工意识落后、信息化水平很低的企业从技术上实现客户关系管理。数据仓库、商业智能、知识发现等技术的发展，使得收集、，整理、加工和利用客户信息的质量大大提高。

技术的发展，使得围绕客户的管理活动得以展开，将对客户的尊重落到实处：企业的客户可通过电话、传真、网络等访问企业，进行业务往来；任何与客户打交道的员工都能全面了解客户关系、根据客户需求进行交易、了解如何对客户进行纵向和横向销售、记录自己获得的客户信息；系统用户可不受地域限制，随时访问企业的业务处理系统，获得客户信息；能够从不同角度提供成本、利润、生产率、风险率等信息，并对客户、产品、职能部门、地理区域等进行多维分析。

**2. 客户关系管理体系结构**

（1）CRM的系统结构模型

CRM系统能实现对客户销售、市场、支持和服务的全面管理，能实现客户基本数据的记录、跟踪，客户订单的流程追踪，客户市场的划分和趋势研究，以及客户支持服务情况的分析，并能在一定程度上实现业务流程的自动化。一般来说，整个CRM系统可分为三个层次：界面层、功能层和支持层，如图6-4所示。

1）界面层

界面层是CRM系统同用户或客户进行交互、获取或输出信息的接口。通过提供直观的、简便易用的界面，用户可以方便地操作。

2）功能层

功能层由执行CRM系统基本功能的各个功能模块构成，营销自动化、客户服务与支持、辅助决策等，各功能模块又包含若干业务。

3）支持层

支持层则是指CRM系统所用到的数据库管理系统、操作系统、网络通信协议等，是保证整个 CRM 系统正常运作的基础。

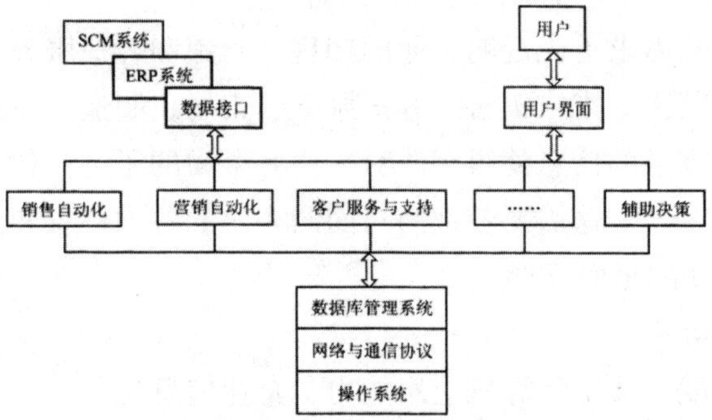


图6–4 CRM系统结构模型示意图

（2）CRM 的功能结构

CRM 的功能结构可以归纳为三个方面：对销售、营销和客户服务三部分业务流程的信息化，这是操作层次子系统；与客户进行沟通所需要的手段（如电话、传真、网络、E–mail 等）的集成和自动化处理，这是协作层次子系统；对上面两部分功能所积累下的信息进行的加工处理，产生客户智能，为企业的战略战术的决策作支持，这是分析层次子系统。如图 6–5 所示。

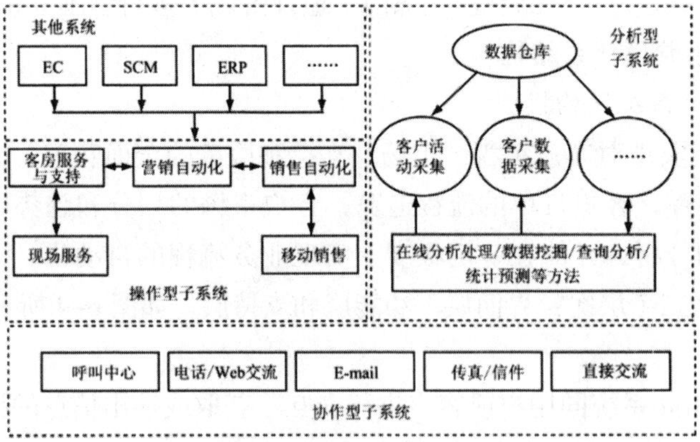


图6–5 CRM功能结构

主要子模块及功能如下。

1）销售模块

①销售

销售是销售模块的基础，用来帮助决策者管理销售业务，它包括的主要功能是额度管理、销售力量管理和地域管理。

②现场销售管理

为现场销售人员设计，主要功能包括联系人和客户管理、机会管理、日程安排、佣金预测、报价、报告和分析。

③现场销售/掌上工具

可以进行报价生成、订单创建、联系人和客户管理等工作。

④电话销售

还有一些针对电话商务的功能，如电话路由、呼入电话屏幕提示、潜在客户管理以及回应管理。

⑤销售佣金

它允许销售经理创建和管理销售队伍的奖励和佣金计划，并帮助销售代表形象地了解各自的销售业绩。

2）营销模块

对直接市场营销活动加以计划、执行、监视和分析。使得营销部门实时地跟踪活动的效果，执行和管理多样的、多渠道的营销活动；还可帮助营销部门管理其营销资料。

3）客户服务模块

提高那些与客户支持、现场服务和仓库修理相关的业务流程的自动化并加以优化。可完成现场服务分配、现有客户管理、客户产品全生命周期管理、服务技术人员档案、地域管理等；创建和管理客户服务合同，从而保证客户获得的服务的水平和质量；允许客户记录并自己解决问题，如联系人管理、客户动态档案等。

4）呼叫中心模块

利用电话来促进销售、营销和服务主要包括呼入呼出电话处理、互联网回呼、呼叫中心运营管理、图形用户界面软件电话、应用系统弹出屏幕、友好电话转移、路由选择等。

**3. 客户关系管理日常的管理工作**

在客户关系管理过程中，除了信息技术的运用外，还应该切实地改变企业日常的管理工作，为改善企业的客户关系管理作出努力。

（1）识别客户

包括将更多的客户名输入数据库中；采集客户的有关信息；验证并更新客户信息，删除过时信息等。

（2）对客户进行差异分析

根据客户对于企业的价值，比如市场花费、销售收入、与本公司有业务往来的年限等，把客户分为 A、B、C 三类，识别企业的“金牌”客户。

（3）与客户保持良性接触

保证客户和企业的交流通道通畅，改善对客户抱怨的处理，主动和客户对话，通过信息技术的应用使得客户与企业的交易更为方便。

（4）调整产品或服务以满足每一个客户的需求

了解客户希望以怎样的方式、怎样的频率获得企业的产品和信息，提供更完善的个性化服务。

## 六、供应链管理（SCM）

### 1. 供应链的结构

传统的供应链是由一些独立的企业实体构成的，局限于企业的内部操作，注重企业自身的利益目标。在有限的信息交换前提下，供应商和客户难以建立良好的合作伙伴关系，增加了对供应商管理的复杂度。现代的供应链概念已经将注意力转移到了与其他企业的联系和供应链的外部环境上，倾向于将供应链定义为一个通过链中不同企业的制造、组装、分销、零售等过程，将原材料转换成产品，销售给最终用户，形成了一个范围更大、更系统的概念。

一个企业有一个流向下游客户的需求链和一个从上游企业流下的原材料供应链。企业如果期望能更有效地运作和保护竞争力，就必须有效地管理企业的供应商和客户。供应链结构如图 6–6 所示，包括核心企业与供应商、供应商的供应商以及用户、用户的用户，它们之间的物流、资金流、信息流和知识流的交互作用。

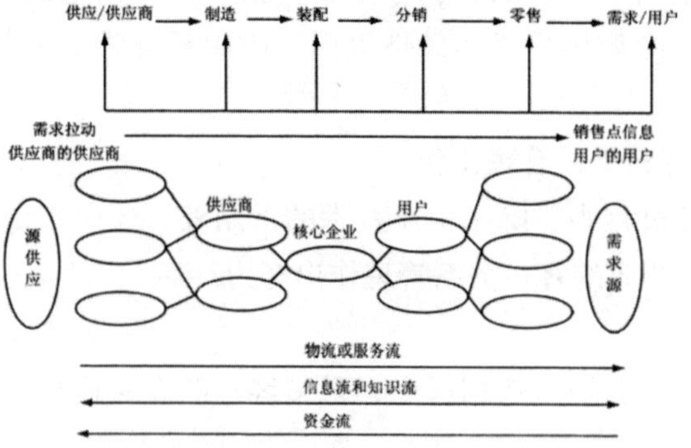


图6–6 供应链结构图

### 2. 供应链的特点

供应链的特点，见表 6-3。

**表 6-3　供应链的特点**

| 特点 | 内容 |
|---|---|
| 供应链管理强调战略 | 战略决策的出发点是为满足消费者需求和偏好。供应链管理强调基于最终消费者对成本、质量、交货速度、快速反应等多种要求，建立整个供应链的共同目标和行动方案 |
| 供应链结构的完整性 | 供应链是一个整体，不是由采购、制造、分销和销售等构成的一些分离的功能块。为了有助于整体运作，供应链在财务评估方面，体现的供应链中所有企业的整体和共赢利益，而非个别企业，即局部利益 |
| 供应链功能的关联性 | 供应链是企业内部、企业之间业务流程等的集成运作过程，它包括了企业工作流和业务流，供应链中的供应、运输、仓储、配送、结算、信息等功能相互关联，并影响供应链运作效率和效益 |
| 供应链主体的独立性 | 供应链各个主体成员均具有独立的自身利益，具有致力于开发核心竞争能力，追求企业利润最大化的基本要求，但在供应链环境下，这种利益最大化要求必须通过供应链系统目标的一致性来实现 |
| 供应链的合作性和动态性 | 供应链管理通过仔细选择业务伙伴，改变过去企业与企业之间的敌对关系为紧密合作的业务伙伴，共享信息资源，共同解决问题。同时，供应链管理因企业战略及企业适应市场需求变化的需求，其中节点企业需要动态地更新，这就使得供应链具有明显动态性 |

## 第二节　企业电子商务运作

### 一、电子商务条件下的企业信息管理

#### 1. 构建电子商务下的企业信息资源管理机制

（1）企业对企业的信息资源管理

企业与企业之间的电子商务是电子商务业务的主体，约占电子商务总交易量的90%，所以，要注重对合作伙伴信息资源的收集。企业生产经营所需要的原材料、辅助材料、设备、动力等物资资料的提供部门都是企业的合作伙伴，来自这些领域的信息均在一定程度上影响和制约了企业的生产经营行为。因此，企业都必须关注这类信息，加强对这类信息的收集和管理。

（2）企业对消费者的信息资源管理

从长远来看，企业对消费者的电子商务将最终在电子商务领域占据重要地位。随着生产的扩大，社会产品日趋丰富，市场竞争日益加剧，在此情况下，顾客选择的空间显著增大，客户需求越来越呈现出个性化特征。企业经营的管理理念由过去的“以产品为中心”转变为“以客户为中心”；生产管理也从“推式”模型向“拉式”模型转变，即企业生产首先是由客户的需求和交易信息所拉动的。这种生产经营管理理念的变化，更加突出了企业对客户的信息资源管理。Internet 技术的出现和电子商务的兴起，使得这种“以客户为中心”的经营理念变得更加现实和可行。

（3）企业内部的信息资源管理

企业和客户的信息资源管理都属于企业外源信息的管理，这类信息资源的管理必须与企业内源信息的管理相结合，或者说，外源信息的管理必须建立在内源信息管理的基础上。企业内部信息的有序流动是企业信息管理的核心，是企业物流、资金流的基础和前提，是企业对外输出信息的主要来源。因此，必须加强对企业内部信息资源的管理。

**2. 企业信息管理系统的新变化**

（1）电子商务对 SCM 的影响

电子商务技术的发展对供应链管理产生了巨大影响。电子商务环境下，供应链建立了一种跨企业的协作。电子商务下的供应链管理以中心制造厂商为核心，将上游供应商、下游经销商（客户）、物流服务商、零售商以及往来银行进行垂直一体化的整合，消除了整个供应链上不必要的运作和消耗。这种管理方式大大提高了企业生产经营的运行效率，既不会造成原材料缺货或供应不足，也不会带来原材料的大量积压，实现合理的库存管理或零库存管理，从而节约了企业的经营费用，降低了成本，提高了经济效益。

电子商务下供应链管理的优势在于通过网络技术可以方便迅速地收集和处理大量信息，使供应商、制造商、销售商及时得到准确的数据，制订切实可行的需求、生产和供货计划，以利于供应链的组织和协调运作，如图 6-7 所示。采用电子商务，企业可以及时处理信息、跟踪客户订单执行、进行有效的采购管理、存货控制以及物流配送的服务，促进供应链向动态、柔性、虚拟、全球网络化方向发展，提供供应链的持续竞争优势。

（2）电子商务对 CRM 的影响

在电子商务环境下，企业对客户的信息资源管理，主要是在 Intranet 操作平台上，运行 CRM 系统。这对提供企业内部人员信息资源共享，加强与客户的实时互动以及降低沟通成本起到巨大的促进作用。电子商务对客户关系管理的影响主要体现在：

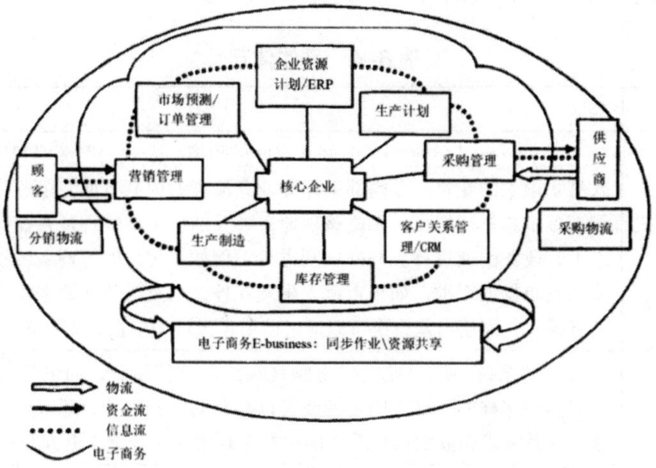


**图6–7　电子商务下的供应链结构示意图**

1）提高客户的满意度

企业工作人员由于对客户更全面的了解，对各种客户服务请求反应更加快速，减少了客户的等待时间；客户可以不受时间限制，提高了客户进行各种查询、交易活动的灵活性；提供了多种联系方式如网络、电话、传真等，客户可以根据喜好和实际情况自行选择。

2）提高客户的忠诚度

这是客户关系管理追求的关键目标，也是最难的一个要求。在这个方面，电子商务所作出的贡献并不是直接体现于技术的应用，而是通过客户满意度的提高来扩展客户忠诚度的深度。

3）加快信息反馈速度

基于因特网的电子商务使得客户同企业之间的联系非常密切，交互性也大大提高，因此信息在企业同客户之间、企业内部部门与部门之间都能迅速进行传递，实现共享，客户信息反馈比以前提高了几倍。而且客户与企业任一个部门打交道都能得到一致的信息。

4）改善企业与客户的关系

电子商务采用后，企业与客户的距离大大缩短了，实现了一对一的营销，从而使企业与客户之间的关系得到极大改善。

（3）电子商务对ERP的影响

随着计算机网络技术的飞速发展以及电子化管理思想的出现，ERP也必须不断地调整，以适应电子商务时代的变革，具体表现见表6-4：

**表6-4　具体体现**

| 方面 | 内容 |
| --- | --- |
| 企业的运作方式大为改观 | 由于Internet大大缩小了时间和空间的距离，企业内部部门和员工之间的沟通模式有了很大的变化。在内部工作和业务流程的控制方面，企业将会主动地采用电子商务模式进行交流。无论该项业务涉及的员工或经理是否在同一物理位置或网络上，业务的处理将会同样顺利进行。例如，传统的管理系统模式下，一个财务或采购单据的审批，如果审批人出差在外，只有等待他回来才能完成。有了电子商务模式，即使出差，也可以通过网络审批这个单据，而不必延误业务 |
| 企业对外接口界面大大拓展 | 传统的系统一般只能提供电脑终端给系统使用者，而电子商务时代的终端可以是多种多样的，除了固定的或可以移动的电脑之外，还有更广泛的各类数字终端。这就要求企业的信息系统能很好地利用这些资源，更方便系统用户的使用 |
| 企业管理内涵进一步延伸 | 随着市场竞争日益激烈，不同企业的产品和服务本身已很难分出绝对优劣，而把客户、供应商以及合作伙伴连成一体的供应链已经成为企业之间竞争的核心。从现代供应链管理的思想来看，与企业相关的供应商及客户都是ERP的组成部分。因而电子商务时代企业管理的内涵将得到进一步的延伸，除了对传统的企业人事、财务、库存、销售、采购、生产等进行管理以外，还将整个企业价值链的客户关系管理、供应链管理、营销管理、跨企业物流网络管理等许多环节包含在管理范畴当中，从而扩大了集成范围 |

## 二、企业电子商务方案设计

### 1. 企业电子商务系统建设阶段

（1）商务分析阶段

这是实现电子商务应用计划的第一步。这一阶段的工作主要是进行充分的商务分析，主要包括需求分析（包括企业自身需求、市场需求以及客户需求等）和市场分析（包括市场环境、客户分析、供求分析和竞争分析等）两个方面。

在电子商务条件下，市场范围扩大，创新速度加快，竞争的压力越来越大，竞争的频率越来越高，因此必须对拟建的电子商务系统在未来可能面临的竞争尽可能作出分析，最大限度地避免竞争失利。此外，还要对企业自身状况进行分析，包括对企业组织、管理、业务流程、资源、未来发展的分析，等等。要结合电子商务的特点，从供应链的角度重新审视企业组织、管理与业务流程，寻找与电子商务的最佳结合部。

（2）规划设计阶段

在完成商务分析的基础上，在掌握电子商务最新技术进展的情况下，充分结合商务和技术两方面因素，提出电子商务系统的总体规划，提出电子商务系统的系统角色，提出电子商务系统的总体格局，亦即确定电子商务系统的商务模式，以及与商务模式密切相关的网上品牌、网上商品、服务支持和营销策略四个要素。

电子商务系统设计工作由此展开，也即从子系统、前台、后台、技术支持、系统流程、人员设置等各个方面全面构架电子商务系统。此阶段的工作完成的好坏，将直接关系到后续电子商务系统建设和将来电子商务系统运行和应用的成功与否。

（3）建设变革阶段

这个阶段的工作分为两条线：一条线是按照电子商务系统设计，全面调整、变革传统的组织、管理和业务流程，以适应电子商务运作方式的要求；另一条线是按照电子商务系统设计，全面进行计算机软硬件配置、网络平台建设和电子商务系统集成，完成电子商务系统技术支持体系的建设，从技术上保障电子商务系统的正常运作。

（4）整合运行阶段

建设变革阶段完成后，就可以将经过变革的组织、管理和业务流程，与已经建好的电子商务技术平台整合起来，进行电子商务系统的试运行。再经过必要的调整、改进以后，实现电子商务应用的工作就可以进入整合运行阶段，开始实现电子商务应用。

企业电子商务系统建设绝不是一旦建成就可以一劳永逸的事情，必须在系统应用的过程中，根据企业商务和网络技术等各个方面的变化，不断创新、改进、完善，确保和提高企业电子商务系统的竞争能力。

**2. 企业网站建设**

（1）企业网站建设的一般要素

企业网站是一个可以发布企业信息、提供顾客服务，以及在线销售的渠道；而在开发设计人员看来，企业网站无非是一些功能模块，通过网页的形式将前台和后台结合起来。一个完整的企业网站，无论多么复杂或多么简单，都要划分为四个组成部分：结构、内容、服务、功能。这四个部分也就是组成企业网站的一般要素。

1）网站结构

网站结构是为了向用户表达企业信息所采用的网站栏目设置、网页布局、网站导航、网址层次结构等信息的表现形式等。

2）网站内容

网站内容是用户通过企业网站可以看到的所有信息，也就是企业希望通过网站向用户传递的所有信息。网站内容包括所有可以在网上被用户通过视觉或听觉感知的信息，如文字、图片、视频、音频等。一般来说，文字信息是企业网站的主要表现形式。

3）网站功能

网站功能是为了实现发布各种信息，提供各种服务等必须得技术支持系统。网站功能直接关系到可以采用的网络营销方法以及网络营销的效果。

4）网站服务

网站服务即网站可以提供给用户的价值，如问题解答、优惠信息、资料下载等。网站服务是通过网站功能和内容而实现的。

（2）网站内容与技术整合

1）网站内容合理适度

网站的内容应既能达到网站设计目标，又能满足用户的期望，并且应该及时更新。网站不能为了实现某一个功能或只注意美观，内容上泛泛而谈，那么客户就不能很好地了解产品和服务。网页的文本内容应简洁，过长的页面需要更多的下载时间并容易使用户感到不耐烦。此外，文字要正确，不能有语法错误和错别字。

2）提供一些在线帮助功能

为了及时了解用户对网站的看法，可以在网站上提供网站所有者的电子邮件地址、网上论坛、网络会议等功能，让用户能够发表观点和进行讨论。比如，用户输入查询关键字或者根据索引目录就可以获得企业所提供的在线帮助。

3）避免过分使用新技术

有些设计人员为了展示自己的技术水平，在网站建设时采用许多新技术，甚至包括一些不成熟的技术。新技术可能吸引一小部分的技术工作者，但大多数用户更加关心的是网站的内容是否具有价值、是否能够为他们提供有效的服务。过分使用新技术常常会造成系统的不稳定，使用户丧失对网站的彳目心。

（3）网站维护

网站建设并不是一劳永逸的，建好网站后信息管理部门还需要精心运营才会发挥成效。大致说来，企业网站建好之后，要做好以下几个方面的工作（见表 6–5）:

**表6–5　网站维护的具体工作**

| 工作项目 | 具体实施 |
|---|---|
| 网站服务与反馈工作 | 企业应设专人或专门的岗位从事网站的服务和反馈处理。客户向企业网站提交的各种反馈表单、购买的商品、发到企业邮箱中的电子邮件、在企业留言板上的留言等，企业如果没有及时处理和跟进，不但丧失了机会，还会造成很坏的影响，以致客户不会再相信你的网站 |
| 网上推广与营销 | 要让更多的人知道你企业的网站，了解你的企业，就要在网上进行推广。网上推广的手段很多，大多数是免费的。主要的推广手段包括搜索引擎注册、注册加入行业网站、邮件宣传、论坛留言、新闻组、友情链接、互换广告条、BtoB站点发布信息等。除了网上推广外，还有很多网上与网下结合的渠道。比如将网址和企业的商标一起使用，通过产品、信笺、名片、企业资料等途径可以很快地将企业的网站告知客户，也方便客户从网上了解企业的最新动态 |
| 网站内容的维护和更新 | 网站的信息内容应该适时地更新，如果现在客户访问企业的网站看到的是企业去年的新闻或者说客户在秋天看到新春快乐的网站祝贺语，那么客户对企业的印象肯定大打折扣。因此，应注意适时更新内容。在网站栏目设置上，最好将一些可以定期更新的栏目（如企业新闻等）放在首页上，使首页的更新频率更高一些 |
| 不断完善网站系统，提供更好的服务 | 企业初始建网站一般投入较少，功能也不是很强。随着业务的发展，网站的功能也应该不断完善以满足顾客的需要，此时使用集成度高的电子商务应用系统可以更好地实现网上业务的管理和开展，从而将企业的电子商务引向更高的阶段 |

# 第七章　企业文化与企业竞争管理研究

## 第一节　企业文化管理

### 一、企业文化的内容与功能

1. 企业文化的内容

从最能体现企业文化特征的内容来看，企业文化包括组织价值观、组织精神、伦理规范以及组织素养等（见表 7–1）。

表7–1　企业文化的内容

| 项目 | 内容 |
| --- | --- |
| 企业精神 | 企业精神是指导企业经过共同努力奋斗和长期培养所逐步形成的，认识和看待事物的共同心理趋势、价值取向和主导意识。企业精神是一个企业的精神支柱，是企业文化的核心，它反映了企业成员对企业的特征、形象、地位等的理解和认同，也包含了对企业未来发展和命运所抱有的理想和希望。企业精神反映了一个企业的基本素养和精神风貌，成为凝聚企业成员共同奋斗的精神源泉 |
| 企业的价值观 | 企业的价值观就是企业内部管理层和全体员工对该企业的生产、经营、服务等活动以及指导这些活动的一般看法或基本观点。它包括企业存在的意义和目的、企业中各项规章制度的必要性与作用、企业中各层级和各部门的各种不同岗位上的人们的行为与组织利益之间的关系等。每一个企业的价值观都会有不同的层次和内容，成功的企业总是会不断地创造和更新企业的信念，不断地追求新的、更高的目标 |
| 企业素养 | 企业的素养包括企业中各层级员工的基本思想素养、科技和文化教育水平、工作能力、精力以及身体状况等。其中，基本思想素养的水平越高，企业的管理哲学、敬业精神、价值观念、道德修养的基础就越深厚，企业文化的内容也就越充实丰富。可以想象，当一个行为或一项选择不容易判定对与错时，基本思想素养水平较高的企业容易帮助管理者正确做出决策，企业文化必须包含企业运作成功所必要的企业素养 |

续表

| 项目 | 内容 |
|---|---|
| 伦理规范 | 伦理规范是指从道德意义上考虑的、由社会向人们提出并遵守的行为准则，它通过社会公众舆论规范人们的行为。企业文化内容结构中的伦理规范既体现企业自下而上环境中社会文化的一般性要求，又体现着本企业各项管理的特殊需求，因此，如果高层主管不能设定并维持高标准的伦理规范，那么，正式的伦理准则和相关的培训计划将会流于形式。由此可见，以道德规范为内容与基础的员工伦理行为准则是传统的企业管理规章制度的补充、完善和发展。正是这种补充、完善和发展，使企业的价值观融入了新的文化力量 |

**2. 企业文化的功能**

（1）企业文化是企业的灵魂。任何企业都会倡导自己所信奉的价值理念，而且要求自己所倡导的价值理念成为员工的价值理念，从而使自己所信奉的价值理念成为指导企业及员工的灵魂。也就是说，企业文化实际上是指导企业及其员工的一种价值理念，这种价值理念体现在每一个员工的意识上，当然最终就成为指导员工行为的一种思想，因而企业文化最终作为企业的灵魂而存在。从现实状况来看，任何一个企业所倡导的企业文化，恰恰就是这个企业在制度安排及企业战略选择上对人的价值理念的一种要求，也就是要求人们在价值理念上能够认同企业制度安排及企业战略选择，并以符合企业制度安排及企业战略选择的价值理念指导自己的行为，因而企业文化实际上是作为企业的灵魂而存在的。

（2）企业文化是企业制度与经营战略得以实现的重要思想保障。企业实际上是人的组合体，而人又是有思想的，任何人的行为都会受到自身思想的指导和约束，因此，企业文化作为每个企业员工的一种价值理念存在，当然就会对企业员工的行为发生应有的作用。也就是说，企业文化是企业员工的行为准则，从而会对企业发生重要的作用。正是因为企业文化作为员工的价值理念存在，而员工又会受到自身理念的作用，所以企业文化是能够使员工自觉主动地执行企业制度与企业经营战略的思想保证。

（3）企业文化是企业制度创新与经营战略创新的理念基础。也就是说，企业员工的价值理念往往要受到企业制度和企业战略的约束，，也就是员工的价值理念要体现企业制度的要求和企业经营战略的要求，因而企业文化是企业制度和企业经营战略的要求在员工价值理念上的反映，但是反过来，企业文化也会对企业制度的安排以及企业经营战略的选择有种反作用，所以企业文化的创新，必须会带来员工价值理念的创新，会推动企业制度的创新和经营战略的创新。由此可见，企业文化在企业制度的创新和经营战略的创新上，是具有非常重要意义的。

## 二、培育和创建企业文化的方法

（1）自然演变法。如果一个企业一直由其创始人控制，并且长期以来不曾受到来自外部的强大压力，那么该企业的企业文化就可以通过吸收以前效用最好的方法而简单地演变发展。这种演变包括两个过程：一般演变过程和特殊演变过程。

一般演变过程包括多角化经营、内部组织复杂化及专业化和一体化程度提高等过程。特殊演变过程是指企业经营的各个具体部门对特定环境的适应，比如研究发展高新企业技术及新的发行营销技术等。

（2）企业管理层人物更迭演变法。这种方法的目的是为了既使企业文化不丧失自身的一致性，又使新的文化意识能够被接纳吸收。具体方法就是在单位内选择一些广被接纳的“局内人”，但他们的思想、观念却又最恰当地体现了企业文化所要强化的新意识，将他们安排到重要的职位上，由此使企业文化平和地循着既定方向演变。

（3）聘请外来人士演变法。这种演变法是通过选择外部成员担任重要职位而实现的。一般来说，如果企业陷入经济困境是由于同原有企业文化相联系的低效能导致的，那么，求助于外部管理人员应该是最可取的方法。比如，若效率长期不高是因为没有引进现代化的管理方法，那么可行的方案即是从外部聘请一{立管理专家。

（4）计划协调演变法。当企业发展到一定阶段，达到一定规模时，可能会出现各种不同的且相互对立的次文化，即小团体文化。为了解决内部次文化之间的冲突，需要进行干预，以促进各次文化之间的相互了解，并使它们对更高一级的目标取得共识，这时就需采用有计划的协调方案，通过计划协调帮助企业文化实现变革。

（5）循序渐进演变法。这种演变方法是指企业决策者对于所希望达到的目标有明确的观念，有通盘的考虑，但他们一般不进行大量的变革，而是循序渐进、坚持不懈地利用每一个机会从一定的方向来施加影响。这种演变方式的优点是，企业经营者在使用适当的事件推动企业按规定的方向发展时，其过程是在悄无声息间不知不觉进行的，不会引发危机，不会影响正常的企业经营活动。一般说来，这种演变方式通常会伴有主管人员的调整及一般企业员工的调配。

## 三、企业文化创新

### 1. 文化建设要以人为本

（1）发挥人的积极性和主动性。随着知识经济的到来，组织形式日益朝着扁平式组织的灵活方面发展，也必将转换成学习型组织。在这种情况下，人的作用越来越重要。泰罗的理论认为人是经济人，行为学认为人是社会人，现在的人对于企业来说，则是决策人。每个人都要有一定的决策机会和能力水平，因而发挥人的积极性就非常重要。

（2）树立顾客为上帝的经营理念。随着现代科技革命的深入和世界经济的飞速发展，呈现在市场上的产品越来越多，种类也越来越丰富，且呈现出个性化的特点，消费已主宰了市场。面对激烈的市场竞争，企业要树立全新的经营理念。企业的发展则建立在让消费者满意的基础上，顾客的利益非常重要，随着人民生活水平的提高，人的个性化需要对产品个性化的要求越来越多，你不考虑顾客的利益，顾客就不选择你。有人说，顾客手里的钞票就像选票，选票投给谁，取决于企业对顾客的态度。海尔之所以获得了成功，当然从技术上、从成本上有其领先的因素，但更重要的是海尔树立的全心全意为顾客服务的理念。

**2. 形成以技术创新为核心的创新机制**

现代企业的一个主要特点是在生产过程中广泛运用先进技术，技术水平已成为企业经营实力的一个重要标志。企业要在激烈的市场竞争中处于主动地位，就必须不断地进行技术创新。当代发达国家的大公司主要通过扩大资金投入，提供技术信息，完善激励制度等方面推动企业的创新。首先，技术创新需要稳定的资金投入。发达国家的大公司为了能保持技术的优势，把技术创新的研究与开发放在头等重要的地位。其次，新的科技信息将变为企业关注的焦点。新的科技思想或信息意味着将出现一个新的技术领域，它的加入往往是开发新产品的契机，在此基础上可能存在着无限商机。随着 WTO 的加入，各方面的科技信息将更多地传入我国，企业也将具有更多的创新视角。但如果企业想让产品的技术变为自己的核心竞争力，那么企业在技术信息的收集，以及科研开发方面还有许多工作要做。再次，确立激励创新的机制。企业要构建起鼓励创新的激励机制，在企业里，要想晋升，就必须有技术贡献；只要有创见，工作成绩显著，就可以提高工资和奖金；同时积极营造鼓励创新的环境，只要员工有创新设想，就要给他们创新机会，成绩突出的就应获得奖励。创新机制可以使公司的新产品层出不穷，始终保持技术的领先地位。

**3. 通过供应链管理，促进企业文化建设**

供应链管理思想体现了一种规划和传递最大效率和最优过程的最有效模式，这正是根本性的企业经营价值流和定价压力下的供应链改进战略。企业应经过采用供应链管理的思想，获得一种具有重大理论意义和战略性的力量。供应链管理思想赞成以积极的方式实现有效的市场管理、顾客发展和企业成长。因为只有很少的组织能真正以一种清楚的理解和探索的方法去建立供应链，所以很多企业有着巨大的机会去创造和重塑股东和利益相关者价值。过去供应链忽视的程度越高，现在重塑企业价值的机会就越多。企业在决策时，可能短期内要放弃一部分利润，并集中力量于市场渗透、扩大市场份额、组织再造和市场开发。但是，成功的企业会快速实现它们的主要目标：通过收入最大化和成本最小化来扩大利润，为了实现企业的目标，企业采取的行动要在观念上协调一致，这是实现企业目标的战略前提。无论处于供应链上哪一个环节的企业，其在发挥自己特定的角色时，都会直接或间接接触到供应商、中间商的文化，这对本企业学习其他企业优秀的、出色的企业文化无疑是很难得的机会，反过来讲本企业的文化对供应链上其他企业的影响也是潜在的、巨大的，故而我们要加强供应链管理，促进企业文化建设。

## 第二节　企业竞争管理

### 一、企业竞争力环境因素分析

#### 1. 企业竞争力的外部环境分析

（1）宏观环境分析

宏观环境也就是企业活动所处的大环境，主要由政治环境（political）、经济环境（economic）、社会环境（social）、技术环境（technological）等因素构成，通常简称为 PEST 分析。

1）政治环境泛指一个国家的社会制度，执政党的性质，政府的方针、政策，以及国家制定的有关法律、法规等。不同的社会制度对企业生产经营活动有着不同的限制和要求。社会制度没有发生变化的同一个国家，政府在不同的时期的基本路线、方针、政策也是在不断变化的。另外，随着社会法律体系的建立和完善，企业必须了解与其活动相关的法制系统及其运行状态。

通过对政治环境进行研究，企业可以明确其所在的国家和政府目前禁止企业干些什么，允许企业干什么以及鼓励企业干什么，以便使企业活动符合社会利益并受到有关方面的保护和支持。

2）经济环境主要指构成企业生存和发展的社会经济状况和国家的经济政策，包括社会经济结构、经济体制、宏观经济发展水平、宏观经济政策等要素。其中影响最大的是宏观经济的发展状况和政府所采取的宏观经济政策。

3）社会环境包含的内容十分广泛，如人口数量、结构及地理分布、教育文化水平、信仰和价值观念、行为规范、生活方式、文化传统、风俗习惯等。其中，人口因素是一个极为重要的因素。社会环境中还包括一个重要的因素是企业所处地理位置的自然资源与生态环境，包括土地、森林、河流、海洋、生物、矿产、能源、水源等自然资源以及环境保护、生态平衡等方面的发展变化对企业的影响。

4）技术环境是指与企业生产经营活动相关的科学技术要素的总和，它既包括导致社会巨大发展的、革命性的产业技术进步，也包括与企业生产直接相关的新技术、新工艺、新材料的发明情况、应用程度和发展趋势，还包括国家和社会的科技体制、科技政策和科技水平。科学技术是第一生产力，它可以创造新的产品、新的市场，降低成本，缩短生产周期，改变企业的竞争地位和盈利能力，世界上成功的企业无一不对新技术的采用予以极大的重视。

（2）行业环境分析

一个行业的经济特性和竞争环境以及它们的变化趋势，往往决定了该行业未来的利润和发展前景。分析企业的行业环境时，常常要回答以下三个问题：

1）行业中最主要的特征是什么？

2）行业中发挥作用的竞争力量有哪些？它们有多强大？

3）行业中的变革驱动因素有哪些？它们有何影响？

上述三个问题中，最值得重视的是第二个问题。波特的五力模型理论对这个问题进行了细致的讨论。波特认为，企业在竞争中面临着现有竞争者、潜在进入者、替代者、供应商、购买者这 5 种产业结构力量的作用。

①现有竞争者。行业内的现有竞争者往往是五种竞争力量中最强大的竞争力量，为了赢得市场地位和购买者的青睐，它们通常不惜代价，“无计不施”。在有些行业中，竞争的核心是价格，在某些情况下会爆发全面的价格战，致使产品的价格低于单位成本，从而导致绝大多数竞争者亏损。在有些行业中，价格竞争很弱，竞争的核心是如下一些因素•. 性能特色、新产品革新、质量和耐用度、售后服务、品牌形象。

②潜在进入者。行业外有可能并准备进入该行业的企业称为潜在进入者。事实上，任何一种产品的生产经营，只要有利可图，都会有潜在进入者。这些潜在进入者一旦加入，既可能给行业经营注入新的活力、促进市场的竞争和发展，也势必给现有厂家造成压力。因为潜在进入者在加入到某一新领域时，会向该行业注入新的生产能力和物质资源，以获取一定的市场份额，其结果可能导致原有企业因与其竞争而出现价格下跌、成本上升、利润下降的局面。

③替代者。还有一种竞争力量是替代品的威胁，即其他行业的产品可以与该行业的产品一样满足消费者的相同需求。例如，我国铁路运输业虽然近乎独家经营，但仍要面对公路运输、航空业的竞争。

④供应商。企业生产经营所需的生产要素通常需要从外部获取，提供这些生产要素的供应商就对企业具有两方面的影响：一是这些企业能否根据本企业要求按时、按质、按量地提供所需的生产要素，这影响着企业生产经营规模的维持和扩大；二是这些企业提供供应品时要求的价格在相当程度上决定着企业生产成本的高低，从而影响企业的获利水平。一旦供应商能够确定它所提供商品的价格、质量、性能、交货的可靠度，那么这些供应商就会成为一种强大的力量。

⑤购买者。对行业中的企业来讲，购买者也是一个不可忽视的竞争力量。购买者所采取的手段主要有：要求压低价格，要求较高的产品质量或更多的服务，甚至迫使行业中的企业互相竞争等。所有这些都会降低企业的获利能力。

**2. 企业竞争力的内部条件分析**

（1）企业的资源因素分析

企业的资源因素可以分为三类：

1）有形资源，主要是指企业的物质资产和金融资产。物质资产主要包括企业的厂房、土地、设备等固定资产；金融资产主要是指企业的筹资和借款。

2）无形资源，主要是指企业的知识产权、技术诀窍、企业形象、品牌、专利权、商标权、交易秘诀、专用知识、商誉、企业文化等。

3）人力资源，主要指组织成员向组织提供的技能、知识以及推理和决策能力。

一个组织最重要的资源是人力资源。大量研究发现，那些能够有效地利用其人力资源的组织总是比那些忽视人力资源的组织发展得更快。是人的进取心和掌握的技术创造了企业和组织的繁荣，而不是实物资源和财务资源。在技术飞速发展和信息化加快的知识经济时代，人力资源在组织中的作用也越来越突出。

（2）企业的能力因素分析

具备一定的物质资源是企业开展经营活动的基础和前提，但资源本身并不能创造价值。资源利用效率在很大程度上取决于企业将它们整合的能力。这种整合能力有一般能力和核心能力之分。

一般能力包括企业的技术优势、产品设计与制造能力、促销与分销能力以及售后服务能力等。核心能力则是企业内部一系列互补的技能和知识的综合，它具有使一项或多项关键业务达到行业一流水平的能力。由于核心能力理论是目前竞争战略理论的最新研究成果，因此，作者将在本章最后一节予以详细介绍。

对外部环境因素、行业结构特点以及企业的资源与能力进行综合分析后，可以辨识企业在竞争中面临的机会与威胁、自身的优势与劣势，从而为制定正确、合理的竞争战略提供了坚实的基础。

3. SWOT 分析

SWOT 代表企业内部的强势（strengths）和弱势（weakness）及外部环境的机会（opportunities）和威胁（threats），因此，SWOT 分析实际上是将前面的内容进行综合和概括，进而分析组织的优劣势与面临的机会和威胁的一种方法。应该指出的是，优劣势分析主要是着眼于企业自身的实力及其与竞争对手的比较，而机会和威胁分析将注意力放在外部环境的变化及其对企业的可能影响上，但是外部环境的同一变化给具有不同资源和能力的企业带来的机会与威胁却可能完全不同，因此，两者之间又有紧密的联系，这也是我们将它们综合在一起的原因。

公司的强势（或叫优势）是指公司所擅长的、能够提高企业竞争力的方面，例如：企业具有一项专有技术或技能，有宝贵的有形资产，有很好的品牌、声誉等无形资产，有宝贵的人力资源，有强有力的组织机构，有很强的市场营销能力，有很好的联盟伙伴或合作公司，有很强的竞争能力，有先进而科学的管理方法及手段，有优良的企业文化等。

公司的弱势（或叫劣势）是指企业缺少的或者做不好的事情，因而在竞争力方面落后于竞争对手，例如：企业没有明确的战略方向，企业有形资产存在缺陷，企业品牌声誉很低，缺乏人才，研发能力薄弱，企业组织机构不合理，管理效率低下，企业市场营销能力弱，企业观念落后，企业文化落后等。

利用 SWOT 矩阵可帮助企业战略决策者开发出四类竞争战略，见表 7–2。

**表 7–2　SWOT 分析表**

| 企业外部机会与威胁 | 内部优势（S） | 内部劣势（W） |
|---|---|---|
| 外部机会（O） | SO 战略依靠<br>内部优势利用外部机会 | WO 战略利用<br>外部机会克服内部劣势 |
| 外部威胁（T） | ST 战略利用<br>内部优势回避外部威胁 | WT 战略减少<br>内部劣势回避外部威胁 |

利用 SWOT 矩阵最困难的工作是进行企业内外部环境关键因素的匹配。一般来讲，由于客观上不存在最佳匹配方式，所以，需要高层领导根据自己的主观分析对每个要素做出适当的判断。

构造上表需要首先列出企业面临的主要外部机会与威胁、主要内部优势与劣势，第二步再进行匹配，找出相应 SO，WO，ST 和 WT 四种战略。

（1）如果企业有很强的财务地位（内部优势），国外有尚未饱和的国际市场（外部机会），则可提出进行国外市场开发战略，这就是 SO 战略。

（2）如果企业的计算机服务技能缺乏（内部劣势），国内有很强的计算机服务市场需求（外部机会），则可提出接管一个计算机公司战略，这就是 WO 战略。

（3）如果企业已有名牌产品（内部优势），但国内宏观经济衰退、疲软（外部威胁），则可提出低成本战略，这就是 ST 战略。

（4）如果企业产品质量不佳（内部劣势），供应商不可靠（外部威胁），则可提出后向一体化的战略，这就是 WT 战略。

总之，运用 SWOT 分析法，可以概略地说明一个企业的健康状况，使企业领导者能清晰地了解企业在资源和能力方面存在的优劣势、企业目前及未来将要面临的机遇和威胁，并尽量使机遇与企业优势结合起来，尽量避开威胁及劣势，使企业在未来竞争中取得胜利。

## 二、企业的基本竞争战略

### 1. 成本优先战略

（1）实施成本领先战略的条件

实现成本领先战略必须满足四个条件：

1）该战略适用于大批量生产的企业，产量要达到经济规模，这样才会有较低的成本。

2）要有较高的市场占有率，就要严格控制产品定价和初始亏损，以此来创立较高的市场份额。

3）企业必须使用先进的生产设备，因为先进的设备使生产效率提高，能使产品成本进一步降低。由于有较高的市场占有率，就有可能赢得较高的利润，以此利润又可对设备投资，进一步购买更先进的设备，以维护成本领先的地位。应当说，这种再投资往往是保持低成本状态的先决条件。由于使用先进的生产设备，使得生产批量加大，其经济规模加大，经济规模加大后，就要求市场占有率更加提高，市场占有率提高后，企业收益进一步增加，于是又可从收益中拿出一部分资金再投资到更先进的生产设备，如此循环下去，这就是实施成本领先战略的条件。

4）要严格控制一切费用开支，全力以赴地降低成本，最大限度地减少研究开发、服务、推销、广告及其他一切费用。

（2）成本领先战略的优缺点

1）成本领先战略的优点：

①在与竞争对手的竞争中，由于成本领先，企业可用低价格优势从竞争对手中夺取市场占有率，扩大销售量，因而在同行业中可以赚取更多的利润。在争取顾客

的斗争中，产品的低价格使原先没有使用该产品的顾客也开始使用，使已经使用竞争对手同类产品的顾客转向使用本企业的产品，这样就让低成本企业不仅巩固并维护了市场地位，而且进一步扩大了市场占有率。

②在争取供应商的斗争中，由于企业有低成本优势，相对于竞争对手具有较大的对原材料、零部件价格上涨的承受能力，能够在较大的边际利润范围内承受各种不稳定经济因素所带来的影响。由于成本领先，企业对原材料或零部件的需求量大，因而企业可以获得廉价的原材料或零部件，同时也便于和供应商建立稳定的协作关系。

③在与潜在进入者的斗争中，低成本企业由于采取低价格而提高了进入壁垒，使新进入者不致构成对低成本企业的威胁。

④在与替代品的斗争中，低成本企业可用削减价格的办法稳定现有顾客的需求，使之不被替代产品所替代。当然，如果企业要较长时期地巩固企业现有竞争地位，还必须在产品及市场上有所创新。

⑤面对强有力的中间商要求降低产品价格的压力，采用成本领先战略的企业在进行交易时，握有更大的主动权。

2）成本领先战略的缺点：

①企业投资较大，因为企业必须具有先进的生产设备，才能高效率地进行生产，以保持较高的劳动生产率。

②社会技术变化导致产品生产工艺有了新的突破，使企业过去大量投资和由此产生的高效率一下子丧失了优势，使竞争对手比较容易以更低成本进入该行业，造成对原有企业的威胁。

③企业高层领导把过多的注意力集中于低成本战略，可能导致企业忽视顾客需求特性和需求趋势的变化，忽视顾客对产品差异的兴趣，忽视顾客对价格敏感性的降低，企业拘泥于现有战略的选择，就很有可能被采用产品差异化战略的竞争对手所击败。

④由于企业集中大量投资于现有技术及现有设备，因而对新技术的采用及技术创新反应迟钝。同时，由于使用专用设备，因而资产专用性很强，退出壁垒很高，原设备的巨额投资成了企业战略调整的巨大而顽固的障碍，使企业不愿为战略调整而付出巨大代价，企业由此陷入被动。

**2. 产品差异化战略**

（1）实施产品差异化战略的条件

实施产品差异化战略有三个条件：

1）企业要有很强的研究开发能力，企业要具备一定数量的研发人员，要求这些研发人员要有强烈的市场意识和创新眼光，及时了解客户需求，不断地在产品及服务中创造出独特性。

2）企业在产品或服务上要具有领先的声望，企业要具有很高的知名度和美誉度。

3）企业要有很强的市场营销能力。要使企业内部的研究开发、生产制造、市场营销等职能部门之间有很好的协调性。

（2）差异化战略的优缺点

1）差异化战略的优点：

①实行产品差异化战略是利用了顾客对其产品或服务特色的注意和信任，建立起顾客对产品或服务的信赖和忠诚，降低了顾客对产品价格变化的敏感性，这样差异化战略在同行业竞争中形成了一个隔离地带，筑起了较高的进入壁垒，在特定领域形成独家经营的市场，避免了竞争对手的侵害，保持了本企业的优势地位。

②由于实行差异化战略，本企业生产的是名牌产品，因而增强了本企业对原材料或零部件供应商的讨价还价的能力，产生了较高的边际收益。

③由于实行差异化战略，使经销商缺乏与之可以比较的商品，因而也降低了经销商对价格的敏感度。同时产品差异化使经销商具有较高的转换成本，使其依赖于本企业，这也进一步削弱了经销商对本企业的讨价还价能力。

④企业通过差异化战略建立起顾客对本企业产品的信赖，使一般的替代品无法在差异化上与本企业开展竞争。

2）差异化战略的缺点：

①要保持产品的差异化，往往要以成本的提高为代价，因为实行这种战略要增加设计及研究开发费用，要用高档的原材料，企业是把保持产品经营特色放在第一位，成本降低放在第二位，因此，企业产品差异化所取得利润的一部分或大部分要被产品成本的提高所抵消。

②顾客对差异化所支付的额外费用是有一定支付极限的，若超过顾客的支付极限，低成本、低价格产品对顾客的吸引力与高价格差异化产品对顾客的吸引力相比就显示出竞争优势。

③由于产品价格较高，很难拥有很大的销售量，因此该战略不可能迅速提高市场占有率。

④一般来讲，该战略对生活消费资料企业较为重要，对生产资料企业因其产品不存在多少差异，有些材料产品均已标准化，没有多少创造差异的余地，购买者对

所购生产资料性能都有充分的了解，供货人的口头宣传效果不大，因此该战略对生产资料企业不太重要。

⑤产品差异化使同一产业内的不同企业产品之间减少了可替代性。

（3）实现差异化战略的途径

形成产品或服务的差异化的方法主要有两种。

1）产品内在因素的差异化。是指企业在产品性能、设计、质量及附加功能等方面为顾客创造价值，并创造与竞争对手相区别的独特性。即应当认清购买者是谁，然后要认清购买者所看重的价值是什么？要在客户看重的价值链环节中为客户创造与众不同的价值。

2）产品外在因素的差异化。是指企业要利用产品的包装、定价、商标、销售渠道及促销手段，使其与竞争对手在营销组合方面形成差异化，因而开创独特的市场。企业常常采取的具体方法有：

①企业可采用定价、改进包装、树立名牌的方法实现产品差异化。即：高价显示高贵，精美包装显示优质，借此树立企业产品的形象。

②通过宣传，利用广告形成产品的差异化。要通过各种传播媒体和传播手段，将有关产品特征的信息传达到有关市场，使顾客感到产品差异，从而在顾客心目中树立与众不同的形象。

③通过优质服务来实现产品差异化。如采用免费送货、分期付款、一定时间内实行保修等方法，使产品形成差异化。

④通过分销渠道来实现产品差异化。如采用零售或上门推销等方法，使产品直接与顾客接触，使产品形象在顾客心目中产生差异。

3. **集中战略**

（1）实施集中战略的条件

1）在行业中有特殊需求的顾客存在，或在某一地区有特殊需求的顾客存在。

2）没有其他竞争对手试图在上述目标细分市场中采取集中战略。

3）企业经营实力较弱，不足以追求广泛的市场目标；产品在细分市场的规模、成长速度、获利能力、竞争强度等方面有较大差别，因而使部分细分市场有一定吸引力。

（2）集中战略的优缺点

1）集中战略的优点：

①经营目标集中，管理简单方便，可以集中使用企业的人、财、物等资源。

②有条件深入钻研以至于精通有关的专门技术，熟悉产品的市场、用户及同行

业竞争方面的情况，因此有可能提高企业的实力，争得产品及市场优势。

③由于生产高度专业化，可以达到规模经济效益，降低成本，增加收益。这种战略尤其适用于中小企业。

2）集中战略的缺点：

①当市场发生变化、技术创新或新的替代品出现时，该产品需求量下降，企业就要受到严重的冲击。

②这种企业对环境的适应能力差，经营风险大，应当看到市场上大多数产品或迟或早终究要退出市场的。因此，采用此战略应当有应变的准备，做好产品的更新改造工作。

## 三、企业在不同行业环境中的竞争战略

### 1. 零散型行业中的竞争战略

（1）造成行业零散的原因

从基本经济因素来考察的原因见表 7-3：

**表 7-3 基本经济因素来考察的原因**

| 原因 | 主要内容 |
|---|---|
| 多种市场需求使产品高度差异化 | 在某些行业中，顾客的需求是零散的，每一个顾客希望产品有不同式样，不愿意接受更标准化的产品，也能够愿意为此付出代价。这种需求的多样性在大众日常消费行业中表现得非常明显，如餐饮、理发、女性时装等行业。另外，市场需求的区域或地区性差异也会产生需求零散。需求零散导致产品高度差异化，这种数量不足以支持某种程度的生产、营销以使大企业发挥优势 |
| 总的进入壁垒低或存在退出障碍 | 低的进入壁垒使大量的中小企业涌入，使其成为几乎是所有零散型行业形成的前提；同时，如果行业存在退出障碍，则收入持平的企业倾向于在行业中维持。除经济性的退出障碍外，还存在管理性退出障碍，因为有些竞争者的目标可能不是利润导向的；某些行业即使是无利可图，但其独特的吸引力也会使一些竞争者进入 |
| 不存在规模经济 | 大部分零散行业在其运营活动的每个主要环节如制造、市场、研究与开发等，都不存在规模经济。有些行业即使存在规模经济，也由于各种原因难以达到经济规模而不能实现。如在水泥、化工行业，高运输成本限制了高效率企业的规模及生产地点，决定了其市场及服务范围，抵消了规模经济性。由于库存成本过高或市场销售不稳定使企业产量波动而不能实现规模经济，此时大规模企业的灵活性不如小规模、低专业化的企业 |

造成行业零散的原因，除了上述基本经济因素外，还有以下一些非经济原因：

1）现有企业缺乏资源或技能。可能在生产方面存在潜力，但企业缺乏建立大规模生产的资本或专业技能，或缺乏纵向整合所需的投资，或缺乏资金或技能去发展分销机构、服务系统等。

2）企业眼光短浅或自我满足。可能在感情上留恋，或感觉不到变化的机会，这可能与资源缺乏因素结合在一起。

3）未被其他外部企业注意。如上述两情况存在，再由于外部企业缺乏注意，某些行业将长期处于零散状态。未被注意的行业一般是那些不合拍的、或缺乏吸引力或明显刺激的。它们也可能是太新、太小，以至引不起足够注意。

（2）零散行业的战略选择

1）克服零散，集中零散行业。克服零散可能是一个非常重要的战略机会。根据零散的概念，进入这一行业的成本低，且竞争者都很弱小，报复威胁不大，因此集中零散的产业的回报可能很高。一个产业可能仅因为上述某一因素的存在而造成零散，若这一因素被克服，由此将引起整个行业结构改变的过程。

克服零散基本方法是：清除造成零散结构的基本经济因素。

①创造规模经济或经验曲线。如实验动物业中，某饲养实验室用大规模、高成本的饲养设备打破了零散的限制。

②使多样的市场需求标准化。如将产品模块化可以使部件生产规模化，同时保持最终产品的多样性。

③使造成零散的主要因素是中立化或分离。有时，造成零散的原因主要存在于某一两方面，如生产规模的不经济性或零散和顾客口味。克服的方法是设法使这些方面同经营的其他方面分离。如快餐业，其特点是要保持严密的本地控制和良好的服务，通过特许经营向业主出售各个独立地点来克服零散，实现规模经济，如麦当劳、必胜客等。

④尽早发现行业趋势。有些行业在产生发展成熟过程中自然形成集中，因此如果零散原因是由于行业处于开发期和成长期，则随着行业的演变会产生集中。

2）适应环境，建立竞争优势。由于行业不同，所以不存在统一最有效的方法来对付零散。成本领先、差异化、集中化等基本战略都可以采纳，基本思路是使企业的战略姿态与零散产业中特殊的竞争性质相匹配，或者使在这种行业中一般存在的激烈的竞争力量中性化。

具体说来应做好以下几项工作（见表 7–4）：

**表7-4 应做好的工作**

| 工作项目 | 内容 |
|---|---|
| 增加附加值 | 许多零散行业生产的产品或服务是一般性的商品，或者很难实现差异性。在此情况下，一种有效的对付方法是：增加经营产品的附加值，如对销售提供更多服务，或在产品售出之前对零部件进行分装或装配及对主要零部件的配送。这样，在基本产品或服务中不能实现的差异化在这些战略中得以实现 |
| 严格管理 | 零散行业的特点是需要严密协调、本地化管理倾向、重个人服务、近距离控制等，因此可以采用严密管理下的零散化作为重要的竞争策略，以保持个别经营的小规模并尽可能地采取自主管理 |
| 顾客类型专门化 | 企业专注于行业中一部分特定顾客也可以获得潜在收益。可能这些顾客因为购买量小或规模小而造成讨价还价能力低或对价格不敏感，或需要企业随基本产品和服务而提供附加价值。像产品专门化一样，顾客专门化也有可能限制企业发展前景，但企业可能会获得更高的利润率 |
| 产品类型或产品细分的专门化 | 当造成零散的原因之一是产品系列中存在多项不同产品时，一种有效方法是：使一组严格限制的产品专门化。其好处是可以扩大规模、可以提高专一化程度等；其代价可能是对企业的发展前景形成某些限制 |
| 地理区域专门化 | 有些行业在行业范围内达不到显著的市场份额或不能实现全国性的规模经济。但在某一地区范围内可能得到重要的经济性。其方法是集中设备、市场营销注意力和销售活动，如选择更有效率的广告，使用惟一的经销商等获得经济性。如在食品行业，区域覆盖战略绩效非常好，尽管存在一些大型全国性的企业，但食品行业仍具有零散行业的特点 |

（3）零散行业战略选择时应注意的问题

1）寻求支配地位。零散行业的基本结构决定了寻求支配地位是无效的，除非可从根本上出现变化。任何在零散行业中寻求支配性市场份额的企业通常注定要失败。零散行业的经济原因通常肯定会使企业在增加市场份额的同时面对低效率、失去产品特色以及淡漠顾客和供应商的各种需要。当企业对所有的顾客都占有优势时，通常在零散业中会导致竞争力量的脆弱性达到最大值。

2）缺乏战略约束力。极其严格的战略约束力对于在零散行业中的有效竞争几乎总是必需的。除非零散的原因能被克服，零散行业的竞争结构总是要求市场集中或专注于某些严格的战略原则。执行这些原则可能要求有充分的勇气舍弃某些业务，也要求采用某些与传统经营企业的通常方式相对立的做事方式。一项无约束的或机会主义的战略可能在短期内发生作用，但从长远看，这种做法通常会使企业陷入四面楚歌。

3）过度集中化。许多零散行业的竞争本质在于：人员服务、当地联系、近距离控制、对波动及式样变化的反应能力等。许多情况下，集权化组织结构与生产效率背道而驰，因为它延缓反应时间、降低地区水平的激励、造成多种个人服务必需的熟练人员流失等。同时，零散行业的经济结构经常造成集中的生产或市场营销组织不存在规模经济甚至是不经济的。因此这些领域的集中削弱了企业的竞争力。

**2. 新兴行业中的竞争战略**

（1）新兴行业的结构特征

新兴行业的结构特征，见表 7-5。

**表 7-5 新兴行业的结构特征**

| 特征 | 具体内容 |
| --- | --- |
| 战略不确定性 | 由于行业内的企业对于竞争对手、顾客特点和处于新兴阶段的行业条件等只有较少的信息，所以在产品市场定位、市场营销和服务等方面不同的企业经常采用不同的战略方法，没有被行业认可的正确的战略 |
| 技术的不确定性 | 新兴行业中通常存在着很高程度的技术不确定性。因为企业的生产技术往往还不成熟，有待于继续创新和完善 |
| 组织的不确定性 | 新产品的试制及生产必然引起企业内部组织状态变动，其作用及影响难以事先完全预料，对企业文化的影响、企业内部利益分配格局变化都会产生各种复杂的干扰作用 |
| 成本的迅速变化 | 小批量和新产品常在新兴行业中共同形成相对于行业能够获得的潜在收益的较高成本。然而随着生产过程和工厂设计的改进、工作熟练程度的提高、销售额的增长导致的规模与累积产量的大幅度增加，企业生产效率会大幅度提高，则成本随之下降会很快 |

（2）新兴行业的发展障碍

1）原材料、零部件短缺。一个新兴行业的发展要求出现新供应商或现存的供应商增加产出或修改原材料和零部件以满足行业需要。在这一过程中就会出现原材料和零部件短缺。

2）产品、技术标准等缺乏。由于新兴行业中仍存在产品和技术水平的不确定性，产品和技术没有统一标准，加剧了原材料和互补产品的问题，并可能阻碍成本下降。

3）产品销售困难。新兴行业经常遇到顾客困惑问题，原因在于存在众多产品方案、技术种类及竞争者互相冲突或相反的宣传。这种混乱可能增加顾客的购买风险并限制行业销售额。

4）被替代产品的反应。在面临新产品替代威胁时，老产品生产企业会采取各种有效的方法降低替代产品的威胁，这也会给新兴行业的发展增加了难度。

由于新兴行业的发展存在许多障碍，进入新兴行业经营的企业失败率较高。但同时新兴行业的结构环境也为企业发展带来了机遇。

（3）新兴行业中企业竞争战略的选择

1）塑造行业结构。新兴行业中主导地位的战略问题是考虑企业是否有能力促进行业结构趋于稳定而且成型。通过战略选择，企业可以在生产方针、市场营销方法和价格策略等方面建立游戏规则。在行业的基础经济性和资源的限制范围内，企业应以某种方式建立有利于发展的行业法则，以获得长远的行业竞争地位。

2）注意行业发展的外在性。在新兴行业的发展阶段，企业在争取自身的市场地位时，常常会损害行业发展。行业形象、可信性，行业吸引力，顾客困惑，与其他行业的关系及与政府、金融业的关系等都与企业发展状况有关，而行业内企业的发展也依赖于与其他企业的协调及行业的发展，因此一个重要的战略问题是，要懂得在对行业的倡导和追求自身狭窄利益的努力之间做出恰当的平衡。

3）注意行业机会与障碍的转变。新兴行业的迅速发展可能会使行业机会和原有的障碍发生变化。如当行业在规模上有所发展，企业也证明了其自身价值时，供应商和销售渠道在方向上可能会发生变化。供应商可能会希望满足企业某些方面的需要，如产品规格、服务和交货期等；销售渠道可能变得更乐于作为企业的伙伴投资于广告或其他促销活动。尽早发现这些变化会给企业提供战略机会。

4）选择适当进入的时机和领域。何时进入新兴行业是一个重要的战略选择问题。早期进入面临的是高风险低障碍，并可获得很高收益；较晚进入新兴行业，虽然风险较小，但竞争激烈，企业不会获得很大的收益。

**3. 成熟行业中的竞争战略**

（1）行业进入成熟期企业面临的变化

1）行业增长速度下降。进入成熟期后，行业产量（或销售量）的增长速度下降，各企业还要保持其自身的增长率就必须扩大其市场占有率，从而使行业内企业竞争加剧。

2）买方市场形成。产品供大于求，许多企业只能向有经验的重复购买的用户销售，而用户在选购商品上越来越挑剔，经验和知识都更加丰富。由于行业的内在技术和产品都已成熟和定型，因此，企业竞争常常在成本、售价和服务方面展开。

3）行业盈利能力下降。行业增长速度下降及买方市场的形成，使行业内企业盈利能力下降，中间商的利润也受到影响，但此时企业在成长期阶段实行的增加生产能力和增加人员的大发展战略尚未作根本的调整，往往会出现生产能力和人员方面的富余。

4）企业各职能策略面临着新的调整。当行业及产品已经成熟定型时，新产品的开发及产品新用途的开发难度大为增加。要使企业的产品在技术性能、系列、款式、服务等方面不断有所变化，会使成本及风险增加，此时企业要认真调整自己的研究与开发策略。企业在生产量上不可能再有急剧的增长，而是要在节约成本、提高质量上下功夫，同时在销售渠道及促销策略上也要有新的开拓。

（2）行业进入成熟期企业竞争战略选择

此阶段除了可以根据企业实际情况来选择前面所述的三种基本竞争战略外，还应该采取以下应对策略（见表7–6）。

**表7–6　采取的应对策略**

| 策略 | 具体操作 |
|---|---|
| 工艺和制造方法的改进和创新 | 随着行业的逐步成熟，新产品开发越加困难，因此企业应该为进一步降低成本而在工艺和制造方法改革上下功夫，在产品销售渠道等方面进行改进，以期能获得较多的利润 |
| 产品结构的调整 | 行业进入成熟期后，产品的特色正在逐渐减少，价格也会逐渐降低，为此就需要进行产品结构分析，淘汰部分亏损和不赚钱的产品，将企业的注意力集中于那些利润较高的、用户急需的项目和产品，努力使产品结构合理化 |
| 开发国际市场 | 当国内市场趋于饱和后，有条件的企业可采用开拓国际市场的策略。在国内该产业已进入成熟期，而在其他国家该产业也可能刚刚进入幼稚期或成长期，竞争者较少，而且那里较少有潜在的竞争者，因而可以获得比较优势，极大地降低进入费用，获得较大利润 |
| 用户的选择 | 在行业进入成熟期后，企业扩大销售额比较容易的方法就是使现有用户扩大使用量，这比寻求新用户更有效，因为扩大用户往往会引起剧烈的竞争，而对现有用户增加销售可以用提高产品等级、扩展产品系列、提供高质量的服务等方法来实现，也应当保住一些重点老用户，努力满足其需要，争取扩大销售额 |
| 廉价购买竞争厂商 | 当行业处于成熟期时，会出现一批经营不好或处境艰难的企业，此时如果本企业竞争地位较强，可以考虑购买、兼并这些企业，努力设法使本企业达到经济规模，创造低成本的地位，进一步增强本企业的竞争力 |
| 退出或实行多角化经营 | 当企业感到继续留在成熟的行业中已经仅有微利或无利可图时，可以考虑退出该行业，可以采取如转让、被购并等退出战略；或者也可考虑采用多角化战略，即在努力避开行业内的激烈竞争但又不脱离本行业经营的同时，还可以在其他领域进行经营 |

（3）成熟行业中企业战略选择应注意的问题

1）企业要有自知之明。处于成熟行业中的企业往往是自我感觉良好，它们仍然陶醉在行业处于成长期时企业取得的经营业绩中，甚至它们并未察觉到行业已经进入了成熟期，而此时实际上在成熟行业中用户行为和同行竞争者行为都已发生了很大变化，而企业却不能适应新的环境变化，它们不愿在价格、营销手段、生产方法及研究开发等方面做出及时的调整，不习惯于在这些领域开展竞争，企业领导人的思想落后于形势，这将使企业有陷入困境的危险。

2）企业要有自己的战略特色。处于成熟行业中，企业要有自己的鲜明的战略特色。有的企业由于不适应新的成熟行业的环境变化，使企业战略陷入盲目的、没有重点的模糊状态之中，它们既未采用低成本战略，也未能形成差异化战略和集中战略的特色，而是在这三种战略之间的状态徘徊。这是企业所要努力避免出现的被动局面。

3）要防止企业盲目投资。行业进入成熟期，买方市场已经形成，企业还要像在行业成长期那样扩大市场占有率已经非常困难了，因此，为保持和扩大市场占有率而追加投资必然会使企业陷入被动，即企业的这些投资将得不到回报。

**4. 衰退行业中的竞争战略**

（1）衰退行业中影响企业制定竞争战略的因素

1）行业的需求下降。行业需求量下降的原因可能是由于技术进步、新的更好的替代产品的出现、购买本行业产品的顾客规模减少，也可能由于政治、经济、社会等条件变化造成需求的改变。

2）行业退出壁垒。从衰退行业中退出是一个明智的战略选择，但退出要受行业退出壁垒的约束。

（2）在衰退行业中企业竞争战略的选择

衰退行业的企业的战略选择基本可分为以下四种，见表7–7。

**表7–7　企业的战略选择**

| 战略名称 | 主要内容 |
|---|---|
| 取得适当地位（又称局部领导战略） | 采用这种战略，企业首先要认清衰退行业中的某一部分仍能有稳定的或者下降很慢的需求，并且在这部分中还能获得较高的收益。企业应当在这部分市场中建立起自己的地位，以后再视情况的发展考虑进一步对策，这样也需要追加一部分投资，但投资规模及风险都较小 |

续表

| 战略名称 | 主要内容 |
|---|---|
| 逐步退出战略（又称收割战略） | 采用这种战略是尽量多地从衰退行业中回收投资，同时停止一切新的投资，停止广告宣传费，削减设备维修费，停止研究开发费的支出，等等。即企业要把过去投资的潜力挖尽，并尽可能从销售中回收最多的收益，这实质上是一种有控制地逐步退出的战略 |
| 取得领先地位（又称领导战略） | 采取这种战略的出发点是使企业成为行业中保留下来的少数企业之一，甚至是保留下来的惟一企业。趁其他企业纷纷退出的机会，通过竞争使本企业在行业中处于领先或支配的地位，要形成这种形势，企业还要进行一定的投资 |
| 快速退出战略（又称撤资战略） | 这种战略认为：及早迅速地退出，固定资产立即转让，对业务的及早清理比缓慢地退出行业更有利，因为早期出售这项业务通常可以找到这项业务的最高卖价，企业可获得较高收益。一旦行业衰退形势明朗，行业内外的资产买主就处于极有利的讨价还价的位置，到那时再卖掉固定资产为时已晚 |

（3）衰退行业中竞争战略选择应当注意的问题

1）企业领导者有可能不能客观地分析衰退行业的形势。可能是由于行业的长期存在，或者对替代品认识不清，也可能是由于较高的退出壁垒，企业经营者对周围环境不能做出客观的、实事求是的估计和预测。因为悲观的信息对管理者来说是十分痛苦的，他们总是寻找乐观的信息，因此，企业经营者总是根据他以往的经验，对衰退行业的复苏抱有过分乐观的估计，甚至不听周围人们的劝告，这是十分危险的。本来，在早期发现危机还可以挽救企业的生命，但由于经营者的主观判断错误，贻误了战机而葬送了企业的生命。

2）应避免打消耗战。如果企业实力较弱，应在发现行业进入衰退期时立即采取迅速退出战略，若与行业内的竞争者一味竞争下去，不仅本企业不会取得衰退行业中的应有位置，还会给企业带来灾难，因此企业应尽量避免打消耗战。

3）应谨慎采用逐步退出战略。正如前述，当企业没有明显实力时，采用逐步退出战略会使企业崩溃，因为一旦市场或服务状况恶化，或者行业内已有一二家企业退出该行业，则行业内的状况便急转直下，用户会很快地转移他们的需求，产品售价可能被迫降低。因此，企业要权衡自己的实力与管理上的风险，谨慎采用逐步退出战略。

## 四、企业核心竞争能力管理

### 1. 核心竞争能力的基本特征

（1）增值性和效益性。企业核心能力要能在为客户创造价值的过程中做出显著贡献，反过来讲，不能为客户做出显著的价值贡献的就不是企业核心竞争能力，因此增值性是从客户角度来讲的。同时，企业核心竞争能力还要为企业带来显著的经济效益，不能使企业产出显著经济效益的就不是企业核心竞争能力，因此效益性是从企业角度来讲的。

（2）领先性和独特性。企业核心竞争能力要在行业中的某种技术上或管理方面处于领先地位，不能处于领先地位就不是企业核心竞争能力。同时，企业核心竞争能力是很独特的，是很难被竞争对手模仿的，凡是能被竞争对手很容易模仿的就不是企业核心竞争能力。

（3）延展性及多样性。企业核心竞争能力不是局限于企业某一种产品或服务，而是能够应用于多种产品和服务领域的，即要最大限度地实现范围经济效应，如果企业该项能力不能衍生出新产品或服务就不是企业核心竞争能力。如佳能公司利用其在光学镜片、成像技术和微处理控制技术方面的核心竞争能力，使其成功地进入了复印机、激光打印机、照相机、成像扫描仪、传真机等20多个市场领域。

**2. 企业核心竞争能力的组成要素**

企业核心竞争能力组成要素包括以下几个方面：

（1）全体员工的知识和技能水平。这不仅包括每个员工的知识与技能水平，还包括企业全体员工的知识结构和技能结构。

（2）企业技术体系。这不仅包括企业技术的硬件体系，还包括企业技术的软件体系。

（3）企业的管理体系。包括企业的管理思想，管理理念，企业管理的方式、方法及手段，企业战略管理及其他职能管理等。

（4）企业文化。企业文化也是企业核心竞争能力的重要组成部分。

**3. 中国企业核心竞争能力管理上存在的问题**

（1）相当多的企业领导者不知道什么是企业核心竞争能力，缺乏核心竞争能力的观念。

（2）有的企业领导人对核心竞争能力缺乏敏感性。主要表现在两方面：①本企业已具有核心竞争能力，但由于对核心竞争能力缺乏敏感性而贻误发展机会。②裁减表现不佳的部门时，无意中把蕴含在该部门的核心竞争能力也裁减掉了。

（3）大型企业被细分为越来越小的事业部或子公司，核心竞争能力也随之被割裂或削弱。

（4）只关心企业品牌份额的扩大，而不重视建立自己的核心竞争能力，是非常危险的。

**4. 企业核心竞争能力的管理**

（1）找出现有的核心竞争能力

管理人员如果对本企业核心竞争能力的构成没有达成共识，就无法积极管理这些核心竞争能力。所以，衡量一家企业对核心竞争能力的管理水平，首先应该看这家企业对其核心竞争能力的定义是否明确，以及大家对这个定义的认同程度。因此，实施核心竞争能力管理的第一步就是核心竞争能力的识别。可以考虑采取以下 3 个步骤：

1）列出企业竞争能力清单。管理者必须从产品焦点中转移出来，把注意力集中在产品隐含的技术、技能、知识及其人力资本与组织载体上。

2）结合外部环境分析，决定这些竞争能力现在和未来 3 ~ 5 年内的顾客价值。

3）判别竞争能力的相对强度。竞争能力相对强度既包括竞争能力区别于对手的程度，也包括其难以模仿和替代的程度。

可以将以上 3 个步骤的分析结果归纳在表 7–8 中。最后，根据各竞争能力的顾客价值的大小和相对强度，将不同性质的企业竞争能力分别置于图 7–1 所示的 4 个象限中，并分别采用不同的管理策略与方法。

**表 7–8　竞争能力内容与基本性质判别表**

| 技能和知识 | 存在处 | 顾客价值 | 独特性 | 难模仿和替代性 | 产业变化及影响 |
|---|---|---|---|---|---|
| | | | | | |

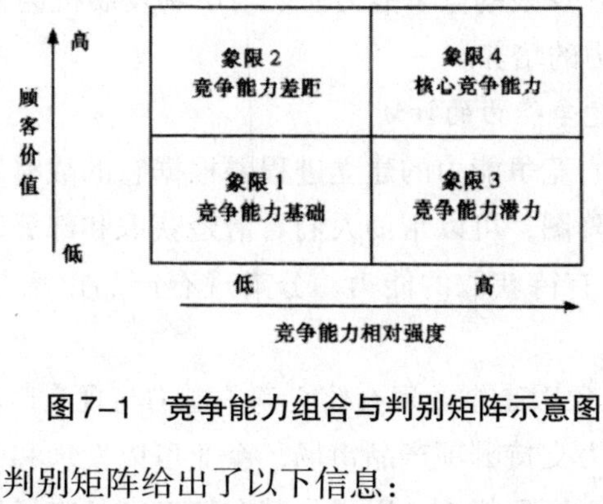


**图 7–1　竞争能力组合与判别矩阵示意图**

竞争能力组合与判别矩阵给出了以下信息：

①象限 1 中竞争能力的顾客价值和强度都较低，顾客不认为它们非常重要，竞争者和本企业一样甚至能更好地掌握它们。这些竞争能力在市场竞争中是基础性的、必需的，但不产生竞争优势。

②在象限 2 中的竞争能力被顾客赋予很高的重要性，但本公司的竞争实力与竞争者相比存在一定的差距。这一象限的竞争能力具有战略相关性，因为如果管理人员认为它们尚存在很大改进余地，而且用户也看重这种改进，它们就可能成为企业未来核心竞争能力的目标。

③在象限 3 中，是比别人更擅长却对提高顾客价值没有贡献的竞争能力，被称为竞争能力潜力。由于企业没有真正抓住顾客的需求，或者市场竞争要素已经改变，可能导致原来的竞争能力价值大减。企业需要尝试将已存竞争能力潜力与市场发展机会相联系，使之在其他产品 / 市场上获得价值补偿。

④在象限 4 中的竞争能力是企业的核心竞争能力，即这些竞争能力即高于竞争对手，又能对现在和未来（3 ~ 5 年）的顾客价值有重要的提升作用。

通过以上步骤，企业可以初步确定其拥有的竞争能力状况及大致的竞争能力策略方向。比较理想的情形是，除必须具备的基础性竞争能力外，企业还具有几项核心竞争能力，一些竞争能力差距，或少量竞争能力潜力。在这种情况下，企业的竞争能力策略方向是：进行核心竞争能力的内部扩散和调配利用；考虑有选择地改进竞争能力差距或寻找新的市场机会利用竞争能力潜力；进行 5 ~ 10 年期的新的核心竞争能力的培养。

较差的情况是：企业竞争能力全部分布在第 1，2，3 象限，而这往往是大部分中小企业的现状。在这种情况下，企业的竞争能力策略方向是：考虑从第 2 象限中选取一些有希望的竞争能力，利用企业主要资源和合理的管理方式使之转化为核心竞争能力；考虑选取第 3 象限的竞争能力使之与市场发展机会相联系；进行 5 ~ 10 年期的新的核心竞争能力的培养。

（2）制定获取核心竞争能力的计划

虽然一个企业的核心竞争能力的建立进程要根据它的战略发展框架来定，但绘制一份能力——产品矩阵图，可以帮助人们看清楚获取和部署能力的目标。这种矩阵图可区分现有能力与有待获取的能力，分辨现有产品市场与新发现的产品市场（图 7–2）。

1）填补空隙。第 1 象限是企业现有核心竞争能力与现有产品或服务的组合。通过标出哪些核心竞争能力支持哪项产品市场，企业可以发现和引进企业内其他部门的与这个产品相关的核心竞争能力，以强化其在特定产品市场地位的商机。每个企业均应自问：扩大部署现在核心竞争能力以增进现有市场地位的机会在哪里？

2）10 年后领先。第 2 象限提出了一个重要问题：现在企业应该建立什么样的核心竞争能力，才能确保 5 年或 10 年后用户能将我们当作首选供货厂家？这里的目标是了解需要建立何种核心竞争能力，方可保持并扩大企业在现有市场上的份额。例如，IBM公司一直在努力发展服务与业务咨询技术，因为它知道自己的用户需要购买的不仅是计算机和软件，还有实际业务问题的答案。假如IBM公司不建立这种核心竞争能力，它作为信息技术供应商的地位将被那些具有强大咨询核心竞争能力的竞争对手进一步削弱。

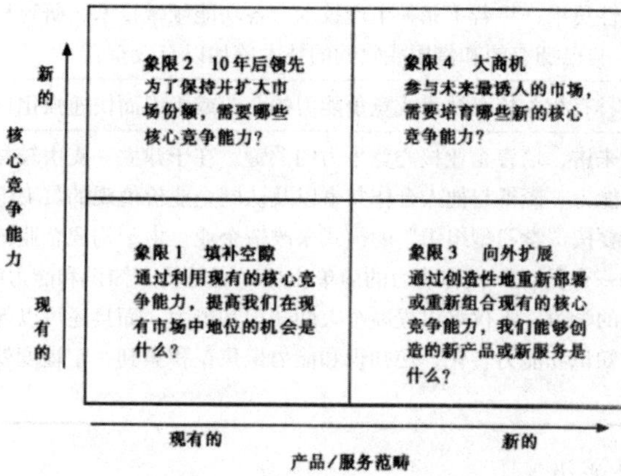


图7-2 培育核心竞争能力矩阵示意图

3）向外扩展。第3象限是那些不属于现有业务单位的产品——市场范畴的。企业要做的就是想像出这样的商机，来扩展现有的核心竞争能力，将其用到新产品市场上去。例如，索尼公司依靠自己的录音机、耳机技能和微型化竞争能力，成功创造出随身听这一新产品。

4）大商机。第4象限中标示的商机和企业目前在市场上的地位或现有的能力基础都没有任何关系，但如果这种商机意义重大，或者十分诱人，也可以去捕捉。这时的战略手段可以是一系列规模不大但目的明确的并购或联营，借此企业可取得并了解所需的能力，同时开始研究其潜在的用途。

（3）培育新的核心竞争能力

建立领先的核心竞争能力的关键在于持之以恒。而要做到这一点，首先，就要求企业内部对建立与支持哪些能力应该意见一致。其次，负责建立能力的管理班子应保持相对稳定。除非高层管理人员对建立哪些能力达成一致意见，否则就不可能有长期一贯的努力。如果上层没有一致的意见，而各个业务单位又只顾建立自己的能力，那么整个企业在能力建立方面就不能集中力量，甚至根本无法建立新能力。培育新核心竞争能力的方法主要有以下五种（见表7-9）：

表7-9　培育新核心竞争能力的主要方法

| 方法 | 具体内容 |
| --- | --- |
| 联盟法 | 通过与其他厂商、研究机构、主要客户形成联盟，如合资、合营、授权等，从中获得并消化吸收合作伙伴的技术和技能。中小企业常常采用这种方法 |
| 集中法 | 通过统一目标，将注意力集中在科研与产品开发等少量关键目标上，加大对核心技术的资金投入与人才配置，组建竞争能力开发团队等方法提高内部资源配置的效率 |
| 整合法 | 通过系统性思维，将若干相关生产技术、各功能领域技术（研究与开发、生产、营销和服务等）、自己拥有的和借用或收购的技术等加以有效整合 |
| 收购法 | 通过收购具有相关核心技术或竞争能力的企业或组织而快速强化目标专长或竞争能力 |
| 组织学习法 | 从根本上来讲，培育企业核心竞争力的关键，在于建立一支由较高的专业水准、富有创造性思维能力、懂得与他人合作共事以及认同企业价值观的员工组成的团队。建立这种团队，需要按“学习型组织”的模式来改造企业。由于构成企业核心竞争力的知识和能力不是每一个员工知识和能力的简单相加，而是员工知识和能力的有机组合，因此，通过有组织的学习，不仅可以提高个人的知识和能力，而且还可以促进个人的知识和能力向组织的知识和能力转化，使知识和能力聚焦，积累到一定程度就形成了企业的核心竞争力 |

（4）保持核心竞争能力

1）核心竞争能力丧失的原因主要有：

①核心竞争能力携带者的流失。核心竞争能力携带者是指体现和掌握核心竞争能力的技术人员或管理人员，他们在企业核心竞争能力的建立过程中曾起过中流砥柱的作用，一旦他们离开企业为竞争者效力，可能会导致企业关键技术的泄密，使核心竞争能力的优势大大削弱。

②与其他企业的合作。企业在与其他企业合作时，常常会扩散自己的核心竞争能力。例如，日本一些企业通过战略联盟从西方合作伙伴中获得大量的技术能力，从而使得西方企业的核心技术能力不再独享，它们的核心竞争能力也就不复存在了。

③放弃某些经营业务。例如，通用电气、摩托罗拉等公司从1970–1980年间先后退出彩电行业，从而失去了各自在影视音像技术方面的优势。

④核心竞争能力逐渐被竞争对手所模仿，成为行业中必备的能力。

2）保护核心竞争能力的措施：

①加强对核心竞争能力携带者的管理和控制。核心竞争能力的携带者是企业的宝贵财富，企业高层管理人员必须清楚地识别他们，制定相关政策，防止这些人才的流失。例如，可以通过股权激励给他们带上“金手铐”，使他们的利益与公司的利益保持一致，以及培养其忠诚度等。

②自行设计和生产核心产品。核心产品是一种或几种核心竞争能力的物质体现，企业通过自行生产核心产品，可以防止秘密技术和独特技能的扩散，从而将核心竞争能力保持在企业内部。可口可乐公司自行配制糖浆就是一个很好的例子。

③谨慎处理某些经营不善的业务。在那些因短期市场前景暗淡而即将被企业放弃的业务中，可能含有某些具有潜在价值的核心竞争能力或其组成部分。企业在处理这些业务时必须谨慎，要充分考虑到业务的放弃或转让所造成的影响，看看是否会对企业和竞争对手的核心竞争能力带来什么影响。

④加强对企业核心技术的保密措施与管理制度；在现有核心技术或技能融合模式基础上，利用全面质量管理等方法不断对其进行改良与改进。

# 第八章　企业国际化经营研究

## 第一节　经济全球化与现代企业国际化经营

### 一、经济全球化

经济全球化的实质内容是资源在世界范围内的优化配置。经济全球化今后的发展趋势将是贸易自由化、金融全球化、生产国际化和市场国际化。

（1）世界各国的消费日益不受本国生产能力的限制，大量的商品来自其他国家，国际贸易自由化使各国互通有无，消费越来越具有世界性。

（2）各国经济的发展日益不受本国资金条件的约束，大量的资金来自于其他国家和国际金融市场，巨大的国际融资和资金配置能力为各国创造出巨大的发展空间。

（3）各国的生产越来越不受国内市场的限制，国际分工的深化使企业能够根据各国的比较优势条件进行生产的国际分工配置，在更大的市场范围内实现规模经济。

（4）各国的市场越来越不受地理疆界的限制，经济全球化的发展，使得纯粹意义上的国内市场基本不复存在，国内市场与国际市场的界限日趋模糊，企业的国内竞争也将成为全球竞争的一部分。

### 二、经济全球化对现代企业国际化经营的影响

企业国际化经营是经济全球化的基本途径之一，也是经济全球化的表现形式，因此经济全球化的发展对现代企业国际化经营有着重大影响。企业国际化经营主要表现为国际贸易、国际投资和跨国经营活动，当前加速发展的经济全球化对这三个方面产生着深远影响。

（1）加快了国际贸易的发展。二次世界大战以来，国际贸易发展迅速，国际贸易的增长速度超过世界生产的增长率。尤其是20世纪90年代以来，国际贸易更是以前所未有的速度发展，货物贸易和服务贸易年均增长率几乎是同期世界生产增长

率的 3 倍。从发展趋势看，国际贸易呈现出一些新的变化：第一，高新技术产品在国际贸易中的地位日益增强；第二，服务业出口的增长率超过货物出口的增长率。这些情况说明世界出口商品结构在不断优化。

（2）加速了国际投资活动的增长。20 世纪 50 年代以来，国际直接投资呈现加速增长趋势，尤其是 90 年代以来，国际直接投资额增长速度一直保持在 20% 以上。从世界范围来看，国际资本流动出现如下特征：第一，国际直接投资流向发生变化，20 世纪 90 年代中期以前，发展中国家吸引外资增长很快，但 1995 年后国际资本流动主要集中在美国、西欧和日本等发达国家之间，以及西方发达国家与新兴市场国家之间；第二，国际投资重点领域发生变化，由 20 世纪 90 年代中期以前集中在制造业流域转变为金融、保险、电信、流通等服务贸易流域第三，跨国并购增长迅速，成为国际直接投资的主要方式。

（3）促进了跨国企业的快速发展。据联合国有关机构统计，在 20 世纪 60 年代后期，跨国企业的总数为 7276 家，受其控制的国外子公司和分支机构为 27300 家；1996 年，跨国企业的数量达 4.4 万家，受其控制的海外子公司和分支机构达到 28 万家；到了 1999 年，跨国企业及受其控制的子公司和分支机构就分别到达了 6.3 万家和 70 万家。跨国企业目前已控制了全球 1/3 的生产总值、50% 的国际贸易额。从技术转移方面来看，跨国企业控制了发达国家 70% 的技术转让、80% 的研究和开发项目，已成为全球技术创新和扩散的主要来源。

### 三、现代企业国际化经营的内涵

所谓现代企业国际化经营，就是企业以国际市场为目标，国际性地利用生产要素和管理技能，积极参与国际分工和国际竞争，从事国际贸易、国际投资和跨国经营活动。

现代企业国际化经营的内涵不仅在于其产品由国内市场走向国际市场，而且更重要的在于企业的经营视野、经营范围乃至管理水平真正摆脱国内市场的束缚而跨越国界。过去对国际化概念的理解就是国内企业把机构设在国外，但这只是机构的国际化。国际化更深刻的含义，不单是机构设在国外，而是管理的国际化，经营范围、服务方式的国际化，人才的国际化以及监管环境的国际化。国际化是一个企业本身的一种资格证明，说明企业的管理、技术、活动舞台已经符合国际标准，得到了国际上的认可。

企业国际化经营的发展经历了三个阶段。第一阶段是 19 世纪中期至第二次世界大战，现代企业国际化经营开始萌芽并得到初步发展。当时企业国际化经营活动的主要特点是：活动方式主要以进出口贸易为主，跨国投资的方式较少且所涉及的国家和行业也十分有限。第二阶段是从二次世界大战后到20世纪80年代，企业国际化经营得到空前大发展。随着科技的迅猛发展、国际分工的不断深化以及世界市场的空前广阔，各国企业都以更为主动的姿态开展国际化经营，国际化经营的产物——现代国际公司成为世界经济的核心组织者和最主要的经济活动主体，对外直接投资成为企业国际化经营的主导方式。第三阶段为20世纪80年代至今，随着经济全球化的发展，现代企业国际化经营进入了一个崭新阶段。现代国际公司通过错综复杂的网络结构形成了全球一体化的生产经营体系，国际化经营的视野、理念、方法等都出现了大的变化，，现代企业开始迈进"无国界经营、全球竞争"的新时代。

## 四、现代企业国际化经营的阶段

企业实现国际化经营是一个漫长的过程，不可能一蹴而就。现代企业国际化经营一般要经历四个阶段：

（1）产品出口阶段。这是国际化经营的第一步。在一个企业为谋求更大销售额、获得新资源而开始国际化经营的时候，其最开始的经营活动往往限于产品的出口贸易。这个阶段的任务是将本企业的产品打入国际市场，从而认识国际市场，同时也使国际市场认识本企业的产品。在这个阶段，企业的经营地点和经营方针仍是立足于国内，仅仅通过出口产品间接、被动地接触国际市场，其组织结构形式仍是传统的国内结构。

在这个阶段的初始，次数有限的出口贸易主要是依靠一些进出口公司来完成，因而并不需要企业设置专门的机构来处理相关的日常事务，而只需安排少量专业人员。当企业出现出口业务经常化并继续发展的局面，需要成立一个专门处理出口业务的机构时，企业国际化经营就进入了第二个阶段。

（2）国外销售阶段。随着企业出口不断扩大，销售额不断增加，出口对于企业的生存和发展开始占有举足轻重的地位。虽然企业的经营地点和经营方针仍立足于国内，但企业需要主动而直接地接触国际市场，寻求贸易伙伴，因此，在企业组织结构上就要设置与出口业务规模相匹配的国际处室，专门处理出口业务，这就进入了国际化经营的第二个阶段——国外销售阶段。

在这个阶段，随着出口业务的增长，企业开始与有业务往来的外国企业保持密切接触，发展关系，加强与贸易伙伴的沟通，熟悉贸易伙伴所在国的基本情况。经过这一系列过程后，当企业决定在国外进行直接投资，以国外生产的方式求得进一步发展时，企业国际化经营就进入第三个阶段。

（3）国外生产阶段。由于世界各国对于进口或多或少都有限制性措施，再加上外国的当地企业的竞争，企业如果只靠出口来扩大国际销售，很难达到占领国外市场的目的。因此，对外直接投资办厂，在国外市场内部进行生产，实现生产和销售一体化，就可以绕过贸易壁垒，同时也可降低运输成本，提高产品竞争力，这就是国际化经营的第三个阶段。

在国外生产阶段，企业的组织结构增设国际部门，专门负责国际直接投资业务。这时，虽然企业的经营地点已经涉足国外，但是企业对国内市场的依赖仍然很大，其经营方针也是首先考虑国内。

（4）跨国经营阶段。企业开始在全世界范围内计划、组织、管理其国际性生产时，就进入了跨国经营阶段。在这一阶段，企业开始从全球战略的角度组织经营活动，具体表现在：在不同的国家或地区设有子公司或分支机构，从事国外生产、销售活动；总公司对子公司具有直接控制能力；管理层考虑问题以全球为出发点，经营战略以跨国界、跨民族、全球为特点；全球性地调配资源。

在跨国经营阶段，企业的组织结构发生巨大变化，成为全球性组织结构。国内经营活动的重要性开始减弱，企业的目标主要面向国外，经营方针也实现了国际化，开始在广阔的国际市场寻求最佳经营效果。

## 第二节　企业国际化经营的理论基础

### 一、产品生命周期理论

美国经济学家弗农（R.Vernon）1966年在其《产品周期中的国际投资和国际贸易》一文中提出了独具特色的产品生命周期理论（The Theory of Product LifeCy-cle）。弗农试图利用产品生命周期假说来解释对外直接投资的动因、时机和区位选择。弗农认为，垄断优势理论不能说明企业在出口、许可证和国外子公司生产之间的选择，其理论是静态的，应该将企业的垄断优势与产品生命周期以及区位因素结合起来，从动态的角度考察企业对外直接投资行为。

弗农将产品生命周期划分为三个阶段：新产品阶段、成熟产品阶段和标准化产品阶段。他认为企业对外直接投资是根据产品所处不同阶段的内部生产条件和外部竞争环境的不同而做出的反应，是随着产品生命周期运动的发展而出现的对出口产品方式的替代。

（1）新产品阶段。是指新产品开发与投产的最初阶段。在这一阶段，发达国家企业凭借其雄厚的研究开发资金首先创新技术，开发出新产品，并将该产品投入本国市场。由于需要投入大量的研发费用和人力资本，而且生产技术不稳定，产量低，成本高，因此企业可以凭借新产品技术工艺的垄断在国内建立垄断地位。在市场上，用户对新产品一般并不在乎价格，因而新产品的需求弹性较小，企业在国内就可获得高额垄断利润。对于其他发达国家的偶尔的需求，企业通过出口即可满足。所以，在这一阶段企业无须到海外进行直接投资，因而具有选择在国内生产的倾向。

（2）成熟产品阶段。是指产品及其生产技术逐渐成熟的阶段。在这一阶段，随着生产和竞争的发展，新产品的生产技术日趋完善，产品已基本定型；需求量增加，产品开始大批量生产；竞争者开始跟进，国内外都出现了模仿者，消费者选择余地扩大，产品需求弹性也逐渐增大。因此，新产品的最早生产者已不再拥有原先的技术垄断优势和独占的市场，成本因素在竞争中作用日益增强，企业需要重视降低生产成本来提高其竞争力。而此时其他发达国家也往往设置贸易壁垒以保护本国的仿制品市场。因此，发达国家（创新国）的企业在寻求法律保护和提高产品差别化以提高国内竞争力的同时，倾向于进行对外直接投资，在其他发达国家设厂就地生产销售，以节省费用、降低成本、开拓市场。企业在此阶段跨国经营主要在发达国家，并以此为基地就近向发展中国家出口产品。

（3）标准化产品阶段。是指产品及其生产技术的定型化阶段。在这一阶段，产品已实现完全标准化，技术也已成熟，不仅在发达国家已经普及，而且也已扩散到一些发展中国家，因而新产品首创国企业的技术垄断优势完全消失，竞争集中体现为价格的竞争，资本与非技术型熟练劳动成为产品成本的主要部分。这时，发达国家的企业倾向于将生产地点转移到劳动成本更低的发展中国家，以直接投资方式将标准化的生产工艺转移到具有成本比较优势的国家，离岸生产并将在那里生产的产品返销母国市场和其他国外市场。最后，当该技术不再有利可图时，发达国家企业将其以许可方式出让给发展中国家企业，并开始投资研制生产更新的产品，产品生命周期又开始了新一轮的循环。

## 二、内部化理论

内部化理论也是一种比较流行的跨国企业理论。所谓“内部化”，是指把市场建立在企业内部，以内部市场取代原来固定的外部市场，使之与固定的外部市场同样有效发挥作用的过程。

内部化理论也是以市场的不完全性作为理论分析前提的，认为市场不完全不仅存在于最终产品市场，也存在于中间产品市场，而中间产品市场上的不完全竞争，正是导致企业内部化的根本原因。中间产品不仅包括通常意义上的原材料、零部件、组成件、协作配套件，而且包括各种技术、专利、商标、管理技能、知识和市场信息等“知识中间产品”。中间产品市场的不完全竞争性主要是由政府的关税、贸易壁垒、外汇管制与汇率政策等所引起的。市场不完全导致企业在进行知识产品的外部交易时，存在着定价的困难、泄密的风险等，从而使交易费用增加。当交易成本过高时，企业就倾向于通过对外直接投资建立跨国企业，开辟内部市场，在较大范围内形成自己的一体化空间和内部交换体系，将原本通过外部市场进行的公开的市场交易转变为不公开的内部交易，以降低交易成本，实现企业利润最大化，而且使技术得到保护和保密。

### 三、国际生产折中理论

国际生产折中理论是 1977 年英国学者邓宁（J.H.Dunning）在《经济活动的贸易区位和跨国企业：折中理论探索》一文中提出的。邓宁认为，过去的各种对外直接投资理论都只是从某个角度进行片面的解释，不能成为对外直接投资的一般理论，因此，需要用一种折中理论将有关理论综合起来解释企业对外直接投资的动机。国际生产折中理论综合了垄断优势理论、内部化理论和区位理论的科学内涵，并把三者结合起来，认为促成企业跨国经营是所有权优势、内部化优势和区位优势三者综合作用的结果。

（1）所有权优势。所有权优势就是指企业的垄断优势，即企业拥有的东道国企业所不具备的优势。具体包括：①资产性所有权优势，指企业在生产设备、厂房、资金、能源、原材料等方面的有形资产优势，以及在专利、专有技术、商标与商誉、技术开发创新能力、管理及营销技术等方面的无形资产优势；②交易性所有权优势，指企业在全球范围内跨国经营，合理调配各种资源，规避各种风险，从而全面降低企业交易成本所获得的优势。邓宁认为，企业在对外直接投资时，必须具有这些优势，但具有上述所有权优势并不一定会导致企业进行对外直接投资。

（2）内部化优势。是指具有所有权优势的企业为了避免外部市场不完全对企业的不利影响而将企业优势保持在企业内部的能力。拥有所有权优势的企业在利用其优势时有两种办法：一是企业在内部利用，即进行优势内部化；二是把这种优势出售给别的企业。当市场不完善，交易费用较高时，企业就会进行内部化。邓宁认为，只有同时具有所有权优势和内部化优势的企业，才能获取垄断优势所带来的最大效益。但是内部化优势和所有权优势一样，也只是企业对外投资的必要条件，同时具有所有权优势和内部化优势的企业也不一定选择对外直接投资。

（3）区位优势。是指东道国市场相对于企业母国市场在市场环境方面具有的优势。区位优势属东道国所有，它包括两个方面：一是东道国不可移动的要素天赋优势，如地理位置适中、自然资源丰富、劳动力成本低等；二是东道国政局稳定，社会安定团结，有吸引投资的优惠政策等。邓宁认为，寻求区位优势是企业的本能，它决定了企业对外直接投资的流向。如果一个企业同时具备了所有权优势和内部化优势，并且能确认可以获取某一东道国的区位优势时，该企业就具备了对外直接投资进行跨国经营的充分必要条件，跨国经营就成为该企业的最佳选择。

国际生产折中理论融合了各种学说的精华，减少了前述单个理论解释跨国经营的片面性，更全面地解释了企业国际化经营的动因，从而形成了一个具有普遍性的理论。但是该理论过于注重对企业内部要素的研究，忽略了企业所处的特定的社会经济、政治条件对企业经营决策的影响。同时也无法有力地解释并不具有三种优势的发展中国家企业如何能到发达国家跨国经营。

## 第三节　企业国际化经营战略与方式

### 一、企业国际化经营战略

#### 1. 发展战略

从跨国企业的发展方向来看，国际化经营的发展战略主要有横向发展战略、纵向发展战略和混合发展战略。

（1）横向发展战略。这是指企业将其在母国生产和经营的产品平行地扩展或转移到国外，也就是说，母公司和世界各地的子公司从事相同种类产品的生产和经营。因此，这种战略只是实施国际化经营的企业将生产经营行为在地理分布上进一步扩大到其他国家，企业内部的专业化生产及协作关系并不发生变化。

（2）纵向发展战略。这是指企业的母子公司各自生产不同的产品或经营不同的业务，但这些产品或业务具有行业关联性，从而组成了一条行业内生产链或跨行业生产链。行业内生产链是同一产品不同加工工艺过程的连接，例如汽车生产的零部件加工与总装两部分；跨行业生产链是把不同行业的生产过程连接在一起，例如石油化工产品的原油开采、石油提炼、精细化工制造与产品销售等横跨几个行业的生产链。

（3）混合发展战略。这是指企业在保持原有经营业务的基础上，向其他一些与原有经营业务没有直接关系的新的部门和行业拓展业务。在这种模式下，母公司以及各子公司生产和经营不同的产品和行业，因此，母子公司之间缺乏内在的关联性。

2. **中心模式战略**

按照企业国际化经营中心模式，可以将国际化经营战略分为下列四种战略（见表 8-1）。

**表 8-1　国际化经营战略类型**

| 类别 | 具体内容 |
| --- | --- |
| 多元中心模式战略 | 这是对应于母国中心模式的另一极端。采用这种模式战略的公司其战略重心在于更好地适应东道国的环境，其决策方式是分散的，组织较松散，子公司的东道国文化色彩浓厚，以雇佣、训练东道国人员为主，甚至由东道国人士担任子公司的高级职务 |
| 母国中心模式战略 | 这种战略是以母国和母公司的利益与文化价值标准作为决策的根本指导思想。决策方式以集中式为特点，组织结构以产品分部为主。在管理程序上，通常以总部下达大量的命令与指示，各子公司坚决执行 |
| 地区中心模式战略 | 这种战略是母国中心与多元中心两种极端形式的折中，其考虑的战略重心是兼顾区域内同系子公司的一体化以及各个东道国的反应，尽可能在区域内各子公司的利益与各东道国的利益之间取得妥协与平衡，在各个管理层次上也反映了这种区域中心及区域文化的特征 |
| 全球中心模式战略 | 这种战略的本质是全球性的系统决策模式，其组织结构是网络状的，可以看作是前三种模式的综合与提升。在各个管理层次上体现了全球文化的深刻内涵 |

3. **市场进入战略**

（1）出口战略。出口一直是企业进入国际市场的重要方式。由于出口有利于增加国内就业、增加国家外汇收入、发挥本国资源方面的比较优势，因此一直受到各国政府的鼓励。出口有间接出口和直接出口两种基本方式。间接出口是指企业通过本国的中间商实现的产品出口。实施间接出口战略，企业不需要增加投入，不需要改变现有生产系统，不需要承担汇率损失，但企业与海外市场接触较少，获取海外市场信息的能力较低，因而该方式比较适合于那些力量较弱、对国际市场缺乏了解的企业。直接出口是指企业直接与国外市场的代理商或经销商或零售商进行合作，使其产品销售到海外市场的最终用户。实施直接出口战略，企业可以自己控制海外市场销售渠道，增强获取海外市场信息的能力，为进一步海外扩张打下坚实基础，但经营风险有所增加。

（2）契约式进入战略。契约式进入是指通过许可证贸易、特许经营、技术协议、服务合同、交钥匙工程合同、生产合同、合作生产协议等安排，向东道国的企业转移技术、商标、经营方法、管理经验等无形资产，在获取较稳定收益（转让费、加盟费、服务费等）的前提下实现企业向海外市场的扩张。契约式进入战略比较适合于中小企业或餐饮、药店、旅馆等行业企业。

（3）国际战略联盟。国际战略联盟是指来自不同国家的两个或两个以上的企业建立的战略联盟。这是一种具有进攻性的国际市场进入战略，通过与当地企业结成战略联盟，可以使跨国企业充分利用当地企业的销售网络和市场知识快速打开当地市场，有利于实现优势互补和风险共担。在发达国家企业与发展中国家的企业之间，广泛存在着一种特殊的国际战略联盟形式——委托生产（OEM），也称为“贴牌”，即一方委托另一方加工生产某种产品，从事生产加工的一方根据OEM订单的要求生产产品，并在规定的时间内交付委托方，然后委托方在这些产品上贴上自己的商标并通过自己的销售渠道销售给顾客。这种战略对于那些拥有成本优势和规模优势而缺乏国际品牌优势和国际营销网络的企业来说，不失为一种有效的国际市场进入战略。

（4）对外直接投资战略。对外直接投资是企业国际化经营的最高阶段。对外直接投资通常意味着跨国企业在其他国家的企业中拥有全部或大部分的所有权。跨国企业可以在其他国家新建一个子公司，也可以通过跨国并购的方式获取东道国现有公司的控制权，进而在东道国建立起自己的生产或销售基地。

#### 4. 本土化战略

本土化战略是指跨国企业在进入某国市场后，努力融入东道国的经济体系，成为具有当地特色的经济实体的发展战略。本土化的过程表现为跨国企业将生产、营销、管理、人事等经营诸要素融入东道国经济体系中的过程，也是承担东道国公民责任，并将企业文化融入和植根于当地文化的过程。本土化战略的优势包括：①有助于企业适应东道国市场环境，降低经营风险，加快海外市场开拓步伐；②有助于在心理上和文化上拉近与东道国政府和公民的距离；③有助于利用东道国资源优势，降低经营成本。

本土化战略的内容见表8–2。

**表8–2　本土化战略的内容**

| 项目 | 具体内容 |
| --- | --- |
| 人力资源本土化 | 本土优秀员工和经理人员更能理解当地消费者的需求和经营环境，更能帮助跨国企业将其一流的技术和成功经验扎根于当地的文化中 |
| 产品研发本土化 | 这是海外公司在当地获取竞争优势和可持续发展能力的根本源泉，其内涵包括：在当地建立研发中心，专门开发适合当地消费者需求特点的技术和产品；与当地院校合作共同培养高科技人才，控制高素质人才流向等 |

续表

| 项目 | 具体内容 |
|---|---|
| 生产制造本土化 | 即在当地建立生产制造系统，以当地市场需求为导向，进行产品开发，加强与当地供应商的合作，逐步提高本土化采购率，满足当地政府对国产化含量的要求 |
| 资本运营本土化 | 这是本土化的高级阶段，它包括将更多的产权转让给当地投资者，与当地投资银行等中介机构合作在当地开展资本运营，如发行股票债券、兼并收购、合资合作等。资本运营本土化可以使企业资金来源多元化，降低融资成本，并通过引入当地投资者，树立本土公司形象，提高公司知名度 |
| 营销管理本土化 | 企业要参与当地市场竞争，就必须使营销系统当地化，了解和把握当地消费文化和消费模式，建立自己控制的营销渠道和网络。产品品牌本土化、广告宣传本土化和销售渠道本土化是营销管理本土化的重要内容。例如，可口可乐创立的“醒目”、“天与地”等品牌，不仅文化内涵中国化，连名称也中国化 |

## 二、企业国际化经营方式

### 1. 出口贸易

出口贸易具体有间接出口和直接出口两种形式。

（1）间接出口。这是指企业不直接对外，而是通过本国中间商经销或代理其产品出口业务。间接出口的做法有：①企业把产品卖给或委托给国内外贸公司，由其负责组织外销；②企业把产品委托给国内出口管理公司代理，由他们以企业的名义将产品销往国外并收取佣金，盈亏由生产企业承担；③企业委托一家已在国外设立销售机构的企业代销，并付给一定佣金，这种方式又称为“挂拖车”出口，经常在两家企业的产品没有竞争性甚至能相互补充时采用。

（2）直接出口。这是指企业直接向国外出口产品，将产品卖给国外用户。直接出口有以下几种做法：①通过交易会、展销会等直接接受外商订货；②直接与外商合作，按照外方要求组织生产，产品由外商拿到国际市场上去销售，其形式有来样加工、来料加工、来件装配等；③设立国际业务部，专门从事出口活动，负责寻找和利用合适的国外代理商或经销商；④设立国外分支结构，直接负责本企业产品在国外的销售、搜集信息、维修服务等；⑤建立国外销售子公司，融入当地市场，更加深入地介入当地市场经营活动。

### 2. 非股权经营

非股权经营主要包括许可经营、特许经营、合同安排等形式。

（1）许可经营。许可经营是指企业与国外一方签订许可证协议，允许对方使用本企业的专利技术、专有技术、商标等无形资产进行生产，并向对方收取许可费，从而获得国际化经营收益。签订许可证协议实际上是一种把技术使用权转移给外国企业的技术出口方式。运用这种方式通常只转让无形资产的使用权，而不转让所有权。许可经营中的无形资产分为5类：①专利、发明、公式、工艺、设计及款式；②版权、著作权、音乐或论文作品；③商标、商号及商标名称；④特许代理权、许可证及合同；⑤方法、软件、程序手续及体系等。采用许可经营方式，许可方不必投入大量资金就能快速渗透到尽可能多的市场，因此费用低、障碍少、经营风险小。其缺点在于对许可协议的执行监督较为困难，而且取得的收益往往比直接出口产品或对外直接投资相差较远，再者就是可能会为自己“培养”出潜在的竞争对手。

（2）特许经营。特许经营是指转让方向受让方转让技术和商标，使受让方在本企业的监督下，利用本企业形象和品牌并严格按照统一的经营规范、管理方法等经营本企业的特定业务。特许经营是许可经营的特殊形式，也是目前应用非常广泛的国际化经营方式。这一方式在服务行业运用最为普遍，如麦当劳、假日酒店等就是通过特许经营发展起来的典型例子。特许经营的优点与许可经营的优点相似，可以避免承担过高的国际化经营成本和风险。其主要缺点是对受让方难以进行质量控制，从而使本企业声誉受损。

（3）合同安排。合同安排具体有以下几种：

①管理合同。即企业根据签订的合同，以向东道国企业提供管理服务的方式介入该企业的经营活动，并收取管理费的一种合同安排。这种经营权一般仅限于企业的日常管理。通过管理合同安排，东道国企业可以获得先进的管理经验和管理技术，提高经营效益，跨国企业则可利用其对东道国企业在经营管理方面的实际控制，将其纳入自己的全球战略。比如美国环球航空公司曾为埃塞俄比亚航空公司提供管理服务。

②制造合同。即跨国企业与国外生产企业签订合同，由跨国企业向后者提供订单和生产技术并由后者进行生产活动。

③工程合同。即跨国企业为外国政府或企业从事道路交通、水利等工程建设，在提供设备、材料的同时，还提供设计、工程管理等项服务。在工程建设期间，项目管理由跨国企业负责，工程完工后管理权交付给东道国政府或企业。

④交钥匙工程合同。即企业为东道国建造一个完整的工程体系或工厂体系，承担从设计、施工、安装、调试到验收的全部建设内容，合同完成后整个工程或工厂体系移交东道国管理，东道国即可获得整个工程或工厂体系的运转“钥匙”。交钥匙工程通常涉及复杂的大型基础设施项目，例如核电站、机场、高速公路等，合同对资金、技术、施工管理等方面要求较高，作为承包商的跨国企业必须具备较强的实力才能获得这种合同。这种合同利润丰厚，而且有利于带动本国成套设备的出口，

但其主要缺陷在于合同执行过程中遇到东道国的干涉较多。

3. **股权经营**

股权经营主要是指对外直接投资。按照权威的定义，对外直接投资是指："在投资人以外的国家所经营的企业中拥有持续利益的一种投资，其目的在于对该企业的经营管理拥有有效的发言权。"也就是说，企业通过股权安排方式，直接参与或控制海外企业的生产经营。

在国际化经营中，企业通过对外直接投资方式可以对海外经营项目实施有效的管理和控制，以顺利实现自己的国际化战略意图，因此成为当前国际化经营最具代表性的方式。对外直接投资主要有独资经营和合资经营两种形式。

（1）独资经营。独资经营是指企业按照东道国法律，经东道国政府批准，在东道国直接投资建立拥有全部股权的子公司或分公司。独资经营意味着跨国企业在国外市场上单独控制着一个企业的生产和营销。独资经营使跨国企业获得100%的所有权，因而享有企业的全部决策权和控制权，并独立承担全部责任和风险。

独资经营的优点在于有利于贯彻母公司的全球发展战略，有利于技术与经营方针的保密，也有利于保证产品质量和信誉。其缺点是企业投入的资金较多，风险较大，且往往不受东道国政府和公众的欢迎。

企业在东道国开办的企业主要有海外子公司和分公司两类，但两者存在着显著区别：子公司在东道国是独立的法律实体，而分公司不是独立法人；子公司创建要按照东道国关于外资企业申办营业的法律和程序进行，而分公司的开办手续简便，一般只需在东道国工商管理部门登记注册即可进行营业；子公司通常能在东道国较顺利地开展生产经营活动，分公司则由于不具备法人地位而在开展生产经营活动时会遇到一定困难。

（2）合资经营。合资经营是指跨国企业与东道国投资者依照东道国法律在东道国境内共同投资建立一个企业，并按投资比例共同管理、共享利润、共负亏损、共担风险的一种方式。合资经营方式是以资产为纽带将各方联结起来组成的新企业。具体形式通常有股份有限公司和有限责任公司两种。

合资经营方式受到跨国经营企业和东道国政府双方的欢迎。对跨国经营企业而言，合资经营比独资经营更容易进入东道国，可以获得国民待遇，还可以利用东道国合伙者的各种资源，顺利开展业务活动。对于东道国来说，采用合资经营方式可以在不增加国家债务负担的情况下引进外资，还可以引进国外先进技术，加快国内技术进步进程，也可以学习发达国家现代化管理方法、经验，使管理上台阶、上水平，同时也能够提高东道国劳动者素质，促进东道国经济发展。

# 第九章　财务分析总论

## 第一节　财务分析的理论基础

### 一、财务报表反映的内容

企业的资金运动包括资金投入、资金周转和资金退出三种形式。

1. 资金投入。资金投入是资金运动的起点，企业的资金投入主要有接收投资的资本金、从银行等金融机构取得借款以及发行债券取得资金等。

2. 资金周转。根据企业的生产经营类型的不同，企业的资金周转各有特点。如工业企业的资金周转涉及的是供应、生产、销售三个过程，即以货币资金购买原材料，货币资金转变为储备物资；投入生产过程后，通过借助劳动者对劳动对象进行加工，储备物资转变成成品物资；而后将成品物资销售出去，使成品物资又转化为货币资金。

3. 资金退出。企业的销售或服务收入，抵减费用支出后形成经营成果。经营成果按规定程序进行分配，留归企业的部分重新投入生产经营过程，分给投资人的部分、上缴的税金，以及企业归还借款、偿还其他债务的部分就是资金的退出。

因此，财务报表反映的基本内容就是以货币表现的资金的投入、周转和退出情况。

### 二、会计核算的基本前提

会计核算的基本前提是指会计人员对会计核算所处的变化不定的环境作出的合理判断，是会计核算的前提条件。会计核算的基本前提包括会计主体、持续经营、会计分期和货币计量四项（见表 9–1）。

**表9-1　会计核算的基本前提**

| 项目 | 主要内容 |
| --- | --- |
| 持续经营 | 持续经营是指会计主体的生产经营活动将无限期地延续下去。在可以预见的未来，会计主体不会因进行清算、结算、倒闭而不复存在。持续经营前提是相对非持续经营而言的，它要求会计人员以会计主体持续、正常的经营活动为前提，在此前提下选择会计程序及会计处理方法，进行会计核算；企业在会计核算上所使用的一系列会计原则和会计处理方法都是建立在会计主体持续经营前提的基础上，持续经营假设旨在解决资产计量和费用分配问题。在持续经营的前提下，企业的会计资料的收集和处理方法才能保持稳定，如运用实际成本原则对各种资产的计量、依照原来的偿还条件偿付其所承担的各种负债 |
| 会计主体 | 会计主体亦称会计实体，是指会计工作为其服务的特定单位和组织。会计主体既可以是一个企业，也可以是若干企业组成的集团公司；既可以是法人，也可以是不具备法人资格的实体。但是，作为会计主体，它必须能够控制经济资源并对此负法律责任。也正因为如此，凡会计主体都应该进行会计核算 |
| 货币计量 | 货币计量是指会计主体在会计核算过程中采用货币作为计量单位，记录、反映会计主体的经营情况，并假定在不同时期货币本身的币值不变。可见，货币计量假设包含两层含义：一是一切作为会计事项的经济活动均能用货币计量；二是假定货币币值是稳定不变的。由于会计以货币作为基本计量单位，这就决定了会计核算的对象只限于那些能够用货币计量的经济活动 |
| 会计分期 | 会计分期是指将会计主体持续不断的经营活动人为地分割为一定期间。会计分期的目的在于通过会计期间的划分，定期核算经济活动和报告经营成果，从而及时地向有关方面提供反映经营成果和财务状况及其变动的会计信息，满足企业内部加强经营管理及其他有关方面进行决策的需要 |

## 三、财务信息的质量要求

1. 客观性原则。所谓客观性原则，也就是真实性原则，它是指企业的会计核算必须真实地、全面地、完整地记录和反映企业的经济活动及其结果。客观性原则具体表现在以下三个方面的要求：

（1）会计记录应当是真实可靠的。这就需要企业会计人员在记录各项经济业务时，应认真地审核经济业务的原始凭证，按照《会计法》和其他法规的要求，对于不真实、不合法的原始凭证不予受理；对于记载不准确和不完整的原始凭证，应当退回要求补充或更正。既不能无中生有，也不能大事化小、小事化了，而应实事求是，真实地记录每一笔经济业务的发生情况。

（2）计算应正确无误。这是指在账务处理过程中，所记录的科目、登入的账户应当无误，数字计算应正确，保证账证、账账、账表相符。

（3）财务报告是真实、完整的。为了保证会计核算和反映的真实性，应定期或不定期地进行财产清查，保证账实相符。提交的会计报告，既不能有意地加以粉饰，夸大其词，也不能故意歪曲，或者只报喜不报忧，这些都不符合客观性原则的要求。

2. 相关性原则。相关性原则是指会计核算所提供和反映的会计信息必须确保企业内外有关方面对会计信息的相关需要，以帮助信息使用者作出正确的决策。

会计核算的相关性是以会计核算的客观性为基础的，只有真实可靠的信息，才具有相关性，虚假的信息只能导致错误的决策。但相关性原则还具有更丰富的内涵，它不仅要求会计核算的真实性，还要求企业会计人员根据不同方面的需要，根据不同的决策目标，提供有关的信息，减少决策的盲目性。

会计核算的相关性还表现在对决策的有用性，它要求企业会计部门在提供会计信息时应当根据不同的决策目标收集、加工和整理提供信息。

3. 可比性原则。可比性原则是指会计核算应当按照规定的会计处理方法进行，会计指标口径应当一致，相互可比。这一原则要求不同会计主体对同一会计事项或类似的会计事项采用相同的会计核算方法与会计处理程序。可比性原则的目的在于提高会计信息的决策相关性，使得会计主体在相互比较的基础上揭示它们之间相同与差异的原因。国家可以据以进行有关的宏观经济决策，投资者与债权人也可以根据符合可比性原则的会计信息进行有关的投资与信贷决策，企业内部的管理当局可以据此进行有关的经营管理决策。

4. 及时性原则。及时性原则是指会计核算工作要讲求时效，要求会计业务的处理必须及时进行，以便会计信息的及时利用。

及时性原则要求企业的会计人员应当在规定的期限内，完成经济活动的记录，及时地计算、结转各项数据，迅速地提交财务报告，从而保证会计信息的时效性。保证和提高会计核算的及时性，对于会计信息的有效利用，提高企业经济效益，都具有重要意义。

5. 明晰性原则。明晰性原则是指会计记录和文字说明必须清晰完整，简明扼要地反映企业的经济活动，便于使用者理解和运用。

会计信息的目的在于使用。要使用会计信息，首先必须了解会计信息的内涵，弄清会计信息的内容，否则，就谈不上信息的使用。随着经济的发展，会计信息的使用者日益广泛，不仅包括内部管理部门、上级主管部门、国家财税部门、金融部门等，而且还包括社会上的许多信息使用者，如投资者等。因此，在客观上要求会计信息清晰明了、简明扼要地反映企业的经济活动、财务状况和财务成果，从而对会计信息更好地利用。

6. 谨慎性原则。谨慎性原则是指某项经济业务有几种会计处理方法可供选择时，应当选用对业主产权产生影响最小的那种方法。例如，对资产的计价，当有两种价格可供挑选时，就应选用较低的价格入账；如果是负债，则相反。同样，如果有可能发生某项损失，则应当在本期予以确认；但如果可能获得收益，则宁可少计或不计。概而言之，谨慎性原则要求确认一切可能的损失，但避免预计任何可能的收益，从而使会计报表不致引起人们过于乐观的判断。

## 四、财务分析的局限性

财务分析对于了解公司的财务状况和经营成绩，评价公司的偿债能力和经营能力，帮助报表使用人制定经济决策有着显著的作用。但由于种种因素的影响，财务报表分析及其分析方法，也存在着一定的局限性（见表 9-2）。在分析中，应注意这些局限性的影响，以保证分析结果的正确性。

表 9-2　费用分析的局限性

| 项目 | 主要内容 |
| --- | --- |
| 通货膨胀的影响 | 由于财务报表是按照历史成本原则编制的。在通货膨胀时期，有关数据会受到物价变动的影响，使其不能真实地反映企业的财务状况和经营成果，引起报表使用者的误解 |
| 会计方法及分析方法对可比性的影响 | 会计核算上，不同的处理方法产生的数据会有差别。不同的企业采用不同的会计方法所提供的数据就会产生一定的差异，如存货的发出计价方法、固定资产计提折旧的方法等，都会对企业提供的财务信息产生影响，从而影响不同企业之间财务信息的可比性 |
| 报表数据的可靠性问题 | 有时，公司为了使报表显示出公司良好的财务状况甚至经营成果，会在会计核算方法上打主意或者采取其他手段来调整财务报表。这时，分析这种财务报表就易误入歧途 |
| 信息的时效性问题 | 财务报表中的数据，均是公司过去经济活动的结果和总结。用于预测未来的动态，只有参考价值，并非绝对合理可靠。而且，报表使用者取得各种报表时，可能离报表编制日已过去多时 |
| 报表数据信息量的限制 | 由于报表本身的原因，其提供的数据是有限的，对报表使用者来说，不少需要的信息可能在报表或附注中找不到 |

## 第二节　财务分析的程序

### 一、确定分析目标

企业对外发布的财务报表是根据全体使用者的一般要求而设计的。不同的分析主体会从自己特定的目的出发，在财务报表中获取对其决策有用的财务信息。例如，企业的投资者较为关心的是企业的经营成本、获利能力及其变动趋势，企业的债权人则更关心企业的偿债能力，企业的经营管理者更加注重企业综合价值最大化。各分析主体首先必须根据自己的需要确定财务分析的目标，根据分析目标决定收集资料的多少、分析范围的大小以及分析方法的选择。

对于商业银行而言，在不同的阶段会有不同的分析侧重点。如在审查企业贷款资格的时候，主要通过财务报表分析企业的经营状况、资本结构、偿债能力等，以便对拟贷款企业的信用进行正确评估，保证信贷资金的安全；在贷中审查中，更加注重企业的贷款使用情况、现金流量情况、未来发展趋势等，以保证企业能够及时足额还本付息。

### 二、信息收集整理阶段

在明确财务分析的目的基础上，拟订财务分析计划，包括分析的人员组成及分工、时间进度安排、财务分析内容及拟采用的分析方法等，根据财务分析计划收集整理财务信息。

财务分析的资料主要来源于以下几个方面：

1．财务报表。财务报表是财务分析的基础，包括资产负债表、利润表、现金流量表等。

2．财务报表附注和财务状况说明书。借款人在编制财务报表的同时，为便于正确理解和分析财务报表，还要编制财务报表附注和财务状况说明书。财务报表附注主要说明借款人所采用的会计处理方法、会计处理方法的变更情况和变更原因、变更对财务状况和经营成果的影响，以及财务报表中有关重要项目的详细资料；财务状况说明书主要说明借款人的生产经营情况、利润实现情况和分配状况、资金增减和周转情况及其他对财务状况有重大影响的事项。商业银行对财务状况说明书应给予特别的重视，因为它是借款人对其财务状况所作的总结和说明，它可以提供一系列财务报表以外的重要信息。

3. 注册会计师查账验证报告。商业银行对注册会计师验证后的报表应给予信任，因为注册会计师的意见是依据国家有关法规和一般公认会计准则，并采取必要的验证程序后提出的，具有较强的独立性和权威性。注册会计师查账验证报告包括经审计的各种财务报表、财务报表的注释、审计报告及每年的财务状况的汇总等。

### 三、财务分析实施阶段

在财务分析实施阶段，主要通过对收集整理的财务信息进行分析，评价企业的财务状况和经营成果的真实程度。在此阶段，主要采取比较分析法、结构分析法、趋势分析法、因素分析法等具体的方法，对企业的盈利能力、发展能力、偿债能力以及企业的资产资本结构情况、现金流量情况进行分析、评价，为商业银行的信贷决策提供依据。

### 四、财务分析总结阶段

在上述分析的基础上，对财务分析的结果进行汇总，形成书面报告。财务分析报告是对企业财务分析结果的概括与总结，一般具有以下主要内容（见表 9–3）：

**表 9–3　财务分析总结阶段的内容**

| 项目 | 具体内容 |
|---|---|
| 摘要段 | 摘要段概括公司综合情况，使财务分析报告的使用者对财务分析对象有一个总括的认识 |
| 说明段 | 说明段是对分析对象运营及财务状况的介绍。如介绍公司的资产资本数额、盈利或亏损情况、拟贷款数额、年限等 |
| 分析段 | 分析段是对企业的经营情况进行全面而深入分析研究的部分，是财务分析的重点部分。如采用表格、图示等方式，分析企业的盈利能力、发展能力、偿债能力、资产资本结构、现金流量情况等 |
| 评价段 | 评价段是在作出财务说明和分析后，对企业的经营情况、财务情况、盈利业绩、偿还本息的能力等作出评价和预测，为商业银行作出信贷决策提供参考 |

## 第三节　财务分析的基本方法

### 一、比较分析法

比较分析法是将实际数据与性质相同的各种标准进行对比，从数量上确定其差异，并进行差异分析的一种分析方法，也就是将报表中的各项数据，与计划、前期、其他企业等同类数据进行比较。财务分析中经常使用的比较标准有以下几种：

1. 公认标准。公认标准是对于各类企业不同时期都普遍适用的指标评价标准，利用这些标准能衡量、揭示企业短期偿债能力及财务风险的一般状况。

2. 行业标准。行业标准是反映某行业水平的指标评价标准。在比较分析时，既可以用本企业财务指标与同行业平均水平指标对比，也可以用本企业财务指标与同行业先进水平指标对比，还可以用本企业财务指标与同行业公认标准指标对比。通过行业标准指标比较，有利于揭示本企业在同行业中所处的地位及存在的差距。

3. 目标标准。目标标准是反映本企业目标水平的指标评价标准。当企业的实际财务指标达不到目标标准时，应进一步分析原因，分析其对偿债能力的影响，为商业银行的信贷决策提供参考。

根据财务报表分析的要求和目的不同，比较分析法主要有以下几种形式：

（1）本期实际指标与该企业的前期指标相比较。通过这种分析方法可以了解企业前后各期有关指标的变动情况，进而得到企业的财务状况和管理水平的提高情况。在实际工作中，最常用的形式是本期实际与上期实际或历史最高水平的比较。具体的计算公式如下：

本期实际指标较过去实际指标的增减数额 = 本期实际指标数额 − 过去实际指标数额

$$\text{本期实际指标占过去实际指标的百分比} = \frac{\text{本期实际指标数额}}{\text{过去实际指标数额}} \times 100\%$$

（2）本期实际指标与本期计划或预算指标相比较。这一分析能够揭示实际与计划或预算之间的差异，从而掌握某种指标的计划或预算完成情况。

（3）本企业指标与国内外先进企业指标或同行业平均水平相比较。这一分析方法主要能够找出本企业与国内外先进企业及同行业平均水平的差距，明确本企业财务状况和经营管理水平在同行业中所处的地位。

## 二、比率分析法

比率分析法是财务报表分析的一种重要方法。它以财务报表为依据，将彼此相关而性质不同的项目进行对比，求其比率。不同的比率，反映不同的内容。通过比率分析，可以更深人地了解公司的各种情况，同时还可以通过编制比较财务比率报表，作出不同时期的比较，从而更准确、更科学地反映公司的财务状况和经营成果。

比率分析法与比较分析法的共同之处在于，都是采用将两组指标进行对比的手段来揭示指标之间的差异程度。二者的区别在于：其一，比较分析法强调对比指标之间的可比性，即只有同质的指标才能进行比较；而比率分析法中大部分比率是在不同质但相关联的指标之间计算比值，因此比率分析法运用的范围较之比较分析法更为广泛。其二，比较分析法的分析结果主要强调绝对差异的大小，以表示同质的指标变动的规律；而比率分析法的分析结果一般是以相对数表示，以说明二者的相互关系。

商业银行在对贷款企业进行财务分析时常用的比率有流动比率、速动比率、资产负债率、存货周转率、应收账款周转率、销售利润率等。

### 三、结构分析法

结构分析法是将财务报表中的某一关键项目的数字作为基数（100%），计算该项目各组成部分占总体的比例。通过结构分析可以揭示各项目的相对重要性和总体结构关系，便于提供揭示问题的途径。通常情况下，资产负债表中以资产总额为基数，利润表中以营业收入或利润总额为基数，而现金流量表中则以某一项现金总流入或现金总流出为基数，这样处理后的财务报表叫做共同比财务报表。有时，也可将结构分析与趋势分析结合应用，这两种分析方法是阅读财务报表时常用的基本数据处理方法。

### 四、因素分析法

因素分析法是测定一项由多个因素组成的经济指标在变动中，各个因素相互作用关系以及每一因素对指标变动的影响方向和程度的分析方法。

任何一项综合性经济指标都是由许多因素组成的，因素之间的排列和组合方式又是多种多样的。要在多种共同影响的综合指标中，测定各因素对变动的影响程度，就只能假定在其他因素不变的条件下，测出某一因素的影响程度。因素分析法计算时分三个步骤。

第一步，将综合经济指标各因素之间的内在联系用数学公式表示出来。例如，影响单一产品销售收入指标的因素是销售数量和销售单价，它们之间的数量关系用数学公式表示如下：

$$销售收入=销售数量\times 销售单价$$

第二步，运用连环替代法或差额计算法计算各因素的影响程度。

第三步，将各个因素影响程度相加，就能计算出总的变动程度。

连环替代法，就是根据某项经济指标各因素之间的内在联系，按顺序地测定各因素对经济指标的影响方向和影响程度的方法。

【例】某企业有关成本的资料见表 9–4。

表 9–4　企业成本分析资料表

| 项目 | 2018年 | 2019年 |
| --- | --- | --- |
| 产品产量（万件） | 1000 | 1200 |
| 产品单位成本（元/件） | 12 | 11 |
| 产品总成本（万元） | 12000 | 13200 |

该企业 2019 年的产品总成本比 2018 年的产品总成本高 1200 万元，运用连环替代法计算分析如下：

第一步，确定产品总成本的数学公式。即

产品总成本 = 产品产量 × 产品单位成本

第二步，计算各因素的影响程度。

该企业 2019 年的产品总成本比 2018 年的产品总成本多 1200 万元（13200 万元 –12000 万元），根据上述数学公式，确定各因素的影响程度如下：

产品产量变动的影响：（1200–1000）×12=2400（万元）

单位成本变动的影响：1200×（11–12）=–1200（万元）

第三步，确定总的变动程度，即将各因素的影响程度加总。

各因素影响之和为 2400+（–1200）=1200（万元）

通过上述计算可以看出，企业总成本报告期比基期增加了 1200 万元，是由于产品产量和单位成本两因素共同变动引起的。其中，由于产品产量上升使总成本上升 2400 万元，由于单位成本降低使总成本减少 1200 万元。

在企业经济活动中，一些综合性经济指标往往是由于受多种影响因素的影响而变动的。在分析这些综合性经济指标时，就可以从影响因素入手，分析各种因素对经济指标变动的影响程度，并在此基础上查明指标变动的原因。这对财务分析者作出正确的经营决策和改进管理都极为有用。

## 五、趋势分析法

趋势分析法是指用若干个连续期间的财务数据进行比较分析，以说明企业经营活动和财务状况的变化过程及发展趋向的分析方法。趋势分析法既可用文字表述，也可用图解、表格或比较性财务报表来反映。其中，比较性财务报表是将两期以上的财务报表予以并列，依次比较而编制的一种财务报表。常见的比较性财务报表，主要有比较性资产负债表、比较性利润表和比较性现金流量表。

人们很难从某一点或某一时期分析出企业经济发展的趋势和规律，因此必须把若干数据按时期或时点的先后整理为数列，并计算出发展速度、增长速度、平均发展速度和平均增长速度等，才能探索企业的发展潜力和发展趋势。

趋势分析法一般分为定基发展速度、环比发展速度和平均发展速度三种计算方法。其具体计算公式如下：

$$定基发展速度=\frac{分析期某项指标数据}{固定基期某项指标数据}\times100\%$$

$$环比发展速度=\frac{分析期某项指标数据}{前期某项指标数据}\times100\%$$

$$平均发展速度=\sqrt[基数]{定基发展速度}\times100\%$$

在财务分析中，通常应对销售收入、总资产进行趋势分析以衡量企业规模发展状态，对净利润进行趋势分析以衡量企业长期获利能力。进行趋势分析时应注意剔除偶发性特殊项目的影响，尤其是定基发展速度的基期选择必须具有代表性，否则将影响分析结果的准确性。

# 第十章　财务分析信息基础

## 第一节　财务分析信息的作用与种类

### 一、财务分析信息的作用

（1）财务分析信息是财务分析的根本依据。

（2）收集和整理财务分析信息是财务分析的重要步骤和方法之一。从一定意义上说，财务分析信息的收集与整理过程，就是财务分析的过程。因此，财务分析信息的收集与整理是财务分析的基础环节。

（3）财务分析信息的数量和质量，决定着财务分析的质量与效果。

### 二、财务分析信息的种类

1. 内部信息与外部信息。财务分析信息按信息来源可分为内部信息和外部信息两类。内部信息是指从企业内部可取得的财务信息，外部信息则是指从企业外部取得的信息。

企业的内部信息主要包括会计信息、统计与业务信息和计划及预算信息等。企业的外部信息包括国家经济政策与法规信息、综合部门发布的信息、政府监管部门的信息、中介机构的信息、报纸杂志的信息、企业间交换的信息和国外有关信息等。

2. 定期信息与不定期信息。财务分析信息根据取得的时间的确定性程度可分为定期信息和不定期信息。定期信息是指企业根据经常性需要可定期取得的信息，不定期信息则是企业根据临时需要收集的信息。

3. 实际信息与标准信息。财务分析信息根据实际发生与否可分为实际信息和标准信息。实际信息是指反映各项经济指标实际完成情况的信息。标准信息是指用于作为评价标准而收集与整理的信息，如预算信息、行业信息等。

### 三、财务分析评价标准信息

不同的财务分析评价标准，会对同一分析对象得出不同的分析结论。通常，财务分析评价标准有经验标准、历史标准、行业标准、预算标准等（见表10–1）。

**表10–1　财务分析评价标准的内容**

| 标准名称 | 具体内容 |
| --- | --- |
| 历史标准 | 历史标准是指以企业过去某一时间的实际业绩为标准。应用历史标准的优点，一是比较可靠，二是具有较高的可比性。但历史标准也有其不足，一是历史标准比较保守，二是历史标准适用范围较窄 |
| 经验标准 | 经验标准是在财务比率分析中经常采用的一种标准。所谓经验标准，是指这个标准的形成依据大量的实践经验的检验。例如，流动比率的经验标准为2：1 |
| 行业标准 | 行业标准是财务分析中广泛采用的标准，它是按行业制定的，或反映行业财务状况和经营状况的基本水平。运用行业标准有三个限制条件：第一，同行业内的两个公司并不一定是可比的。第二，一些大的公司现在往往跨行业经营，公司的不同经营业务可能有着不同的盈利水平和风险程度，这时用行业统一标准进行评价显然是不合适的。第三，应用行业标准还受企业采用的会计方法的限制 |
| 预算标准 | 预算标准是指企业根据自身经营条件或经营状况，结合企业目标等因素所制定的目标标准 |

各种财务分析评价标准都有其优点与不足。在财务分析中不应孤立地选用某一种标准，而应综合应用各种标准，从不同角度对企业经营状况和财务状况进行评价，这样才有利于得出正确结论。

## 第二节　企业财务报表信息

### 一、资产负债表信息

#### 1. 资产负债表的作用

资产负债表主要有如下四个方面的作用。

（1）通过资产负债表能了解企业资产及其分布状况。资产负债表能够反映企业在特定时点拥有的资产及其分布状况的信息。它表明企业在特定时点所拥有的资产总量是多少，资产是什么。例如，流动资产有多少，固定资产有多少，长期股权投资有多少，应收账款有多少等。

（2）通过资产负债表可以掌握企业资本结构及其偿债能力。资本结构是指负债和所有者权益在企业资金来源中的组合结构。资产负债表的左边为资产项目，右边为负债和所有者权益项目。

资产负债表的负债项目能够表明企业在特定时点所承担的债务、偿还时间及偿还对象。如果是流动负债，就必须在一年内偿还；如果是非流动负债，偿还期限就可能超过一年。因此，从负债项目可以清楚地知道，在特定时点上该企业欠了谁多少钱，应什么时候偿还。资产负债表的所有者权益项目能够反映在特定时点，投资人所拥有的净资产及其净资产形成的原因。净资产其实是股东权益，或者是所有者权益的另外一种叫法。在某一个特定时点，资产应该等于负债加股东权益。因此，净资产就是资产减负债。应该注意的是，可以说资产等于负债加股东权益，但绝不能说资产等于股东权益加负债，它们有着根本性的区别。因为会计规则特别强调先人后己，也就是说，企业的资产首先要用来偿还债务，剩下的不管多少，都归投资者所有。如果先讲所有者权益，就是先己后人，这在会计规则中是不允许的。

（3）资产负债表可以反映企业财务发展状况及趋势，资产负债表能够反映企业财务发展状况的趋势。当然，孤立地看一个时点数，也许反映的问题不够明显。但是，如果把几个时点数排列在一起，企业财务发展状况的趋势就很明显了。

（4）通过资产负债表可以分析企业的变现能力和财务实力。企业的变现能力是指企业将资产变为现金的能力。资产负债表的资产项目是按资产的流动性从强到弱排列的，通过对资产项目的构成分析，可以评价企业资产的变现能力；财务实力是指企业筹集资金和使用资金的能力，通过对企业资产结构和资本结构的分析，可以评价企业的财务实力。

**2. 资产负债表的格式**

资产负债表由表头、表身和表尾等部分组成。

（1）表头。列明报表名称、编表单位名称、编制日期和金额计量单位。

（2）表身。反映资产、负债和所有者权益的内容。

（3）表尾。补充说明。

资产负债表的格式主要有账户式和报告式两种。根据我国的规定，我国企业的资产负债表采用账户式结构。

账户式资产负债表分左右两方，左方为资产项目，按资产的流动性大小排列；右方为负债及所有者权益项目，一般按求偿权先后顺序排列。

通过账户式资产负债表，可以反映资产、负债、所有者权益之间的内在关系，即资产 = 负债 + 所有者权益。

3. **资产负债表的资料来源**

通常，资产负债表的各项目均需填列“年初余额”和“期末余额”两栏。其中：资产负债表的“年初余额”栏内各项数字，应根据上年年末资产负债表的“期末余额”栏内所列数字填列。如果本年度资产负债表规定的各项目的名称和内容与上年不一致，则应对上年年末资产负债表各项目的名称和数字按照本年度的规定进行调整，填入本表“年初余额”栏内。

资产负债表的“期末余额”栏则根据会计报表编报时间，可为月末、季末或年末的数字。“期末余额”主要是通过对本会计期间的会计核算记录的数据加以归集、整理而成，其资料来源有以下几个方面：

（1）根据总账科目余额填列。直接根据总账科目余额填列，如“应收利息”科目、“短期借款”科目等。根据几个总账科目的期末余额计算填列，如“货币资金”科目等。

（2）根据明细账科目余额计算填列，如“应付账款”科目、“应收账款”科目、“预收账款”和“预付账款”科目等。

（3）根据总账科目和明细科目余额分析计算填列，如“长期借款”科目等。

（4）根据科目余额减去其备抵项目后的净额填列，如“存货”科目、“无形资产”科目等；根据备查登记簿记录编制。会计报表附注中的某些资料，需要根据备查登记簿中的记录编制。

## 二、利润表信息

1. **利润表的概念和作用**

利润表又称损益表或收益表，是反映企业在一定会计期间经营成果的报表。

利润表是根据会计核算的配比原则，以收入 - 费用 = 利润会计等式作为编制的依据，从而计算出企业一定时期的各项利润指标的报表。利润表是会计报表中的一张基本报表。

（1）通过利润表可以从总体上了解企业收入、成本和费用及净利润（或亏损）的实现及构成情况，是企业进行利润分配的主要依据。

（2）通过利润表提供的不同时期的比较数字（本月数、本年累计数、上年数），可以分析企业的获利能力及利润的未来发展趋势，了解投资者投入资本的保值增值情况，为投资决策提供依据。

（3）通过对不同时期的利润及构成项目进行分析，找出影响利润增减变动的原因，据此评价企业管理者的工作业绩。

2. **利润表的格式**

利润表由表头、表身和表尾等部分组成。其中，表头列明报表名称、编表单位名称、编制期间和金额计量单位，表身反映利润的构成内容，表尾起补充说明作用。

利润表的格式主要有多步式利润表和单步式利润表两种。按照我国相关的规定，我国企业的利润表采用多步式。多步式利润表反映构成营业利润、利润总额、净利润、每股收益的各项要素的情况，有助于使用者从不同利润类别中了解企业经营成果的不同来源。

## 三、现金流量表信息

1. **现金流量表的基本概念**

现金流量表是反映企业在会计期间内经营活动、投资活动和筹资活动产生的净现金流情况的会计报表。现金流包括现金及现金等价物。现金是指企业库存现金以及可以随时用于支付的银行存款和其他货币资金。现金等价物是指企业持有的期限短、流动性强、易于转换为已知金额现金、价值变动风险很小的投资。

编制现金流量表的主要目的，是为财务报表使用者提供企业一定会计期间内现金和现金等价物流入和流出的信息，以便于财务报表使用者了解和评价企业获取现金和现金等价物的能力，并据此预测企业的未来现金流量。通过对现金流量表的分析，一是有助于评价企业的支付能力、偿债能力和周转能力；二是有助于预测企业的未来现金流量；三是有助于分析企业的收益质量及影响现金净流量的因素，掌握企业经营活动、投资活动和筹资活动的现金流量，可以从现金流量的角度了解净利润的质量，为分析和判断企业的财务前景提供信息。

2. **现金流量表的结构**

现金流量表由表头、正表和补充资料三部分内容组成。

（1）表头。表头部分主要说明会计报表的名称、编制单位的名称和编制日期等信息。

（2）正表。正表是现金流量表的主体，企业一定期间的现金流入、现金流出和现金净流量信息主要由正表提供。正表采用报告式的结构，按性质将现金流量分为经营活动产生的现金流量、投资活动产生的现金流量和筹资活动产生的现金流量，并依次列示。最后反映现金及现金等价物净增加额。有外币现金流量及境外子公司的现金流量折算为人民币的企业，正表中还应单设“汇率变动对现金及现金等价物的影响”项目。

（3）补充资料。补充资料部分主要包括将净利润调节为经营活动现金流量、不涉及现金的投资和筹资活动、现金及现金等价物净增加情况三项内容。

## 四、所有者权益变动表信息

### 1. 所有者权益变动表的概念

所有者权益变动表是反映企业在一定期间（如年度、季度或月度）内，所有者权益的各组成部分当期增减变动情况的报表。在所有者权益变动表中，当期损益、直接计入所有者权益的利得和损失，以及与所有者（或股东）的资本交易导致的所有者权益的变动，应当分别列示，让报表分析者准确理解所有者权益增减变动的根源。

在所有者权益变动表中，企业还应当单独列示反映以下信息的项目：（1）净利润；（2）直接计入所有者权益的利得和损失项目及其总额；（3）会计政策变更和差错更正的累积影响金额；（4）所有者投入资本和向所有者分配利润等；（5）提取的盈余公积；（6）实收资本或股本、资本公积、盈余公积、未分配利润的期初和期末余额及其调节情况。

### 2. 所有者权益变动表的作用

（1）反映所有者权益变动的原因。在所有者权益变动表中，导致所有者权益变动的原因按照“当期损益”、“直接计入所有者权益的利得和损失”以及“与所有者的资本交易”等不同类别分别进行列示，清晰、明确地反映引发所有者权益变动的原因。

（2）反映所有者权益内部结构的变动。在所有者权益变动表中，除了提供不同原因对所有者权益产生的影响之外，还列示所有者权益内部结构变动。资本公积或盈余公积转增资本、盈余公积弥补亏损等造成所有者权益内部结构变动的因素都分别列示，从而为了解所有者权益的内部结构变动提供了信息。

（3）为利润表和资产负债表提供辅助信息。“直接计入所有者权益的利得和损失”与利润表中的“公允价值变动净收益”相辅相成，共同反映了公允价值变动对企业产生的影响。“利润分配”则提供了企业利润分配的去向和数量，为利润表提供辅助信息。所有者权益变动表中提供的所有者结构变动信息与资产负债表中所有者权益部分相辅相成，提供了所有者权益变动的详细信息。

## 五、会计报表附注信息

### 1. 会计报表附注的概念和意义

会计报表附注是财务报表不可或缺的组成部分，是对会计报表本身无法或难以充分表达的内容和项目所作的补充说明和详细解释。

财务报表中的数字是经过分类与汇总后的结果，是对企业发生的经济业务的高度简化和浓缩。如果没有形成这些数字所使用的会计政策、理解这些数字所必需的信息披露，财务报表就不可能充分发挥效用。因此，会计报表附注与资产负债表、利润表、现金流量表、所有者权益变动表等报表具有同等的重要性，是财务报表的重要组成部分。报表分析者要了解企业的财务状况、经营成果和现金流量，应当全面阅读附注。

**2. 会计报表附注基本内容**

会计报表附注是为了便于会计报表使用者理解会计报表的内容而对会计报表的编制基础、编制依据、编制原则和方法及主要项目等所作的解释。会计报表附注主要包括企业一般情况、基本会计假设、会计政策、变更事项、报表项目注释、分部信息以及重要事项揭示等内容（见表 10–2）。

**表 10–2　会计报表附注的内容**

| 名称 | 内容 |
| --- | --- |
| 企业的一般情况 | 包括企业概况、经营范围和企业结构等内容，必要时，还可对诸如上市改组时资产的剥离情况进行说明 |
| 基本会计假设 | 包括会计主体假设、持续经营假设、会计分期假设和货币计量假设等四项。编制会计报表一般都以基本会计假设为前提，会计报表使用者不会有任何误解，所以在一般情况下不需要加以说明。但如果编制的会计报表未遵循基本会计假设，则必须予以说明，并解释这样做的理由 |
| 企业采用的主要会计政策 | 包括企业执行的会计制度、会计期间、记账原则、计价基础、利润分配办法等内容。对于需要编制合并报表的企业来说，还要说明其合并报表的编制方法；对于会计政策与上年相比发生变化的企业，应说明其变更的情况、原因及对企业财务状况和经营成果的影响 |
| 变更事项说明 | 变更事项包括会计政策的变更、会计估计的变更等 |
| 会计报表项目注释 | 包括对主要报表项目的详细说明，例如，对应收账款的账龄分析、报表项目的异常变化及其产生原因的说明等 |
| 分地区、分行业的分部信息资料 | 如果企业的经营涉及不同的行业，且行业收入占主营业务收入的10%（含10%）以上，应提供分行业的有关数据 |
| 重要事项的揭示 | 主要包括对承诺事项、或有事项、资产负债表日后事项和关联方交易等内容的说明 |

### 六、财务情况说明书

财务情况说明书是我国企业会计准则中规定企业财务报告的重要组成部分。它是对一定会计期间内财务、成本情况进行分析总结的书面文字报告，也可以说是企业简要的财务分析报告。财务情况说明书主要包括以下内容：(1)企业的生产经营情况；(2)利润实现和分配情况；(3)资金增减和周转情况；(4)财务收支情况；(5)税金缴纳情况；(6)企业各项财产物资变动情况；(7)重大财务事项的情况；(8)财务报表日后事项的情况。

## 第三节　企业财务分析其他信息

### 一、审计报告信息

#### 1. 审计报告的内涵

审计报告是注册会计师根据独立审计准则的要求，在完成必要的审计程序后出具的对被审计单位财务报表表示意见的具有法定证明效力的书面文件。

财务报表向企业内部和外部的利益相关者提供了企业财务状况、经营成果和现金流量方面的信息，这些报表信息是由企业管理当局编制和提供的。如果没有注册会计师对其进行审计鉴证，财务报表的可靠性和公允性就值得怀疑。注册会计师按照独立审计准则提供的审计报告，是对财务报表的质量作出的专业判断和评价。审计报告与财务报表的可信性有密切关系，财务分析人员还必须注意注册会计师出具的有关审计报告。

#### 2. 审计报告的类型

(1)无保留意见的审计报告。无保留意见的审计报告分为标准的无保留意见审计报告和带说明段的无保留意见审计报告。标准的无保留意见审计报告，是注册会计师对被审计单位财务报表发表不带说明段的无保留意见的审计报告。带说明段的无保留意见审计报告，是在“意见段”之后增加了“说明段”的无保留意见审计报告。在说明段中，注册会计师对某些事项进行了必要的说明。这些说明，对于理解财务报表数据有特殊意义。需要说明的事项包括：重大不确定事项，一贯性的例外事项，对会计准则的必要偏离，强调某一事项，被审计单位对外披露信息的重大差异。上述注册会计师的说明不影响财务报表的正常使用，但它们都是很重要的事项。报表分析者在评价其盈利能力和偿债能力时，必须考虑到这些事项的影响，适当修正有关的结论。

（2）保留意见的审计报告。保留意见的审计报告是指注册会计师认为被审计单位的报表总体上恰当，但对某些事项有保留意见而发表的审计报告。这些事项包括：个别重要的会计事项或报表项目不符合会计准则或国家有关的规定，被审计单位拒绝调整；审计范围受到重要的局部限制；个别重要会计处理方法的选用不符合一贯性原则。保留意见不妨碍财务报表的总体使用价值，但是某个重要局部的数据不具有可信性。有时，这种困难可以通过数据调整来克服。

（3）否定意见的审计报告。否定意见的审计报告是与无保留意见审计报告相反的审计报告。注册会计师出具否定意见的审计报告出于两种原因：一种是会计处理方法的选用严重违反了《企业会计准则》及国家其他有关财务会计的规定，而且被审计单位拒绝调整。另一种是财务报表严重歪曲了被审计单位的财务状况、经营成果和现金流量，被审计单位拒绝调整。出具否定意见的审计报告，意味着注册会计师认为被审计单位的财务报表不具有使用价值。这种财务报表不能作为财务分析的依据。

（4）拒绝表示意见的审计报告。拒绝表示意见是指注册会计师对被审计单位的财务报表不能发表意见，包括无保留、否定或保留的审计意见。拒绝表示意见，不是注册会计师不愿意提意见，而是由于某些限制而未对某些重要事项取得证据，没有办法完成取证工作，使得注册会计师无法判断问题的归属，无法对财务报表整体发表审计意见。注册会计师拒绝表示意见的财务报表，不能作为财务分析的依据。

## 二、企业内部非财务信息

### 1. 预算资料

财务预算是企业在预测和决策的基础上，围绕企业的战略目标，对企业一定时期内的资金取得和投放、各项收入和支出、企业经营成果及其分配等资金运动所作的具体安排。财务预算与业务预算、资本预算和筹资预算等共同构成企业的全面预算体系。财务预算的主要内容包括现金预算、预计资产负债表和预计利润表等。其中，现金预算是按照现金流量表主要项目内容编制的反映企业预算期内一切现金收支及其结果的预算。预计资产负债表是按照资产负债表的内容和格式编制的综合反映预算期期末财务状况的预算报表。预计利润表是按照利润表的内容和格式编制的反映预算期内利润目标及其结构情况的预算报表。

实行全面预算制度的企业，除财务预算资料外，业务预算、资本预算和筹资预算等也是报表分析必不可少的重要依据。其中，业务预算是反映企业预算期内可能形成现金收付的生产经营活动的预算，一般包括销售预算或营业预算、生产预算、制造费用预算、产品成本预算、营业成本预算、采购预算、销售费用预算等；资本预算是企业在预算期内进行资本投资活动的预算，主要包括固定资产投资预算、权益性资本投资预算和债券投资预算等；筹资预算是企业在预算期内需要新借入的长短期借款、经批准发行的债券以及对原有借款和债券还本付息的预算，股票发行计划，配股计划和增发股票计划等。这些预算资料可作为财务报表分析的比较基础或作为对报表数据发生变化进行因素分析的背景资料或有其他用途。

2. **非货币性信息**

财务报表所披露的信息都是用货币计量的价值类信息。根据商品二因素的原理，价值是依托于使用价值而存在的。因此，当我们需要对价值类指标进行分析时，也不能忽视使用价值类的实物指标。比如，分析利润增减的变化，就需要对生产经营的产销量结构进行分析，通过实物结构的分析，来透视企业生产经营结构调整对利润变化的影响。再如，分析企业存货资产的质量，也需要联系存货实物的结构及质量变化情况进行。

3. **管理类信息**

企业生产经营和财务状况的好与坏，总是与企业内部的管理状况联系在一起的。从实践看，许多企业的效益偏低，也主要是由于内部的经营管理出了问题。经营管理不善是导致企业效益偏低的主要原因，因此在进行报表分析时有必要对企业内部的管理状况进行把握。具体包括法人治理结构的完善情况、管理的组织构架、管理制度的完善情况、经营者的经营管理水平，特别是企业家的素质、内部经营管理的模式、各项基础管理制度、激励与约束机制、管理信息系统的建设、管理观念的创新、企业文化建设、经营和财务发展战略规划等。

4. **技术类信息**

技术状况是导致企业成本变化和效益波动的重要原因。在进行财务分析时，需要把握的技术方面的信息很多，诸如研究与开发投入情况，新产品、新工艺和新材料的开发及应用信况，技术定额，主要生产设备的先进程度和生产适用性、技术水平、开工及闲置情况，更新改造情况，采用环境保护技术措施等。一个企业的技术投入水平，可以用技术投入比率这一指标来反映，即技术投入率。

5. **人力资源类信息**

包括在岗员工的文化水平、道德水准、专业技能、组织纪律性、团队精神、参与企业管理的积极性等方面。在现代市场经济条件下，人力资源的质量是影响企业财务和经营情况的重要因素，有时甚至是决定性的因素。

## 三、企业外部信息

### 1. 政策法规信息

政策法规信息主要指国家为加强宏观管理所制定的各项与企业有关的政策、法规、制度等。主要包括：一是经济体制方面的政策，是指涉及国家经济体制方面变化的政策。财务分析中能明确企业所处的体制环境，尤其是能预测到体制的变动，势必对企业的投资和经营产生积极的影响。二是宏观经济政策，主要指财政政策、金融政策、货币政策等。这些政策对于企业财务分析是至关重要的，不掌握宏观经济政策的变动也必将作出错误的决策。三是产业政策与技术政策。产业政策是指导国家产业发展的政策性文件，它规定了哪些产业是基础产业，哪些产业是支柱产业，并相应地对产业组织、产业技术和产业布局作出规划。技术政策则规定了国家鼓励创新和推广的技术，以及相应的鼓励措施。投资者和经营者掌握产业政策和技术政策，对于企业持续、健康发展有着重要作用，这些都直接或间接地影响着企业的财务状况与经营成果。

### 2. 市场信息

市场信息包括国内和国际的同类产品或相似产品、替代产品或相关产品的市场供求状况及变化趋势、市场价格的变化情况和变化趋势、市场容量及其变化、物价指数及其变化等，这些都是进行财务分析时必不可少的依据。比如，当我们需要了解企业产品的毛利率降低的原因时，可从成本费用水平的提高方面来把握，或者从产品销售价格的降低方面来把握。

### 3. 行业背景信息

行业背景信息主要是企业所处行业的相关产品、技术、规模、财务、经营、效益等方面的情况，以及所处行业的各主要竞争对手的情况。在进行财务分析时，我们可以计算行业平均水平、上行业水平和下行业水平，并进行必要的比较，也可以与行业中主要竞争对手的情况进行比较。企业的行业背景、竞争策略、会计政策选择等对形成企业价值、解读会计数据至关重要。报表分析只有结合行业发展趋势、产业竞争程度，其结果才能客观和正确；只有将这些分析与企业的宏观大背景和企业未来的发展前景相结合，分析者才能理解管理层对会计政策的选择及其对报表数据的影响。

# 第十一章　资产负债表与现金流量表分析

## 第一节　资产负债表分析

### 一、资产负债表总体分析

**1. 资产负债表项目质量分析**

（1）资产项目分析

1）流动资产状况分析。对流动资产质量状况进行分析主要是指对货币资金、交易性金融资产、应收票据、应收账款、其他应收款和存货等重要项目作深入分析。

①货币资金。货币资金是指企业在生产经营过程中处于货币形态的那部分资产。它包括库存现金、银行存款和其他货币资金。货币资金是企业资产中最活跃的因素，它可以变成各种形态的资产（如存货、固定资产、无形资产等）。货币资金本身就是现金，无须变现，可以用它直接偿还到期债务或支付投资者利润。企业持有货币资金一般是为了满足结算需要、预防性需要和投机需要。货币资金具有偿债能力最强和盈利能力最弱的双重特点。如果货币资金占总资产的比例较大，通常表明企业流动资金比较充裕，偿债能力较强，但同时也可能意味着企业的资金闲置，盈利能力较弱。为此，应结合企业的生产经营特点、经营周期和资金周转速度，在资产的流动性和盈利性之间作出正确的选择，合理地确定企业货币资金的持有量，使其保持一个合适的比例。

在对货币资金进行分析时，应结合下列因素判断企业货币资金持有量是否合理（见表 11–1）。

②交易性金融资产。交易性金融资产是企业购入的随时能够变现并且持有时间不准备超过一年的投资，一般包括各种股票、债券和基金等。该资产的变现能力非常强，流动性仅次于现金。

**表11-1　货币资金进行分析时应考虑因素**

| 因素 | 具体内容 |
|---|---|
| 资产规模和业务量 | 一般说来，企业资产规模越大，相应的货币资金的规模也就越大；业务量越大，处于货币资金形态的资产也就越多 |
| 运用货币能力 | 如果企业经营者运用货币资金的能力较强，则可将必要的货币资金维持在较低水平，将其余的货币资金从事其他经营活动 |
| 筹资能力 | 如果企业有良好的信誉，筹资渠道通畅，就没有必要持有大量的货币资金，影响企业盈利 |
| 行业特点 | 处于不同行业的企业，货币资金的合理规模存在差异，有的甚至差别很大。在相同的总资产规模下，金融企业、工业企业和商业企业的货币资金不可能相同 |

交易性金融资产是现金的后备资源，因此该资产越多，企业的支付能力和财务适应能力就越强。但它与货币资金又有不同，主要是该资产的风险要大于货币资金，尤其是在证券市场尚不完善时期。因此，分析交易性金融资产的质量状况时，应注意交易性金融资产的构成，及时发现风险，予以防范，同时还要结合投资效益进行分析。

③应收账款。应收账款是企业因销售商品和提供劳务等活动而形成的债权，不包括应收职工欠款、应收债务人利息和其他应收款。

对应收账款分析时，一要分析应收账款的账龄结构，关注形成坏账的可能性；二要分析前五位债务人的债务比例，关注集中程度。对于应收账款过于集中的公司，不但要考虑其债权的回收能力，而且要关注其过分依赖单一客户的经营风险。

④其他应收款。其他应收款是指企业发生非购销活动而产生的应收债权，包括企业应收的各种赔偿款、保证金、备用金以及应向职工收取的各种垫付款项等，有人称之为资产负债表中的“垃圾桶”。

其他应收款仅仅是暂付款，一般数额较小，期限也短。如果企业生产经营活动正常，其他应收款的数额不应过大，若它的数额过大，则属于不正常现象。对于企业其他应收款项目，要仔细分析其内容、账龄，特别是其中金额较大、账龄较长的款项，判断其转移销售收入以偷漏税的可能性和发生的合理性，是否存在关联方、占用资金不合理等现象。

⑤存货。存货包括的内容多、占用的资金大，是企业流动资金管理的重点和难点。

报表分析者应注意了解企业经营者是否从生产经营的需要出发，采用科学的方法，确定合理的存货经济批量，并以此作为企业存货控制的标准。如果企业实际存货金额大于这一标准，则应分析原因，采取必要的措施，降低存货的库存。

2）非流动资产状况分析。对非流动资产质量状况进行分析主要是对长期股权投资、投资性房地产、固定资产和无形资产等重要项目作深入分析。

①长期股权投资。由于长期股权投资期限长，金额通常很大，涉及企业的经营发展战略，因而对企业的财务状况影响较大。另外，由于长期股权投资时期长，其间难以预料的因素很多，因而风险也会很大，因此在进行报表分析时，应对长期股权投资给予足够的重视。

长期股权投资构成分析主要从投资对象、投资规模和持股比例等方面进行分析。通过对构成的分析，可以了解企业投资对象的经营状况及投资对象的收益等方面的情况，判断企业长期股权投资的质量；另外还要作投资收益分析和长期股权投资减值准备的分析。

②投资性房地产。投资性房地产是指为了赚取租金或使资本升值，或两者兼而有之而持有的房地产。它主要分为三类：出租的土地使用权、长期持有并准备增值后转让的土地使用权和企业拥有并已出租的建筑物。

投资性房地产属于企业实物投资。该投资金额大，受国家宏观政策、经济发展规划及地方发展水平等多种因素的影响，资金回笼较慢，投资风险大。

③固定资产。固定资产占用资金数额大，资金周转的时间长，是资产管理的重点。

④在建工程和工程物资。资产负债表的在建工程项目反映了企业期末各项未完工工程的全部支出，工程物资项目则反映了企业各项工程尚未使用的工程物资的实际成本。在建工程占据的金额是十分巨大的，是企业主要的投资行为之一，合理的工程建设将是企业新的利润增长点。因此，可结合工程项目的用途、资金来源、工程的进度以及转入固定资产的情况进行分析，这样有助于了解企业的发展动态，预计企业未来的盈利能力。

⑤无形资产。无形资产风险比较大，而且它为企业带来的未来经济利益具有很大的不确定性。

⑥长期待摊费用。长期待摊费用本质上是一种费用，没有“变现性”，其数额越大，说明企业的资产质量越低。因此对企业而言，这类资产数额应当越少越好，占资产总额的比例应当越低越好。

在分析长期待摊费用时，应注意企业是否存在根据自身需要将长期待摊费用当做利润的调节器。例如，在不能完成利润目标或在相差很远的情况下，企业将一些影响利润的且不属于长期待摊费用核算范围的费用转入，以达到提高利润的目的。

（2）负债项目分析

负债是企业资产的重要资金来源。按其流动性分为流动负债和非流动负债。负债类项目全面、系统地反映了企业长短期负债情况，通过对负债类重点项目分析，并与资产类项目进行对照，可以清楚地了解企业的偿债能力。

1）流动负债。

①短期借款。在企业自由流动资金不足的情况下，企业可以向金融机构举借一定数量的短期借款，以保证企业生产经营对资金的需要。短期借款对企业的影响表现在两个方面，一是短期借款要在一年内（含一年）偿还，企业的偿债压力较大；二是短期借款的利率较长期借款的利率低，企业的利息负担较轻。分析企业是否根据资金的实际需要，科学地确定短期借款与长期借款的比例。一定数量的短期借款是企业经营所必需的，但如果数量太大，超过企业的偿债能力，就会给企业的未来发展带来不利影响，应使其偿债能力和利息负担都处于合理的状态。短期借款合理与否，可以根据流动负债的总量、目前的现金流量情况和对未来一年内的现金流量的预期来确定。在一个现金流量较差的企业里，过多的短期借款将会增加财务负担。

②应付账款和应付票据。对于企业来说，应付账款属于企业的一种短期资金来源，是企业最常见、最普遍的流动负债，一般都在 30 ~ 60 天，而且一般不用支付利息，有的供货单位为刺激客户及时付款而提供了现金折扣。许多企业认为应付账款是占他人便宜，因而即使有现金也不愿意按期支付。其实这是一种目光短浅的行为。如果不按期偿付应付账款，不仅不能利用现金折扣优惠，而且严重影响企业信誉，影响企业未来发展，一旦引起法律纠纷，会使企业遭受更大损失。因此，在对应付账款分析时，应注意观察有无异常情况，测定未来的现金流量，以保证及时偿付各种应付款。

应付票据和应付账款在本质上是一样的，都是企业对外的欠款。但应付票据是由企业或银行签发的，在付款时间上更有保证。应付票据的流动性高于应付账款，因此，应付票据的压力和风险更大。

③预收账款。预收账款是指企业实际销售商品或提供劳务之前，按协议预先收取的货款，体现的是一种商业信用和资金的无偿占用，在卖方市场上多有发生。对企业来说，它可解决资金临时短缺带来的困难。但在企业中一般数量不大。

分析预收账款的规模应注意以下问题，见表 11–2。

④应付职工薪酬。应付职工薪酬是企业对个人的一种负债。分析时应注意：应

付职工薪酬是否为企业的真正负债，企业有无通过它来调节利润；应付职工薪酬包括工资、福利费、工会经费、职工教育经费等，分析是否会有其他内容。

**表 11-2　分析预收账款的规模应注意问题**

| 问题 | 内容 |
|---|---|
| 实物偿债 | 预收账款是一种特殊债务，其在偿付时不是以现金支付，而是以实物支付 |
| 违规挂账 | 在实际工作中，一些企业违反财务制度，往往利用预收账款项目调整企业的当期损益，抽逃流转税等。对此，要加以防范 |
| 良性债务 | 一般而言，预收账款是一种主动债务，它表明收款企业的产品销路较好，产品供不应求，也意味着该企业未来具有较好的盈利能力和偿债能力 |

2）非流动负债。

①长期借款。由于多数企业不能通过证券市场融资，资金来源的渠道多是向银行借款。在对企业长期举债经营进行分析时应注意：首先应避免利用长期借款来充做短期流转使用，否则会使资金成本得不偿失；其次，在资产报酬率高于负债利率的前提下，适当增加长期借款可以增加企业的获利能力，提高投资者的投资报酬率，同时负债具有减税作用，从而使投资者得到更多的回报。但在资产报酬率下降时，甚至低于负债利率的情况下，举借长期借款将增加企业还本付息的负担，在企业盈利不多时，还会导致亏损，因而使企业的财务风险加大。

②长期应付款。长期应付款是指企业对其他单位发生的付款期限在一年以上的结算债务。包括采用补偿贸易方式引进的设备价款和应付融资租入的固定资产租赁费等。因为融资租赁要求企业自有资金的保证相对于长期借款要低，而租赁公司所承担的风险需要从企业支付的较高的租赁费中进行补偿。所以在分析该项目时，要特别关注企业运营融资租赁资金时的风险性和稳定性。

（3）所有者权益项目分析

1）实收资本（股本）和资本公积。实收资本（股本）和资本公积反映了投资者对企业的初始投入资金以及增值或非经营性原因引起的企业净资产的变化。

所有者向企业投入的资本一般不需偿还，可长期周转使用。实收资本相对固定不变，不得随意变动。如有增减变动，必须符合一定的条件并且办理一定的手续。引起实收资本变化的一般有下列事项：一是投资者追加投资或减少投资，二是资本公积或盈余公积转增资本以及分配股票股利。这些方式虽然引起实收资本变化，但所有者权益总额并不因此改变。

2）盈余公积和未分配利润。盈余公积和未分配利润的性质相同，其形成与投资者的投资行为无关，是由企业生产经营活动取得的利润形成的。企业只有实现利润，才能形成盈余公积和未分配利润。

在分析时，应注意二者是否按规定用途使用。未分配利润是企业留存以后年度向投资者分配的，但未分配前属于企业尚未确定用途的留存收益，企业在使用上有较大的自主权。

**2. 资产负债表项目结构分析**

（1）资产结构分析

资产结构是指公司资产的具体构成及其组成部分的相互关系。公司的资产按其流动性可以分为流动资产、长期投资、固定资产和无形资产等几大类。

【例】我们以 xxx 公司 2017—2019 年的资产负债表为例，分析其资产的组成。

1）各类资产占资产总额的比重及其发展趋势。由 xxx 公司 2017—2019 年的资产负债表计算得出该公司资产结构类别比重如表 11–3 所示。

**表 11–3　xxx 公司资产结构类别比重分析表**　　单位：%

| 项目 | 2017 年 12 月 31 日 | 2018 年 12 月 31 日 | 2019 年 12 月 31 日 |
|---|---|---|---|
| 流动资产 | 65.62 | 58.92 | 64.48 |
| 固定资产 | 33.12 | 24.00 | 18.53 |
| 在建工程 | 0.46 | 3.69 | 5.92 |
| 无形资产及递延资产 | 0.79 | 13.38 | 11.07 |
| 合计 | 100.00 | 100.00 | 100.00 |

由表 11–3 可以看出，高乐公司流动资产的比重维持在比较高的水平，基本保持稳定，说明该公司资产的流动性和变现能力比较强。该公司的固定资产的比重不断下降，其影响有待进一步分析。该公司的在建工程的比重逐年上升，说明该公司将来的生产能力有扩大的可能。该公司无形资产及递延资产的比重也呈上升趋势，占比维持在 10% 以上，说明该公司开发创新能力有所增强。

2）各大类资产的变化趋势。我们以 xxx 公司 2017 年 12 月 31 日的资产数据为基数编制定基百分比表，具体内容如表 11–4 所示。

**表 11–4　资产结构定基百分比表**　　单位：%

| 项目 | 2007 年 12 月 31 日 | 2008 年 12 月 31 日 | 2009 年 12 月 31 日 |
|---|---|---|---|
| 流动资产 | 100.00 | 117.74 | 154.01 |
| 固定资产 | 100.00 | 95.01 | 87.70 |

续表

| 项目 | 2007年12月31日 | 2008年12月31日 | 2009年12月31日 |
|---|---|---|---|
| 在建工程 | 100.00 | 1043.48 | 2000.00 |
| 无形资产及递延资产 | 100.00 | 2230.77 | 2205.13 |
| 合计 | 100.00 | 131.13 | 156.75 |

由表 11–4 可以看出，高乐公司的总资产在两年内上升了近 57%。其中除了固定资产有所下降以外，其他各类资产都有所增加，其中在建工程、无形资产及递延资产增长最快，两年内分别增长了 19 倍和 21 倍。流动资产的增长速度基本与总资产一致。该公司的固定资产的增长速度缓慢，在 2008 年和 2009 年甚至都出现了负增长。

通过以上资产结构大类分析，我们可以得出以下结论：高乐公司的规模稳定扩大，其中在建工程、无形资产及递延资产增长最快，反映了该公司以开发创新方式扩张的发展趋势，同时该公司资产的流动性也在稳定上升。

（2）资金来源结构分析

资金来源又称为资本结构，是指公司筹集资金来源的权益结构，即债权人提供的资金与股东提供的资金的比重及其组成。公司的资金来源有两个渠道：一是债权人提供的资金，包括短期负债和长期负债；二是股东提供的资金。这是公司基本的资本结构，两者的比例关系反映了公司股东权益对债权人权益的保障程度。

公司的资金来源有负债和股东权益两大部分，其中负债按其期限长短可以分为短期负债和长期负债。资余来源类别分析是指这三部分的比重及其发展变化趋势，以此反映公司的基本资本结构。

1）流动负债、长期负债和股东权益的比重分析。

【例】以 xxx 公司 2017—2019 年的资产负债表计算得出该公司资金来源类别比重如表 11–5 所示。

**表 11–5　流动负债、长期负债和股东权益比重分析表**　　单位：%

| 项目 | 2017年12月31日 | 2018年12月31日 | 2019年12月31日 |
|---|---|---|---|
| 流动负债 | 21.16 | 25.69 | 21.75 |
| 非流动负债 | 0.20 | 0.15 | 0.13 |
| 股东权益 | 78.64 | 74.16 | 78.12 |
| 合计 | 100.00 | 100.00 | 100.00 |

由表 11–5 可以看出，高乐公司的资本结构中流动负债的比重略有小幅上升，而股东权益的比重虽然略有小幅下降，但占比仍保持在 78.12% 的高位，而且非流动负债的比重不断下降，占比只有 0.13%，说明该公司主要依靠自有资本经营，对债权人的保护程度较高，降低了财务风险。该公司的负债以流动负债为主。

2）资金来源的变化趋势分析。

**【例】**我们以 xxx 公司 2017 年 12 月 31 日的资金来源数据为基础，比较得出 xxx 公司资金来源的变化趋势，计算结果如表 11–6 所示。

**表 11–6　资金来源变化趋势分析表**　　单位：%

| 项目 | 2017年12月31日 | 2018年12月31日 | 2019年12月31日 |
|---|---|---|---|
| 流动负债 | 100.00 | 159.20 | 161.11 |
| 非流动负债 | 100.00 | 100.00 | 100.00 |
| 股东权益 | 100.00 | 123.65 | 155.72 |
| 合计 | 100.00 | 131.13 | 156.75 |

由表 11–6 可以看出，xxx 公司的资本结构中流动负债在两年内上升了近 61%，而非流动负债基本持平，说明该公司短期偿债风险加大。股东权益两年内增长了 56.75%，有利于维护公司资本结构的安全与稳定，降低财务风险。

### 3. 资产负债表水平分析和垂直分析

资产负债表总体分析一方面通过编制比较资产负债表（又称水平分析表）进行趋势分析；另一方面通过编制结构百分比资产负债表（又称垂直分析表）进行资金构成分析。目的是了解企业财务状况及其变化，并对其作出一个整体评价。

（1）资产负债表水平分析

资产负债表水平分析是指各项目增减变化情况，通过对增减变化的分析可以发现存在的问题。具体过程包括以下几个方面（见表 11–7）：

**表 11–7　资产负债表水平分析的过程**

| 过程 | 具体内容 |
|---|---|
| 货币资金增减变动的分析 | 企业货币资金增减变动可能受以下因素的影响：①销售规模的变动。②信用政策的变动。③为支出大笔现金作准备 |
| 应收账款增减变动分析 | 在流动资金和销售收入不变的情况下，应收账款的绝对额增加了，表明企业变现能力在减弱，承担的风险增大，其占用比重就不合理；如果应收账款的增加与流动资金增长和销售收入增加相适应，表明应收账款占用比重相对合理 |

续表

| 过程 | 具体内容 |
|---|---|
| 存货增减变动分析 | 分析时应特别注意对变动较大的项目进行重点分析，存货增加应以满足生产、不盲目采购和无产品积压为前提；存货减少应以压缩库存量、加速周转、不影响生产为前提 |
| 固定资产增减变动分析 | 固定资产增减主要是对固定资产增长情况、更新情况、报废情况及损失情况进行分析 |
| 无形资产增减变动分析 | 从发展趋势上看，无形资产应当呈上升态势。无形资产增减幅度越大，表明企业可持续发展能力越强 |
| 流动负债增减变动分析 | 通过流动负债各项目的增减变动，分析企业短期融资渠道的变化情况及偿债压力的大小，借以判断企业短期资金的融资能力对企业的生产经营活动的影响 |
| 长期负债增减变动分析 | 通过长期负债各项目的增减变动，分析企业长期融资渠道的变化情况，借以判断企业长期资金的融资能力 |
| 所有者权益增减变动分析 | 通过对所有者权益增减变动的分析，可进一步了解企业对负债偿还的保证程度以及企业自己积累资金和融通资金的能力与潜力 |

（2）资产负债表垂直分析

1）流动资产构成分析。在固定资产和其他资产不变的情况下，流动资产比重提高使生产经营额大幅度增加，说明流动资产在资产总额中所占比重较为合理。但如果流动资产比重速度提高快于增长的速度，使单位增加值占用的资产额比上期增加，说明资产利用效益下降，流动资产在资产总额中所占比重不合理。如果流动资产在资产总额中比重提高了，企业的营业利润也相应地增加了，说明流动资产在资产总额中所占比重较为合理。如果流动资产增加了，生产额增长了，利润却不增长，说明企业生产的产品销售可能不畅，经营状况趋势不好。

2）长期投资构成分析。判断长期投资比重是否合理，首先要看有没有影响企业生产资金周转，能不能获得较高收益。长期投资占资金总额比重提高，有可能是企业资金来源充足，在不影响生产的情况下，对外长期投资以取得更多收益，但也有可能是企业内部发展受到了限制，目前产业或产品利润率较低，需要寻求新的发展目标。因为被投资项目利润是不确定数，所以长期投资比重高，风险也高。企业管理者应根据投资项目作具体分析研究，慎重行事，以便回避风险，提高投资的安全性。企业长期投资比重不易过高。

3）固定资产构成分析。固定资产比重决定着企业的生产规模和发展方向。固定资产构成分析可以从以下三个方面进行：一是分析生产用固定资产构成的变化情况；二是考察未使用和不需用的固定资产构成的变化情况，查明企业在处置闲置固定资产方面的工作是否具有效率；三是分析生产用固定资产内部结构是否合理。

4）无形资产构成分析。一般情况下，企业持有较多的无形资产，表明其开发创新能力强。如果企业敢于冒险，就可能采取较高的固定资产构成比例；反之，则采用较高的流动资产构成比例。从行业特点上看，创造附加值低的企业，如商业企业，需要保持较高的资产流动性；而创造附加值较高的企业，如制造业企业，需要保持较高的固定资产比重。从经营规模上看，规模较大的企业，因其筹资能力强，固定资产比例相对高些；规模较小的企业，流动资产比例相对高些。除此之外，同一行业内部，生产组织、生产特点、生产方式的差异，对固定资产与流动资产之间的结构比例也会产生影响。

**4. 资产负债表项目变动情况总体分析**

（1）资产变动情况分析

分析资产状况，要分析资产总量的变动状况，分析其规模增长的速度是否合理，以及财务状况的发展趋势是否有利，即总量变动看规模，结构变动看质量。

一般来说，利用比较资产负债表和结构百分比表，可更好地分析资产的规模和质量。

**【例】**根据 xxx 公司资产负债表数据，编制该公司比较资产负债表及结构百分比表如表 11–8 和表 11–9 所示。

**表 11–8　xxx 公司比较资产负债表（资产部分）**　　单位：万元、%

| 报表日期 | 2019年12月31日 | 2018年12月31日 | 较上年增加额 | 较上年增加比率 |
|---|---|---|---|---|
| 流动资产： | — | — | — | — |
| 货币资金 | 1380 | 1130 | 250 | 22.12 |
| 交易性金融资产 | — | — | — | — |
| 应收票据 | — | — | — | — |
| 应收账款 | 2350 | 2000 | 350 | 17.50 |
| 预付款项 | 320 | 100 | 220 | 220.00 |
| 应收利息 | — | — | — | — |
| 应收股利 | — | — | — | — |
| 其他应收款 | 40 | 90 | –50 | –55.56 |
| 存货 | 920 | 510 | 410 | 80.39 |
| 一年内到期的长期债权投资 | — | — | — | — |

续表

| 报表日期 | 2019年12月31日 | 2018年12月31日 | 较上年增加额 | 较上年增加比率 |
|---|---|---|---|---|
| 其他流动资产 | — | — | — | — |
| 流动资产合计 | 5010 | 3830 | 1180 | 30.81 |
| 非流动资产： | — | — | — | — |
| 可供出售金融资产 | — | — | — | — |
| 持有至到期投资 | — | — | — | — |
| 长期应收款 | — | — | — | — |
| 长期股权投资 | — | — | — | — |
| 投资性房地产 | — | — | — | — |
| 固定资产 | 1440 | 1560 | –120 | –7.69 |
| 在建工程 | 460 | 240 | 220 | 91.67 |
| 工程物资 | — | — | — | — |
| 固定资产清理 | — | — | — | — |
| 生产性生物资产 | — | — | — | — |
| 油气资产 | — | — | — | — |
| 无形资产 | 850 | 860 | –10 | –1.16 |
| 开发支出 | — | — | — | — |
| 商誉 | — | — | — | — |
| 长期待摊费用 | — | — | — | — |
| | — | — | — | — |
| 递延所得税资产 | 10 | 10 | 0 | 0.00 |
| | — | — | — | — |
| | — | — | — | — |
| 非流动资产合计 | 2760 | 2670 | 90 | 3.37 |
| 资产总计 | 7770 | 6500 | 1270 | 19.54 |

**表11–9　高乐公司资产负债结构百分比表**　　单位：%

| 报表日期 | 2019年结构百分比 | 2018年结构百分比 | 较上年增减 | 报表日期 | 2019年结构百分比 | 2018年结构百分比 | 较上年增减 |
|---|---|---|---|---|---|---|---|
| 流动资产： | — | — | — | 流动负债： | — | — | — |
| 货币资金 | 17.76 | 17.38 | 0.38 | 短期借款 | 19.56 | 23.54 | –3.98 |

续表

| 报表日期 | 2019年结构百分比 | 2018年结构百分比 | 较上年增减 | 报表日期 | 2019年结构百分比 | 2018年结构百分比 | 较上年增减 |
|---|---|---|---|---|---|---|---|
| 交易性金融资产 | — | — | — | 交易性金融负债 | — | — | — |
| 应收票据 | — | — | — | 应付票据 | — | — | — |
| 应收账款 | 30.24 | 30.77 | -0.52 | 应付账款 | 0.77 | 2.46 | -1.69 |
| 预付款项 | 4.12 | 1.54 | 2.61 | 预收款项 | | | |
| 应收利息 | — | — | — | 应付职工薪酬 | 0.39 | 0.31 | 0.08 |
| 应收股利 | — | — | — | 应交税费 | 0.77 | -0.77 | 1.54 |
| 其他应收款 | 0.51 | 1.38 | -0.87 | 应付利息 | | | |
| 存货 | 11.84 | 7.85 | 3.99 | 应付股利 | | | |
| 一年内到期的长期债权投资 | — | — | — | 其他应付款 | 0.26 | 0.15 | 0.10 |
| 其他流动资产 | — | — | — | 一年内到期的非流动负债 | — | — | — |
| 流动资产合计 | 64.48 | 58.92 | 5.56 | 其他流动负债 | — | — | — |
| 非流动资产： | — | — | — | 流动负债合计 | 21.75 | 25.69 | -3.94 |
| 可供出售金融资产 | — | — | — | 非流动负债： | — | — | — |
| 持有至到期投资 | — | — | — | 长期借款 | — | — | — |
| 长期应收款 | — | — | — | 应付债券 | — | — | — |
| 长期股权投资 | — | — | — | 长期应付款 | — | — | — |
| 投资性房地产 | — | — | — | 专项应付款 | — | — | — |
| 固定资产 | 18.53 | 24.00 | -5.47 | 预计负债 | — | — | — |

续表

| 报表日期 | 2019年结构百分比 | 2018年结构百分比 | 较上年增减 | 报表日期 | 2019年结构百分比 | 2018年结构百分比 | 较上年增减 |
|---|---|---|---|---|---|---|---|
| 在建工程 | 5.92 | 3.69 | 2.23 | 递延所得税负债 | — | — | — |
| 工程物资 | — | — | — | 其他非流动负债 | 0.13 | 0.15 | –0.03 |
| 固定资产清理 | — | — | — | 非流动负债合计 | 0.13 | 0.15 | –0.03 |
| 生产性生物资产 | — | — | — | 负债合计 | 21.88 | 25.85 | –3.97 |
| 油气资产 | — | — | — | 所有者权益（或股东权益）： | — | — | — |
| 无形资产 | 10.94 | 13.23 | –2.29 | 实收资本（或股本） | 35.39 | 42.31 | –6.92 |
| 开发支出 | — | — | — | 资本公积 | 3.60 | 4.46 | –0.86 |
| 商誉 | — | — | — | 库存股 | 5.92 |  | 5.92 |
| 长期待摊费用 | — | — | — | 盈余公积 | 33.20 | 4.31 | 28.90 |
|  | — | — | — | 外币报表折算差额 | — | — | — |
| 递延所得税资产 | 0.13 | 0.15 | –0.03 | 未分配利润 |  | 23.08 | –23.08 |
| 归属于母公司股东权益合计 | 78.12 | 74.15 | 3.97 | 少数股东权益 | — | — | — |
| 非流动资产合计 | 35.52 | 41.08 | –5.56 | 所有者权益（或股东权益）合计 | 78.12 | 74.15 | 3.97 |
| 资产总计 | 100.00 | 100.00 | 0.00 | 负债和所有者权益（或股东权益）总计 | 100.00 | 100.00 | 0.00 |

1）分析企业资产总规模。通过表 11–8 可知，xxx 公司 2019 年总资产规模扩大。年末与年初相比，资产总额增加了 1270 万元，增长率为 19.54%，这表明企业占用的经济资源增加了。经营规模的扩大，一定程度上扩充了企业的实力。从资产项目上看，流动资产和非流动资产均有所增加。流动资产增加 1180 万元，增幅为 30.81%，远远高于总资产的增长幅度，说明企业资产的流动性增强，企业资金运营将会更通畅；非流动资产增加 90 万元，增幅为 3.37%，其中固定资产减少 120 万元，降幅为 7.69%，从而延缓了非流动资产的增速。非流动资产的增幅虽小一点，但增长集中在在建工程项目上，增幅达 91.67%，表明企业未来生产能力将得到扩张，这将成为企业未来新的利润增长点。

2）分析企业资产结构是否合理。资产结构是指企业流动资产和非流动资产主要项冃分别占资产总额的比重。企业资产要想最大限度地发挥其功能，就必须有一个合理的配置。由于企业所处的行业、经营特点和技术装备特点的不同，其资产结构也不相同。一般情况下，工业企业的非流动资产往往大于流动资产，而商业企业的情况正好相反。同一行业中，流动资产比重大的企业稳定性差，却较灵活；非流动资产比重大的企业稳定性好，但灵活性差，即“船大压风浪，船小好掉头”；而无形资产持有多、增长快的企业开发创新能力强。

通过表 11–9 可以看出，xxx 公司 2019 年末，流动资产占总资产的比重由年初的 58.92% 上升到 64.48%，非流动资产占总资产的比重由年初的 41.08% 下降到 35.52%。

非流动资产所占比重降低 5.56 个百分点，这表明高乐公司资产的流动性大大增强，资产的稳定性值得关注。

3）分析各大类资产内部构成的变化。从流动资产内部构成来看，存货所占的比重较大，年末与年初相比增长了 410 万元。结合利润表等会计报表，可以看出该项目的影响因素为销售量的增长，生产能力增加导致存货增加，应属正常；应收账款年末较之年初也增加了 350 万元，其原因也应该是销售收入的增加。

从非流动资产内部构成来看，固定资产项目所占比重下降了 5.47 个百分点，在建工程比重却上升了 2.23 个百分点，表明固定资产投资尚未见成效，企业现有生产能力有所减缓，而企业未来生产能力是否将会得到显著提高，还需对在建工程项目作进一步分析。在建工程大致分为经营性在建工程和非经营性在建工程两大类。生产经营性在建工程可形成新的利润增长点，促使公司进一步发展。因此，应重视对生产经营性在建工程的分析。首先，分析在建工程竣工后，能否扩大已有的品牌优势和市场占有率；其次，分析在建工程规模的大小，这将决定公司未来利润增幅大小；最后，分析在建工程建造过程，在建工程建成投入营运的时间也决定上市公司利润增长的进程。

4）综合分析。总的来说，企业资产总额的增加，使企业规模扩大，增强了企业的竞争实力；从结构上看，资产结构是基本合理，基本上可以满足企业对内扩大生产等战略发展的需求。另外，企业短期资产的变现能力较好，资产风险不高，灵活性较强，但资产稳定性稍差。

（2）负债变动情况分析

【例】根据表11–8和表11–9中的数据，计算分析该公司负债变动情况如表11–10所示。

**表11–10　xxx公司比较资产负债表（负债和所有者权益部分）**　　单位：万元、%

| 报表日期 | 2019年12月31日 | 20108年12月31日 | 较上年增加额 | 较上年增加比率 |
|---|---|---|---|---|
| 流动负债： | – | – | – | – |
| 短期借款 | 1520 | 1530 | –10 | –0.65 |
| 交易性金融负债 | – | – | – | – |
| 应付票据 | – | – | – | – |
| 应付账款 | 60 | 160 | –100 | –62.50 |
| 预收款项 | – | – | – | – |
| 应付职工薪酬 | 30 | 20 | 10 | 50.00 |
| 应交税费 | 60 | –50 | 110 | 220.00 |
| 应付利息 | – | – | – | – |
| 应付股利 | – | – | – | – |
| 其他应付款 | 20 | 10 | 10 | 100.00 |
| 一年内到期的非流动负债 | – | – | – | – |
| 其他流动负债 | – | – | – | – |
| 流动负债合计 | 1690 | 1670 | 20 | 1.20 |
| 非流动负债： | – | – | – | – |
| 长期借款 | – | – | – | – |
| 应付债券 | – | – | – | – |
| 长期应付款 | – | – | – | – |
| 专项应付款 | – | – | – | – |

续表

| 报表日期 | 2019年12月31日 | 20108年12月31日 | 较上年增加额 | 较上年增加比率 |
|---|---|---|---|---|
| 预计负债 | – | – | – | – |
| 递延所得税负债 | – | – | – | – |
| 其他非流动负债 | 10 | 10 | 0 | 0.00 |
| 非流动负债合计 | 10 | 10 | 0 | 0.00 |
| 负债合计<br>所有者权益（或股东权益）： | 1700 | 1680 | 20 | 1.19 |
| 实收资本<br>（或股本） | 2750 | 2750 | 0 | 0.00 |
| 资本公积 | 280 | 290 | –10 | –3.45 |
| 库存股 | 460 | 0 | 460 | – |
| 盈余公积 | 2580 | 280 | 2300 | 821.43 |
| 外币报表折算差额 | – | – | – | – |
| 未分配利润 |  | 1500 | –1500 | –100.00 |
| 归属于母公司股东权益合计 | 6070 | 4820 | 1250 | 25.93 |
| 少数股东权益 | – | – | – | – |
| 所有者权益（或股东权益）合计 | 6070 | 4820 | 1250 | 25.93 |
| 负债和所有者权益（或股东权益）总计 | 7770 | 6500 | 1270 | 19.54 |

1）企业负债总额，2019 年末与年初相比虽然出现小幅增加的趋势，由年初的 1680 万元增加至年末的 1700 万元，增加了 20 万元，但占资金来源的比重却由年初的 25.85% 下降到年末的 21.88%。负债比重的降低，说明企业的财务风险减小，资本结构更加趋于稳健。

2）从负债总额构成上看，流动负债年末比年初增加了 20 万元，但其占资金来源的比重由年初的 25.69% 下降到 21.75%，下降了 3.94 个百分点；非流动负债绝对额年末与年初持平，其占资金来源的比重略降 0.03 个百分点。从理论上来讲，流动负债的风险大于非流动负债，流动负债的比重降幅较大，说明企业的近期财务风险较稳定并略有下降，而且企业的远期财务风险也有所降低。

3）分析各大类负债内部构成。从流动负债的内部结构来看，对流动负债影响较大的项目有应付账款、短期借款和应交税费等项目。年末与年初相比，应付账款减少了 100 万元，减少比例为 62.50%，占资金来源的比重由年初的 2.46% 下降到 0.77%，下降了 1.69 个百分点；短期借款减少了 10 万元，占资金来源的比重从 23.54% 下降到 19.56%，下降了 3.98 个百分点，表明了企业的财务风险在下降；而应交税费较上年增加了 110 万元，增幅为 220%，减少了流动负债的下降幅度。由此，从短期借款、应付账款的下降可知企业的营运资金较充足，企业的产品较受市场欢迎，发展前景好。

4）总体来讲，这家公司财务风险有所下降，结构基本合理。但在与同行业其他企业比较以后，应分析该公司在降低财务风险的同时，是否充分发挥了财务杠杆作用。

（3）所有者权益变动情况分析

【例】根据表 11–9 和表 11–10 中的数据，对 xxx 公司的所有者权益的变动情况分析如下：

1）从所有者权益总额来看，较年初增长了 1250 万元，增长率为 25.93%，由于所有者权益的增加导致其占总资产的比重也从 74.15% 上升到 78.12%。这表明该公司的资本得到扩张，企业的偿债能力和发展能力都有所增强。

2）从所有者权益的构成来看，本年度公司盈余公积大幅度增加，由年初的 280 万元增至年末的 2580 万元，增加了 821.43%，公司盈余公积占资金来源的比重增加了 28.90 个百分点。这说明企业资本的扩张，主要来源于盈余公积的增长。

3）总之，该企业自有资本实力雄厚，对债务资本的保证度高，企业的资本结构基本合理，具有较强的回避财务风险的能力，也有利于吸引投资和开展筹资活动。

根据上述风险，可以得出以下总体的分析结论：第一，高乐公司资产规模扩大，经营实力增强，企业的资产总体质量较好，资产风险不高，灵活性较强，但应关注资产的稳定性，并加速在建工程的进度，尽快提高固定资产的生产能力；第二，公司财务风险降低，指标结构比较稳健，财务安全性高。

以上对资产负债表各项目进行了质量分析，并使用资产负债表水平分析法和垂直分析法对资产、负债和所有者权益的变动情况进行了总体分析。

## 二、资产与资本对称结构分析

### 1. 资产与权益对称结构分析的目的与内容

（1）资产与权益对称结构分析的目的

1）对企业的整体财务状况作出恰当的评价。资产负债表的重要功用体现在它能从资产运用和筹资两方面相互联系地反映企业的整体财务状况。通过对资产负债表左右双方相互联系的分析，可以发现在资产、权益单独分析时不能发现的问题，并可以对资产、权益单独分析所作出的结论进行补充和完善，甚至修正在资产、权益单独分析时所作出的结论。而且只有把资产负债表作为一个整体进行分析，才能对资产负债表所提供的财务信息有一个更全面、更深刻的理解，其分析评价才具有最终结论性。

2）判断企业财务的稳定性和安全性。企业财务的稳定性和安全性不仅仅取决于资产结构是否合理，也不仅仅取决于资本结构是否合理，只有将二者联系起来，当其对称结构合理时，企业财务才具有稳定性和安全性。

（2）资产与权益对称结构分析的内容

1）资产与权益的对称关系分析，包括资产与权益总量对等关系分析、资产与权益结构对应关系分析及资产与权益风险对应关系分析。

2）资产与权益对称结构形式分析，包括对正常经营企业资产与权益对称结构形式分析和财务危机企业资产与权益对称结构形式分析。

3）企业财务状况整体分析。

**2. 资产与权益对称关系分析**

（1）资产与权益总量对称关系分析

资产与权益总量对称关系最终表现为资产等于权益，或者说资产等于负债加所有者权益。这种恒等关系是会计核算的基础，也是构成资产负债表的基础。在资产负债表中，右方是负债和所有者权益，表明资金来源方式和性质；左方是资产，表明资金的具体运用形态。作为同一资金的两个侧面，资金来源与资金运用在数量上的恒等构成了资产与权益总量对称相等关系。具体表现为：

1）资金进入企业。当资金进入企业时，根据取得资金的方式和性质，表现为资产负债表右方的负债或所有者权益。同时根据资金的具体形态表现为资产负债表左方的资产，既可能是货币资产，也可能是实物资产，或者是无形资产。在数量上左右两方必然相等。

2）资金形态或性质变化。如果在企业经营中资产形态发生变化，如货币资产转化为存货资产、固定资产、无形资产等形态，并不会改变资产总量，因而也不影响资产与权益总量对称相等关系。同样，如果资金来源方式或性质发生变化，如一项负债转化为另一项负债，或负债转化为所有者权益，并不改变权益总量，也不会对资产与权益总量对称相等关系产生任何影响。

3）资金退出企业。当资金退出企业时，依据其资金的具体形态，表现为资产的减少，或者是货币资产，或者是实物资产，或者是其他资产的减少。同时，依据退出资金的性质，表现为负债或所有者权益的减少。这种变化虽然影响到资金总量，但由于同时涉及资产负债表的左右双方，而且数额相等，所以不会影响资产与权益总量对称相等关系。

4）经营收益。企业经营收入中相当于经营成本的部分实际上是资产占用形态的转换。扣除经营成本后的余额即为企业经营收益，是通过企业生产经营活动形成的资金来源，其性质是所有者权益。同时，这一余额又表现为企业资产的增加，而且双方增加的数量相同。

企业资产各项目的上述对称相等关系自然会成为资产和权益总量对称相等关系的依据。

（2）资产与权益结构对应关系分析

资产结构的这种划分制约着企业的筹资结构，形成了资产与权益结构对应关系，表现为：

1）以长期资金满足永久性占用资产的资金需要。由于固定资产占用与永久性流动资产占用具有相对稳定的特点，用长期资金来满足其资金需求，能够保证企业正常的、基本的经营活动的顺利进行，使企业的财务结构更具稳定性，其风险程度也会较低。这是由长期资金的基本性质决定的。企业长期资金包括所有者权益和长期负债，所有者权益的不返还性和长期负债的偿还期较长的特点，与永久性占用资产形成了一种内在的对应关系。如果企业以短期负债来满足这部分资产的资金需要，必然给企业带来较大的偿债压力。当债务偿还期已到而资产未能变现时，企业可能会因此陷入财务困境。即使企业以多期短期负债相衔接的办法来满足其资金需要，虽然能获得降低资金成本的好处，然而一旦新债难以筹措，企业资金需求得不到满足，正常的生产经营活动就将无法进行。

2）以短期资金满足临时性占用资产的资金需要。临时性占用资产是一种短期资产，变现速度快，以短期资金来解决这部分资产的资金需要，可以保证在债务到期时能够及时偿还。这样可以使企业的资本结构具有较大的弹性，需要的时候就可以举债，不需要的时候就及时清欠。

3）以长期资金满足临时性占用资产的资金需要。以长期资金满足短期资产的资金需要，即使短期资产没能如期及时变现，也不会对企业偿债产生太大影响，这是一种最稳健的筹资策略。其代价是要支付较高的资金成本，影响企业的最终财务成本，而且使企业的资本结构弹性较弱。

（3）资产与权益风险对应关系分析

资产负债表的左方按资产的流动性排列，这种排列方式主要是为了说明资产的变现速度，反映企业资产流动性程度，但同时也隐含着对风险大小和收益高低的揭示。一般来说，流动资产风险要小于固定资产，同时其收益能力也低于固定资产。因此，资产在资产负债表中的排列也是一种风险从小到大、收益从小到大的排列方式。当资产结构发生变化时，企业资产的风险和收益也会随之发生变化。

**3. 资产与权益对称结构形式分析**

（1）正常经营企业资产与权益对称结构分析

1）保守结构。在这一结构形式中，无论资产负债表左方的资产结构如何，资产负债表右方的资金来源方式全部是长期资金，长期负债与所有者权益的比例高低不影响这种结构形式。其形式如表 11–11 所示。

**表 11–11　资产负债表（保守结构）**

<table>
<tr><td rowspan="2">流动资产</td><td>临时性占用流动资产</td><td rowspan="3">长期负债所有者权益</td></tr>
<tr><td>永久性占用流动资产</td></tr>
<tr><td colspan="2">长期资产</td></tr>
</table>

从表 3–8 可以看出，保守结构的主要标志是企业全部资产的资金需要依靠长期资金来源满足。保守结构的特点如下：

①企业风险极低。从前面的风险分析中我们知道，筹资风险是建立在经营风险的基础上的，只要企业资产经营不存在风险，其偿债风险就会消除。由于这一形式中的偿债风险极低，因此，即使提高长期资产比例，资产风险加大，两方综合起来，也会形成一方较大的风险被另一方极小的风险中和，而使企业风险降低，不至于导致企业被迫清算资产以偿还到期债务。

②资金成本较高。相对于其他结构形式，这一形式的资金成本最高，但前提是短期债务成本低于长期债务成本。

③筹资结构弹性弱。一旦企业进入用资淡季，对资金存量不易作出调整，尽管企业可以通过将闲置资金投资于短期市场证券来调节，但必须以存在完善的证券市场为前提，而且这种投资的收益也不一定足以抵补这种高成本的差异。

实务中这种形式的资产与权益对称结构很少被企业采用。

2）稳健结构。在这一结构形式中，长期资产的资金需要依靠长期资金来解决，短期资产的资金需要则使用长期资金和短期资金共同解决，长期资金和短期资金在满足短期资产的资金需要方面的比例不影响这一形式。其形式如表 11–12 所示。

**表 11–12　资产负债表（稳健结构）**

<table>
<tr><td rowspan="2">流动资产</td><td>临时性占用流动资产</td><td>流动负债</td></tr>
<tr><td>永久性占用流动资产</td><td rowspan="2">长期负债<br>所有者权益</td></tr>
<tr><td colspan="2">长期资产</td></tr>
</table>

从表 11–12 可以看出，稳健结构的主要标志是企业流动资产的一部分资金需要由流动负债来满足，另一部分资金需要则由长期负债来满足。稳健结构的特点是：

①能够使企业保持相当优异的财务信誉，通过流动资产的变现足以满足偿还短期债务的需要，企业风险较小。

②企业可以通过调整流动负债与长期负债的比例，使负债成本达到企业目标标准。相对保守结构形式而言，这一形式的负债成本相对要低，并具有可调性。

③无论是资产结构还是资本结构，都具有一定的弹性，特别是当临时性资产的资金需要降低或消失时，可通过偿还短期债务或进行短期证券投资来调整；一旦临时性资产的资金需要产生时，又可以通过重新举借短期债务或出售短期证券来满足。

3）平衡结构。在这一结构形式中，以流动负债满足流动资产的资金需要，以长期负债及所有者权益满足长期资产的资金需要，长期负债与所有者权益之间的比例如何不是判断这一结构形式的标志。其形式如表 11–13 所示。

**表 11–13　资产负债表（平衡结构）**

| | |
|---|---|
| 流动资产 | 流动负债 |
| 长期资产 | 长期负债所有者权益 |

这一结构形式的主要标志是流动资产的资金需要全部依靠流动负债来满足，平衡结构的特点是：

①同样高的资产风险与筹资风险中和后，使企业风险均衡。

②负债政策要依据资产结构变化进行调整，与其说负债结构制约负债成本，不如说资产结构制约负债成本。

③存在潜在的风险。这一形式以资金变现的时间和数量与偿债的时间和数量相一致为前提。一旦两者出现时间上的差异或数量上的差异，如销售收入未能按期取得现金，应收账款没能足额收回，短期证券以低于购入成本出售等，就会使企业产生资金周转困难，并有可能陷入财务危机。

这一结构形式只适用于经营状况良好，具有较好成长性的企业。企业对这一结构形式的非稳定性特点应给予足够重视。

4）风险结构。在这一结构形式中，流动负债不仅用于满足流动资产的资金需要，而且还用于满足部分长期资产的资金需要，这一结构形式不因为流动负债在多大程度上满足长期资产的资金需要而改变。其形式如表 11–14 所示。

**表 11–14　资产负债表（风险结构）**

| | |
|---|---|
| 流动资产 | 流动负债 |
| 长期资产 | 长期负债所有者权益 |

这一结构形式的主要标志是以短期资金来满足部分长期资产的资金需要。风险结构的特点是：

①财务风险较大，较高的资产风险与较高的筹资风险不能匹配。流动负债和长期资产在流动性上并不对称，要是通过变现长期资产来偿还短期内到期的债务，必然给企业带来沉重的偿债压力，从而要求企业极大地提高资产的流动性。

②相对于其他结构形式，其负债成本最低。

③企业存在“黑字破产”的潜在危险。由于企业时刻面临偿债的压力，一旦市场发生变动，或意外事件发生，就可能引发企业资产经营风险，使企业资金周转不灵而陷入财务困境，造成企业因不能偿还到期债务而“黑字破产”。

（2）财务危机企业资产与权益对称结构分析

财务危机企业资产与权益对称结构有两种形式，具体内容如表 11–15、表 11–16 所示。

**表 11–15　资产负债表一**

| | |
|---|---|
| 流动资产 | 负债 |
| 长期资产 | 投入资本 |
| | 损失 |

**表 11–16　资产负债表二**

| | |
|---|---|
| 流动资产 | 负债 |
| 长期资产 | 损失 |

表 11–15 所示的资产与权益对称结构的典型特征是，由于企业经营亏损，，所有者权益已小于投入资本，表明企业已处在十分危险的状态。如果企业不能扭亏，将会导致破产。表 11–16 所示的资产与权益对称结构的典型特征是，企业亏损不仅吃掉了全部投入资本，连债权人的资本也被吃掉一部分，表明企业已经资不抵债，陷

入破产境地。这样的企业只能通过重建和重组，才有可能起死回生。

**4. 企业财务状况的总体分析**

（1）资产变动的来源分析

前面对资产所作的分析，能使我们了解到一个企业资产的分布情况和配置情况、各类资产的变化情况、对总资产变动的影响程度以及这些变化的趋势等基本信息。但是，据此我们还难以对企业的生产经营和资本保值增值作出评价。换言之，就是不能说明企业资产变动的来源性质。如果将资产负债表左右两方联系起来分析，就可以根据对资产和权益双方变动情况的分析作出相应评价。

1）资产增加，负债增加，所有者权益不变或投入资本减少。资产增加会使企业经营规模扩大，但这种扩大是靠负债来支持的，企业的生产经营并没有盈利，也许是没有盈利，也许是把全部盈利都分配给投资者了（以下不考虑利润分配问题）。

2）资产增加，负债不变或减少，投入资本增加，留存收益不变。显然，资产增加是投资者追加投资的结果，而不是生产经营活动所致，据此仍不能判断生产经营的效益如何。但如果留存收益减少，则表明企业经营亏损。

3）资产增加，负债不变，投入资本不变，留存收益增加。资产的这种变化显然得益于企业过去的生产经营活动，增加额越大，表明企业过去一年的生产经营活动效率越高，资本保值增值得以实现，因此应对企业的生产经营活动从总体上作出良好评价。如果资产增加，负债减少，投入资本减少；或资产增加，负债和投入资本也增加，但两者增加数之和小于资产增加数,，则仍可作出上述评价。

4）资产减少，负债减少，所有者权益不变。这是企业理财活动的结果，而不是生产经营的效益高低造成的。

5）资产减少，负债不变或增加，投入资本减少，留存收益不变。投资者收回投资是企业资产减少的主要原因，不表明企业生产运营状况不好。

6）资产减少，负债不变或增加，投入资本不变或增加，留存收益减少。表明企业当年经营亏损，连资本保值都没能做到。

7）资产不变，负债减少，投入资本减少，留存收益增加。此时留存收益增加数等于负债和投入资本减少数之和，虽然企业生产经营规模没有变动，但仍能对企业过去一年的经营活动作出良好的评价。

（2）企业风险影响分析

前已说明，资产负债表的左方是按资产风险从小到大排列，而右方则是按筹资风险从大到小排列的。如果仅就资产而言，当资产结构发生变化时，资产风险也在变化。例如，当流动资产比例增大时，只能说明企业资产风险降低，但企业风险是否降低，或达到什么程度是难以判断的。如果仅就权益而言，当权益结构发生变化时，筹资风险也会变化。例如，当流动负债比率提高时，只能说明企业筹资风险在增加，但同样不能据此对企业风险作出评价。当我们将资产负债表的左、右两方联系起来综合分析时就会发现，除了理论上的两种极端情况之外，实务中企业必然是长短期资产并存，同时长短期资金来源并存。两种极端情况，一是资产全部为长期资产，资产风险达到最高，而资产的资金来源全部为投入资本时，这时最大的资产风险将被无风险的产权筹资所稀释；二是企业资金全部来源于流动负债，使筹资风险达到最高，但当企业资产全部是货币资产时，最大的筹资风险将被极低的资产风险所稀释。

因此，企业资产与权益对称结构关系如何，会对企业风险产生如下影响：一是当企业资产风险较大时，通过降低筹资风险，就可以使企业风险降低；二是当企业筹资风险较大时，可以通过降低资产风险使企业风险降低；三是当企业资产风险较大时，再提高筹资风险，企业风险会更大。

（3）负债成本影响分析

负债成本除受各种负债方式的资金成本影响外，还受到负债结构的影响。负债成本影响分析是建立在对负债单独分析的基础上的。如果将权益结构与资产结构综合起来，就形成了资产与权益对称结构。从这一对称结构中可以发现，负债结构必然受到资产结构的制约，不同的资产与权益对称结构，会对负债成本产生制约作用。

**【例】**假定企业流动资产存量为 2000 万元，流动负债的资金成本为 5%，长期负债的资金成本为 10%。如果仅就满足流动资产资金需要的负债成本来分析，各种不同资产与权益对称结构条件下的负债成本为：

①保守结构：长期负债为 2000 万元，负债成本为 10%。

②稳健结构：如果要求流动资产是流动负债的 2 倍，则流动负债为 1000 万元，长期负债为 1000 万元。

$$负债成本=5\%\times 50\%+10\%\times 50\%=7.5\%$$

③平衡结构：流动负债为 2000 万元，负债成本为 5%。

④风险结构：如果流动负债的 50% 用于流动资产投资，另外 50% 用于长期投资，这部分长期资产的资金需要本应由长期负债来满足改为由流动负债来满足，则会使长期负债减少 2000 万元，可以节约资金成本为

$$10\%-5\%=5\%$$

尽管由于满足流动资产的资金需要而支付流动负债成本 5%，但和资金成本节约 5% 相抵，相当于满足流动资产需要的资金，没付任何代价。

# 第二节　现金流量表分析

## 一、现金流量分析指标

### 1. 流动性分析指标

（1）现金到期债务比

现金到期债务比是经营活动现金流量净额与本期到期的债务的比值。本期到期的债务是指本期的长期债务和本期应付票据。通常这两种债务是不能延期的，必须如数偿还。

$$现金到期债务比=\frac{经营活动现金流量净额}{本期到期的债务}$$

**【例】**假设xxx公司本期到期长期债务900万元，本期应付票据100万元，则

$$现金到期债务比=\frac{1449}{1000}\approx 1.45$$

若同行业平均现金到期债务比为2.5，说明该公司偿还到期债务能力是较差的。

（2）现金流动负债比

现金流动负债比是经营活动现金流量净额与流动负债的比值。该比率反映企业偿还债务的能力。

$$现金流动负债比=\frac{经营活动现金流量净额}{流动负债}$$

（3）现金债务总额比

现金债务总额比是经营活动现金流量净额与债务总额的比值。

$$现金债务总额比=\frac{经营活动现金流量净额}{债务总额}$$

**【例】**以xxx公司的资料为例，编制经营活动净现金比率分析计算表（如表11-16所示）。

**表11-16　现金流动负债比及现金债务总额比分析计算表**

编制单位：xxx公司　　　　单位：万元、%

| 项目 | 2018年 | 2019年 |
| --- | --- | --- |
| 经营活动产生的现金流量净额 | 1143 | 1449 |

续表

| 项目 | 2018年 | 2019年 |
|---|---|---|
| 流动负债 | 1670 | 1690 |
| 现金流动负债比 | 68 | 86 |
| 负债总额 | 1680 | 1700 |
| 现金债务总额比 | 68 | 85 |

现金流动负债比和现金债务总额比是以本期经营活动所产生的净现金流量来衡量偿还流动负债或全部负债的能力，比率越大，偿债能力越强。从表 11-16 可以看出，高乐公司的现金流动负债比和现金债务总额比 2018 年都是 68%，2019 年分别是 86% 和 85%，2009 年有较大幅度的上升。总的来说，企业的现金流动负债比和现金债务总额比较高，说明企业偿还债务能力很强。

**2. 获取现金能力分析指标**

获取现金的能力可通过经营活动现金净额和投入资源的比值来反映。投入资源可以是销售收入、总资产、净营运资金、净资产或普通股股数等。

（1）销售现金比率

销售现金比率是经营活动现金流量净额与销售额的比值。该比率反映每元销售得到的净现金，其数值越大越好。销售现金比率越大，表明货款回收速度越快，发生坏账的风险越小，对应收账款的管理越好。

$$销售现金比率=\frac{经营活动现金流量净额}{销售额}$$

（2）每股经营活动现金流量净额

每股经营活动现金流量净额是经营活动现金流量净额与普通股股数的比值。

$$每股经营活动现金流量净额=\frac{经营活动现金流量净额}{普通股股数}$$

该指标反映企业最大的分派股利能力，超过此限度，就要借款分红。

（3）全部资产现金回收率

全部资产现金回收率是经营活动现金流量净额与全部资产的比值，说明企业资产产生现金的能力。该比值越大越好。

$$全部资产现金回收率=\frac{经营活动现金流量净额}{全部资产}$$

**3. 财务弹性分析指标**

财务弹性是指企业适应经济环境变化和利用投资机会的能力，这种能力来源于现金流量和支付现金需要的比较。现金流量超过需要，有越多的剩余现金，适应性就越强。因此，财务弹性的衡量是用经营活动现金流量净额与支付要求进行比较。支付要求可以是投资需求或承诺支付等。

（1）现金满足投资比率

现金满足投资比率是近 5 年经营活动现金流量净额之和与近 5 年资本支出、存货增加、现金股利之和的比值。如果现金满足投资比率大于 1，表明企业经营活动所形成的现金流量能够满足企业日常基本需要，不需要外部筹资；若该比率计算结果小于 1，说明企业现金来源不能满足股利和经营增长的需要，不足的现金靠减少现金余额或外部筹资提供。某一年的现金满足投资比率，不一定能说明问题，而用 5 年或 5 年以上的总和计算，可以剔除周期性和随机性影响，得出更有意义的结论。如果一个企业的现金满足投资比率长期小于 1，则其理财政策没有可持续性。

$$\text{现金满足投资比率}=\frac{\text{近5年经营活动现金流量净额之和}}{\text{近5年资本支出、存货增加、现金股利之和}}$$

（2）现金股利保障倍数

现金股利保障倍数是每股经营活动现金流量净额与每股现金股利之比。该比率越大，说明支付现金股利的能力越强。若该公司的股利保障倍数不高，一旦遇到不景气的状况，可能没有现金维持当前的股利水平，或者要靠借债才能维持。

$$\text{现金股利保障倍数}=\frac{\text{每股经营活动现金流量净额}}{\text{每股现金股利}}$$

## 二、现金流量结构与趋势分析

### 1. 现金流量结构分析

（1）现金流入结构分析

现金流入结构是反映企业的各项业务活动现金流入，如经营活动现金流入、投资活动现金流入、筹资活动现金流入等在全部现金流入中的比重以及各项业务活动现金流入中具体项目的构成情况，明确企业的现金究竟来自何方，要增加现金流入主要依靠什么等。

流入结构分析分为总流入结构和三项活动即经营活动、投资活动和筹资活动流入的内部结构分析。

（2）现金流出结构分析

现金流出结构是指企业的各项现金流出占企业当期全部现金流出的百分比，它具体地反映企业的现金流出用在哪些方面。

流出结构分析分为总流出结构和三项活动流出的内部结构分析。

通常，经营活动现金支出占总现金流出比重大的企业，其生产经营状况正常，现金流出结构较为合理。

**2. 现金流量趋势分析**

（1）现金流量变动的差异分析

从现金流量表各个项目的增减变动及其差异中，可以观察和发现它的变化，包括有利变化或异常变化。

**【例】**根据 xxx 公司 2018 年和 2019 年两年的现金流量表资料，编制经营活动、投资活动和筹资活动的现金流量对比分析表（如表 11–17 所示）。

**表 11–17　xxx 公司现金流量对比分析表**　　单位：万元、%

| 项目 | 2008 年 | 2009 年 | 增加（减少） | |
|---|---|---|---|---|
| | | | 金额 | 百分比 |
| 经营活动：现金流入 | 6947 | 8070 | 1123 | 16.17 |
| 现金流出 | 5804 | 6621 | 817 | 14.08 |
| 现金流量净额 | 1143 | 1449 | 306 | 26.77 |
| 投资活动：现金流入 | 0 | 0 | 0 | 0 |
| 现金流出 | 1356 | 537 | –819 | –60.40 |
| 现金流量净额 | –1356 | –537 | 819 | –60.40 |
| 筹资活动：现金流入 | 2029 | 2151 | 122 | 6.01 |
| 现金流出 | 1754 | 2813 | 1059 | 60.38 |
| 现金流量净额 | 275 | –662 | –937 | –340.73 |
| 汇率变动对现金影响 | –4 | 0 | 4 | –100.00 |
| 现金及现金等价物净增加额 | 58 | 250 | 192 | 331.03 |

从表 11–17 可以观察各类现金流量的如下变化：

1）经营活动产生的现金流量净额，2018 年为 6947 万元，2019 年为 8070 万元，2019 年比 2018 年增加 16.17%。可以说，高乐公司这两年的经营情况良好，具有创造现金的能力，且较平稳。

2）对比 2018 年和 2019 年的投资活动和筹资活动，2018 年和 2019 年均没有投资活动的现金流入额，说明高乐公司近两年既没有处置投资资产收入，也没有取得投资收益。2019 年的投资规模较 2018 年有所缩减，缩减了 60.4%。可见，该公司采取的是稳定的扩张政策。筹资活动产生的现金流量净额，2018 年为 275 万元，2019

年为 –662 万元，2019 年比 2018 年下降 340.73%。下降原因是 2019 年有大量筹集的资金和自有资金用于偿还债务，使筹资活动的现金流出量增加 1059 万元。从以上分析可以看出，高乐公司生产经营和投资所需资金，主要来源于短期借款，相对于长期借款，还款压力较大。

3）综合经营活动、投资活动和筹资活动所产生的现金流量可以看出，现金及现金等价物净增加额，2018 年为 58 万元，2019 年为 250 万元，增加了 331.03%，增加的主要原因是 2019 年的投资规模有所削减。从总体上看，高乐公司现金流入和现金流出之间没有缺口，公司的资金周转处于良性循环中。

（2）现金流量增减变动的趋势分析

现金流量变动的趋势分析，是指以连续数期的现金流量表为基础，将相同类别和相同项目的金额换算成相对数进行对比，以观察其发展变化趋势，从而为研究企业的经营策略，对未来的现金流量进行预测分析提供依据的一种分析方法。进行趋势分析一般采用趋势百分比法。计算百分比有两种方法，即定比和环比。

定比是选取一个年度为基期，以基期金额为 100，其余各年均以基期的金额为基数，计算出各自的百分比，以百分比进行比较分析，观察发展趋势。采用定比必须选择好基期，如果基期选择不当，会降低这种方法的效果。

环比是各年均以上一个年度为基数，分别计算出各年的百分比，以百分比进行比较分析，观察发展趋势。

**【例】**现以 xxx 公司连续 3 年的现金流量资料为例，说明该公司现金流量的趋势分析，该资料如表 11–18 所示。根据表 11–18 中的现金流量资料，编制现金流量趋势分析表，现以表 11–19 和表 11–20 分别列示定比和环比现金流量趋势分析。

**表 11–18　xxx 公司比较现金流量表**　　单位：万元

| 项目 | 2017 年 | 2018 年 | 2019 年 |
|---|---|---|---|
| 经营活动：现金流入 | 5753 | 6947 | 8070 |
| 现金流出 | 5282 | 5804 | 6621 |
| 现金流量净额 | 471 | 1143 | 1449 |
| 投资活动：现金流入 | 524 | 0 | 0 |
| 现金流出 | 484 | 1356 | 53.7 |
| 现金流量净额 | 40 | –1356 | –537 |
| 筹资活动：现金流入 | 873 | 2029 | 2151 |
| 现金流出 | 1232 | 1754 | 2813 |

续表

| 项目 | 2017年 | 2018年 | 2019年 |
|---|---|---|---|
| 现金流量净额 | -359 | 275 | -662 |
| 汇率变动对现金影响 | -3 | -4 | 0 |
| 现金及现金等价物净增加额 | 149 | 58 | 250 |

**表11-19　xxx公司现金流量趋势分析表（定比）**　　单位：%

| 项目 | 2017年 | 2018年 | 2019年 |
|---|---|---|---|
| 经营活动：现金流入 | 100 | 120.75 | 140.27 |
| 现金流出 | 100 | 109.88 | 125.35 |
| 现金流量净额 | 100 | 242.68 | 307.64 |
| 投资活动：现金流入 | 100 | 0.00 | 0.00 |
| 现金流出 | 100 | 280.17 | 110.95 |
| 现金流量净额 | 100 | -3390.00 | -1342.50 |
| 筹资活动：现金流入 | 100 | 232.42 | 246.39 |
| 现金流出 | 100 | 142.37 | 228.33 |
| 现金流量净额 | -100 | -76.60 | 184.40 |
| 现金及现金等价物净增加额 | 100 | 38.93 | 167.79 |

**表11-20　xxx公司现金流量趋势分析表（环比）**　　单位：%

| 项目 | 2017年 | 2018年 | 2019年 |
|---|---|---|---|
| 经营活动：现金流入 | 100 | 120.75 | 116.17 |
| 现金流出 | 100 | 109.88 | 114.08 |
| 现金流量净额 | 100 | 242.68 | 126.77 |
| 投资活动：现金流入 | 100 | 0.00 | 0.00 |
| 现金流出 | 100 | 280.17 | 39.60 |
| 现金流量净额 | 100 | -3390.00 | 39.60 |
| 筹资活动：现金流入 | 100 | 232.41 | 106.01 |
| 现金流出 | 100 | 142.37 | 160.38 |
| 现金流量净额 | 100 | -76.60 | -240.73 |
| 现金及现金等价物净增加额 | 100 | 38.93 | 431.03 |

从表 11-19 和表 11-20 的 3 年发展变化中能观察到一些什么情况和问题呢？从发展趋势角度，可从以下三个方面进行分析：

1）xxx 公司的经营状况良好，经营活动具有产生现金的能力，且呈上升趋势。从定比看，经营活动产生的现金流量净增加额，以 2017 年为基期，2017 年为 100%，2018 年是 242.68%，2019 年是 307.64%。但也同时从环比中看到，2018 年为 2017 年的 242.68%，而 2019 年仅为 2018 年的 126.77%。也就是说，逐年上升的幅度锐减，应当引起注意，并应结合经营活动的实际情况进一步分析。

2）xxx 公司的筹资活动所产生的现金流量净增加额 2017 年和 2019 年都是负数，从定比看，2019 年的负数呈上升趋势。高乐公司的投资活动所产生的现金流量净增加额 2018 年和 2019 年都是负数。由于高乐公司在 2018 年和 2019 年没有投资活动的现金流入量，因此，这两年的现金净流量同基期相比差异较大。从总体上看，筹资活动和投资活动中现金流出的增长快于现金流入的增长。

3）xxx 公司的现金及现金等价物净增加额连续 3 年都是正数，并且略有增长，说明该公司资金比较富足。

综合以上三方面的分析，可对高乐公司的现金发展趋势作出如下判断：高乐公司经营状况良好，经营活动产生的现金能力较强，如果通过筹资扩大投资，可以考虑增加长期债务融资规模。但也应注意根据发展的需要适量融资，以免融资费用开支增大，造成财务状况恶化。

## 三、现金流量与利润的综合分析

### 1. 经营活动现金流量与利润对应关系分析

利润表按照权责发生制来归集企业的收入和支出，而现金流量表按照收付实现制来归集企业的收入和支出。它们所反映的经济活动是相同的，只是反映的角度不同。利润表和现金流量表在项目上的对应关系如表 11-21 所示。

**表 11-21　xxx 公司经营活动现金流量与经营活动利润（2019 年）**　单位：万元

| 现金流量 | | 利润 | |
|---|---|---|---|
| 项目 | 金额 | 金额 | 项目 |
| 经营活动现金流入量 | | | 经营活动收入 |
| 销售商品、提供劳务收到的现金 | 7321 | 7660 | 营业收入 |
| 收到的税费返还 | 687 | 2 | 利息收入 |

续表

| 现金流量 | | 利润 | |
|---|---|---|---|
| 项目 | 金额 | 金额 | 项目 |
| 收到其他与经营活动有关的现金 | 62 | 60 | 营业外收入 |
| 经营活动现金流入小计 | 8070 | 7722 | 经营活动收入小计 |
| 经营活动现金流出量 | | | 经营活动成本费用 |
| 购买商品、接受劳务支付的现金 | 5509 | 4930 | 营业成本 |
| 支付给职工以及为职工支付的现金 | 486 | 60 | 营业税费 |
| 支付的各项税费 | 341 | 160 | 销售费用 |
| 支付其他与经营活动有关的现金 | 285 | 1 | 财务费用中手续费用支出 |
| | | 360 | 管理费用 |
| | | 10 | 资产减值损失 |
| | | 0 | 营业外支出 |
| | 0 | 320 | 所得税 |
| 经营活动现金流出小计 | 6621 | 5841 | 经营活动成本费用小计 |
| 经营活动产生的现金流量净额 | 1449 | 1881 | 经营活动产生的利润 |

表 11–21 比较了经营活动产生的利润与经营活动产生的净现金流量之间的差异。为了比较口径一致，我们将净利润中投资收益和借款利息的影响作了扣除，因为其分别属于投资活动与筹资活动范畴。

经分析我们可以发现，经营活动现金流入比经营活动收入多 348 万元，经营活动现金流出比经营活动成本费用多 780 万元，经营活动产生的净现金流量比经营活动产生的净利润少 432 万元。

**2. 现金流量表附表主要项目分析**

补充资料是采用间接法报告经营活动产生的现金流量，在企业当期净利润的基础上进行某些项目的调整，从而得到经营活动的现金流量净额。

（1）资产减值准备

该项目反映企业本期计提的坏账准备、存货跌价准备、短期投资跌价准备、长期股权投资减值准备、持有至到期投资减值准备、投资性房地产减值准备、固定资产减值准备、在建工程减值准备、无形资产减值准备、商誉减值准备、生产性生物资产减值准备、油气资产减值准备等资产减值准备。本期计提资产减值准备时，减值损失已计入本期利润表中的相关损益项目，但实际上与经营活动现金流量无关。因此，在净利润的基础上调整计算时，应将其加回到净利润中。

（2）固定资产折旧、油气资产消耗、生产性生物资产折旧

该项目分别反映企业本期计提的固定资产折旧、油气资产消耗、生产性生物资产折旧。由于资产折旧、消耗并不影响经营活动现金流量，因此，在净利润基础上调整计算时，应将其全部加到净利润中。

（3）无形资产摊销、长期待摊费用摊销

这两个项目分别反映企业本期计提的无形资产摊销、长期待摊费用摊销。无形资产、长期待摊费用的摊销，增加了成本费用，并在计算净利润时从中扣除，由于没有发生现金流出，所以在将净利润调节为经营活动现金流量时应加回。

以上项目都是未涉及现金的成本费用项目，在计量过程中需要运用会计职业判断比较多，会计灵活性也比较大。所以对于金额较大、变化显著的项目应结合会计报表附注中的相关项目及相关会计政策进行详细分析，以发现操纵会计利润的行为。

（4）处置固定资产、无形资产和其他长期资产的损失和固定资产报废损失

这两个项目属于投资活动产生的损益，所以在将净利润调节为经营活动现金流量时需要予以调节。

（5）公允价值变动损失

该项目反映持有的金融资产、金融负债以及采用公允价值计量模式的投资性房地产的公允价值变动损益，属于投资活动损益，应予调整。

（6）财务费用

企业发生的财务费用可以分别归属于经营活动、投资活动和筹资活动。对属于经营活动产生的财务费用，若既影响净利润又影响经营活动现金流量，如到期支付应付票据的利息，则不需要调整；对属于投资活动和筹资活动产生的财务费用，如长期借款利息，则只影响净利润，不影响经营活动现金流量，应在净利润的基础上进行调整。

（7）投资损失

该项目是因为投资活动所引起的，与经营活动无关。因此，无论是否有现金流量，该项目应全额调节净利润，但不包括计提的减值准备。

（8）递延所得税资产减少和递延所得税负债增加

这两个项目分别反映企业资产负债表“递延所得税资产”和“递延所得税负债”项目期初余额与期末余额的差额。递延所得税在计提和缴纳时间上的不一致性导致了其对利润和现金流量影响时间上的不一致，因此应在净利润的基础上进行调整。

（9）存货的减少、经营性应收项目的减少和经营性应付项目的增加

这三个项目分别反映了企业资产负债表“存货”项目、企业本期经营性应收项目（包括应收票据、应收账款、预付账款、长期应收款和其他应收款中与经营活动有关的部分及应收的增值税销项税额等）和企业本期经营性应付项目（包括应付票据、应付账款、预收账款、应付职工薪酬、应交税费、应付利息、应付股利、长期应付款、其他应付款中与经营活动有关的部分及应付的增值税进项税额等）的期初余额与期末余额的差额。

经营活动存货的增加，说明现金减少或经营性应付项目增加；存货减少，说明非付现销售成本增加。所以在调节净利润时，应减去存货的净增加额数，或加上存货的净减少数。至于赊购增加的存货，通过同时调整经营性应付项目的增减变动而自动抵消。若存货的增减变动不属于经营活动，则不作调整，如接受投资者投入的存货应作扣除。

经营性应收项目增加，说明企业未收到现金的收入增加，即利润增加但现金流量未增加。经营性应收项目减少，说明应收款项收回，现金增加，但不影响利润。所以要对由此引起的净利润与现金流量的差异进行调整。经营性应付项目的情况与此相反。

**3. 经营活动现金流量阶段性分析**

从企业的成长过程来分析，在企业从事经营活动的萌芽期，由于其生产阶段的各个环节都处于磨合状态，设备、人力资源的利用率相对较低，材料的消耗量相对较高。同时，为了开拓市场，企业有可能投入较多资金，采用各种手段将自己的产品推向市场（包括采用渗透法定价、加大广告支出、放宽收账期等），从而有可能使企业在这一阶段的经营活动表现为入不敷出的状态。如果是由于上述原因导致的经营活动产生的现金流量小于零，应该认为这是企业在发展过程中不可避免的正常状态。如果企业在成长期和成熟期仍然出现这种状态，应当具体分析形成这种状态的具体原因。如果由于企业的季节性生产或一些特殊原因（如正赶上原材料低价销售而大量用现金购入原材料）而出现暂时或短期的经营活动产生的现金流入小于现金流出的状态，仍然不能草率地得出经营活动产生的现金流量质量不高的结论。如果处在成长期和成熟期的企业长期持续这种状态，应该认为企业经营活动回笼现金

的能力较弱。处于衰退期的企业，经营活动产生的现金流量往往呈现流入长期持续小于流出的状态，这是企业经营活动严重萎缩和萧条的预警。

**【例】**根据 xxx 公司现金流量表的数据，对 xxx 公司的经营活动净现金流量阶段性分析及其评价结果如表 11-22 所示。

**表 11-22　xxx 公司经营活动净现金流量阶段性分析评价表**

<table>
<tr><th>现金流量<br>经营周期</th><th>萌芽期</th><th>成长期</th><th>成熟期</th><th>衰退期</th></tr>
<tr><td>经营活动产生的现金流量<0</td><td>正常</td><td colspan="2">长期持续状态说明回笼现金的能力很差</td><td>很差</td></tr>
<tr><td>经营活动产生的现金流量=0</td><td>中等</td><td colspan="2">长期持续状态说明回笼现金的能力很差</td><td>一般</td></tr>
<tr><td>经营活动产生的现金流量>0，但不足以补充当期的非现金消耗性成本</td><td>较好</td><td colspan="2">长期持续状态仍然不能给予较高评价</td><td>较好</td></tr>
<tr><td>经营活动产生的现金流量>0，并恰好能补偿当期的非现金消耗成本</td><td>好</td><td>较好</td><td>好</td><td>好</td></tr>
<tr><td>经营活动产生的现金流量>0，并在补偿当期的非现金消耗性成本后仍有剩余</td><td>很好</td><td>很好</td><td>很好</td><td>很好</td></tr>
</table>

# 第十二章　偿债能力与盈利能力分析

## 第一节　偿债能力分析

### 一、短期偿债能力分析

#### 1. 短期偿债能力指标构成

（1）营运资金

1）营运资金的含义。营运资金是指企业可长期自由支配使用的流动资金，也就是企业在某一时点所拥有的流动资产与流动负债的差额，是反映企业短期偿债能力的绝对数指标。其计算公式为

营运资金 = 流动资产 – 流动负债

营运资金是表示流动资产超过流动负债的部分。当营运资金为正值时，表明企业有能力用流动资产偿还全部短期债务；当营运资金为零或负值时，表明企业的流动资产已无力偿还全部短期负债，企业资金将无法周转。但是，并不是说营运资金越多越好。营运资金过多，说明企业有部分资金闲置，没有充分发挥其效益，会影响获利能力。因此，营运资金应保持适当的数额。

2）营运资金的影响因素及评价方法。由于营运资金是一个绝对量，它是否适合公司生产经营的实际需要，取决于公司的生产经营规模的大小。因此，在财务分析中，通常需要将营运资金与以前年度的该指标进行比较，方能确定其是否合理。同样，由于不同企业之间及同一企业的不同年份之间，可能存在显著的规模差异，因此，直接比较该指标而不考虑规模因素通常是没有意义的。

一般来说，零售商的营运资金较多，因为他们除了流动资产外没有什么可以偿债的资产；而信誉好的餐饮企业营运资金很少，有时甚至是一个负数，因为其稳定的收入可以偿还同样稳定的流动负债；制造业一般有正的营运资金，但其数额差别很大。

（2）流动比率

1）流动比率的含义流动比率是指在某一特定时点上流动资产与流动负债之比，即

$$流动比率=\frac{流动资产}{流动负债}$$

该比率反映 1 元流动负债有多少元流动资产抵偿。流动资产是偿还流动负债的基础。自 20 世纪初开始，美国的银行家就以流动比率作为决策贷款的根据.，因此，流动比率又称为银行家比率。流动比率的经验值为 2：1，它表示借款人有清偿到期债务的能力。如果比率过高，流动资产超过 2，可能是存货过多或应收账款过大；如果比率过低，流动资产不足 1，说明借款人偿债能力低，流动负债获得清偿的可能性小。

【例】根据 xxx 公司的有关资料，计算该公司流动比率如表 12–1 所示。

**表 12–1　高乐公司流动比率计算表**　　单位：万元

| 项目 | 2019 年 | 2018 年 | 2017 年 |
|---|---|---|---|
| 流动资产 | 5010 | 3830 | 3253 |
| 流动负债 | 1690 | 1670 | 1049 |
| 流动比率 | 2.96 | 2.29 | 3.10 |

2）流动比率的影响因素及评价方法。

①流动比率的影响因素。一般而言，流动比率的高低与营业周期很有关系：营业周期越短，则材料、在产品等存货库存较少，应收账款周转速度也快，流动比率相对较低；反之，营业周期较长的企业，其存货规模必然较大，应收账款的周转速度也较慢，因而流动比率也必然较高。例如，一般地说，制造业企业的平均营业周期要长于贸易类企业，因而前者的流动比率通常要高于后者。正因为如此，在进行流动比率分析时，与行业平均水平进行比较是十分必要的，或者说，跨行业的比较需要适当谨慎。即使同一企业在不同时期，如销售旺季和淡季，流动比率也会有较大的差别。因此，对流动比率的分析要根据企业的性质和实际情况来评价，不能一概而论。同时，运用流动比率还应结合其他指标进行综合分析。企业流动资产与流动负债的匹配方式有多种，这主要取决于企业对收益与风险的态度。具体有以下三种（见表 12–2）：

流动比率的横向或纵向比较，只能反映高低差异，但不能解释原因。欲知原因，则需具体分析应收账款、存货及流动负债水平的高低。如果应收账款或存货的量不

少，但其流动性（即周转效率）存在问题，则应要求更高的流动比率，因为，此时的流动比率值（实际上是指其分子）是含有水分的。

**表 12–2　企业流动资产与流动负债的匹配方式**

| 方式 | 具体内容 |
| --- | --- |
| 激进型 | 流动负债不仅满足临时性流动资产的资金需要，而且还要解决部分永久性流动资产的需要，资本成本较低，但财务风险较大。此时，企业的流动比率接近于1 |
| 保守型 | 流动负债只满足部分临时性流动资产的需要，另一部分临时性流动资产和永久性流动资产均由长期负债和自有资本作为其资金来源。资本成本较高，资产投资回报率较低，但财务风险较低。此时，企业的流动比率大于2 |
| 适中型 | 临时性流动资产用流动负债筹资来解决，对于永久性流动资产和长期资产则用长期负债和自有资本来解决资金需求。此时，企业的流动比率接近于2 |

②流动比率的评价方法。由于流动比率逐渐被大众分析者所认可，因此，报表制作者为了达到某种目的，往往使用一些简单的办法便可以使该指标表现出所希望的状态（良好或很差）。比如，某商业企业在年底进了一批代销（又称赊销，意指进货时未付款，售完才付款）的货物，那么在做账时，流动资产与流动负债将同时增加（该笔数值）。这样一来，如果记入当年账务，则由于流动比率公式的分母（流动负债）增幅大于分子（流动负债）增幅，因此，流动比率将有所下降。但是，如果记入下一年度财务，则流动比率便将显得稍高一些。

A．流动比率高低反映企业承受流动资产贬值能力和偿还中、短期债务能力的强弱；

B．流动比率越高，表明企业投入生产经营的营运资本越多，企业偿还债务的能力就越强；

C．一般认为比率值为 2 时比较合理，但要求中国企业流动比率达到 2 对大多数不实际；

D．在正常情况下，部分行业的流动比率参考数值如表 12–3 所示。

**表 12–3　部分行业流动比率参考值统计表**

| 行业 | 汽车 | 房地产 | 制药 | 建材 | 化工 | 家电 | 啤酒 | 计算机 |
| --- | --- | --- | --- | --- | --- | --- | --- | --- |
| 流动比率 | 1.1 | 1.2 | 1.25 | 1.25 | 1.2 | 1.5 | 1.75 | 2 |

（3）速动比率

1）速动比率的含义。速动比率是指速动资产与流动负债之比，即

$$速动比率=\frac{速动资产}{流动负债}$$

式中：速动资产一般是指流动资产扣除存货之后的差额。

之所以要在流动比率之外，再以速动比率来说明企业的短期偿债能力，就是因为流动资产中的存货可能存在流动性问题，即缺乏正常的变现能力。若因如此，流动比率即便看起来很正常（即在 2：1 左右），速动比率偏低，那么，公司的实际短期偿债能力依然存在问题。速动比率的经验值为 1：1，意味着存货占流动资产的适当比例应该为 50% 左右。存货比例过高且变现有困难时，就意味着可用于偿还流动负债的速动资产过少。由此可见，速动比率更能体现借款人短期偿债能力的大小，评价速动比率的标准是 1。具体运用的时候还要参考借款人的经营性质等。

【例】根据 xxx 公司的有关资料，计算该公司速动比率如表 12-4 所示。

**表 12-4　xxx 公司速动比率计算表**　　　　单位：万元

| 项目 | 2019 年 | 2018 年 | 2017 年 |
| --- | --- | --- | --- |
| 流动资产 | 5010 | 3830 | 3253 |
| 存货 | 920 | 510 | 542 |
| 速动资产 | 4090 | 3320 | 2711 |
| 流动负债 | 1690 | 1670 | 1049 |
| 速动比率 | 2.42 | 1.99 | 2.58 |

2）速动比率的影响因素及评价方法。

①速动比率的影响因素。在分析速动比率时还要注意，速动比率虽然剔除了变现能力较弱的存货资产，但速动资产中的应收账款本身也可能存在一些潜在的问题，如可能隐藏着未冲销的坏账、逾期待催收的账款所占比重过大等，这些都会影响速动比率的真实性。因此，还应当对应收账款的质量作进一步分析。另外，还要注意的是，速动比率衡量的是企业面临财务危机或者办理清算时，在存货等资产全无市场价值的情况下，以速动资产支付流动负债的短期偿债能力，是衡量企业在应付紧急情况下的应变能力，不要以为速动比率低，企业就失去了偿债能力。最后应当注意进行速动比率分析时．，还应对速动资产的结构与速动资产的变动趋势进行必要的分析，注意与本企业历史年份的资料进行比较以及与同行业的平均水平进行比较。

在速动比率的计算中，还可以考虑扣除预付款及待摊费用等，形成更为保守的速动比率，即

$$保守速动比率=\frac{现金及现金等价物+有价证券+应收账款净额}{流动负债}$$

②速动比率的评价方法。需要注意的是，在有些行业或公司，很少发生赊销业务，故而很少存在应收账款。在这种情况下，速动比率往往低于经验标准，但这并不一定意味着缺乏短期偿债能力。换言之，在几乎没有应收账款的情况下，如果流动比率为正常，速动比率就一定显著地低于经验值。但这未必是个问题，只要存货周转正常即可。一般认为，企业速动比率为1时比较安全。部分行业的速动比率参考值如表12–5所示。

**表12–5　部分行业速动比率参考值统计表**

| 行业 | 汽车 | 房地产 | 制药 | 建材 | 化工 | 家电 | 玻璃 | 计算机 |
|---|---|---|---|---|---|---|---|---|
| 速动比率 | 0.85 | 0.65 | 0.90 | 0.90 | 0.90 | 1.5 | 0.45 | 1.25 |

流（速）动比率有以下几点不足。

第一，各行业的存货流动性和变现性有较大差别，流动比率指标不能反映由于流动资产中存货不等造成的偿债能力差别，因此需要用存货周转天数指标补充说明；

第二，在计算流动比率时包括了变现能力较差的存货和无法变现的待摊费用，影响了该指标评价短期偿债能力的可靠性，需要用速动比率指标作补充；

第三，流（速）动比率不能反映企业的日现金流量；

第四，流（速）动比率只反映报告日期的静态状况，企业很容易通过一些临时措施或账面处理，形成账面指标不实。如虚列应收账款，少提准备，提前确认销售或将下一年度赊销提前列账，少转销售成本等；

第五，流（速）比率不能量化地反映潜在的变现能力因素和短期债务。

（4）现金比率

1）现金比率的含义。现金比率是指现金、现金等价物及有价证券之和与流动负债之比，即

$$现金比率=\frac{现金及现金等价物+有价证券}{流动负债}$$

【例】根据xxx公司的有关资料，计算该公司现金比率如表12–6所示。

**表12–6　高乐公司现金比率计算表**　　单位：万元

| 项目 | 2019年 | 2018年 |
|---|---|---|
| 现金及现金等价物 | 1380 | 1130 |

续表

| 项目 | 2019年 | 2018年 |
| --- | --- | --- |
| 有价证券 | 0 | 0 |
| 流动负债 | 1690 | 1670 |
| 现金比率 | 0.82 | 0.68 |

2）现金比率的影响因素及评价方法。从以上计算可以看出，高乐公司两年来的现金比率呈稳定的态势，显示出公司有较强的短期偿债能力。

现金比率是最保守的短期偿债能力比率。在通常情况下，分析者很少重视这一指标。因为，如果企业的流动性不得不依赖现金和有价证券，而不是依赖应收账款和存货的变现，那么，就意味着企业已处于财务困境，所以，该比率只有在企业业已处于财务困境时，才是一个适当的比率。或者，在企业已将应收账款和存货作为抵押品的情况下，或者分析者怀疑企业的应收账款和存货存在流动性问题时，以该指标评价企业短期偿债能力是比较适当的选择。就正常情况下的企业而言，该比率过高，可能意味着该企业没有充分利用现金资源，当然，也有可能是因为已经有了现金使用计划（如厂房扩建等）。

分析现金比率是为了了解借款人在紧急情况下其流动资产是否具有及时偿债和变现的能力。

**2. 短期偿债能力分析应注意的问题和考虑的因素**

（1）应收账款的变现速度

一般来说，应收账款周转速度快，表明企业回款迅速，收账费用和坏账损失少，同时也表明企业的流动资金流动性高、偿付能力强。如果应收账款占流动资产比重很大，即使流动比率和速动比率指标都很高，但其短期偿债能力仍值得怀疑，还要进一步分析原因。

（2）存货变现速度

就一般企业而言，存货在流动资产中占有相当比重。尽管存货不能直接用于偿还流动负债，但是如果企业的存货变现速度较快，意味着资产的流动性良好，会有较大的现金流入量在未来注入企业。企业投资于存货的目的，在于通过存货销售过程而获得利润。一般的制造企业为了配合销售的需要，都要维持相当数量的存货。存货对企业经营活动的变化非常敏感，这就要求企业将存货控制在一定水平上，使其与经营活动基本上保持一致。因此，分析企业短期偿债能力时，必须考虑存货变现速度。

（3）影响企业短期偿债能力的其他因素

上述应收账款和存货的变现能力指标，都是从会计报表资料中取得的。但还有一些会计报表资料中没有反映出来的因素，也会影响企业的短期偿债能力，甚至影响力更大。

1）可动用的银行贷款指标。银行已同意、企业尚未办理贷款手续的银行贷款限额，可以随时增加企业的现金，提高支付能力。

2）准备很快变现的长期资产。由于某种原因，企业可能将一些长期资产出售转变为现金，这将增加企业资产的流动性。企业出售长期资产，应根据近期和长期利益的辩证关系，正确决定出售长期资产问题。所以在分析该因素时，应结合具体情况具体分析以正确评价企业偿债能力。

3）偿债能力的声誉。具有良好偿债能力声誉的企业，在短期偿债方面出现困难时，通常有能力筹得资金，提高偿债能力。这个增强变现能力的因素，取决于企业自身的信用声誉和当时的筹资环境。

4）担保责任引起的负债。企业可能以它自己的一些流动资产为他人提供担保，如为他人向金融机构借款提供担保，为他人购物担保或为他人履行有关经济责任提供担保等。这种担保有可能成为企业的负债，增加偿债负担。为他人提供担保的信息一般在会计报表附注中披露。

**3. 短期偿债能力分析步骤**

【例】根据 xxx 公司的财务资料，分析该公司的短期偿债能力如下：

步骤一，计算 2019 年初、年末的短期偿债能力财务比率。

2019 年初：

1. 流动比率 =3830 ÷ 1670=2.29
2. 速动比率 =（3830–510）÷ 1670=1.99
3. 现金比率 =1130 ÷ 1670=0.68
4. 营运资金 =3830–1670=2160（万元）

2019 年末：

1. 流动比率 =5010 ÷ 1690=2.96
2. 速动比率 =（5010–920）÷ 1690=2.42
3. 现金比率 =1380 ÷ 1690=0.82
4. 营运资金 =5010–1690=3320（万元）

步骤二，分析评价高乐公司 2019 年的短期偿债能力。

xxx 公司 2019 年的短期偿债能力指标变动如表 12–7 所示。

**表 12-7　xxx 公司 2019 年短期偿债能力指标变动表**

| 指标构成 | 年初 | 年末 | 差异 | 变动率（%） |
|---|---|---|---|---|
| 流动比率 | 2.29 | 2.96 | 0.67 | 29.26 |
| 速动比率 | 1.99 | 2.42 | 0.43 | 21.61 |
| 现金比率 | 0.68 | 0.82 | 0.14 | 20.59 |
| 营运资金（万元） | 2160 | 3320 | 1160 | 53.70 |

**表 12-8　xxx 公司 2019 年短期偿债能力指标影响因素变动表**　　单位：万元、%

| 项目 | 年初 | 年末 | 差额 | 差异率 |
|---|---|---|---|---|
| 货币资金 | 1130 | 1380 | 250 | 22.12 |
| 应收账款 | 2000 | 2350 | 350 | 17.50 |
| 预付款项 | 100 | 320 | 220 | 220 |
| 存货 | 510 | 920 | 410 | 80.39 |
| 其他应收款 | 90 | 40 | -50 | 55.56 |
| 流动资产合计 | 3830 | 5010 | 1180 | 30.81 |
| 流动负债 | 1670 | 1690 | 20 | 1.19 |
| 其中：短期借款 | 1530 | 1520 | -10 | 0.65 |
| 应付账款 | 160 | 60 | -100 | 62.50 |
| 应付职工薪酬 | 20 | 30 | 10 | 50.00 |
| 应交税费 | -50 | 60 | 110 | 220.00 |
| 其他应付款 | 10 | 20 | 10 | 100.00 |
| 非流动负债合计 | 10 | 10 | 0 | 0 |
| 营业收入 | 7343 | 7660 | 317 | 4.32 |

根据表 12-7 可以看出，xxx 公司 2019 年流动比率为 2.96，较 2008 年的 2.29 有所提高，公司 2009 年较上年的短期偿债能力提高了，流动资产保障程度提高，公司短期偿债能力较强。

2019 年公司的速动比率为 2.42，比 2008 年的 1.99 大有提高。考虑到公司经营特点及行业特性，再结合对同行业其他企业同期相同指标的考察，认为高乐公司 2009 年流动负债的速动资产保障程度较上年大有提高，公司的短期偿债能力提高了。现金比率同样较 2008 年大有提高。2009 年该指标为 0.82，比上年 0.68 提高了 14 个百分点，说明公司经营活动产生的现金净流量对流动负债的保障程度提高了，且反映了短期偿债能力的提尚。

## 二、长期偿债能力分析

### 1. 评价长期偿债能力的指标构成

（1）资产负债率

1）资产负债率的含义。资产负债率是指全部负债与全部资产之比率，即

$$资产负债率=\frac{负债总额}{资产总额}\times 100\%$$

资产负债率表明企业的全部资金来源中有多少是由债权人提供的，或者说在企业的全部资产中有多少属于债权人所有。站在债权人角度可以说明债权的保证程度；站在所有者角度既可以说明自身承担风险的程度，也能反映财务杠杆的利益；站在企业角度既可反映企业的实力，也能反映其偿债风险。资产负债率也可衡量企业在发生清算时对债权人权益的保障程度。如果债权人认为负债对总资产比例过高，将停止对企业发放贷款，企业也就无法获取贷款融资。资产负债率越低，所有者权益所占的比例就越大，说明企业的实力越强，债权的保障程度越高；资产负债率越低，则所有者权益所占比例就越小，说明企业的经济实力较弱，偿债风险越高，债权的保障程度相应越低，债权人的安全性越差，企业的潜在投资者越少。该比率对于债权人来说越低越好，因为公司的所有者（股东）一般只承担有限责任。而一旦公司破产清算时，资产变现所得很可能低于其账面价值。所以如果此指标过高，债权人可能遭受损失。当资产负债率大于 100% 时，表明公司已经资不抵债，对于债权人来说风险非常大。

【例】根据 xxx 公司的有关资料，计算该公司资产负债率如表 12-9 所示。

**表 12-9　xxx 公司资产负债率计算表**　　单位：万元、%

| 项目 | 2019年 | 2018年 | 2017年 |
|---|---|---|---|
| 资产总额 | 7770 | 6500 | 4957 |
| 负债总额 | 1700 | 1680 | 1700 |
| 资产负债率 | 21.88 | 25.85 | 34.29 |

2）资产负债的影响因素及评价方法。各利益主体因不同的利益驱动而从不同的角度评价资产负债率。

第一，对企业债权人而言，他们最关心的就是所提供的信贷资金的安全性，期望能于约定时间收回本息。这必然决定了债权人总是要求资产负债率越低越好，希望企业的每一元债务有更多的资产作后盾。如果企业的主权资本较少，表明投资者投入的份额不足，经营过程中创造和留存收益的部分较少，债权人就会感到其债权

风险较大，因此作出提前收回贷款、转移债权或不再提供信贷的决策。

第二，对企业所有者来说，资产负债率高有以下好处：一是当总资产报酬率高于负债利率时，由于财务杠杆的作用，可以提高股东的实际报酬率；二是可用较少的资本取得企业的控制权，且将企业的一部分风险转嫁给债权人，对企业来说还可以获得资金成本低的好处。但债务同时也会给投资者带来风险，因为债务的成本是固定的。如果企业经营不善或遭受意外打击而出现经营风险时，由于收益大幅度滑坡，贷款利息还需照常支付，损失必然由所有者负担，由此增加了投资风险。对此，投资者往往用预期资产报酬率与借款利率进行比较判断。若前者大于后者时，表明投资者投入企业的资本将获得双重利益，即在获得正常利润的同时，还能获得资产报酬率高于借款利率的差额，这时，资产负债率越大越好；若前者小于后者时，则表明借入资本利息的一部分，要用所有者投入资本而获得的利润数额来弥补，此时，投资者希望资产负债率越低越好。

第三，从企业经营者角度来看，资产负债率的高低在很大程度上取决于经营者对企业前景的信心和对风险所持的态度。如果企业经营者对企业前景充满信心，且经营风格较为激进，认为企业未来的总资产报酬率将高于负债利率，则应保持适当高的负债比率，这样企业可有足够的资金来扩展业务，把握更多的投资机会，以获取更多的利润；反之，经营者认为企业前景不容乐观，或者经营风格较为保守，那么必然倾向于尽量使用自有资本，避免因负债过多而冒较大的风险，此时则应当保持适当低的负债比率。尽管如此，即便较为激进的经营者，也不能使负债比率过高，应将其控制在适度水平上。由于债务成本可税前扣除，具有财务杠杆收益功能，任何企业均不可避免地要利用债务。但负债超出某个程度时，则不能为债权人所接受，企业的后续贷款难以为继。随着负债的增加，企业的财务风险不断加大，进而危及主权资本的安全和收益的稳定，也会动摇投资者对经营者的信任。

最佳资产负债比率的确定要结合企业的具体实际，企业资产负债率多少为佳，并没有一个公认的标准。在分析和评价时，通常要结合企业的盈利能力、银行利率、通货膨胀率、国民经济的景气程度、企业之间竞争的激烈程度等多种因素，还可以与同行业的平均水平、本企业的前期水平及其预算水平来进行。一般来讲，企业的盈利能力较强或者企业资金的周转速度较快，企业可承受的资产负债率也相对较高；银行利率提高通常迫使企业降低资产负债率，银行利率降低又会刺激企业提高资产负债率；通货膨胀率较高时期或者国民经济景气时期，企业也会倾向于维持较高的资产负债率；同行业之间竞争激烈则企业倾向于降低资产负债率，反之则相反。因此，在不同的国家、不同的宏观经济环境下，资产负债率的合理水平或适度水平也是有较大差别的。

（2）产权比率

1）产权比率的含义。产权比率是资产负债率的变形，是债务与权益的直接比较，即

$$产权比率=\frac{债务总额}{股东权益}\times100\%$$

产权比率反映由债权人提供的资本与股东提供的资本的相对比率关系，这一比率反映企业基本财务结构是否稳定。产权比率尚，是尚风险、局报酬的财务结构；产权比率低，是低风险、低报酬的财务结构。

产权比率也反映债权人投入资本受到股东权益保障的程度，或者说是企业清算时对债权人利益的保障程度。

【例】根据附录中高乐公司的有关资料，计算该公司产权比率如表 12–10 所示。

**表 12–10　xxx 公司产权比率计算表**　　单位：万元、%

| 项目 | 2019 年 | 2018 年 | 2017 年 |
|---|---|---|---|
| 股东权益 | 6070 | 4820 | 3898 |
| 负债总额 | 1700 | 1680 | 1700 |
| 产权比率 | 28.01 | 34.85 | 43.61 |

2）产权比率的影响因素及评价方法。

产权比率与资产负债率的配合使用。产权比率与资产负债率都是用于衡量长期偿债能力的指标，具有共同的经济意义，两者可以互相补充。因此，对产权比率的分析可以参考对资产负债率的分析。对资产负债率分析时应当注意的问题，在产权比率分析中也应引起注意。

产权比率与资产负债率是有区别的。产权比率侧重于揭示债务资本与权益资本的相互关系，说明企业财务结构的风险性，以及所有者权益对偿债风险的承受能力；资产负债率侧重于揭示总资本中有多少是靠负债取得的，说明债权人权益的保障程度。

所有者权益就是企业的净资产，产权比率所反映的偿债能力是以净资产为物质保障的。净资产中的某些项目，如无形资产等，其价值具有极大的不确定性，且不易形成支付能力。因此，在使用产权比率时，必须结合有形净值债务比率指标，作进一步分析。

（3）有形净值债务比率

有形净值债务比率是产权比率的改进形式，是企业负债总额与有形资产的比率。有形资产是将无形资产从股东权益中扣除后的净资产。其表达式为

$$有形净值债务比率=\frac{负债总额}{股东权益-无形资产}$$

有形净值债务比率实际上是产权比率的延伸，是更谨慎、保守地反映债权人利益的保障程度的指标。之所以要将无形资产从股东权益中扣除，是因为从保守的观点看，在企业处于破产状态时，无形资产往往会严重贬值，因而不会像有形资产那样为债权人提供保障。而长期待摊费用本身就是企业费用的资本化，它们往往不能用于偿债。因此，该比率可用于测量债权人在企业陷入财务危机或面临清算时的受保障程度。

【例】根据 xxx 公司的有关资料，计算该公司有形净值债务比率如表 12–11 所示。

**表 12–11　高乐公司有形净值债务比率计算表**　　单位：万元、%

| 项目 | 2019年 | 2018年 | 2017年 |
| --- | --- | --- | --- |
| 股东权益 | 6070 | 4820 | 3898 |
| 无形资产 | 850 | 860 | 31 |
| 负债总额 | 1700 | 1680 | 1700 |
| 有形净值债务比率 | 32.57 | 42.42 | 43.96 |

xxx 公司三年来的有形净值债务比率呈下降趋势，尽管 2017 年的股东权益有所下降，但负债总额和无形资产的下降幅度更大，表明公司的长期偿债能力逐步加强。

（4）利息保障倍数

1）利息保障倍数的含义。利息保障倍数是指公司年度获得的盈利对年度利息费用支出的倍数，即

$$利息保障倍数=\frac{利息费用+税前利润}{利息费用}$$

公式中的分子是运用企业全部资产所获得的收益，即没有扣除利息费用的税前利润。之所以不用净利润，是因为企业的利息费用在所得税之前就列支了，而所得税是在减去利息费用后的利润中支付的，所得税的多少对利息费用的支付不会产生影响。

2）利息保障倍数的影响因素及评价方法。利息保障倍数越大，企业偿还债务利息的能力必然越强，通常也有能力偿还到期的债务本金。根据经验，利息保障倍数为 3 倍或以上时，表示企业不能偿付其利息债务的可能性较小；该比率达到 4 倍时，意味着公司偿付其利息债务的能力“良好”；达到 4.5 倍或以上时，则为“优秀”。

**2. 影响长期偿债能力的其他因素**

除了上述各种比率指标用于评价和分析企业的长期偿债能力以外，还有一些因素影响企业的长期偿债能力，在分析时必须引起足够的重视。

（1）长期租赁

当企业急需某种设备或资产而又缺乏足够的资金时，可以通过租赁的方式解决。财产租赁有两种形式：融资租赁和经营租赁。

融资租赁是由租赁公司垫付资金购买设备租给承租人使用，承租人按合同规定支付租金（包括设备买价、利息、手续费等）。一般情况下，在承租方付清最后一笔租金后，设备所有权归承租方所有。因此，在融资租赁形式下.，租入的固定资产作为企业的固定资产入账，进行管理，相应的租赁费用作为长期负债处理。这种资本化的租赁，在分析长期偿债能力时，已经包括在债务比率指标计算之中。

当企业的经营租赁量比较大、期限比较长或具有经常性时，则构成了一种长期性筹资。这种长期性筹资虽然不包括在长期负债之内，但到期时必须支付租金，会对企业的偿债能力产生影响。因此，如果企业经常发生经营租赁业务，应考虑租赁费用对偿债能力的影响。

（2）担保责任

担保项目的时间长短不一，有的涉及企业的长期负债，有的涉及企业的短期负债。在分析企业的长期偿债能力时，应根据有关资料判断担保责任带来的潜在长期负债问题。

（3）或有项目

或有项目是指在未来某个或几个事件发生或不发生的情况下，会带来收益或损失，但现在还无法肯定是否发生的项目。或有项目的特点是现存条件的最终结果不确定，对它的处理方法要取决于未来的发展。或有项目一旦发生便会影响企业的财务状况，因此企业不得不对它们予以足够的重视，在评价企业的长期偿债能力时也要考虑它们的潜在影响。

# 第二节　盈利能力分析

## 一、净资产收益率分析

### 1. 净资产收益率

(1) 净资产收益率含义

净资产收益率表明所有者每一元钱的投资能够获得多少净收益，它衡量了一个公司股东资本的使用效率，即股东投资企业的收益率。净资产是股东投入企业的股本、公积金和留存收益等的总和，这里的收益指税后净利润。

(2) 净资产收益率指标构成

1) 全面摊薄净资产收益率。该指标强调年末状况，是一个静态指标，说明期末单位净资产对经营净利润的分享。计算公式如下：

全面摊薄净资产收益率=净利润/期末净资产 ×100%

2) 加权平均净资产收益率。该指标强调经营期间净资产赚取利润的结果，是一个动态的指标，说明经营者在经营期间利用企业净资产为企业新创造利润的多少，是一个说明企业利用单位净资产创造利润能力大小的平均指标，有助于企业相关利益人对公司未来的盈利能力作出正确的判断。计算公式如下：

加权平均净资产收益率=净利润/净资产平均额 ×100%

净资产平均额=（期初净资产+期末净资产）/2

从经营者使用会计信息的角度看，应使用加权平均净资产收益率。该指标反映了过去一年的综合管理水平，对于经营者总结过去、制定经营决策意义重大。

从企业外部相关利益人所有者角度看，应使用全面摊薄净资产收益率。

在现行公司制度下，投资者投入企业的资本委托给经营者经营，经营者就要确保给投资者带来收益，而且收益率至少应高于同期的市场利率。如果一份资产的收益率与市场利率一样，那并没有什么附加价值。正是因为这份资产的盈利能力高于市场的平均水平，投资者才愿意为它支付溢价。

### 2. 净资产收益率的影响因素及评价方法

(1) 净资产收益率的影响因素

为更明确分析净资产收益率的影响因素，可以将其分解成以下三个指标：

$$\text{净资产收益率}=\frac{\text{净利润}}{\text{营业收入}}\times\frac{\text{营业收入}}{\text{平均总资产}}\times\frac{\text{平均总资产}}{\text{平均股东权益}}$$

分解后的三个指标分别为销售净利率、总资产周转率以及权益乘数，因此，净资产收益率可改写为

净资产收益率 = 销售净利率 X 总资产周转率 X 权益乘数

即有三个因素影响净资产收益率：1）每一元营业收入带来的净利润；2）已动用的每一元总资产所产出的营业收入；3）总资产与股东权益的比值。

这与前面阅读的财务会计报表是相互对应的。销售净利率概括了利润表的情况，同时，权益乘数反映了资产负债表右边的信息，而总资产周转率则将资产负债表左边的内容与利润表联系起来。

（2）净资产收益率的评价方法

1）净资产收益率的指标计算。

【例】根据 xxx 公司的有关资料，计算该公司净资产收益率分解指标如表 12-12 所示。

**表 12-12　xxx 公司净资产收益率分解指标计算表**　　单位：万元

| 项目 | 2019年 | 2018年 |
|---|---|---|
| 净利润 | 1810 | 1191 |
| 营业收入 | 7660 | 7343 |
| 期初资产总额 | 6500 | 4957 |
| 期末资产总额 | 7770 | 6500 |
| 平均资产总额 | 7135 | 5728.5 |
| 平均股东权益 | 5445 | 4359 |
| 销售净利率（%） | 23.63 | 16.22 |
| 总资产周转率（倍） | 1.07 | 1.28 |
| 权益乘数 | 1.31 | 1.31 |

从表 12-12 中可以得出 2019 年与 2018 年的净资产收益率分解如下：

2019 年：33.12%=22.63% × 1.07 × 1.31

2018 年：27.20%=16.22% × 1.28 × 1.31

采用因素分析法对 xxx 公司净资产收益率的变动分析如下：

销售净利率的变动影响额 =（23.63%−16.22%）× 1.28 × 1.31=12.43%

总资产周转率的变动影响额 =23.63% ×（1.07−1.28）× 1.31=−6.50%

权益乘数的变动影响额 =23.6% × 1.07 ×（1.31−1.31）=0

33.12%−27.20% ≈ 12.43%−6.50%+0

从以上分析过程中可以看出：xxx 公司 2019 年净资产收益率上升的主要原因是销售净利率上升造成的，总资产周转率虽然略有下降，但其下降幅度低于销售净利率上升的幅度。

净资产收益率受当期净利润与公司净资产规模的影响。净资产规模基本稳定的情况下，净利润越高，净资产收益率越高。若公司有增资扩股行为，当期会出现净资产收益率下降的现象，因为新融进资金不能马上发挥效用。但这种现象若长期持续的话，说明公司盈利能力下降。

所得税税率的变动也会影响净资产收益率。通常，所得税税率提高，净资产收益率下降；反之，净资产收益率上升。

净资产收益率是从股东角度考核其盈利能力，其比值一般越高越好。但当公司净资产规模很小时，就不能单纯依净资产收益率的高低来判断公司的盈利能力。

2）净资产收益率的缺陷。

①净资产收益率不便于进行横向比较。不同企业负债率是有差别的，某些微利企业净资产收益率偏高，而某些效益不错的企业净资产收益率却很低。净资产收益率不一定能全面反映企业资金的利用效果。从净资产收益率的分解看出，在总资产收益率不变的情况下，负债比率越高，权益乘数越大，净资产收益率越高，这会导致很多企业通过提高负债比率来提高净资产收益率。

②净资产收益率不利于进行纵向比较。企业可通过诸如负债回购股权的方式来提高每股收益和净资产收益率，而实际上，该企业经济效益和资金利用效果并未提高。

## 二、总资产收益率分析

### 1. 总资产收益率

（1）总资产收益率的含义

总资产收益率反映企业总资产能够获得净利润的能力，是反映企业资产综合利用效果的指标。该指标越高，表明资产利用效果越好，整个企业的盈利能力越强，经营管理水平越尚。该指标越尚越好。

若总资产收益率大于借入资金成本率，则净资产收益率大于总资产收益率，说明企业充分利用了财务杠杆的正效应，不但投资者从中受益，而且债权人的债权也是比较安全的。

若总资产收益率小于借入资金成本率，则净资产收益率小于总资产收益率，说明企业遭受杠杆负效应所带来的损失，不但投资者遭受损失，而且债权人的债权也不安全。

不论投资者还是债权人都希望总资产收益率高于借入资金成本率

$$总资产收益率=\frac{净利润}{平均总资产}$$

$$平均总资产=\frac{期初资产总额+期末资产总额}{2}$$

总资产收益率反映了企业利用资产获取利润的有效性，它表明资产负债表上的每一元的资产能产生的净利润。

总资产收益率是站在企业总体资产利用效率的角度上来衡量企业的盈利能力的，是对企业分配和管理资源效益的基本衡量。它与净资产收益率的区别在于：前者反映股东和债权人共同提供的资金的利润率，后者仅反映股东投入资金的利润率。

【例】根据 xxx 公司的有关资料，计算该公司总资产收益率如表 12–13 所示。

**表 12–13　xxx 公司总资产收益率计算表**　　单位：万元、%

| 项目 | 2019 年 | 2018 年 |
|---|---|---|
| 净利润 | 1810 | 1191 |
| 期初资产总额 | 6500 | 4957 |
| 期末资产总额 | 7770 | 6500 |
| 平均资产总额 | 7135 | 5728.5 |
| 总资产收益率 | 25.37 | 20.79 |

xxx 公司 2019 年的总资产收益率比 2018 年上升近 5 个百分点，但要结合具体行业数据来分析公司的总资产收益率。

**2. 总资产收益率的影响因素及评价方法**

（1）总资产收益率的影响因素。总资产收益率是一个综合指标，企业的资产是由投资者投入或举债形成的。净利的多少与企业资产的多少、资产的结构、经营管理水平有着密切的关系。为了正确评价企业经济效益的高低、挖掘提高利润水平的潜力，可以用该指标与本企业前期、与计划、与本行业平均水平和本行业内先进企业进行对比，分析形成差异的原因。总资产收益率主要取决于总资产周转速度的快慢以及销售净利率的大小。如果企业销售净利率越大，资产周转速度越快，总资产收益率就越高。因此，影响总资产收益率高低的因素主要有产品的价格、单位成本的高低、产品的产量和销售的数量、资金占用量的大小、资金来源结构等。

（2）总资产收益率的评价方法。评价总资产收益率指标，要结合行业的经营特点来进行。企业处于不同时期和属于不同行业，提高总资产收益率的突破口也有不同。

1）若企业产品处于市场竞争非常激烈的时期，可选择通过提高总资产周转率来提高总资产收益率。

2）若企业处于扩大规模时期，可选择通过降低成本费用提高销售净利率来达到提高总资产收益率的目的。

3）固定资产比例较高的重工业，主要通过提高销售净利率来提高总资产收益率；固定资产比例较低的零售企业，主要通过加强总资产周转率来提高总资产收益率。

## 三、销售净利率分析

### 1. 销售净利率

（1）销售净利率含义

销售净利率反映营业收入带来净利润的能力。这个指标越高，说明企业每销售一元的产品所创造的净利润越高。这个指标通常越高越好。销售净利率可以从总体上考察企业能够从其销售业务上获得的主营业务盈利，计算公式如下：

$$销售净利率=\frac{净利润}{营业收入}$$

（2）销售净利率指标构成

该比率表示每一元销售收入可实现的净利润是多少。销售净利率越高，说明企业通过扩大销售获取收益的能力越强。通过分析销售净利率的变化，不仅可以促使企业扩大销售，还可以让企业注意改善经营管理，控制期间费用，提高盈利水平。

同时，销售净利率的分子是企业的净利润，也即企业的收入在扣除了成本和费用以及税收之后的净值，是企业最终为自身创造的收益，反映了企业能够自行分配的利润额。之后的提取公积金、发放股利等行为，都是建立在这个净利润的基础上。因此，用它与销售收入相比，能够从企业生产经营最终目的的角度，看待销售收入的贡献。

销售净利率越高，说明企业在正常经营的情况下由盈转亏的可能性越小，并且通过扩大主营业务规模获取利润的能力越强。

对销售净利率也可以进行横向和纵向的比较。从横向来说，将企业的销售净利率与同行业平均水平或竞争对手比较，可以了解企业销售业务的盈利空间在整个行业中的地位以及与竞争对手相比的优劣，并通过进一步的分析，如企业规模、产品结构、营销方式等具体方面的比较，找出差距，发现不足，提高企业利用销售业务盈利的能力。通过纵向比较，可以发现企业销售净利率的变动情况，即与以往的水平相比，是上升还是下降。如果企业的销售净利率有所降低，则应进一步查找原因，分析究竟是收入水平降低还是成本提高造成的，在此基础上及时找出改善的对策。

【例】根据 xxx 公司的有关资料，计算该公司销售净利率如表 12–14 所示。

**表 12–14　公司销售净利率计算表**　　单位：万元、%

| 项目 | 2019年 | 2018年 |
|---|---|---|
| 净利润 | 1810 | 1191 |
| 营业收入 | 7660 | 7343 |
| 销售净利率 | 23.63 | 16.22 |

xxx 公司 2019 年的销售净利率和 2018 年销售净利率与历史数据比，都呈现上升的趋势。销售净利率对管理人员特别重要，反映了企业的价格策略以及控制管理成本的能力。

**2. 销售净利率的影响因素及评价方法**

（1）销售净利率的影响因素

销售净利率的大小主要受营业收入和净利润的影响，这两个项目分别是利润表中的第一项和最后一项。从利润的源泉到最终的净利润，中间要经过营业成本、营业税金及附加、三项期间费用、资产减值损失、公允价值变动损益、投资收益及所得税多个环节才能形成企业的净利润。因此，这些项目的增减变化都会影响到销售净利率的大小。

（2）销售净利率的评价方法

销售净利率与净利润成正比关系，与销售收入成反比关系。企业在增加销售收入的同时，必须相应地获得更多的净利润，才能使销售净利率保持不变或有所提高。要想提高销售净利率：一是要扩大销售收入，二是降低成本费用。而降低各项成本费用开支是企业财务管理的一项重要内容。通过各项成本费用开支的列示，有利于企业进行成本费用的结构分析，加强成本控制，以便为寻求降低成本费用的途径提供依据。通过分析销售净利率的升降变动，可以促使企业在扩大销售的同时，注意改进经营管理，提高盈利水平。

销售净利率是企业销售的最终获利能力指标。比率越高，说明企业的获利能力越强。但是它受行业特点影响较大。通常说来，越是资本密集型企业，其销售净利率就越高；反之，资本密集程度较低的行业，其销售净利率也较低。

新会计准则的实施会给该指标带来直接的影响。按新会计准则规定，利润表中的收入项目不再区分主营和其他，而是合并为营业收入。但原来指标的分母是主营业务收入，口径要比新准则下的营业收入小。因此，不考虑其他因素，该指标在按新报告的数据计算时会偏小。

## 四、销售毛利率分析

### 1. 销售毛利率

（1）销售毛利率的含义

销售毛利率用于评价企业经营业务的获利能力，通常，这个指标越高越好。该指标的优点在于可以对企业某一主要产品或主要业务的盈利状况进行分析，这对于判断企业核心竞争力的变化趋势极有帮助。

（2）销售毛利率指标构成

销售毛利率的计算公式为

$$销售毛利率=\frac{营业收入-营业成本}{营业收入}$$

销售毛利率的值越大，说明在主营业务收入中主营业务成本占的比重越小，企业通过销售获得利润的能力越强。正是因为销售毛利率的以上特点，它能够更为直观地反映企业主营业务对于利润创造的贡献。

【例】根据xxx公司的有关资料，计算该公司销售毛利率如表12–15所示。

表12–15　xxx公司销售毛利率计算表　　单位：万元、%

| 项目 | 2019年 | 2018年 |
|---|---|---|
| 营业收入 | 7660 | 7343 |
| 营业成本 | 4930 | 5259 |
| 销售毛利率 | 35.64 | 28.38 |

xxx公司2019年的销售毛利率比2018年略有上升，但低于行业平均值，说明公司产品的盈利空间不如同行业公司。

### 2. 销售毛利率的影响因素及评价方法

（1）销售毛利率的影响因素

销售毛利率反映了企业产品销售的初始获利能力，是企业净利润的起点，没有足够高的销售毛利率便不能形成较大的盈利。以企业营销策略来看，没有足够大的销售毛利率是不能形成较大的盈利空间的。与同行业比较，如果公司的销售毛利率显著高于同业水平，说明公司产品附加值高，产品定价高，或与同行比较公司存在成本上的优势，有竞争力。与历史数值比较，如果公司的销售毛利率显著提高，则可能是公司所在行业处于复苏时期，产品价格大幅上升。在这种情况下分析者需考虑这种价格的上升是否能持续，公司将来的盈利能力是否有保证。相反，如果公司销售毛利率显著降低，则可能是公司所在行业竞争激烈，在发生价格战的情况下往往是两败俱伤的结局。这时分析者就要警觉了，我国 20 世纪 90 年代的彩电业就是这样的例子。

通常来说，销售毛利率随行业的不同而高低各异，但同一行业的销售毛利率一般相差不大。与同期行业的平均销售毛利率相比，可以揭示企业在定价政策、产品或商品推销及生产成本控制方面存在的问题。同时，企业之间的存货计价和固定资产的折旧方法等会计处理的差异也会影响营业成本，进而影响销售毛利率的计算。这一点应在企业间的横向比较时加以注意。

销售毛利率是公司产品经过市场竞争后的结果，很难单方面主观地左右销售毛利率变化，因此销售毛利率是一个十分可信的指标。如果销售毛利率连续不断提升，就说明公司产品市场需求强烈，产品竞争力不断增加；反之，如果销售毛利率连续下跌，则说明公司在走下坡路。

（2）销售毛利率的评价方法

销售毛利率反映了企业产品销售的初始获利能力，是企业净利润的起点，没有足够高的销售毛利率便不能形成较多的盈利。销售毛利率是公司产品经历市场竞争后的结果，是一个十分可信的指标。

与同行业比较，如果公司的销售毛利率显著高于同业水平，说明公司产品附加值高，产品定价高，或与同行业比较公司存在成本上的优势，有竞争力。通过与同行业平均水平或竞争对手的比较，可以洞悉企业主营业务的利润空间在整个行业中的地位以及与竞争对手相比的优劣。如果通过横向比较，发现企业的销售毛利率过低，则应进一步查找原因，并采取措施及时调整。

与历史数值比较，如果公司的销售毛利率显著提高，则可能是公司所在行业处于复苏时期，产品价格大幅上升。在这种情况下分析者需考虑这种价格的上升是否能持续，公司将来的盈利能力是否有保证。相反，如果公司销售毛利率显著降低，则可能是公司所在行业竞争激烈。通过与企业以往各期的销售毛利率进行比较，可以看出企业主营业务盈利空间的变动趋势。如果在某一期间内销售毛利率突然恶化，作为内部分析则应进一步查找原因，看看是由于降价引起的，还是由于成本上升所致，并及时找出改善的对策。

需要注意的是，通常来说，销售毛利率随行业的不同而高低各异，但同一行业的销售毛利率一般相差不大。企业之间的存货计价和固定资产的折旧方法等会计处理的差异会影响营业成本。进而影响销售毛利率的计算。这一点应在企业间的横向比较时加以注意。

## 五、销售收入现金含量分析

### 1. 销售收入现金含量

（1）销售收入现金含量的含义

虽然现金流量与利润数据在单个会计期间一般是不一致的，但从长期来看，两者之间应该保持某种相对稳定的比例关系，其差别则反映了非现金支出与收入的变动趋势。目前，现金流量表和利润表的结合分析日益受到人们的重视，销售收入现金含量便是其中最常用的指标之一。该指标把现金流量表与利润表分析有机结合起来，使我们可以估计每单位营业收入所能带来的现金流入量，并由此把握企业流动性风险及商业信用等方面的状况及重要变化。

（2）销售收入现金含量指标构成

销售收入现金含量指标反映企业经营业务获得的现金与营业收入的比例关系，表明营业收入的现金保障程度，可以用来判断企业营业收入的质量。该指标的计算公式为

销售收入现金含量＝销售商品或提供劳务收到的现金 ÷ 营业收入

销售商品或提供劳务收到的现金＝销售收入－应收账款增加额－应收票据增加额<br>＋预收账款增加额

由于营业收入是企业净利润的来源，营业收入质量越高，企业当期净利润的质量也就越高，同时表明企业的产品、劳务畅销受欢迎，市场占有率高、回款能力强。一般说来，离普通百姓较近的食品和商业类公司的该项指标应该较高。

**【例】**根据 xxx 公司的有关资料，计算该公司销售收入现金含量如表 12-16 所示。

**表 12-16　xxx 公司销售收入现金含量计算表**　　单位：万元、%

| 项目 | 2019 年 | 2018 年 |
|---|---|---|
| 销售商品或提供劳务收到的现金 | 7321 | 6675 |
| 营业收入 | 7660 | 7343 |
| 销售收入现金含量 | 95.57 | 90.90 |

xxx 公司 2019 年销售收入现金含量比 2018 年有所提高。

**2. 销售收入现金含量的影响因素及评价方法**

（1）销售收入现金含量的影响因素

在赊销政策无重大变化、应收账款正常回收时，由于销售商品或提供劳务收到的现金涵盖了主营业务收入和其他业务收入项目，因此该指标的正常值水平应当大于 1。这一标准对于我们分析企业当期营业收入的现金含量很有帮助。

正常情况下，营业收入现金含量越高，意味着企业的货款回收越快，流动资金的使用效率越高。反之，营业收入含金量低，则企业的营运周期就会相应被拉长，积压在应收账款、其他应收款或预付账款上的资金无法回笼，则必然会加大企业的短期融资需求和资金调度压力。

（2）销售收入现金含量的评价方法

【**例**】根据以下 A、B、C 三家公司的财务数据，编制销售收入现金含量表如表 12–17 所示，说明销售收入现金含量指标的分析与评价方法。

**表 12–17　三家公司的历年销售收入现金含量表**

| | 2016年 | 2017年 | 2018年 | 2019年 |
|---|---|---|---|---|
| A公司 | 0.68 | 0.96 | 1.26 | 1.10 |
| B公司 | 1.16 | 1.01 | 1.14 | 1.12 |
| C公司 | 0.99 | 1.03 | 1.12 | 1.11 |

从表 12–17 中的数据可以看出，B、C 公司的销售现金流量状况较好，最近四年的销售收入现金含量基本上都大于 1，而且波动幅度较小；相形之下，A 公司 2016 年的销售收入现金含量显著低于正常水平，的确值得关注。通过对 A 公司 2016 年及前后年度比较财务报告的分析，我们发现：A 公司当年经营情况比较正常，应收账款政策及规模增长也无重大变化，显然不足以导致销货现金流入量 14862 万元与当期主营收入净额 21756 万元之间出现如此巨大的差距，而我们根据其财务资料计算的当期销货现金流量大致数据却在 2 亿元以上。唯一合理的解释是，该公司对当年预付账款巨额增长 6640 万元的项目处理可能存在问题，即把应计入“购买商品、接受劳务支付的现金”的预付账款增加额列入了销货现金流入量的计算过程。这样虽然“经营现金流量净额”不受影响，但却虚减了当期销货现金流入量。如果这一判断属实，那么 A 公司当年的实际销售收入现金含量应为 0.99，非常接近正常水平。

## 六、净利润现金含量分析

### 1. 净利润现金含量

（1）净利润现金含量的含义

净利润现金含量指标表明企业本期经营活动产生的现金净流量与利润之间的比例关系，可以用来衡量净利润质量的高低。

（2）净利润现金含量指标构成

净利润现金含量指标的计算公式为

$$净利润现金含量=\frac{经营活动产生的现金流量净额}{净利润}$$

一般情况下，如果该指标的比率大于1，说明企业净利润与经营活动产生的现金流量净额协调较好，净利润现金实现程度高，企业净利润质量也高。反之，若该指标的比率小于1，则说明企业本期净利润中存在尚未实现的收入，企业净利润的质量欠佳。如果企业当期投资收益、筹资费用数额较大，应当在分母“净利润”中剔除。

【例】根据xxx公司的有关资料，计算该公司净利润现金含量如表12–18所示。

**表12–18　xxx公司净利润现金含量计算表**　　单位：万元

| 项目 | 2019年 | 2018年 |
|---|---|---|
| 经营活动产生的现金流量净额 | 1449 | 1146 |
| 净利润 | 1810 | 1191 |
| 净利润现金含量 | 0.80 | 0.96 |

xxx公司2019年的净利润现金含量比2018年略有下降。但综合多年的历史数据分析，近两年公司的净利润质量是不断提高的，说明虽然从公司其他盈利能力指标上看，盈利能力略有下降，但公司的盈利质量有所提高。

### 2. 净利润现金含量的影响因素及评价方法

（1）净利润现金含量的影响因素

由于净利润容易变化和操纵，该指标稳定性没有销售收入现金含量好，所以往往需要具体企业具体分析。与销售收入现金含量一样，这一指标对于发现企业操纵利润的嫌疑也具有重要的作用。企业操纵账面利润，一般是没有相应的现金流量的。这一指标过低，就有虚盈实亏的可能性，应进一步分析会计政策、会计估计和会计差错变更的影响以及应收款项及存货的变现能力。若该指标大于1，反映的是公司经营活动所产生的现金流量净值高于当期净利润，企业的净利润有足够的现金保障。

反之，现金利润比低于正常水平，甚至企业的净利润极高但经营活动净现金流量为负，说明企业的账面利润没有实实在在的现金流入作为保证，或者说企业的利润来源于非正常生产经营性活动。企业的经营成果缺乏现金流入作保障，则企业生产在未来的可持续发展将受到怀疑。

（2）净利润现金含量的评价方法

利润表中的净利润是建立在权责发生制基础上的，对应计收入、应计费用等项目存在着估计成分，对有关资产、损益项目的确认和分配也因存在不同方法而产生不同的结果。这样就可能出现账面反映有较高利润，但资金周转却发生困难，缺乏足够的现金支付能力。而现金流量表是以收付实现制为基础，通过分析调整利润表中各项目对现金流量的影响计算编制的，它能揭示经营活动所得现金和净利润的关系。该指标有助于解释为什么有的企业有盈利却没有足够的现金支付工资、股利和偿还债务，有的企业没有盈利却有足够的现金支付能力，如果企业的净利润大大高于经营活动产生的现金流量净额，则说明企业利润的含金量不高，存在大量的赊销行为及未来的应收账款收账风险，同时某种程度上存在着利润操纵之嫌。在了解该指标的过程中，我们还可以了解到企业相关税费的缴纳情况。

# 第十三章　营运能力与发展能力分析

## 第一节　营运能力分析

### 一、营运能力分析的内涵

#### 1. 企业营运能力分析的目的

企业营运能力主要指企业营运资产的效率与效益。营运资产的效率通常指资产的周转速度；营运资产的效益则指营运资产的利用效果，即通过资产的投入与其产出相比来体现。

进行企业营运能力分析的目的主要有以下几个方面（见表 13–1）：

表 13–1　进行企业营运能力分析的目的

| 项目 | 具体内容 |
| --- | --- |
| 评价企业资产利用的效益 | 提高企业资产流动性是企业利用资产进行经营活动的手段，其目的在于提高企业资产利用的效益。企业资产营运能力的实质，就是以尽可能少的资产占用，尽可能短的时间周转，生产出尽可能多的产品，实现尽可能多的营业收入，创造出尽可能多的纯收入。通过企业产出额与资产占用额的对比分析，可以评价企业资产利用的效益，为提高企业经济效益指明方向 |
| 评价企业资产的流动性 | 企业的两大基本特征是收益性和流动性。企业经营的基本动机就是获取预期的收益。从一定意义上讲，流动性是比收益性更重要的概念。当企业的资产处在静止状态时，根本就谈不上什么收益，当企业运用这些资产进行经营时，才可能有收益的产生。企业的营运能力越强，资产的流动性越高，企业获得预期收益的可能性就越大。流动性是企业营运能力的具体体现。通过对企业营运能力的分析，就可以对企业资产的流动性作出评价 |
| 挖掘企业资产利用的潜力 | 企业营运能力的高低，取决于多种因素。通过企业营运能力分析，可以了解企业资产利用方面存在哪些问题，尚有多大的潜力，进而采取有效措施，提尚企业资产营运能力 |

2. **企业营运能力分析的内容**

根据营运能力分析的含义与目的，企业营运能力分析主要包括总资产周转情况分析、流动资产周转情况分析和固定资产周转情况分析三方面。企业营运能力财务分析的比率主要包括存货周转率、存货周转天数、应收账款周转率、应收账款周转天数（平均收现期）、营业周期、流动资产周转率、固定资产周转率和总资产周转率等。这些比率揭示了企业资金运营周转的情况，反映了企业对经济资源管理、运用的效率高低。企业资产周转越快，流动性越高，企业的偿债能力越强，资产获取利润的速度就越快。

## 二、流动资产周转情况分析

1. **应收账款周转率的计算与分析**

应收账款周转率是指企业一定时期赊销收入净额与应收账款平均余额的比率，用于反映应收账款的周转速度，一般以周转次数来表示。其计算公式是

$$应收账款周转率=\frac{赊销收入净额}{应收账款平均余额}$$

应收账款周转率说明年度内应收账款转化为现金的平均次数，体现了应收账款的变现速度和企业的收账效率。一般认为，周转率越高越好。因为它表明：收款迅速，可节约营运资金；可减少坏账损失和收账费用，从而相对增加流动资产的投资收益；资产流动性高，短期偿债能力强，流动比率和速动比率等指标具有较高的可信度。因此，应收账款周转正常，对企业偿债能力是一种重要的保障。

反映应收账款周转速度的另一个指标是应收账款周转天数，也称应收账款账龄或应收账款平均收账期。其计算公式是

$$应收账款周转天数=\frac{计算期天数}{应收账款周转率}$$

计算期天数，从理论上说应使用计算期间的实际天数，但为了计算方便，全年按 360 天计算，季度按 90 天计算，月度按 30 天计算。

【例】根据 xxx 公司的有关资料，计算该公司的应收账款周转率如表 13–2 所示。

**表 13–2　应收账款周转率计算表**　　单位：万元、次、天

| 项目 | 2016年 | 2017年 | 2018年 |
|---|---|---|---|
| 营业收入 | 4720 | 5969 | 7343 |
| 应收账款年末余额 | 998 | 1442 | 2000 |

续表

| 项目 | 2016年 | 2017年 | 2018年 |
| --- | --- | --- | --- |
| 应收账款平均余额 | | 1220 | 1721 |
| 应收账款周转率 | | 4.89 | 4.27 |
| 应收账款周转期 | | 73.62 | 84.31 |

根据表 13-2 中的数据，该公司 2017 年应收账款周转率为

应收账款平均余额 =（应收账款期初余额 + 应收账款期末余额）÷ 2

=（998+1442）÷ 2

=1220（万元）

应收账款周转率 = 赊销收入净额（用营业收入代替）÷ 应收账款平均余额

=5969 ÷ 1220

=4.89（次）

应收账款周转一次所需时间为

应收账款周转期 =360 ÷ 4.89

=73.62（天）

同理，该公司 2018 年应收账款周转率为 4.27 次，应收账款周转一次所需时间为 84.31 天。

表 13-2 的计算结果表明，高乐公司 2017 年应收账款在一年内可周转 4.89 次。按当前资金回笼速度，需要 73.62 天可将应收账款周转一次，并且 2018 年的应收账款周转速度要慢于 2017 年，说明高乐公司的应收账款管理工作需要进一步加强。

分析时，通过以上指标本期数与前期数、计划数、同类企业先进水平的比较，可以了解应收账款周转率的变动情况、计划完成情况以及与先进水平的差距等。

在分析计算应收账款周转率时，还应注意以下两个问题：

（1）计算公式中所采用的周转额从理论上说应是赊销净额，不包括现销收入。但赊销净额作为企业的商业秘密并不对外公布，所以，外部分析者难以取得赊销收入的资料，因此一般用营业收入代替，即

$$应收账款周转率=\frac{营业收入}{应收账款平均余额}$$

$$应收账款周转期=\frac{应收账款平均余额\times 计算期天数}{营业收入}$$

（2）为了平衡各期应收账款的波动，计算应收账款周转率时应采用应收账款平均余额。“应收账款平均余额”是“应收账款期初余额”和“应收账款期末余额”的

平均数。这里的应收账款是指扣除减值准备后的金额。

（3）应收账款是因商品购销关系所产生的债权资产，而不是单指会计核算上的应收账款科目，一般包括应收账款和应收票据。应收票据应纳入应收账款周转率计算。

（4）应收账款是由赊销引起的，如果赊销比现销对企业更有利，应收账款周转天数就不是越少越好。收现时间的长短通常与信用政策有关，改变信用政策就会改变应收账款周转天数。信用政策的分析评价涉及诸多方面，不能仅仅考虑应收账款周转天数的缩短。

（5）我国部分行业应收账款周转天数参考数值如表 13–3 所示。

**表 13–3　部分行业应收账款周转天数参考数值**　　单位：天

| 行业 | 汽车 | 化工 | 家电 | 食品 | 服装 |
|---|---|---|---|---|---|
| 应收账款周转期 | 24 | 61 | 91 | 50 | 36 |

### 2. 存货周转率的计算与分析

在流动资产中，存货所占的比重越大，存货的流动性就越直接影响企业的流动比率，因此，必须特别重视对存货的分析。存货的流动性一般用存货的周转速度指标来反映，即存货周转率或存货周转天数。

存货周转率是一定时期内产品营业成本与存货平均余额间的比率。它是反映企业销售能力和流动资产流动性的一个指标，也是衡量企业生产经营各个环节中存货运营效率的一个综合性指标。用时间表示的存货周转率就是存货周转天数。其计算公式为

$$存货周转率=\frac{营业成本}{存货平均余额}$$

$$存货周转天数=\frac{计算期天数}{存货周转率}$$

公式中的营业成本数据来自利润表，存货平均余额是资产负债表中的“存货期初余额”与“存货期末余额”的平均数。

**【例】**xxx 公司有关资料见表 13–4，计算该公司的存货周转率。

**表 13–4　存货周转率计算表**　　单位：万元、次、天

| 项目 | 2016 年 | 2017 年 | 2018 年 |
|---|---|---|---|
| 营业成本 | 3916 | 4565 | 5259 |

续表

| 项目 | 2016年 | 2017年 | 2018年 |
|---|---|---|---|
| 存货年末余额 | 341 | 542 | 510 |
| 存货平均余额 | | 441.5 | 526 |
| 存货周转率 | | 10.34 | 10 |
| 存货周转期 | | 34.82 | 36 |

根据表 13–4 中的数据，该公司 2017 年存货周转率为

存货周转率 = 营业成本 ÷ 存货平均余额

=4565 ÷ [（542+341）÷ 2]

=10.34（次）

存货周转天数 =360 ÷ 10.34

=34.82（天）

同理，该公司 2018 年存货周转率为 10 次，存货周转一次所需时间为 36 天。

表 13–4 的计算结果表明，xxx 公司 2017 年存货周转率为 10.34 次，2018 年存货周转率为 10 次。2018 年与 2017 年相比，周转速度稍微加快，反映出企业的销售能力稳中有升。

存货周转速度的快慢，不仅反映出企业在采购、生产、营销等环节工作的好坏，而且对企业的盈利能力和偿债能力产生决定性影响。一般来讲，存货周转率越高，说明存货的占用水平越低，存货转换为现金、应收账款等的速度越快，存货的变现能力越强；反之，则存货的变现能力越差。

存货周转率还可以衡量存货的储存是否适当，是否能保证生产不间断地进行和产品有秩序地销售。存货既不能过少，造成生产中断或销售紧张，又不能过多形成呆滞、积压。存货周转率也反映存货结构合理与质量合格的状况。因为只有结构合理，才能保证生产和销售任务正常、顺利地进行；只有质量合格，才能有效地流动，从而达到存货周转率提高的目的。存货是流动资产中最重要的组成部分，往往达到流动资产总额的一半以上。因此，存货的质量和流动性对企业的流动比率具有举足轻重的影响，并进而影响企业的短期偿债能力。存货周转率的这些重要作用，使其成为综合评价企业营运能力的一项重要的财务比率。

存货周转率与存货周转天数指标的好坏反映存货管理水平，它不仅影响企业的短期偿债能力，也是整个企业管理的重要内容。企业管理者和有条件的外部报表使用者，除了分析批量因素、季节性生产的变化情况外，还应对存货的结构以及影响

存货周转速度的重要项目进行分析。存货按其性质可以分为材料存货、在产品存货和产成品存货。所以，存货周转率又可以分为材料周转率、在产品周转率和产成品周转率三项分指标。其计算公式分别为

$$材料周转率=\frac{当期材料消耗额}{材料平均库存}$$

$$在产品周转率=\frac{当期完工产品成本}{在产品平均成本}$$

$$产成品周转率=\frac{销售成本}{产成品平均库存}$$

这三个周转率的评价标准与存货评价标准相同，都是周转次数越多越好，周转天数越少越好。通过不同时期存货周转率的比较，可评价存货管理水平，查找出影响存货利用效果变动的原因，不断提高存货管理水平。

在企业生产均衡和产销平衡情况下，存货周转率与三个阶段周转率之间的关系可用下式表示：

存货周转天数=材料周转天数x材料消耗额/总产值生产费用+在产品周转天数+产成品周转天数

存货周转速度分析的目的是从不同的角度和环节找出存货管理中的问题，使存货管理在保证生产经营连续性的同时，尽可能少地占用经营资金，提高资金的使用效率和企业管理水平，增强企业短期偿债能力。

在计算和使用存货周转率时，应注意以下问题：

（1）存货计价方法对存货周转率有较大影响。在分析企业不同时期或不同企业的存货周转率时，应注意存货计价方法是否一致。

（2）存货周转天数不是越短越好。存货过多会浪费资金，存货过少不能满足周转需要。在一定经营条件下，企业应确定一个合理的存货水平，以使存货成本最低。

（3）不同行业的存货周转率不同。我国部分行业存货周转天数参考数值如表13-5所示。

**表13-5　我国部分行业存货周转天数参考数值**　　单位：天

| 行业 | 汽车 | 化工 | 家电 | 制药 | 建材 | 日用品 | 商业 |
|---|---|---|---|---|---|---|---|
| 存货周转天数 | 131 | 101 | 151 | 356 | 100 | 62 | 30 |

3. **流动资产周转率的计算与分析**

企业的营运过程实质上是资产的转换过程。流动资产和非流动资产的不同性质

和特点，使它们在这一过程中的作用不同。由于非流动资产的价值实现过程很长，企业经营成果的取得主要依赖于流动资产形态的不断转化。因此，流动资产营运能力是企业营运能力的核心。衡量流动资产营运能力的指标主要是流动资产周转率与流动资产周转天数。

（1）流动资产周转率分析

流动资产周转率是企业营业收入与流动资产平均余额的比率。它是衡量企业一定时期内（通常是一年）流动资产周转速度的快慢及利用效率的综合性指标。其计算公式为

$$流动资产周转率=\frac{营业收入}{流动资产平均余额}$$

$$流动资产周转期=\frac{计算期天数}{流动资产周转率}$$

式中：$流动资产平均余额=\frac{流动资产期初余额+流动资产期末余额}{2}$。它是反应企业一定时期资产占用的动态指标，从理论上说，应是计算期间内每日资产余额的平均数，但为了计算方便，通常按资产负债表上的期初余额和期末余额的平均数计算。

**【例】**xxx 公司有关资料如表 13–6 所示，计算该公司的流动资产周转率如下：

**表 13–6　流动资产周转率计算表**　　单位：万元、次、天

| 项目 | 2016 年 | 2017 年 | 2018 年 |
|---|---|---|---|
| 营业收入 | 4720 | 5969 | 7343 |
| 流动资产年末余额 | 2868 | 3253 | 3830 |
| 流动资产平均余额 | | 3060.5 | 3541.5 |
| 流动资产周转率 | | 1.95 | 2.07 |
| 流动资产周转期 | | 184.62 | 173.91 |

根据表 13–6 中的数据，该公司 2017 年流动资产周转率为

流动资产周转率 = 营业收入 ÷[（流动资产期初余额 + 流动资产期末余额）÷ 2]

=5969 ÷ [（3253+2868）÷ 2]

=1.95（次）

流动资产周转天数 =360 ÷ 1.95

=184.62（天）

同理，该公司 2018 年流动资产周转率为 2.07 次，流动资产周转天数是 173.91 天。

从表 13–6 可看出，该公司 2018 年企业流动资产周转比 2017 年快，说明企业流动资产的经营利用效果更好，流动资产的流动性有所提高，进而使其偿债能力和盈利能力得到加强。

流动资产周转情况的分析要依据企业的历史水平或同行业水平来判断，同时还要结合应收账款周转率和存货周转率、营业周期进行分析，以进一步揭示影响流动资产周转的因素。

流动资产周转率和周转天数从两个不同的方面表示资产的周转速度。资产周转率表示在一定时期内完成几个从资产投入到资产收回的循环，而周转天数则表示完成一个从资产投入到资产收回的循环需要多长时间。流动资产周转率和周转天数呈相反方向变动，在一定时期内，资产周转次数越多，周转天数越少，周转速度就越快，营运效率就越高；反之，则周转速度就越慢，营运效率就越低。

虽然以上两种形式均可以表示资产周转速度，但在实务上则更多地使用周转天数这一形式。这是因为，当企业提高生产技术水平、改善生产组织等使资产周转速度加快时，明显地表现为资产占用时间的缩短，用周转天数来表示，易于看出资产周转对生产技术和生产组织的依存关系。此外，如果采用周转次数，不同时期（如年度、季度和月度）的周转速度不能直接加以比较。而采用周转天数则可以消除期限长短对周转速度的影响，可以使不同计算期间的周转速度直接进行比较。

（2）流动资产周转率影响因素分析

将流动资产周转区分为不同的阶段，能够更清楚地看到内部的影响因素。为此引入营业成本因素，则有

$$流动资产周转率=\frac{营业成本}{流动资产平均余额}\times\frac{营业收入}{营业成本}$$

$$流动资产周转率=流动资产垫支周转率\times成本收入率$$

式中：$流动资产垫支周转率=\frac{营业成本}{流动资产平均余额}$，$成本收入率=\frac{营业收入}{营业成本}$

流动资产垫支周转率是从成本角度考察投入生产领域的资源运作效率。投入一定资源经过企业生产活动，产出越大，效率越高。成本收入率则考察企业生产的产品能否在市场上实现销售并创造足够的利润。它实质上反映了企业的盈利能力。只有生产适销对路的商品，才可能实现最大的利润。

以上分解式表明，影响流动资产周转率的因素，一是流动资产垫支周转率，二是成本收入率。流动资产垫支周转率反映了流动资产的真正周转速度；成本收入率说明了所费与所得之间的关系，反映出流动资产的利用效益。加速流动资产垫支周

转速度是手段，提高流动资产利用效益才是目的。因此，加速流动资产垫支周转速度必须以提高成本收入率为前提。当成本收入率大于 1 时，流动资产垫支周转速度越快，流动资产营运能力越强。反之，如果成本收入率小于 1，企业所得补偿不了所费，流动资产垫支周转速度越快，企业亏损越多。

根据上面的分解式，采用连环替代法，可以分别确定这两个因素变动对流动资产周转率的影响程度。其分析公式是

流动资产垫支周转率的影响 =（报告期流动资产垫支周转率 – 基期流动资产垫支周转率）× 基期成本收入率

成本收入率的影响 = 报告期流动资产垫支周转率 ×（报告期成本收入率 – 基期成本收入率）

**【例】**xxx 公司 2017 年、2018 年与流动资产周转相关的资料如表 13–7 所示，运用连环替代法具体分析各因素变动对流动资产周转率的影响。

**表 13–7　流动资产周转率分析信息表**　　　　单位：万元、次、%

| 项目 | 2017 年 | 2018 年 |
|---|---|---|
| 营业收入 | 5969 | 7343 |
| 流动资产平均余额 | 3060.5 | 3541.5 |
| 其中：存货平均余额 | 441.5 | 526 |
| 营业成本 | 5259 | 4565 |
| 流动资产周转率 | 1.95 | 2.07 |
| 流动资产垫支周转率 | 1.72 | 1.29 |
| 成本收入率 | 113.5 | 160.9 |

根据表 13–7，对流动资产周转率分析如下：

流动资产周转率变动 =2.07–1.95
=0.12（次）

因素分析：

流动资产垫支周转率的影响 =（1.29–1.72）×113.5%
=–0.49（次）

成本收入率的影响 =1.29×（160.9%–113.5%）
=0.61（次）

总的影响：–0.49+0.61=0.12（次）

由以上计算结果可知，流动资产周转率在 2017 年 1.95 的水平上，由于生产环

节效率降低，造成 2018 年流动资产周转率降低了 0.49 次；受到企业盈利能力提高的影响，流动资产周转率上升了 0.61 次。

可以引入多种因素进一步分析究竟是什么因素造成流动资产垫支周转率降低。下面引入存货因素，其计算公式为

$$流动资产周转率=\frac{存货平均余额}{流动资产平均余额}\times\frac{营业成本}{存货平均余额}\times\frac{营业收入}{营业成本}$$

从存货周转的角度，可以运用连环替代法分析判断，是否为存货周转速度的改变造成企业流动资产运营效率的变化。同样的道理，也可以从应收账款的角度进行分析判断。

（3）流动资产周转效果分析

流动资产周转加速的效果体现在：一定的产出需要的流动资产减少；一定的流动资产取得更多的收入。

1）加速流动资产周转所节约的资金。加速资产周转所节约的资金就是指企业在销售收入一定的情况下，由于加速流动资产周转所节约的资金。其计算公式为

$$流动资产节约额=报告期营业收入\times(\frac{1}{基期流动资产周转次数}-\frac{1}{报告期流动资产周转次数})$$

上式计算结果为正数时，表示流动资产占用额减少；当其计算结果为负数时，说明企业流动资产占用额增加。

流动资产周转速度加快所形成的节约额，可以分为绝对节约额和相对节约额两种形式。流动资产绝对节约额是指企业由于流动资产周转加速，可以减少流动资产占用额，因而可能腾出一部分资金。流动资金相对节约额是指企业由于流动资产周转加速，在不增资或少增资的条件下扩大企业的生产规模。流动资金绝对节约额和相对节约额的区别只在于运用情况的不同，前者是在生产规模不变的情况下减少资产占用额，后者是将其节约额用于自身的扩大再生产。

区别与计算流动资产绝对节约额和相对节约额可分三种情况进行。

①加速周转所形成的节约额都是绝对节约额。如果企业流动资产周转加快而销售收入不变，这种情况下形成的节约额就是绝对节约额。

②加速周转所形成的节约额都是相对节约额。当企业流动资产周转加快，而流动资产实际存量大于或等于流动资产基期存量，这种情况下形成的节约额就是相对节约额。

③加速周转所形成的节约额既包括绝对节约额，又包括相对节约额。当企业流动资产周转加快，同时营业收入增加，流动资产占用量减少，这种情况下形成的节

约额就是既包括绝对节约额，又包括相对节约额。可以按下式将二者加以区分：

相对节约额 = 流动资产总节约额 – 绝对节约额

绝对节约额 = 报告期流动资产占用额 – 基期流动资产占用额

如果以上条件相反，则为资金浪费额。

根据表 13–7 可以计算流动资产周转加速的效果如下：

流动资产节约额 =7343 ×（1/1.95–1/2.07）

=218.298（万元）

计算结果表明，由于高乐公司本年流动资产加速周转，形成流动资产节约额 218.298 万元。

2）加速流动资产周转所增加的收入。加速流动资产周转所增加的收入是指在企业流动资产占用额一定情况下，由于加速流动资产周转速度所增加的营业收入。其计算公式是

营业收入增加额 = 基期流动资产平均余额 ×（报告期流动资产周转次数 – 基期流动资产周转次数）

上式计算结果为正数时，说明加速流动资产周转增加了营业收入；计算结果为负数时，说明流动资产周转速度缓慢减少了营业收入。

根据表 13–7 可计算出：

销售收入增加额 =3060.5 ×（2.07–1.95）

=367.26（万元）

加速流动资产周转形成的资产节约额或营业收入增加额是从两个不同侧面对流动资产周转加快的效果所作的分析，具有相同的经济意义。

**4. 营业周期分析**

营业周期是指从取得存货开始到销售存货并收回现金为止的这段时间。营业周期的长短取决于存货周转天数和应收账款周转天数。营业周期的计算公式如下：

营业周期 = 存货周转天数 + 应收账款周转天数

把存货周转天数和应收账款周转天数加在一起计算出来的营业周期，指的是需要多长时间能将期末存货全部变为现金。一般情况下，营业周期短，说明资金周转速度快，管理效率高，资产的流动性强，资产的风险降低；营业周期长，说明资金周转速度慢，管理效率低，风险上升。因此，分析研究企业的营业周期，并想方设法缩短营业周期，对于增强企业资产的管理效果具有重要意义。

根据以上资料，xxx 公司 2017 年营业周期为 108.47（即 73.62+34.85）天；2018 年营业周期为 120.31（即 84.31+36）天。

## 三、固定资产周转情况分析

### 1. 固定资产周转率的计算与分析

固定资产周转率是指企业一定时期内营业收入与固定资产平均净值之间的比率，它是反映固定资产利用效率的重要指标。其计算公式为

$$固定资产周转率=\frac{营业收入}{固定资产平均净值}$$

$$固定资产周转期=\frac{计算期天数}{固定资产周转率}=\frac{计算期天数\times 固定资产平均净值}{营业收入}$$

一般情况下，固定资产周转率高，表明企业固定资产利用充分，同时也能表明企业固定资产投资得当，固定资产结构合理，固定资产利用效果好，能够充分发挥效率。反之，则说明固定资产利用效率不高，提供的生产成果不多，企业的营运能力不强。

【例】xxx 公司有关资料见表 13-8，计算该公司的固定资产周转率。

**表 13-8　固定资产周转率计算表**　　单位：万元、次、天

| 项目 | 2016年 | 2017年 | 2018年 |
|---|---|---|---|
| 营业收入 | 4720 | 5969 | 7343 |
| 固定资产年末净值 | 1533 | 1642 | 1560 |
| 固定资产平均净值 | | 1587.5 | 1601 |
| 固定资产周转率 | | 3.76 | 4.59 |
| 固定资产周转期 | | 95.74 | 78.43 |

根据表 13-8 中的数据，该公司 2017 年固定资产周转率为

固定资产周转率 = 营业收入 + 固定资产平均净值

=5969 ÷ [（1533+1642）÷ 2]

=3.76（次）

固定资产周转期 =360 ÷ 3.76

=95.74（天）

同理，2018 年固定资产周转率为 4.59 次，周转期为 78.43 天。

从表 13-8 计算结果表明，xx 公司 2018 年的固定资产周转率比 2017 年有所加快，其主要原因应是固定资产增加幅度低于营业收入的增长幅度，表明公司的营运能力有所提尚。

在实际分析和评价该项指标时，应当注意：

（1）该分式的分母是固定资产平均净值，而非固定资产原价或固定资产净额。固定资产原价是指固定资产的历史成本，固定资产净值为固定资产原价扣除已计提的累计折旧后的金额（固定资产净值 = 固定资产原价 - 累计折旧），固定资产净额为固定资产原价扣除已计提的累计折旧以及已计提的减值准备后的余额（固定资产净额 = 固定资产原价 - 累计折旧 - 已计提的减值准备）。固定资产平均净值一般以固定资产净值的期初数与期末数之和除以 2 来计算。

（2）固定资产折旧方法的影响。企业固定资产所采用的折旧方法和折旧年限的不同，会导致不同的固定资产账面净值，从而会对固定资产周转率的计算产生重要影响，造成指标的人为差异。在分析过程中，需要剔除这些不可比因素。

（3）固定资产更新改造活动的影响。频繁或者大幅度的固定资产更新改造活动，会显著增加固定资产平均净值，在其他因素不变时，将降低固定资产周转率。因此，要注意协调更新改造固定资产的需要和追求高固定资产周转率的要求。应当结合固定资产更新改造水平来判断固定资产周转率实际水平的高低。因为固定资产周转率较低，就简单地认为固定资产运营无效率，是不科学的。

（4）不同行业的影响。行业性质不同，企业所需投入固定资产的规模迥异，会对固定资产周转率产生显著影响。

（5）产品生命周期的影响。在产品的成长期，该指标会随着产能发挥而逐步提升，直至追加投资使得其下降，这个过程周而复始。而产品进入成熟阶段后，产销量双双下滑。如果企业此前在固定资产的投入上并未有所预见，或者由于技术更新太快而来不及跟随，那么企业的固定资产周转率将下降到一个较低的水平。

（6）企业的固定资产一般采用历史成本入账。在企业的固定资产、销售情况都并未发生变化的条件下，也可能由于通货膨胀导致物价上涨等因素而使营业收入虚增，导致固定资产周转率的提高，而实际上企业的固定资产效能并未增加。

进行固定资产周转率分析时，应以企业历史水平和同行业平均水平为标准进行对比分析，从中找出差距，努力提高固定资产周转速度。周转率越高，说明固定资产的利用效率越高；周转率越低，说明固定资产数量过多或设备闲置。

**2. 固定资产更新率的计算与分析**

固定资产更新率是指一定时期内新增加的固定资产总值与期初固定资产总值的比率。它反映固定资产在计算期内更新的规模和速度，是考核固定资产动态状况的指标。其计算公式为

$$\text{固定资产更新率}=\frac{\text{本期新增固定资产（总额）原值}}{\text{固定资产（总额）期初原值}}$$

从这一公式可以看出，固定资产更新率受两个方面因素的影响。第一，受到固定资产期初总额的影响。固定资产期初总额体现着原有固定资产的规模，这一数值越大，在其他条件不变的情况下，其固定资产更新的速度越缓慢。第二，受到新增固定资产数额的影响。新增固定资产数额越大，说明固定资产更新的速度越快。在一定时期内，期初的固定资产数额通常是常量，固定资产的更新率直接受本期新增固定资产数额的影响。本期新增的固定资产越多，其固定资产的更新率越高，固定资产更新的规模越大，速度越快。

**3. 固定资产成新率的计算与分析**

$$固定资产成新率=\frac{固定资产平均净值}{固定资产平均原值}$$

该比率反映了固定资产的新旧程度。该比率越小，则说明企业的固定资产老化程度越高，近期重置固定资产的可能性越大，固定资产支出也越大。该比率与企业的成立时间有关，应结合企业成立时间一并考虑。

## 四、总资产周转情况分析

**1. 总资产周转率的计算与分析**

总资产周转率是指企业一定时期营业收入净额与总资产平均余额的比值。它说明企业的总资产在一定时期内周转的次数。总资产周转率是综合评价资产管理或资本利用效率的重要指标。衡量总资产营运能力的指标主要有两个：总资产周转率和总资产周转天数（周转期）。

$$总资产周转率=\frac{营业收入净额}{总资产平均余额}$$

$$总资产周转期=\frac{计算期天数}{总资产周转率}=\frac{总资产平均余额\times计算期天数}{营业收入净额}$$

总资产周转率综合反映了企业整体资产的营运能力。一般来说，总资产周转次数越多，周转速度越快，表明企业全部资产的利用效率越高，营运能力越强，进而使企业的偿债能力和盈利能力得到增强；反之，则说明全部资产的利用效率较低，最终将影响到企业的盈利能力。如果企业总资产周转率长期处于较低状态，则企业应采取适当措施扩大营业收入、提高各项资产的利用效率，对那些确实无法提高利用率的多余、闲置资产应及时进行处理以提高总资产周转率。

为更加深入地分析企业总资产的周转快慢及其影响因素，企业应在此基础上，进一步从各个构成要素进行分析，以便查明总资产周转率升降的原因及各要素对其的影响。企业资金循环包括短期资金循环和长期资金循环，长期资金循环必须依赖短期资金循环。因此，流动资产周转速度的快慢是决定企业总资产周转速度快慢的关键性因素。

$$总资产周转率=\frac{流动资产平均余额}{总资产平均余额}\times\frac{营业收入净额}{流动资产平均余额}$$
$$=流动资产占总资产比重\times流动资产周转率$$

该公式表明，总资产周转率受到流动资产周转效率和流动资产所占比重的影响。流动资产在企业资产构成当中属于流动性最强的部分。这部分所占的比重越高，则总资产的周转速度越快；相反，如果流动资产营运能力差，筹集的流动资产大量闲置，则可能适得其反，会降低总资产的营运能力。

【例】xxx 公司有关资料见表 13-9，计算该公司的总资产周转率。

**表 13-9　总资产周转率计算表**　　单位：万元、次、天

| 项目 | 2016年 | 2017年 | 2018年 |
|---|---|---|---|
| 营业收入净额 | 4720 | 5969 | 7343 |
| 总资产年末余额 | 4454 | 4957 | 6500 |
| 总资产平均余额 | | 4705.5 | 5728.5 |
| 总资产周转率 | | 1.27 | 1.28 |
| 总资产周转期 | | 283.46 | 281.25 |

根据表 13-9 中的数据，该公司 2017 年总资产周转率为

总资产周转率 = 营业收入净额 ÷ 总资产平均余额

=5969 ÷ 4705.5

=1.27（次）

总资产周转期 = 计算期天数 ÷ 总资产周转率

=360 ÷ 1.27

=283.46（天）

同理，该公司 2018 年总资产周转率为 1.28 次，总资产周转期为 281.25 天。

表 13-9 的计算结果表明，xxx 公司 2018 年的资产可产生 1.28 元的营业收入，按当前的销售规模，仅 281.25 天就可将公司资产周转一次。至于这是否意味着企业的资产管理效果是好还是坏，则要结合该指标的变动情况，或与同行业平均水平比较才能作出判断。该指标与 2017 年相比呈上升趋势，说明企业的资产利用效率、周转能力有所提高。

2. **总资产营运能力综合对比分析**

总资产营运能力综合对比分析，就是将反映总资产营运能力的指标与反映企业流动资产和固定资产营运能力的指标结合起来，依据各类指标之间的相互关系进行分析。综合对比分析主要包括以下几方面的内容：

（1）综合对比分析反映资产占用与收入之间的关系。反映资产占用与收入之间关系的指标有三个，即固定资产周转率、流动资产周转率、总资产周转率，它们可正确评价各项资产营运效益的大小和资产周转速度的快慢。从静态上对比，可反映各项资产周转率的水平及差距；从动态上对比，可反映固定资产、流动资产及全部资产与营业收入增长的关系。

（2）将总资产营运能力与总资产盈利能力结合起来分析。从这个角度分析可说明企业资产经营盈利能力的高低，既取决于产品经营盈利能力，又受资产营运能力的影响。用一般关系式表亦为

$$资产经营盈利能力=资产营运能力\times 产品经营盈利能力$$

其具体计算公式为

$$总资产报酬率=\frac{总收入}{总资产平均余额}\times\frac{息税前利润}{总收入}$$

$$=总资产收入率\times 销售的息税前利润率\times 100\%$$

运用上式可全面地分析企业资产的营运情况及效果。

# 第二节　发展能力分析

## 一、发展能力指标分析

1. **资本增长指标**

（1）股东权益增长率

股东权益增长率是指本年所有者权益的增长额与年初所有者权益之比，也叫做资本积累率。它反映企业经过一年的生产经营后所有者权益的增长幅度，是评价企业发展潜力的重要指标。其计算公式是

$$股东权益增长率=\frac{本年所有者权益增长额}{年初所有者权益}\times 100\%$$

本年所有者权益增长额是指企业本年所有者权益与上年所有者权益的差额，即本年所有者权益增长额 = 所有者权益年末数 − 所有者权益年初数。

【例】根据 xxx 公司的有关资料，该公司 2019 年 12 月 31 日所有者权益为 6070 万元，2018 年 12 月 31 日所有者权益为 4820 万元，则该公司 2019 年度股东权益增长率计算如下：

$$股东权益增长率=\frac{6070-4820}{4820}\times 100\%$$
$$=25.93\%$$

通过计算可知，xxx 公司 2019 年的股东权益比 2018 年增长了 25.93% 股东权益增长率越高，表明企业本期所有者权益增加得越多，对企业未来的发展越有利；反之，股东权益增长率越低，表明企业本年度所有者权益增加得越少，企业未来的发展机会就越少。

在进行股东权益增长率分析时，应注意以下几点：

1）股东权益的增长来源有两个，其中一个来源是生产经营活动产生的净利润，另一个来源是筹资活动产生的股东净支付。所谓股东净支付，就是股东对企业当年的新增投资扣除当年发放股利后的余额。因此，股东权益增长率还可以表示为

$$股东权益增长率=\frac{本年所有者权益增长额}{年初所有者权益}\times 100\%$$
$$=\frac{净利润+(股东新增投资-支付股东股利)}{年初所有者权益}\times 100\%$$
$$=\frac{净利润+对股东的净支付}{年初所有者权益}\times 100\%$$
$$=净资产收益率+股东净投资率$$

公式中的净资产收益率和股东净投资率都是以所有者权益期初余额作为分母计算的。从公式中我们也可以看出，股东权益增长率的变化受净资产收益率和股东净投资率这两个因素的影响。其中，净资产收益率反映了企业运用股东投入资本创造收益的能力，而股东净投资率反映了企业利用股东新投资的程度。这两个比率的大小都会影响股东权益增长的情况。

2）股东权益增长率反映了投资者投入企业资本的保全性和增长性。该指标越高，表明企业的资本积累越多，企业资本保全性越强，应付风险、持续发展的能力越强。

3）股东权益增长率如为负值，表明企业资本受到侵蚀，所有者利益受到损害，应予以充分重视。

（2）三年股东权益平均增长率

股东权益增长率指标有一定的滞后性，仅反映当期情况。为反映企业资本保全

增值的历史发展情况，了解企业的发展趋势，需要计算连续几年的股东权益增长率，从而客观地评价企业的股东权益发展能力状况。

$$三年股东权益平均增长率=(\sqrt[3]{\frac{年末所有者权益总额}{三年前年末所有者权益总额}}-1)\times100\%$$

该指标越高，表明企业所有者权益的保障程度越高，企业可长期使用的资金越多，抗风险的持续发展的能力越强。

利用该指标分析时应注意所有者权益各类别的增长情况。实收资本的增长一般源于外部资金的进入，表明企业具备了进一步发展的基础，但并不表明企业过去具有很强的发展和积累能力；留存收益的增长反映企业通过自身经营积累了发展后备资金，既反映了企业在过去经营中的发展能力，也反映了企业进一步发展的后劲。

【例】根据xxx公司资产负债表与利润表的资料，分别计算该公司2017年、2018年、2019年的股东权益增长率、净资产收益率和股东净投资率等指标，计算结果如表13-10所示。

**表13-10　xx公司股东权益增长率、净资产收益率和股东净投资率计算表**

单位：万元、%

| 项目 | 2016年 | 2017年 | 2018年 | 2019年 |
|---|---|---|---|---|
| 所有者权益总额 | 3756 | 3898 | 4820 | 6070 |
| 本年所有者权益增长额 | – | 142 | 922 | 1250 |
| 股东权益增长率 | – | 3.78 | 23.65 | 25.93 |
| 净资产收益率 | – | 19.88 | 30.55 | 37.55 |
| 股东净投资率 | – | –16.1 | –6.9 | –11.6 |

从表13-10可以看出，高乐公司自2017年以来，其所有者权益总额不断增加，从2017年的3898万元增加到2019年的6070万元；该公司2017年以来的股东权益增长率也不断增加，这说明高乐公司近几年企业的资本积累不断增加，应付风险、持续发展的能力不断增大。

进一步分析该公司股东权益增长的原因，可以发现，2017—2019年的净资产收益率不断增加，且在股东权益增长率中都占有较大比重，这说明该公司股东权益的增长主要来自净利润的增加，而不是来源于股东的新增投资。净资产收益率反映企业运用股东投入资本创造收益的能力，这表明高乐公司股东权益的增长主要是依靠企业运用股东投入资本所创造的收益，而不是依靠股东新投入的资本。根据以上分析可以判断该公司在股东权益方面具有较强的发展能力。

2. **资产增长指标**

（1）资产增长率

企业要增加销售收入，就需要通过增加资产投入来实现。资产是企业用于取得收入的资源，也是企业偿还债务的保障。资产增长是企业发展的一个重要方面，发展性高的企业一般能保持资产的稳定增长。

资产增长率就是本年度资产增加额与资产年初总额之比，用来反映企业总资产的增长速度的快慢。其计算公式如下：

$$资产增长率=\frac{资产年末总额-资产年初总额}{资产年初总额}\times 100\%$$

资产增长率大于零，则说明企业本年度资产规模增大。资产增长率越大，说明资产规模扩大得越快。资产增长率小于零，则说明企业本年度资产规模缩减，资产出现负增长。

**【例】**根据 xx 公司的有关资料，该公司 2019 年 12 月 31 日总资产为 7770 万元，2018 年 12 月 31 日总资产为 6500 万元，则该公司 2019 年度资产增长率计算如下：

$$\begin{aligned}资产增长率&=\frac{7770-6500}{6500}\times 100\%\\&=19.54\%\end{aligned}$$

通过计算可知该公司 2019 年的资产规模比 2018 年增长了 19.54%。

在进行资产增长率指标分析时，应注意以下几点：

1）分析资产增长的规模是不是合理。企业资产增长率高并不意味着企业的资产规模增长就一定合理。评价一个企业资产规模是否合理，必须与销售收入增长、利润增长等情况结合起来分析。只有在一个企业的销售收入增长、利润增长超过资产规模增长的情况下，这种资产规模增长才属于效益型增长，才是合理的、适当的。

2）正确分析企业资产增长的来源。企业的资产来源于负债和所有者权益。在其他条件不变的情况下，无论是增加负债规模还是增加所有者权益规模，都能够提高资产增长率。增加负债规模，说明企业增加负债筹资；而增加所有者权益规模，则可能是企业吸收了新的股东或者是实现了盈利。从企业发展的角度看，企业资产的增长应该主要来自所有者权益的增长，而不是负债的增长。相反，如果一个企业资产的增长完全依赖于负债的增长，而所有者权益在本年度内没有发生变动或者变动不大，说明企业不具备良好的发展潜力。

3）分析资产增长的趋势是否稳定。为了全面地认识企业资产规模的增长趋势和增长水平，应将企业不同时期的资产增长率加以比较。对于一个健康的处于成长期的企业，其发展规模应该是不断增长的。如果时增时减，则反映企业的经营业务不稳定，同时也说明企业并不具备良好的发展能力。

4）资产增长率是考核企业发展的重要指标。在对我国上市公司业绩综合排序时，该指标位居第二。

（2）固定资产成新率

固定资产成新率是企业当期平均固定资产净值同平均固定资产原值的比率，反映了企业所拥有的固定资产的新旧程度，体现了企业固定资产更新的快慢和持续发展的能力。

$$固定资产成新率=\frac{固定资产平均净值}{固定资产平均原值}\times100\%$$

该指标值高表明企业的固定资产比较新，可以为企业服务较长时间，企业对扩大再生产的准备比较充足，发展的可能性较大。

在进行固定资产成新率指标分析时，应注意以下几点：

1）应剔除企业应提未提折旧对固定资产真实情况的影响。

2）进行企业间比较时，注意不同折旧方法对指标的影响。

3）该指标受周期影响大，评价时应注意企业所处周期阶段这一因素。

【例】从 xxx 公司的资产负债表的资料为基础，分别计算该公司 2017 年、2018 年、2019 年的资产增长率、股东权益增加额及其占资产增加额的比重。其资产增长率指标计算如表 13–11 所示。

**表 13–11　xxx 公司资产增长率指标计算表**　　单位：万元、%

| 项目 | 2016年 | 2017年 | 2018年 | 2019年 |
|---|---|---|---|---|
| 资产总额 | 4454 | 4957 | 6500 | 7770 |
| 本年资产增长额 | — | 503 | 1543 | 1270 |
| 资产增长率 | — | 11.30 | 31.13 | 19.54 |
| 股东权益增长额 | — | 142 | 922 | 1250 |
| 股东权益增长额占资产增加额的比重 | — | 28.23 | 59.75 | 98.43 |

从表 13–11 可以看出，自 2017 年以来，高乐公司资产规模不断增加，从 2017 年的 4957 万元增加到 2019 年的 7770 万元。但是，2017 年以来的资产增长率时增时减，从 2017 年的 11.30% 提高到 2018 年的 31.13%，又从 2018 年的 31.13% 降低到 2019 年的 19.54%。这说明高乐公司近几年反映公司的经营业务不稳定，资产规

模呈现出不稳定发展趋势。

但是仅仅从这一点，我们还不能断定高乐公司不具有较强的资产增长能力，我们还必须分析该公司资产增长的效益性和资产增长的来源。资产增长的效益性将在下面的销售增长分析和利润增长分析中结合相关数据进行分析，在此我们主要分析资产增长的来源。如表 13–11 所示，2017 年、2018 年和 2019 年这三年的股东权益增加额占资产增加额的比重分别为 28.23%、59.75%、98.43%，可看出该公司这三年来股东权益增加额在资产增加额中所占的比重很大，尤其是 2019 年股东权益增长额占资产增加额的比重达到了 98.43%。资产增长的绝大部分来自股东权益的增加，说明这三年资产增长的来源比较理想。如果公司能够调整好资产规模，使其稳定发展，则该公司的资产增长能力还是很强的。

**3. 销售增长率指标**

（1）销售增长率

该指标是衡量企业经营状况和市场占有能力、预测企业经营业务拓展趋势的重要指标。不断增长的销售收入，是企业生存的基础和发展的条件。

销售增长率是指某一年度营业收入增加额与上年营业收入之比。它是评价企业发展能力的重要指标。其计算公式如下：

$$销售增长率=\frac{本年营业收入-上午营业收入}{上年营业收入}\times100\%$$

销售增长率是反映企业营业收入在一年之内增长幅度的比率。销售增长率大于零，说明企业本年的营业收入有所增加，本期销售规模扩大。销售增长率越高，说明企业营业收入增长得越快，销售情况越好，企业市场前景越好；反之，销售增长率小于零，则说明企业销售收入有所减少，销售规模减小，销售出现负增长，也就是企业的产品或者服务不适销对路，质次价高，或者是售后服务等方面存在问题，市场份额萎缩。

xxx 公司的利润表显示，其 2019 年度营业收入为 7660 万元，2018 年度营业收入为 7343 万元。由此可见 2019 年度企业销售增长率 $=\frac{7660-7343}{7343}\times100\%$

$=4.32\%$

该指标大于零表示企业本年的产品适销对路，企业市场前景好，销售收入有所增长。

分析企业的销售增长率时，应该注意以下几个方面：

1）销售增长率是衡量企业经营状况和市场占有能力的重要指标。不断增加的销售收入，是企业生存的基础和发展的条件。世界 500 强就主要以销售收入的多少进行排序。分析销售增长率时要分析销售增长的效益，也就是要看一个企业的销售增长率与资产增长率哪个大。一般情况下，一个企业的销售增长率应高于其资产增长率。只有在这种情况下，才能说明企业在销售方面具有良好的成长性。如果营业收入的增加主要是通过资产的增加来实现的，也就是销售增长率低于资产增长率，说明企业的销售增长不具有效益性，同时也反映企业在销售方面可持续发展能力不强。

2）可以利用某种产品销售增长率指标，来观察企业该种产品处于产品生命周期中的哪个时期。根据产品生命周期理论，每种产品的生命周期一般可以划分为四个阶段，产品在不同阶段反映出的销售情况也不同：在投入期，由于产品刚刚投入生产，产品销售规模较小，增长比较缓慢，这时这种产品的销售增长率较低；在成长期，由于产品市场不断扩大，生产规模不断扩大，销售迅速增加，产品销售增长较快，这时这种产品销售增长率较高；在成熟期，由于市场已经饱和，销售量趋于稳定，产品销售将不再有大幅度地增长，这时这种产品销售增长率与上一期相比变化不大；在衰退期，由于市场开始萎缩，产品销售增长速度放慢甚至出现负增长，即这种产品销售增长率较土期变动非常小，甚至表现为负数。企业的产品结构是由处在不同生命周期的产品系列组成。对一个具有良好发展前景的企业来说，较为理想的产品结构是“成熟一代，生产一代，储备一代，开发一代”。对于一个所有产品都处于成熟期或者衰退期的企业来说，其发展前景令人担忧。

3）要全面、正确地分析企业销售收入的增长趋势和增长水平。由于某个时期的销售增长率可能会受到一些偶然因素影响，仅仅就某个时期的情况而言，这些比率分析并不全面。因此，应结合企业历年的销售水平、企业市场占有情况、行业未来发展及其他影响企业发展的潜在因素，进行前瞻性预测，或者结合企业前三年的销售收入增长率作出趋势性分析判断。

（2）三年销售平均增长率

该指标表明企业主营业务收入连续三年增长的情况，体现了企业的持续发展态势和市场扩张能力。

$$三年销售平均增长率=(\sqrt[3]{\frac{当年主营业务收入总额}{三年前主营业务收入总额}}-1)\times 100\%$$

该指标越高，表明企业销售收入持续增长势头越好，企业积累和发展的基础越稳固，市场扩张能力越强。若指标低，则情况相反。

**【例】**根据附录中高乐公司的利润表，分别计算该公司 2017 年、2018 年和 2019 年的销售增长率指标。其销售增长率指标计算如表 13–12 所示。

表 13-12　xxx公司销售增长率指标计算表　单位：万元、%

| 项目 | 2016年 | 2017年 | 2018年 | 2019年 |
|---|---|---|---|---|
| 营业收入 | 4720 | 5969 | 7343 | 7660 |
| 本年营业收入增加额 | — | 1249 | 1374 | 317 |
| 销售增长率 | — | 26.46 | 23.02 | 4.32 |

首先，分析高乐公司销售收入的发展趋势和发展水平。从表 13-12 可以看出，该公司自 2017 年以来，其销售规模不断增大，营业收入从 2017 年的 5969 万元增加到 2019 年的 7660 万元。但从增长幅度来看，这三年来的销售增长率却一直呈下降的趋势，尤其是 2019 年的下降幅度很大，这说明该公司的销售增长速度已经开始放慢，逐渐趋于稳定的水平。

其次，利用表 13-11 的资产增长率指标，结合表 13-12 分析公司各年销售增长是否具有效益性。2017 年、2018 年、2019 年这三年的资产增长率分别为 11.30%、31.13%、19.54%。可见这三年的销售增长率均低于当年的资产增长率，这说明高乐公司这三年的销售增长主要是依靠资产的相应增加取得。因此，该公司销售增长不具有效益性。

**4. 净利润增长率指标**

由于净利润增长率是企业经营业绩的结果，所以净利润的增长是企业成长性的基本表现。净利润增长率是某一年度内税后净利润增加额与上年税后净利润之比。其计算公式是

$$净利润增长率=\frac{本年税后净利润-上年税后净利润}{上年税后净利润}\times 100\%$$

净利润增长率是反映企业税后净利润在一年内增长幅度的比率。一般情况下，净利润增长率大于零时，说明企业本期净利润增加，企业的发展前景较好；净利润增长率小于零时，说明企业本期的净利润减少，企业的发展前景不好。

【例】xxx 公司的有关资料显示，该公司 2019 年度税后净利润为 1810 万元，2018 年度税后净利润为 1191 万元，则该公司 2019 年度净利润增长率计算如下：

$$净利润增长率=\frac{1810-1191}{1191}\times 100\%$$

$$=51.97\%$$

通过计算可知，该公司的净利润增长率大于零，说明 2019 年该公司的净利润增加。

在分析企业净利润增长率时，应注意以下几点：

（1）分析净利润增长率时应该结合企业的营业利润增长率来进行。企业的净利润除了来自主营业务收入之外，还包括公允价值变动损益、资产减值损失、营业外收入等这些非主营业务收入。要全面地认识企业的发展能力，需要结合企业的营业利润增长率进行分析。一个企业如果销售收入增长，但是利润并没有增长，则从长远看，它并没有创造经济价值。同样，一个企业如果利润增长，但是销售收入并未增长，也就是说利润的增长不是来自其正常经营业务，这样的增长是不能持续的，随着时间的推移就会消失。所以，利用营业利润增长率可以较好地考察企业的成长性。营业利润增长率是某一年度内营业利润增加额与上年营业利润之比，其计算公式为

$$营业利润增长率=\frac{本年营业利润-上年营业利润}{上年营业利润}\times100\%$$

该公式反映的是营业利润增长情况。

**【例】** xxx 公司的有关资料显示，该公司 2019 年度营业利润为 2070 万元，2018 年度营业利润为 1366 万元，则该公司 2019 年度营业利润增长率如下：

$$\begin{aligned}营业利润增长率&=\frac{2070-1366}{1366}\times100\%\\&=51.54\%\end{aligned}$$

通过计算可知，该公司 2019 年度的营业利润与 2018 年度相比增长了 51.54%。营业利润增长率大于零，说明企业本期营业利润增加；营业利润增长率越大，则说明企业收益增长得越多。营业利润增长率小于零，说明企业本期营业利润减少，收益降低。

（2）为了正确地反映企业净利润的增长趋势，应将企业连续多期的净利润增长额、净利润增长率、营业利润增长率进行对比分析，这样可以排除个别时期偶然性或者特殊性因素的影响，从而全面、真实地揭示企业净利润的增长情况，反映企业发展能力的稳定性。

**【例】** 以 xxx 公司的有关资料为基础，分析该公司的净利润发展能力。

首先，利用相关数据分别计算该公司 2017 年、2018 年、2019 年的营业利润增长率和净利润增长率等指标。计算结果如表 13-13 所示。

**表 13-13　xxx 公司净利润增长率指标计算表**　　单位：万元、%

| 项目 | 2016年 | 2017年 | 2018年 | 2019年 |
|---|---|---|---|---|
| 营业利润 | 595 | 855 | 1366 | 2070 |
| 本年营业利润增加额 | — | 260 | 511 | 704 |

续表

| 项目 | 2016年 | 2017年 | 2018年 | 2019年 |
|---|---|---|---|---|
| 营业利润增长率 | — | 43.70 | 59.77 | 51.54 |
| 净利润 | 510 | 747 | 1191 | 1810 |
| 本年净利润增加额 | — | 237 | 444 | 619 |
| 净利润增长率 | — | 46.47 | 59.44 | 51.97 |

其次，根据表 13–13 分析 xxx 公司的营业利润增长率。从表中可以看出，该公司自 2017 年以来，其营业利润不断增加，营业利润从 2017 年的 855 万元增加到 2019 年的 2070 万元。结合表 13–12，该公司 2017 年、2018 年、2019 年三年的销售增长率分别是 26.46%、23.02%、4.32%，而该公司这三年的营业利润增长率分别为 43.70%、59.77%、51.54%。公司的营业利润增长率高于销售增长率，说明该公司这三年的营业收入和投资净收益的增长超过了营业成本、营业税费、期间费用等成本的增加，说明公司正处于成长期，业务不断拓展，其盈利能力较强。

再次，分析该公司的净利润增长率。结合公司的营业利润增长率来看，该公司 2017 年、2018 年、2019 年营业利润增长率分别是 43.70%、59.77%、51.54%，而该公司 2017 年、2018 年、2019 年净利润增长率分别是 46.47%、59.44%、51.97%。除了 2018 年净利润的增长幅度稍稍低于营业利润的增长幅度以外，2017 年、2019 年净利润的增长幅度都超过营业利润的增长幅度，说明这两年净利润的增长主要来源于营业利润的增长，企业具有良好的发展能力。

最后，综合以上分析，高乐公司在营业利润方面具有较强的发展能力，在净利润方面也具有一定的增长能力。

## 二、可持续发展能力分析

### 1. 可持续增长率及其影响因素分析

可持续增长率的假设条件如下：

（1）公司目前的资本结构是一个目标结构，并且打算继续维持下去；公司目前的股利政策是一个目标股利政策，并且打算继续维持下去；

（2）不愿意或者不打算发售新股，增加债务是其唯一的外部筹资来源；

（3）公司的销售净利率将维持当前水平，并且可以涵盖负债的利息；公司的资产周转率将维持当前的水平。

可持续增长率的计算公式为

可持续增长率 = 股东权益增长率

= 净资产收益率 ×（1– 股利支付率）

= 销售净利率 × 资产周转率 × 权益乘数 ×（1– 股利支付率）

可见，影响企业可持续增长率的因素包括：销售净利率、资产周转率、权益乘数和股利支付率。其中，销售净利率反映了企业生产经营的盈利能力；资产周转率则反映了企业的资产运营能力，说明企业资产的运营效率。在财务杠杆水平和股利支付率保持不变的条件下，销售净利率与资产周转率越高，可持续增长率就越高。销售净利率和资产周转率两个指标是企业经营绩效的综合体现。反映企业经营战略的成效，是企业综合实力的体现。而权益乘数和股利支付率则分别体现企业的融资政策和股利政策，反映企业的财务战略的成效。因此，如果企业要改变增长速度，就必须通过改变企业的经营战略或财务战略，或两者的组合。

可持续增长的思想，不是说企业的增长不可以高于或低于可持续增长率。问题在于管理人员必须事先预计并且加以解决在公司超过可持续增长率之上的增长所导致的财务问题。超过部分的资金只有两个解决办法：提高资产收益率，或者改变财务政策。提高经营效率并非总是可行的，改变财务政策是有风险和有极限的，因此超常增长只能是短期的。尽管企业的增长时快时慢，但从长期来看总是受到可持续增长率的制约。

**2. 提高可持续发展能力的主要途径**

提高可持续发展能力的主要途径，见表 13–14。

**表 13–14　提高可持续发展能力的主要途径**

| 途径 | 主要内容 |
| --- | --- |
| 制定企业财务战略，努力改善财务指标 | 财务战略目标规定了企业财务活动的基本特征和基本方向，是企业各项财务活动的行动指南和努力方向。它明确了在未来相当长的时期内，企业准备实现的财务战略使命。企业应根据其内外环境和财务战略目标，拟订相关实现目标的备选方案，通过分析论证，在权衡利弊得失的基础上选择实现财务战略的最优方案。为了提高可持续发展能力，企业在制定财务战略目标时，应以企业现金收益和风险的平衡为重点，根据企业发展的不同时期选择不同的财务战略，将财务指标控制在一定的幅度内，并在企业发展过程中，始终执行既定的财务战略，使企业可持续发展能力不断得到提高 |
| 建立财务危机预警系统，改善财务指标 | 一般来讲，理性的投资者绝不会单纯以收益为导向，而是期望收益的实现能够建立在良好的投资安全保障基础之上。作为企业，首先必须为投资者提供一种财务安全保障机制，然后在此基础上不断拓展核心竞争能力，实现资源配置的高效率与高效益性。只有这样，才能在企业价值增长与吸引投资者 |

续表

| 途径 | 主要内容 |
| --- | --- |
| 建立财务危机预警系统，改善财务指标 | 之间形成一种持续的良性互动机制。所谓财务预警系统，就是旨在监测预报企业可能或将要面临的财务危机，通过设置财务指标体系，并观察一些敏感性财务指标的变化，而建立的财务分析系统。市场的瞬变性与不可准确预见性，加之决策者素质水平的影响，使得风险成为客观存在。如果企业不能卓有成效地规避与防范各种风险因素，势必使企业的未来发展陷入严重的危机境地。当各种不测风险发生后，最易遭受侵害的显然是企业的财务管理：由财务状况的渐进恶化而引发财务危机。因此，建立财务危机预警系统，及早诊断出危机信号，并采取相应措施，改善财务指标，将危机消灭于萌芽阶段，成为确保企业财务安全和提高企业可持续发展能力的一项重要内容 |
| 实施全面预算管理，改善财务指标 | 全面预算管理就是通过价值驱动因素来进行资源配置管理，保证预算制定的过程能够适应不断变化的经营环境，从而采用高水平的财务模型来拓展年度预算的框架，建立以价值增值和可持续发展为目标的预算程序，进而监督企业的价值创造活动的全过程 |
| 优序融资政策，改善财务指标 | 筹资策略应根据内外财务管理环境的状况和走势，对资金筹措的目标、结构、渠道和方式等进行长期和系统的谋划，旨在为经营战略的实施和提高核心竞争力提供可靠的资金保证，并力求不断降低融资成本，提高筹资效益。企业应维持一个保守的财务比率，以保持企业持续进入资本市场的充足的借贷能力；制定能够以留存收益支持公司持续增长的股利支付率。这对处于成长期或成熟期的企业来说非常重要，这一融资政策既能够利用留存收益增强企业财务的灵活度，又能够利用债务融资维持或提高股票市场价值。企业应致力于优序融资政策，改善财务指标，使企业可持续发展能力不断得到提高 |

### 3. 可持续增长策略分析

#### （1）实际增长率大于可持续增长率

实际增长率大于可持续增长率意味着企业资金短缺。处于初创期和成长期的企业最容易发生现金短缺。如果管理者认为，企业的增长速度超过可持续增长率只是短期状况，不久随着企业逐步进入成熟阶段，企业的增长率将会降下来，那么从财务角度看，这种短缺问题最简单的解决办法是增加负债。当企业在不久的将来增长率下降时，用多余现金还掉借款，就会自动平衡。如果管理者认为，企业将长期保持高速增长，那么从财务角度看，可将下面的几种办法综合起来运用，以谋求平衡。

1）注入新的权益资本。当一个企业愿意并且能够在资本市场增发股票，它的可持续增长问题可得以消除。新增加的权益资本和利用财务杠杆增加的借款能力将为企业提供充足的发展资金。不过，对很多企业来讲，采用增加权益资本的办法有时会出现一些问题：首先，在没有资本市场或资本市场不发达的地方，增加权益资本的方法行不通。即使存在销售股票的可能性，也可能由于复杂的文件准备工作和申请程序使此项工作的确定性和及时性大打折扣。其次，即使存在较发达的资本市场，对一些小型企业来讲，由于发行股票往往因较为苛刻的条件难以满足而无法实施，或者因为没有很好的产品得到市场认同而无法大量销售股票。最后，即使有些企业能够通过增加权益资本来解决现金短缺问题，但由于种种原因，它们也可能不愿意使用这种方法。但由于权益资本的成本较高，并且权益筹资会导致流通在外股票数量增加，从而稀释每股收益和企业控制权，因此，也往往使得原股东不愿意采取这种战略。

2）提高财务杠杆。提高财务杠杆就是扩大负债比例，增加负债额。但是财务杠杆的提高是有上限的。每个企业对外来讲都有一个借贷上限，超过了上限以后，借款可能难以获得，也可能因为风险加大、成本太高而变得不经济了。公司的债务越多，偿债的压力就越大，陷入债务危机或破产的可能性就越大。同时债权人为了避免或弥补可能出现的损失，也会使借贷条件更加苛刻（如提高借贷利率），从而增加债权融资的成本。另外，增加负债额会增加财务风险。因为债务资本不仅要支付固定的利息，而且还要按约定条件偿还本金，是企业一项固定的财务负担，无财务弹性可言。如果企业未来的现金流量不稳定和债务调度不合理，一旦出现经营风险而无法偿还到期债务时，企业将面临较大的财务危机，甚至破产倒闭。

3）降低股利支付率。降低股利支付率与财务杠杆相反，股利支付率的降低有一个下限，即为零。股东对股利的态度与对企业投资机会前景的看法有很大关系。当股东们认为收益留在企业能产生较高的回报时，降低股利支付率则会使股东感到可以接受。当股东们认为企业的投资回报不能够令人满意时，股利支付率的降低则会引起他们的不满，最直接的表现是股票价格下跌。因此，仅仅依靠降低股利支付率可能不能满足企业的大规模资金需求。

4）非核心业务剥离。非核心业务剥离可以从两方面解决可持续增长问题：一是从卖掉的非核心业务中可以直接获取现金以支持保留业务的增长；二是通过剥离非核心业务，将因非核心业务引起的增长压力消除，从而降低企业的增长速度。非核心业务剥离不仅适用于多元化经营的企业，其指导思想对单一行业的企业也同样适用。单一行业经营的企业可以通过处理一些周转缓慢的存货项目和取消与一些经常延期付款客户的交易来实现剥离的目的。这样做至少可以从三个方面解决增长问题：产生多余现金支持增长；降低一些低质量销售收入以控制增长；提高资产周转率。

（2）实际增长率小于可持续增长率

当企业实际增长率低于可持续增长率时，说明企业现金充足、闲置。企业管理者要综合分析企业内部和外部的原因，找出影响销售增长的症结所在，确认企业的增长速度是否可以合理提高，并充分利用闲置资金。可采取的策略有：

1）寻找投资机会。一般来说，企业的实际增长率低于可持续增长率可能是企业没找到合适的投资机会。企业应寻求新的利润增长点，加大投资力度、选择新的投资项目或收购相关企业，从而避免资源闲置。

2）提高股利支付率。企业实际增长率低于可持续增长率时，管理层的注意力应该集中在如何有效支配多余的现金流量上。此时现金过剩企业可适当加大分红比例。这样既有利于企业树立良好的社会形象，也有利于稳定企业股票价格，从而增强投资者对企业持股的信心。

3）股份回购。当企业进入衰退期，又找不到新的利润增长点或进行有效转型，剩余资金也无适当用途（如将其作为银行存款或购买短期证券会影响企业的净资产收益率），这时企业可通过股份回购减少企业股本。这样不仅可充分利用企业现金顺差改善企业资本结构，还可以提高每股收益，从而缩小可持续增长率与实际增长率的差距，推动企业的可持续增长。

# 第十四章　项目投资与证券投资管理研究

## 第一节　项目投资管理

### 一、现金流量预测

1. 现金流量的内容

（1）现金流量的内容与预测

现金流量包括现金流入量，现金流出量和现金净流量三个具体概念。

1）现金流入量。一个方案的现金流入量，是指该方案所引起的企业现金收入的增加额。其中包括：

①营业现金流入。它是指项目投产后每年实现的全部销售收入或业务收入，是经营期主要的现金流入量项目。对于营业现金流入的估算，应按照项目在经营期内有关产品（产出物）的各年预计单价（不含增值税）和预测销售量进行估算。在按总价法核算现金折扣和销售折让的情况下，营业收入是指不包括折扣和折让的净额。此外，作为经营期现金流入量的主要项目，本应按当期现销收入额与回收以前应收账款的合计数确认，但为简化核算，可假定正常经营年度每期发生的赊销额与回收的应收账款大体相等。

可按下述公式计算营业现金流入量：

营业现金流入量=销售收入－付现成本

=销售收入－（销售成本－折旧）

=利润+折旧

如果考虑所得税的话，则上式中的利润应为税后净利润。

②回收固定资产余值。它是指投资项目的固定资产在终结点报废清理或中途变价转让处理时所回收的价值。对于回收固定资产余值的估算，为了简化核算我们假设主要固定资产的折旧年限等于生产经营期，因此，对于投资项目来说，通常只要

按主要固定资产的原值乘以其法定净残值率，即可估算出在终结点发生的回收固定资产余值；在生产经营期内提前回收的固定资产余值可根据其预计净残值估算。

③回收流动资金。它主要是指新建项目在项目寿命期完全终止时因不再发生新的替代投资而回收的原垫付在各种流动资产上的全部流动资金投资额。流动资金属于周转性资金，于生产经营期开始时投出，生产经营期结束时收回。在项目终结点一次回收的流动资金应等于各年垫支的流动资金投资额的合计数。

④原有资产的变价收入。原有资产的变价收入是指更新改造项目因处理旧厂房、设备等资产而发生的一些收入。

⑤其他现金流入量。这主要是指以上三项指标以外的现金流入量项目。

2）现金流出量。一个方案的现金流出量，是指该方案所引起的企业现金支出的增加额。其中包括：

①资本投资。资本投资又称“原始总投资”“初始投资”，是反映项目所需现实资金水平的价值指标。从项目投资的角度看，原始总投资是企业为使项目完全达到设计生产能力、开展正常经营而投入的全部现实资金，其中包括建设投资和流动资金投资两项内容。

建设投资是指在建设期内按一定生产经营规模和建设内容进行的固定资产投资（包括固定资产的购入或建造成本、运输成本和安装成本等）、无形资产投资和开办费投资等项投资的总称，它是项目建设期内发生的主要现金流出，在估算建设投资时，其中固定资产投资主要应当根据项目规模和投资计划所确定的各项建筑工程费用、设备购置成本、安装工程费用和其他费用来估算。无形资产投资和开办费投资，应根据需要和可能，逐项按有关的资产评估方法和计价标准进行估算。

流动资金投资是指用于生产经营周转使用的营运资金投资，包括对材料、在产品、产成品和现金等流动资产的投资。长期投资项目除了会在筹建阶段发生大量的固定资产投资支出外，通常还需要在投产后将一部分资金垫支在现金、应收账款和存货等流动资产上。这些资金一经投入，便在整个投资期限里围绕着企业的生产经营活动进行周而复始的循环周转，直至项目终结时才退出收回，并转作他用。

②付现的经营成本。付现的经营成本是指在生产经营期内为满足正常生产经营而动用现实货币资金支付的成本费用，它是生产经营阶段最主要的现金流出量。与项目相关的某年付现的经营成本等于当年的总成本费用扣除该年折旧额、无形资产和开办费摊销额的差额。这是因为总成本费用中包含了一部分非现金流出的内容。这些项目大多与固定资产、无形资产和开办费等长期资产的价值转移有关，不需要动用现实货币资金。项目每年总成本费用可在经营期内一个标准年份的正常产销量

和预计消耗水平的基础上进行测算；年折旧额、年摊销额可根据本项目的固定资产原值、无形资产和开办费投资以及这些项目的折旧或摊销年限进行估算。

③其他支出。这是指以上三项指标以外的现金流出量项目。

3）净现金流量。净现金流量又称“现金净流量”是指在项目计算期内由每年现金流入量与同年现金流出量之间的差额所形成的序列指标，是计算项目投资决策评价指标的重要依据。根据净现金流量的定义，可将其理论公式归纳为：

净现金流量=现金流入量-现金流出量

（2）项目投资决策使用现金流量的原因

投资决策之所以要以按收付实现制计算的现金流量作为评价项目经济效益的基础，主要有以下三方面的原因：

1）现金流量是企业关注的真正焦点。现金是企业生存运转的血液。在市场经济的竞争过程中，投资者很关心企业的现金流量，因为企业日常经营活动需要现金、偿还债务需要现金、收益分配需要现金等等。一些会计利润很高的企业可能会由于现金的短缺而陷入经营困境，甚至破产。在项目投资决策中，使用现金流量能够将之与投资者的需求紧密结合起来。

2）采用现金流量便于正确考虑时间价值因素。长期投资决策必须认真考虑资金的时间价值因素，这就要求在决策时一定要弄清每笔预期收入款项和支出款项的具体时间，因为不同时间的资金具有不同的价值。因此，在衡量方案优劣时，应根据各投资项目寿命周期内各年的现金流量，按照资金成本，结合资金的时间价值来确定。而利润的计算并不考虑资金收付的时间，它是以权责发生制为基础的，因此不便于考虑资金时间价值。例如，按会计制度，在固定资产上的资本支出要在后续若干年内提取折旧，折旧及摊销要从每年的应税收入中减去，从而减少了会计利润；但从现金流角度看，固定资产的资本支出在期初已经发生，因此，折旧和摊销本身不是现金流而是非付现费用，即不是现金流入，也不是现金流出，只是因税法允许其冲减应税收入，在公司有盈利的条件下，会减少纳税额，即折旧和摊销以减少纳税方式间接带来现金流入。现金流量的确定以收付实现制为基础，反映了收入和成本的发生时间，因此在投资决策中为了正确考虑时间价值的因素，不宜采用利润，而应采用现金流量来衡量项目的优劣。

3）在长期投资决策中，应用现金流量能科学、客观地评价投资方案的优劣。利润的计算没有一个统一的标准，在一定程度上要受存货估价、费用摊配和折旧计提不同方法的影响，因而，净利润的计算比现金流量的计算有更大的主观随意性，作为决策的主要依据不太可靠。

（3）确定现金流量时应注意的问题

1）只有增量现金流量才是与项目相关的现金流量。在确定投资方案的相关现金流量时，应遵循的最基本原则是：只有增量现拿流量才是与项目相关的现金流量。所谓增量现金流量，是指接受或拒绝某个投资方案后，企业总现金流因此发生的变动。只有那些由于采纳某个项目引起的现金支出增加额，才是该项目的现金流出；只有那些由于采纳某个项目而引起的现金流入增加额，才是该项目的现金流入。在确定相关现金流量时，应注意以下几个问题（见表 14–1）：

**表 14–1　应注意的问题**

| 问题 | 注意内容 |
| --- | --- |
| 充分考虑机会成本 | 机会成本是指在决策过程中选择某个方案而放弃其他方案丧失的潜在收益。资金或资产往往都具有多种用途，用在一个项目上就不能同时用在另一个项目上。因此，一个投资项目的收益往往是建立在放弃另一个项目的收益的基础之上的。由此，尽管放弃的收益不构成公司真正的现金流出，也无需作为账面成本，但是必须作为选中项目的成本来考虑，否则就不能正确判断一个项目的优劣 |
| 要注意区分相关成本和非相关成本 | 相关成本是指与特定决策有关的、在分析评价时必须加以考虑的成本。通常，差额成本、未来成本、重置成本、机会成本等都属于相关成本。与此相反，与特定决策无关、在分析评价时不必加以考虑的成本是非相关成本。例如，沉没成本、过去成本、账面成本等往往是非相关成本 |
| 要考虑项目对企业其他部门的影响 | 在公司采纳某个项目之后，很可能会对公司的其他部门产生有利或不利影响，进行投资决策时也必须将这些影响视为项目的成本或收入，否则不能正确评价项目对公司整体产生的影响。例如，新产品的推出，可能会影响原有产品的销路，整个公司的总销售收入也许不会增加，甚至还可能减少。因此，在作投资决策分析时，不应直接将新产品的收入作为增量收入来处理，而是应扣除其他部门因此减少的销售收入 |

2）时点化假设。为便于利用资金时间价值的形式，不论现金流量具体内容所涉及的价值指标是时点指标还是时期指标，均假设按照年初或年末的时点指标处理。

选定时间轴很重要。通常的做法是：

①以第一笔现金流出的时间为“现在”时间，即“零”时点。不管它的日历时间是几月几日。在此基础上，以一年为一个计息期。

②对于原始投资，如果没有特殊指明，均假设现金在每个“计息期初”支付；如果特别指明支付日期，如 3 个月后支付 100 万元，则要考虑在此期间的时间价值。

③对于营业现金流量，尽管其流入和流出都是陆续发生的，均假设营业现金净流入在“计息期末”取得。

2. **现金流量的计算**

**【例】**xx 公司准备购入一台设备以扩充生产能力，现有甲、乙两个方案可供选择。甲方案需投资 10 万元，使用寿命为 5 年，直线法折旧，到期无残值。5 年中每年销售收入为 6 万元，每年的付现成本为 2 万元。乙方案需投资 12 万免同释系用直线法 1 年，5 年使用寿命结束后有残值 2 万元，5 年中每年的销售收入为 8 万元，付现成本第一年为 3 万元，以后随着设备陈旧，每年需增加维修费 4000 元。另外，乙方案需要垫支流动资金 3 万元。假设企业适用的所得税税率为 40%。试确定甲、乙两方案的各年现金流量。

解：甲方案的每年折旧 =100000/5=20000（元）

甲方案各年的现金流量如表 14–2 所示。

**表 14–2　甲方案各年现金流量计算表**　　（单位：元）

| 项目 | 第0年 | 第1年 | 第2年 | 第3年 | 第4年 | 第5年 |
|---|---|---|---|---|---|---|
| 固定资产投资 | -100000 | | | | | |
| 固定资产残值收回 | | | | | | |
| 流动资金垫支 | | | | | | |
| 销售收入 | | 60000 | 60000 | 60000 | 60000 | 60000 |
| 付现成本 | | 20000 | 20000 | 20000 | 20000 | 20000 |
| 折旧 | | 20000 | 20000 | 20000 | 20000 | 20000 |
| 税前净利 | | 20000 | 20000 | 20000 | 20000 | 20000 |
| 所得税 | | 8000 | 8000 | 8000 | 8000 | 8000 |
| 税后净利 | | 12000 | 12000 | 12000 | 12000 | 12000 |
| 各年营业现金净流量 | | 32000 | 32000 | 32000 | 32000 | 32000 |
| 各年现金流量 | -100000 | 32000 | 32000 | 32000 | 32000 | 32000 |

乙方案的每年折旧 =（120000–20000）/5=20000（元）

乙方案各年的现金流量如表 14–3 所示。

表 14–3　乙方案各年现金流量计算表　（单位：元）

| 项目 | 第0年 | 第1年 | 第2年 | 第3年 | 第4年 | 第5年 |
|---|---|---|---|---|---|---|
| 固定资产投资 | –120000 | | | | | |
| 固定资产残值收回 | | | | | | 20000 |
| 流动资金垫支 | –30000 | | | | | 30000 |
| 销售收入 | | 80000 | 80000 | 80000 | 80000 | 80000 |
| 付现成本 | | 30000 | 34000 | 38000 | 42000 | 46000 |
| 折旧 | | 20000 | 20000 | 20000 | 20000 | 20000 |
| 税前净利 | | 30000 | 26000 | 22000 | 18000 | 14000 |
| 所得税 | | 12000 | 10400 | 8800 | 7200 | 5600 |
| 税后净利 | | 18000 | 15600 | 13200 | 10800 | 8400 |
| 各年营业现金净流量 | | 38000 | 35600 | 33200 | 30800 | 28400 |
| 各年现金流量 | –150000 | 38000 | 35600 | 33200 | 30800 | 78400 |

## 二、项目投资决策评价指标的测算

### 1. 项目投资决策评价指标的含义及分类

（1）项目投资决策评价指标的含义

项目投资决策评价指标是用于衡量和比较投资项目可行性，以便进行方案决策的定量化标准与尺度，主要包括投资回收期、平均报酬率、净现值、获利指数和内含报酬率等。

（2）项目投资决策评价指标的分类

按是否考虑资金时间价值，项目投资决策评价指标可分为非贴现评价指标和贴现评价指标。非贴现评价指标是指在计算过程中不考虑资金时间价值因素的指标，包括平均报酬率和投资回收期。贴现评价指标是指在计算过程中充分考虑和利用资金时间价值因素的指标，包括净现值、获利指数和内含报酬率。

按在决策中的重要性，项目投资决策评价指标可分为主要指标和辅助指标。净现值、获利指数、内含报酬率为主要指标，投资回收期、平均报酬率为辅助指标。

按性质不同，项目投资决策评价指标可分为正指标和反指标。在一定范围内越大越好的指标为正指标，反指标则是在一定范围内越小越好的指标。只有投资回收期属于反指标。

**2. 项目投资决策评价指标的测算**

（1）投资回收期

1）含义。投资回收期（Payback Period，PP），简称“回收期”，是指用投资项目的营业净现金流量回收原始总投资所需要的全部时间，通常以年来表示。该指标在计算过程中不考虑资金的时间价值，在选择方案时起辅助作用。

2）计算原理。投资回收期的计算方法，因投资项目每年现金净流量是否相等而有所不同。

①当项目的每年现金净流量相等时，则可用下式计算：

$$投资回收期=\frac{原始投资额}{每年营业净现金流量}$$

②当项目的每年现金净流量不相等时，要根据每年年末尚未回收的投资额加以确定。设 M 为收回原始投资额的前一年。

$$投资回收期=M+\frac{第M年的尚未回收额}{第（M+1）年的现金净流量}$$

**【例】**以 xx 公司的资料为例，分别计算甲、乙方案的投资回收期。

甲方案的每年现金净流量相等，所以：

甲方案投资回收期=100000/32000=3.125（年）

乙方案每年现金净流量不相等，所以应先计算其各年尚未回收的投资额（见表 14–4）。

乙方案投资回收期=4+12400/78400=4.16（年）

**表 14–4**（单位：元）

| 年度 | 每年现金净流量 | 年末尚未回收的投资额 |
|---|---|---|
| 1 | 38000 | 112000 |
| 2 | 35600 | 76400 |
| 3 | 33200 | 43200 |
| 4 | 30800 | 12400 |
| 5 | 78400 | — |

3）择优原则。对于独立方案，需要将方案的投资回收期与预先确定的基准投资回收期或行业平均投资回收期比较：若方案投资回收期小于或等于基准投资回收期，方案可行；若方案投资回收期大于基准投资回收期，方案不可行。对于互斥方案，首先要排除大于基准投资回收期的方案，然后在各可行方案中选择投资回收期最小

的方案。

根据择优原则，在上述例题中，如果我们事先确定的基准投资回收期是 4.5 年，那么甲、乙作为独立方案来说，都是可行的；如果作为互斥方案，甲方案的投资回收期较短，优于乙方案。

4）指标评价。该指标的优点：计算简便，容易理解；可以用于衡量投资方案的相对风险。一般来讲，投资回收期越短，说明该项投资在未来时期内的风险越小，从而可避免将来经营环境变化的不利影响；反之，风险越大。但该指标也存在一些缺陷，主要有：没有考虑资金的时间价值，精确度不够；忽略了整个项目期间的现金流量。它既不考虑回收期内现金流量的时间序列，也忽略了回收期后的项目现金流量；回收期的长短不能代表投资项目的盈利能力，它只是投资项目的保本指标。所以，投资回收期一般只适用于对投资方案的初步评价，只是项目投资评价的辅助指标。

（2）平均报酬率

1）计算原理。平均报酬率有多种计算方法，其最常见的计算公式为：

$$平均报酬率=\frac{平均现金净流量}{原始投资额}\times 100\%$$

**【例】**续例 14–2 的资料，试计算甲、乙方案的平均报酬率。

甲方案的平均报酬率 =32000/100000 × 100%=32%

乙方案的平均报酬率 =[（38000+35600+33200+30800+78400）/5]/150000 × 100%=28.8%

2）择优原则。对于独立方案，只要将方案的平均报酬率与预先确定的基准投资报酬率或行业平均投资报酬率比较，若方案平均报酬率大于或等于基准投资报酬率，方案可行；若方案平均报酬率小于基准投资报酬率，方案不可行。对于互斥方案，首先要排除小于基准投资报酬率的方案，然后在各可行方案中，选择平均报酬率最大的方案。

根据择优原则，在上述例题中，如果我们事先确定的基准投资报酬率是 30%，那么就要排除掉乙方案，而选择甲方案。

3）指标评价。平均报酬率的主要优点是简单明了，易于理解和掌握。其缺点在于没有考虑资金时间价值因素，第一年的现金流量与最后一年的现金流量被认为具有相同的价值，所以，有时会作出错误的决策，不能正确反映建设期的长短、投资方式的不同和回收额有无等条件对项目的影响。

（3）净现值

1）计算原理。由于对任何一项长期投资来说，总希望未来能获得的报酬总金额比原投资的金额更多一些，但未来得到的报酬和原投资额发生在不同时期，根据资金时间价值原理，这两项金额必须统一在同一时间的基础上才好对比。因此，必须把未来能获得的报酬按照资本成本折算成现值，然后再和该项投资的现值进行对比。净现值的计算公式如下：

$$NPV=\frac{NCF_1}{(1+k)^1}+\frac{NCF_2}{(1+k)^2}+\frac{NCF_3}{(1+k)^3}+\cdots+\frac{NCF_n}{(1+k)^n}-C$$

式中：NPV——净现值；NCFt——第t年的净现金流量；k——贴现率（资本成本或企业要求的报酬率）；n——责百年限；C——原始投资额。

【例】续例14-2的资料，假设资本成本率为10%，试计算甲、乙方案的净现值。

甲方案的现金净流量相等，可直接套用公式。

甲方案的净现值 $=32000\times PVIFA/_{10\%,\ 5}-100000=21312$（元）

乙方案的现金净流量不相等，列式如下：

乙方案的净现值 $=(38000\times PVIF_{10\%,\ 1}+35600\times PVIF_{10\%,\ 2}+33200\times PVIF_{10\%,\ 3}+30800\times PVIF_{10\%4}+78400\times PVIF_{10\%5})-150000$

$=8603.6$（元）

2）择优原则。净现值指标是反映投资项目在整个寿命期内的获利能力的指标。利用该指标对投资方案进行决策时，应遵循如下原则：对于独立方案，若方案净现值大于或等于零，方案可行；若净现值小于零，方案不可行。对于互斥方案，首先要排除掉小于零的方案，然后在各可行方案中选择净现值最大的方案。

根据择优原则，上述例题的计算结果表明，两个方案的净现值都大于零，都是可行方案。两个方案中，甲方案的净现值更大，为最优方案。

3）指标评价。

①净现值指标是一个比较理想的投资评价指标。它的优点是：

第一，考虑了资金的时间价值，增强了投资经济性的评价。

第二，考虑了现金流量，反映了项目可获利润额，体现了流动性与收益性的统一。

第三，考虑了投资风险性，因为贴现率的大小与风险大小有关，风险越大，贴现率越高。

②缺点有：

第一，不能反映各投资方案的投资收益水平，当各项目投资额不同时，仅用净现值是不能确定投资方案优劣的。

第二，现金净流量测算和贴现率确定困难，都是建立在预测基础上的，把不确定因素引人净现值计算中本身就是有风险的。

第三，净现值指标计算较麻烦，且较难理解掌握。

（4）获利指数

1）计算原理。获利指数的计算公式为：

$$PI=\left[\frac{NCF_1}{(1+k)^1}+\frac{NCF_2}{(1+k)^2}+\frac{NCF_3}{(1+k)^3}+\cdots+\frac{NCF_n}{(1+k)^n}\right]/C$$

$$\text{即}：PI=\frac{\text{未来报酬的总现值}}{\text{初始投资的现值}}$$

【例】依据例 14–2 的资料，试计算甲、乙方案的获利指数。

甲方案的获利指数 = 未来报酬的总现值 / 初始投资的现值

=121312/100000=1.21

乙方案的获利指数 = 未来报酬的总现值 / 初始投资的现值

=158603.6/150000=1.06

2）择优原则。对于独立方案，若方案获利指数大于或等于 1，方案可行；若方案获利指数小于 1，方案不可行。对于互斥方案，首先要排除获利指数小于 1 的方案，然后在各可行方案中，选择获利指数最大的方案。

根据择优原则，在上述例题中，两个方案的获利指数都大于 1，作为独立方案来讲都是可行的。作为互斥方案，由于甲方案的获利指数更大，因此甲方案更优。

3）指标评价。现值指数的优缺点与净现值基本相同，但有一个重要区别是，现值指数可从动态角度反映项目投资的资金投入与产出之间的关系，可以弥补净现值在投资额不同方案之间不能比较的缺陷，使投资方案之间可直接用现值指数进行对比。

（5）内含报酬率

1）计算原理。内含报酬率的计算公式为：

$\left[\frac{NCF_1}{(1+IRR)^1}+\frac{NCF_2}{(1+IRR)^2}+\frac{NCF_3}{(1+IRR)^3}+\cdots+\frac{NCF_n}{(1+IRR)^n}\right]-C=0$时的 IRR 值内含报酬率的计算方法，因每期现金净流量是否相等而有所不同，现分述如下：

①每期的现金净流量相等时（年金法），可按如下步骤进行计算：

第一步，计算年金现值系数，年金现值系数 = 原始投资额 / 每期相等的现金净流量。

第二步，根据年金现值系数，查 n 年的年金现值系数表。如果恰好 n 年年金现值系数表上能找到计算的年金现值系数，则该系数对应的折现率为所求的内含报酬率。

第三步，如果 n 年年金现值系数表上不能找到计算的年金现值系数，则利用系数表上同期略大于或略小于该数值的两个临界值及其对应的折现率，用插值法计算近似的内含报酬率。

②每期的现金净流量不相等时，可按如下步骤进行计算（逐步测试法，即通过计算项目不同设定折现率的现值，最终使所选用的折现率逼近项目的内含报酬率）：

第一步，设定一个折现率 $i_1$，计算项目的净现值 $NPV_1$ 并进行判断。当 $NPV_1=0$，即 IRR=i 计算结束；当 $NPV_1>0$，说明估计的贴现率小于方案的内含报酬率，应提高估计的贴现率，再行测试；当 $NPV_1<0$，说明估计的贴现率大于方案的内含报酬率，应降低估计的贴现率，再行测试。经过逐次测试，最终找出由正到负的两个邻近的贴现率。

第二步，根据上述两个邻近的贴现率采用插值法，计算出该方案的内含报酬率。

**【例】**续例 14-2，试计算甲、乙方案的内含报酬率。

因甲方案的每期现金净流量相等，则可采用年金法进行计算。

年金现值系数 = 原始投资额 / 每期相等的现金净流量

=100000/32000=3.125

查年金现值系数表，第 5 期与 3.125 相邻近的年金现值系数为 3.127 和 3.058，对应的 i 分别是 18% 和 19%，现用插值法计算如下：

贴现率　年金现值系数

18%　3.127

IRR　3.125

19%　3.058

$\frac{IRR-18\%}{19\%-18\%}=\frac{3.125-3.127}{3.058-3.127}$解得 IRR=18.03%

因乙方案的每期现金净流量不相等，则可采用逐步测试法进行计算（见表 14-5）。

现用插值法进行计算。

贴现率　年金现值系数

11%　4202

IRR　0

12%　　　　　-13

$$\frac{IRR-11\%}{12\%-11\%}=\frac{0-4202}{-13-4202}$$解得 IRR=11.99% ≈ 12%

**表 14–5**　　　　（单位：元）

| 年度 | NCFt | 测试 10% | | 测试 11% | | 测试 12% | |
|---|---|---|---|---|---|---|---|
| | | 复利现值系数 $PVIF_{10\%,t}$ | 现值 | 复利现值系数 $PVIF_{11\%,t}$ | 现值 | 复利现值系数 $PVIF_{12\%,t}$ | 现值 |
| 0 | –150000 | 1.000 | –150000 | 1.000 | –150000 | 1.000 | –150000 |
| 1 | 38000 | 0.909 | 34542 | 0.901 | 34238 | 0.893 | 33934 |
| 2 | 35600 | 0.826 | 29406 | 0.812 | 28907 | 0.797 | 28373 |
| 3 | 33200 | 0.751 | 24933 | 0.731 | 24269 | 0.712 | 23638 |
| 4 | 30800 | 0.683 | 21036 | 0.659 | 20297 | 0.636 | 19589 |
| 5 | 78400 | 0.621 | 48686 | 0.593 | 46491 | 0.567 | 44453 |
| NPV | — | — | 8603 | — | 4202 | — | –13 |

2）择优原则。对于独立方案，应将投资方案的内含报酬率与部门或行业的基准收益率比较。若方案内含报酬率大于或等于基准收益率，方案可行；若方案内含报酬率小于基准收益率，方案不可行。对于互斥方案，首先要排除掉内含报酬率小于基准收益率的方案，然后在各可行方案中，选择内含报酬率最大的方案。

根据择优原则，在上述例题中，若该公司所处行业的基准投资收益率为 15%，两个方案的内含报酬率都大于基准收益率，作为独立方案来讲都是可行的；作为互斥方案，由于甲方案的内含报酬率更大，因此甲方案更优。

3）指标评价。内含报酬率是一个常用且重要的项目投资决策指标，它考虑了资金的时间价值，能正确反映投资项目本身实际能达到的真实报酬率，且用百分比表示容易与资本成本比较。这种方法的计算比较复杂，特别是每年现金净流量不相等的投资项目，一般要经过多次测算才能求得，只能借助计算机的使用解决这一问题。

## 三、项目投资决策评价指标的应用

### 1. 固定资产更新决策

随着科学技术的发展，作为公司基础生产设施的机器设备，尤其是非常规、高新技术设备的寿命周期越来越短，更新换代的速度日益加快。在旧设备还能继续使用的情况下，当生产效率更高，原料、动力等消耗更低的新设备出现时，公司就会面临固定资产是否更新的决策，它是公司项目投资决策的一项重要内容。

（1）旧设备剩余使用年限与新设备的使用年限相同

如果旧设备剩余使用年限与新设备的使用年限相同，可以采用净现值法进行分析，确定旧设备的更新是否有利。

【例】大王公司的一台旧设备原价为 40 万元，估计还可以使用 6 年，假设期满报废时无残值。公司按直线法计提折旧，该设备已提折旧 16 万元，账面净值为 24 万元。如果继续使用该设备每年可以获得营业收入 60 万元，每年用现金支付的营业成本为 45 万元。旧设备此时出售可得收入 24 万元。现在公司准备购置一台新设备以提高产品的性能。

购买新设备需要 60 万元，预计可使用 6 年，期满有残值 3 万元。采用新设备后，每年可以增加销售收入 10 万元，同时可以节约付现营业成本 5 万元。公司所要求的最低投资报酬率为 12%。公司经理要求财务人员对固定资产是否需要更新作出决策。假设公司适用所得税税率为 25%。

首先，计算两个方案的年营业现金净流量，如表 14-6 和表 14-7 所示。

使用旧设备方案固定资产折旧额 =240000 ÷ 6=40000（元）

更新设备方案固定资产折旧额 =（600000-30000）÷ 6=95000（元）

**表 14-6　两方案营业现金净流量表**　（单位：元）

| 项目 | 使用旧设备 | 采用新设备 |
|---|---|---|
| 销售收入 | 600000 | 700000 |
| 付现成本 | 450000 | 400000 |
| 年折旧额 | 40000 | 95000 |
| 税前净利 | 110000 | 205000 |
| 所得税 | 27500 | 51250 |
| 税后净利 | 82500 | 153750 |
| 营业现金净流量 | 122500 | 248750 |

**表 14-7　两方案现金流量表**　（单位：元）

| 项目 | 0 | 1 | 2 | 3 | 4 | 5 | 6 |
|---|---|---|---|---|---|---|---|
| 使用旧设备方案 | | | | | | | |
| 原始投资 | -240000 | | | | | | |

续表

| 项目 | 0 | 1 | 2 | 3 | 4 | 5 | 6 |
|---|---|---|---|---|---|---|---|
| 营业现金净流量 | | 122500 | 122500 | 122500 | 122500 | 122500 | 122500 |
| 现金流量合计 | –240000 | 122500 | 122500 | 122500 | 122500 | 122500 | 122500 |
| 更新设备方案 | | | | | | | |
| 原始投资 | –600000 | | | | | | |
| 营业现金净流量 | | 248750 | 248750 | 248750 | 248750 | 248750 | 248750 |
| 固定资产残值 | | | | | | | 30000 |
| 现金流量合计 | –600000 | 248750 | 248750 | 248750 | 248750 | 248750 | 248750 |

其次，计算两方案净现值如下：

$$使用旧设备方案的净现值=122500\times PVIFA_{12\%,\ 6}-240000=263647（元）$$

$$更新设备方案的净现值=248750\times PVIFA_{12\%,\ 6}+30000\times PVIFA_{12\%,\ 6}-600000=437909（元）$$

通过计算，更新设备的净现值大于使用旧设备的净现值，根据净现值指标的决策规则，该公司应进行固定资产更新。

（2）旧设备剩余使用年眼与新设备的使用年限不同

如果旧设备剩余使用年限与新设备的使用年限不同，就无法直接采用净现值法进行分析。为了使投资项目的各项指标具有可比性，要设法使其在相同的寿命期内进行比较，可以采用最小公倍寿命法和年均净现值法。

1）最小公倍寿命法。在进行具有不同寿命期的互斥项目排序时，项目投资决策的基本方法都无法直接地给出正确的解答。问题的关键在于，寿命期限较短的项目结束之后将会如何？一个有效的选择方法是最小公倍寿命法。所谓最小公倍寿命法，也称“项目复制法”，是指寿命期限较短的项目结束之后，用相同或相似的项目重复替换，直至不同寿命期限的互斥项目达到年限相等、替换次数为不同寿命期限的最小公倍数，然后就可以采用净现值法进行决策，选择最优方案。

**【例】**某企业面临两个互斥投资项目 C 和项目 D，有关资料如表 14–8 所示。

**表14-8　C、D项目有关资料**　（单位：元）

| | C项目 | D项目 |
|---|---|---|
| 单个项目寿命（年） | 3 | 6 |
| 初始投资 | 150000 | 210000 |
| 投产后每年NCF | 80000 | 70000 |
| 各项目特定贴现率下的净现值 | 29680 | 47950 |
| 最小公倍寿命 | 6 | |
| 项目的贴现率 | 16% | |

如果按单个项目净现值直接比较，D项目较优。但是由于两个项目的寿命期不相同，因此不能直接使用净现值指标进行比较。两个项目寿命期的最小公倍数是6年，在这个共同期间内，C项目可以进行2次投资，D项目可以进行1次投资。

重新计算将A项目投资两次的净现值如下：

$$NPV_c=29680+29680\times PVIF_{16\%.3}=48696（元）$$

由于重新计算的A项目的净现值是48696元，大于D项目的净现值47950元，因此，应该采纳C项目。

最小公倍寿命法易于理解，但是由于依赖于项目的运行寿命期限，而达到不同项目的共同寿命有时是很困难的。比如，甲、乙两项目的寿命期限分别为7年和9年，按最大公倍数，共同寿命期限就是63年，这时的计算就非常复杂了。

2）年均净现值法（也称“等效年金法”）。年均净现值法是通过先计算项目的NPF，再除以年金现值系数$PVIFA_{i,\ n}$，得出项目的年均净现值，从而进行不同项目投资决策的方法。

$$年均净现值=\frac{NPV}{PVIFA_{i.n}}$$

【例】续上例：

$$C项目的年均净现值=\frac{29680}{PVIFA1_{6\%.3}}=13215(元)$$

$$D项目的年均净现值=\frac{47950}{PVIFA_{16\%.6}}=13013(元)$$

可以看出，C项目的年均净现值大于D项目的年均净现值，因此，应该选择C项目进行投资。

2. **资本限量决策**

所谓资本限量，是指某一特定时期内的资本支出总量必须在预算约束之内，不能超过预算约束。企业有许多可以接受的投资项目，但没有足够的资金进行投资。由于内含报酬率计算较为繁琐，因此在进行资本限量决策时，常用净现值指标进行选择。

在资本限量的约束条件下，净现值是辨别最佳项目组合的有利工具，可以测量项目的净收益大小。

其步骤是：首先，计算各项目的净现值；其次，对净现值为正的项目在资本限量内进行各种可能的组合；最后，根据各投资组合的净现值，选择净现值综合最大的投资项目组合。

**【例】**某企业可用于投资的资本总额为 100 万元，有表中所示的 6 个项目可供选择，要求进行资本限量决策。

**表 14–9**　　（单位：元）

| 投资项目 | 初始投资 | 净现值 |
|---|---|---|
| A | 150000 | 90000 |
| B | 360000 | 270000 |
| C | 480000 | 300000 |
| D | 330000 | 450000 |
| E | 270000 | 300000 |
| F | 150000 | –30000 |

分析：上述投资项目中，前 5 个项目的净现值均大于零，在财务上是可行的，而 F 项目的净现值小于零，根据净现值指标的评价准则，F 项目应该放弃。因此，将净现值大于零的前 5 个项目在资本限额内进行各种可能的组合，计算出每一个组合的净现值总和，以便选择净现值总和最大的一组项目。

**表 14–10**　　（单位：元）

| 项目组合 | 初始投资 | 净现值总和 |
|---|---|---|
| ABC | 990000 | 660000 |
| ABD | 840000 | 810000 |
| ABE | 780000 | 660000 |
| BDE | 960000 | 1020000 |
| ACD | 960000 | 840000 |
| ADE | 750000 | 840000 |

在资本限量为100万元的情况下，不可能投资所有的项目，根据计算结果，BDE三个项目的组合，初始投资小于100万元，而净现值总和都高于其他组合，所以应选择BDE三个项目进行投资。

**3. 投资开发时机决策**

投资开发时机的方案，大多是围绕自然资源开发项目而提出的，如投资开采煤炭、石油、天然气等。某些自然资源的储量不多，由于不断开采，价格将随储量的下降而上升。在这种情况下，由于价格不断上升，早开发的收入少，而晚开发的收入多；但另一方面，钱越早赚到手越好。因此，就必须研究开发时机问题。

在进行此类决策时，决策的基本规则也是寻求使净现值最大的方案，但由于两个方案的开发时间不一样，不能把净现值简单对比，而必须把晚开发所获得的净现值换算为早开发的第一年初（t=0）时的现值，然后再进行对比。

**【例】**某企业拥有一座稀有矿藏，这种矿产品的价格在不断上升。根据预测，5年后价格将上升50%，因此，该企业需要进行现在开发还是5年后开发的互斥选择投资决策。据分析，如果现在开发，其初始固定资产投资为100万元，流动资产投资为50万元，单位售价为1万元，付现成本为800万元；如果5年后开发，其初始固定资产投资为120万元，流动资产投资为60万元，单位售价为1.5万元，付现成本为1000万元。假定该企业的资本成本为6%，所得税税率为25%，建设期均为1年，所形成的固定资产均无残值，从第二年开始投产，投产后5年开采完毕，每年产销量为2000吨。

计算过程如下：

（1）首先列表计算两方案的营业现金净流量（见表14-11）。

**表14-11　两方案营业现金净流量表**　（单位：万元）

| 项目 | 现在开发 | 5年后开发 |
|---|---|---|
| 销售收入 | 2000 | 3000 |
| 付现成本 | 800 | 1000 |
| 年折旧额 | 20 | 24 |
| 税前净利 | 1180 | 1976 |
| 所得税 | 295 | 494 |
| 税后净利 | 885 | 1482 |
| 营业现金净流量 | 905 | 1506 |

（2）计算两方案的净现值。

现在开发的净现值 $=905\text{x}PVIFA_{6\%.5}\times PVIF_{6\%.1}+50\times PVIF_{6\%6}-100-50$

$=3479.83$（万元）

5 年后开发的净现值 $=1506\text{x}PVIFA_{6\%.5}\times PVIFA_{6\%.5}+60\times PVIF_{6\%.11}-$（120+60）$\times PVIF_{6\%.5}$

$=4635.58$（万元）

（3）结论。由于 5 年后开发的净现值大于现在开发的净现值，因此，应 5 年后开采。

**4. 投资期决策**

投资期限不同的投资方案，大多是围绕固定资产构建或建造具有较大的时间弹性项目而提出的。土建工程项目就属于典型的有较大时间弹性的项目。

从开始投资至投资结束投入生产所需要的时间，称为“投资期”。是否应缩短投资期，要进行认真分析，以判断得失。

在对投资期限不同的方案作出选择时，最为适当、最常用的分析方法是差量分析法，根据缩短投资期与正常投资期相比的△现金流量来计算△净现值。分别计算正常投资期和缩短投资期的净现值，并加以比较，作出决策。在进行差量分析时，既可以把差量观念体现在净现值计算的过程中，也可以把差量观念体现在净现值计算的结果中。

**【例】**某企业有一项较大的土建工程项目需要投资建设，经测算，正常的投资期限为 3 年，每年投资 300 万元，3 年共投资 900 万元，投资所形成的固定资产预计使用 10 年，每年的现金净流量为 360 万元。如果把投资期限缩短为 2 年，每年需投资 490 万元，2 年共投资 980 万元，固定资产的使用年限及每年的现金净流量不变。假定固定资产报废时无残值，也不需要投入营运资金，资金成本为 18%。试分析判断该企业应否采用缩短投资期限的方案。

我们用差量分析法进行分析决策。

首先将投资方案的现金流量状况描述在表 14–12 中。

**表 14–12 两方案现金流置表**（单位：元）

| | 0 | 1 | 2 | 3 | 4 | 5 | 6 | 7 | 8 | 9 | 10 | 11 | 12 | 13 |
|---|---|---|---|---|---|---|---|---|---|---|---|---|---|---|
| 缩短 | –490 | –490 | 0 | 360 | 360 | 360 | 360 | 360 | 360 | 360 | 360 | 360 | 360 | |
| 正常 | –300 | –300 | –300 | 0 | 360 | 360 | 360 | 360 | 360 | 360 | 360 | 360 | 360 | 360 |

以缩短投资期限方案的各年现金净流量和投资额为基础，直接用各年现金净流量的差量和投资额的差量计算净现值，其步骤为：

（1）计算各年的差量现金流量（见表 14–13）。

**表 14–13 差量现金流量表（单位：元）**

| | 0 | 1 | 2 | 3 | 4 | 5 | 6 | 7 | 8 | 9 | 10 | 11 | 12 | 13 |
|---|---|---|---|---|---|---|---|---|---|---|---|---|---|---|
| 差量现金流量 | –190 | –190 | 300 | 360 | 0 | 0 | 0 | 0 | 0 | 0 | 0 | 0 | 0 | –360 |

（2）计算差量净现值。

差量净现值 $=300\times PVIFA_{18\%,2}+360\times PVIF_{18\%,3}-360\times PVIF_{18\%,13}-190-190\times PVIF_{18\%,1}$

$=41.95$（元）

（3）结论。由于差量净现值为正，说明缩短投资期的净现值大于正常投资期的净现值，因此，企业应该缩短投资期。

此外，还可以把差量观念体现在计算结果中，根据净现值计算的基本原理分别计算两个方案的净现值，然后进行比较，作出科学决策。

# 第二节　证券投资管理

## 一、债券投资

### 1. 债券投资的目的和特点

企业债券投资若按投资的时间划分，可为短期债券投资和长期债券投资两类。

企业进行短期债券投资的目的主要是为了合理利用暂时闲置资金，调节现金余额，获得收益。企业进行长期债券投资的目的主要是为了获得长期稳定的收益。

（1）债券投资特点

债券投资特点，见表 14–14。

**表 14–14 债券投资的特点**

| 特点 | 主要内容 |
|---|---|
| 流动性 | 债券具有较强的变现能力，在期满前可以在市场上转让变为现金，也可用于在银行作为抵押以获得相应余额的货款 |
| 收益性 | 债券的收益性主要体现在两个方面：一是债券可以获得固定的、高于储蓄存款利率的利息；二是债券可以在市场上进行买卖，可以获得比到期时更高的收益 |

续表

| 特点 | 主要内容 |
|---|---|
| 安全性 | 与其他有价证券比较，债券投资风险较小。其原因是：债券的利率固定，债务人必须按约定的期限和利率向投资人支付利息，期满归还本金，债券利率不受市场利率变动影响；债券的本息偿还有法律保障，有相应的单位所担保；对发行人有严格的规定和要求，只有信誉较高的筹资人才能获准发行债券，且发行量受到控制 |

（2）债券的价值分析

债券作为一种投资，现金流出是其购买价格，现金流入是利息和归还的本金，或者出售时得到的现金。债券未来现金流入的现值，称为“债券的价值”或“债券的内在价值”。只有债券的价值大于购买价格时，才值得购买。债券价值是债券投资决策时使用的主要指标之一。

1）始发债券的价值。

$$PV=\frac{I_1}{(1+K)^1}+\frac{I_2}{(1+K)^2}+\cdots+\frac{I_n}{(1+K)^n}+\frac{M}{(1+K)^n}$$

式中：PV——债券价值；I——每年的利息；M——到期的本金；K——折现率，一般采用当时的市场利率或投资者要求的必要报酬率；n——债券到期前的年数。

【例】甲种债券面值 2000 元，票面利率为 8%，期限为 5 年，每年付息，到期还本。某企业拟购买这种债券，当前的市场利率为 10%，债券目前的市价是 1800 元，企业是否可以购买该债券？

甲种债券的价值（PV）=2000×8%×（P/A10%，5）+2000×（P/F，10%，5）
=160×3.791+2000×0.621
=606.56+1242
=1848.56（元）

由于债券的内在价值大于市价，如不考虑风险问题，购买此债券是合算的，它可获得大于 10% 的收益。

【例】甲种债券面值 2000 元，票面利率为 8%，期限为 5 年，到期一次还本付息。某企业拟购买这种债券，当前的市场利率为 10%，不计复利，债券目前的市价是 1800 元，企业是否可以购买该债券？

甲种债券的价值（PV）=（2000+2000×8%×5）×（P/F，10%，5）
=2800×0.621
=1738.8（元）

由于债券的内在价值小于市价，购买此债券不合算，不应购买。

2）流通债券的价值。流通债券是指已发行并在二级市场上流通的债券。它们不同于新发债券，已经在市场上流通了一段时间，在估价时需要考虑现在至下一次利息支付的时间因素。

①流通债券的特点：

到期时间小于债券发行在外的时间；估价的时点不在发行日，可以是任何时点，会产生“非整数计息期”问题。

新发行债券总是在发行日估计现值的，到期时间等于发行在外时间。

②流通债券的估价方法：

以现在为折算时间点，历年现金流量按非整数计息期折现。

以最近一次付息时间（或最后一次付息时间）为折算时间点，计算历次现金流量现值，然后将其折算到现在时点。

无论哪种方法，都需要计算非整数期的折现系数。

**【例】**有一面值为 1000 元的债券，票面利率为 8%，每年支付一次利息，2010 年 9 月 1 日发行，2015 年 9 月 1 日到期。现在是 2013 年 8 月 1 日，假设投资的必要报酬率为 10%，问该债券的价值是多少？

第一种估价办法：

流通债券估价时必须注意付息日，分别对每期利息和最后的本金折现。本例中在 2013 年 8 月 1 日后的 2 年零 1 个月的剩余期限中，有三个付息日，发生三次利息收入，因此要计算三次利息。

现分别计算 2013 年 8 月 1 日以后现金流入的现值，然后求和。计息期数不是整数，分别为 1/12（2013 年 9 月 1 日）、13/12（2014 年 9 月 1 日）、25/12（2015 年 9 月 1 日）。

2013 年 9 月 1 日利息的现值次：

$$PV_{(2013I)}=\frac{1000\times 8\%}{(1+10\%)^{\frac{1}{12}}}=\frac{80}{1.00797}=79.3674(\text{元})$$

2014 年 9 月 1 日利息的现值为：

$$PV_{(2014I)}=\frac{1000\times 8\%}{(1+10\%)^{1\frac{1}{12}}}=\frac{80}{1.10877}=72.1519(\text{元})$$

2015 年 9 月 1 日利息的现值为：

$$PV_{(2015I)}=\frac{1000\times8\%}{(1+10\%)^{2\frac{1}{12}}}=\frac{80}{1.2196}=65.5953(元)$$

2015 年 9 月 1 日本金的现值为：

$$PV_{(2015M)}=\frac{1000}{(1+10\%)^{2\frac{1}{12}}}=\frac{1000}{1.2196}=819.9410(元)$$

该债券 2013 年 8 月 1 日的现值为：

PV=79.3674+72.1519+65.5953+819.9410=1037.06（元）

第二种估价办法：

先计算 2013 年 9 月 1 日的债券价值，然后将其折现到 2013 年 8 月 1 日。

2008 年 9 月 1 日债券的价值为：

PV=1000×8%×（P/A，10%，2）+1000×8%+1000×（P/F，10%，2）

=80×1.7355+80+1000×0.8264

=1045.24（元）

2013 年 8 月 1 日债券的价值为：

$$PV=\frac{1045.24}{(1+10\%)^{\frac{1}{12}}}=1037(元)$$

流通债券的价值在两个付息日之间呈周期性变动。对于平价发行债券来说，发行后价值逐渐升高，在付息日由于割息而价值下降，然后又逐渐上升。总的趋势是波动上升。越临近付息日，利息的现值越大，债券的价值有可能超过面值。付息日后债券的价值下降，会低于其面值。

（3）债券价值的影响因素

1）债券价值与必要报酬率。债券价值与必要报酬率有密切的关系。债券定价的基本原则是：必要报酬率等于债券利率时，债券价值就是其面值；如果必要报酬率高于债券利率，债券的价值就低于面值；如果必要报酬率低于债券利率，债券的价值就高于面值。对于所有类型的债券估价，都必须遵循这一原理。

【例】如果在上述例子中，必要报酬率是 8%，则债券价值为：

PV=2000×8%x（P/A，8%，5）+2000×（P/F，8%，5）

=160×3.9927+2000×0.6806

=638.80+1361.20

=2000（元）

【例】如果在上述例子中，必要报酬率是 6%，则债券价值为：

PV=2000×8%×（P/A，6%，5）+2000×（P/F，6%，5）

=160×4.2124+2000×0.7473

=673.98+1494.60

=2168.58（元）

2）债券价值与到期时间。债券价值不仅受必要报酬率的影响，而且受债券到期时间的影响。债券的到期时间，是指当前日至债券到期日之间的时间间隔。随着时间的延续，债券的到期时间逐渐缩短，至到期日时该间隔为零。

在必要报酬率一直保持不变的情况下，不管它高于或低于票面利率，债券价值随到期时间的缩短逐渐向债券面值靠近，至到期日债券价值等于债券面值。

【例】在上述例子中，如果到期时间缩短至 3 年，在必要报酬率等于 10% 的情况下，债券价值为：

PV=2000x8%×（P/A，10%，3）+2000×（P/F，10%，3）

=160×2.4869+2000×0.7513

=397.90+1502.60

=1900.50（元）

在必要报酬率维持不变（10%）的情况下，到期时间为 5 年时债券价值为 1848.56 元，到期时间为 3 年时债券价值上升至 1900.50 元，向面值 2000 元靠近了。

【例】在上述例子中，如果到期时间缩短至 3 年，在必要报酬率是 6% 的情况下，则债券价值为：

PV=2000×8%×（P/A，6%，3）+2000×（P/F，6%，3）

=160×2.6730+2000×0.8396

=427.68+1679.20

=2106.88（元）

在必要报酬率维持不变（6%）的情况下，到期时间为 5 年时债券价值为 2168.58 元，到期时间为 3 年时债券价值下降至 2106.88 元，向面值 2000 元靠近了。

【例】在上述例中，如果到期时间缩短至 3 年，在必要报酬率是 8% 的情况下，则债券价值为：

PV=2000×8%×（P/A，8%，3）+2000×（P/F，8%，3）

=160×2.5771+2000×0.7938

=412.34+1587.60

≈ 2000（元）

可见，在必要报酬率等于票面利率时，到期时间的缩短对债券价值没有影响。

综上所述，当必要报酬率一直保持至到期日不变时，随着到期时间的缩短，债券价值逐渐接近其票面价值。

如果必要报酬率在债券发行后发生变动，债券价值也会因此而变动。随着到期时间的缩短，必要报酬率变动对债券价值的影响越来越小。这就是说，债券价值对必要报酬率特定变化的反映越来越不灵敏。

从上述计算中可以看出，在上述例中如果必要报酬率从 8% 上升到 10%，债券价值从 2000 元降至 1848.56 元，下降了 7.57%。在总期限为 3 年的情况下，必要报酬率从 8% 上升至 10%，债券价值从 2000 元降至 1900.50 元，仅下降 4.98%。

3）债券价值与利息支付频率。前面的讨论均假设债券发行人每年支付一次利息，实际上利息支付的方式有许多种。不同的利息支付频率会对债券的价值产生不同的影响。下面介绍三种常见的利息支付方式。

①纯贴现债券。纯贴现债券是指发行人承诺在未来某一确定日期作某一单笔支付的债券。这种债券在到期日前购买者不会得到任何支付的现金，因此也称为“零息债券”。纯贴现债券的价值计算公式为：

$$PV=\frac{F}{(1+K)^{n}}=F\times(P/F,K,n)$$

式中：PV——债券价值；F——到期日取得的收入；n——到期时间的年数；K——每年的必要报酬率。

【例】乙债券为纯贴现债券，面值 10000 元，10 年期。假设必要报酬率为 9%，其价值为：

PV=10000×（P/F，9%，10）=10000×0.4224=4224（元）

【例】如果上例中乙债券票面利率为 10%，单利计息，到期时一次还本付息。必要报酬率仍为 9%，其价值为：

PV=10000×（1+10%×10）×（P/F，9%，10）=20000×0.4224=8448（元）

在到期日一次还本付息债券，实际上也是一种纯贴现债券，只不过到期日不是按票面额支付而是按本利和作单笔支付。

②平息债券。平息债券是指利息在到期时间内平均支付的债券。支付的频率可能是一年一次、半年一次或每季度一次等。

平息债券价值的计算公式如下：

$$PV=\sum_{t=1}^{mn}\frac{i=I/m}{I+\frac{K}{m}}+\frac{M}{\left(I+\frac{K}{m}\right)^{mn}}$$

式中：m——年付利息次数；n——到期时间的年数；K——每年的必要报酬率；I——年付利息；M——面值或到期日支付额。

【例】如果上述例子中甲债券改为每半年支付一次利息，则该债券的价值为：

PV=2000×4%×（P/A，5%，10）+2000×（P/F，5%，10）

=80×7.7217+2000×0.6139=617.74+1227.80=1845.54（元）

上式中，每半年计息时票面利率为4%（8%/2），必要报酬率为5%（10%/2），计息次数为10次（5×2）。计算结果表明，该债券的价值比每年付息一次时的价值（1848.56元）低。债券付息期越短其价值越小的现象，仅出现在债券折价出售的情况下。如果债券溢价出售，则情况正好相反。

③永久债券。永久债券是指没有到期日，永不停止定期支付利息的债券。英国和美国都发行过这种公债。对于永久公债，通常政府都保留了回购债券的权力。优先股实际上也是一种永久债券，如果公司的股利支付没有问题，将会持续地支付固定的优先股息。永久债券的价值计算公式如下：

$$PV=\frac{I}{K}$$

【例】某公司发行优先股，承诺每年支付优先股息240元。假设必要报酬率为12%，则其价值为：

$$PV=\frac{I}{K}=\frac{240}{12\%}=2000(元)$$

**2. 到期收益率**

债券收益率有票面收益率、直接收益率、持有期收益率和到期益率等多种，分别反映了投资者在不同买卖价格和持有年限下的收益水平。本节介绍到期收益率。

到期收益率是指以特定价格购买债券并持有至到期日所能获得的收益率。它是使未来现金流量等于债券购入价格的折现率。计算到斯收益率的方法是求解含有贴现率的方程。

【例】已知xx公司于2013年1月1日以5000元价格购买了A公司2013年1月1日发行的面值为5000元的债券，票面利率为9%，8年期。A公司每年付息一次。假定大华公司持有该债券至到期日，计算其到期收益率。

5000=5000×9%×（P/A，i，8）+5000×（P/F，i，8）

解该方程要用“试误法”。

用 i=9% 试算：

5000×9%×（P/A，9%，8）+5000×（P/F，9%，8）=5000（元）

可见，按面值购买的每年付息一次，到期还本的债券，其到期收益率等于票面利率。

【例】假定上述例子中，大华公司以 5800 元的价格购入 A 公司债券，则其到期收益率的计算如下：

5800=5000x9%x（P/A，i，8）+5000x（P/F，i，8）

通过例 6-14 的计算已知，i=9% 时等式右边为 5000 元，小于 5800，就此可判断到期收益率必定低于 9%。现降低贴现率试算。

用 i=7% 试算：

5000×9%×（P/A，7%，8）+5000×（P/F，7%，8）

=450×5.9713+5000×0.5820=2687+2910=5597（元）

由于贴现率仍小于 5800 元，还应继续降低贴现率。

用 i=5% 试算：

5000×9%×（P/A，5%，8）+5000×（P/F，5%，8）

=450×6.4632+5000×0.6768=2908+3384=6292（元）

贴现结果高于 5800 元，可以判定，收益率高于 5%。用内插法计算近似值。

$$i=5\%+\frac{6292-5800}{6292-5597}\times(7\%-5\%)=6.42\%$$

用试误法比较麻烦，在实务中可用下面简便算法求得近似结果：

$$i=\frac{I+(M-P)\div N}{(M+P)\div 2}$$

式中：I——每年的利息；M——到期归还的本金；P——买价；N——年数。

式中的分母是平均的资金占用，分子是每年平均收益，将数据代入式中，则到期收益率计算如下：

$$i=\frac{5000\times 9\%+(5000-5800)\div 8}{(5000+5800)\div 2}=6.48\%$$

从此例可以看出，如果买价和面值不等，则收益率和票面利率不同。

到期收益率是选购债券的标准，它可以反映债券投资按复利计算的真实收益率。如果到期收益率高于投资人要求的报酬率，则应买进该债券；否则就放弃。其结论和计算债券的内在价值相同。如上例，若大华公司债券的期望收益率为10%，该债券到期收益率高于投资人的要求，因此，可以买入该债券；若xx公司债券的期望收益率为8%，则不宜买进。

需要说明的是，在实务中，债券收益率的计算除考虑购买价格外，还要考虑交易费用、通货膨胀和税收等因素，需要对上述计算公式作相应调整。

## 二、股票投资

### 1. 股票投资的目的和特点

（1）股票投资目的

企业进行股票投资的目的，一是为了获利，即作为一般的证券投资获取股利收入及股票买卖差价；二是为了控股，即通过购买某一企业的大量股票达到控制该企业的目的。

（2）股票投资特点

股票投资的特点，见表14–15。

**表14–15　股票投资的特点**

| 特点 | 内容 |
|---|---|
| 股票投资的风险较大 | 投资者购买股票之后，不能要求股份公司偿还本金，只能在证券市场上转让。股票投资的收益主要取决于股票发行公司的经营状况和股票市场的行情。如果公司经营状况较好，盈利能力强，股票价格就会上涨，投资者的收益就大；反之，股票价格就会下跌，投资者就会遭受较大的损失。一旦公司破产，股东的求偿权位于债权人之后，因此，股东可能部分甚至全部不能收回投资 |
| 股票投资的收益不稳定 | 股票投资的收益稳定性较差。股东获得股利的多少直接与公司的业绩相关。公司盈利多，就可能多发放股利；公司的盈利少，就可能少发或不发股利。股票转让的价差收益主要取决于股票市场的行情。股市行情好，出售股票就可以得到较大的价差收益；股市低迷时，出售股票不仅得不到价差收益，反而会遭受损失 |
| 股票投资是权益性投资 | 股票是代表所有权的凭证，投资者购买了股票就成为发行公司的股东，可以参与公司的经营决策，有选举权和表决权 |
| 股票价格的起伏较大 | 股票价格受多种因素影响，波动性极大，自从有股市以来，股价暴涨暴跌的例子屡见不鲜。这一特点决定了股票市场具有极大的投机性，投资者既可以在这个市场上赚取高额利润，也可能会损失惨重，甚至血本无还 |

### 2. 股票的价值分析

股票的内在价值就是股票带给持有者的未来现金流入的现值，即由一系列未来股利的现值和将来出售股票时售价的现值之和构成。

股票估价的主要方法是计算其内在价值，然后和股票市价比较，视其低于、高于或等于市价，决定买入、卖出或继续持有。

（1）股票定价的基本模式

1）长期持有股票的股票定价模型。如果股东一直将股票持有下去，他只能获得股利，是一个永续现金流入。股票的价值计算如下：

$$V=\frac{D_1}{(1+K)^1}+\frac{D_2}{(1+K)^2}+\cdots+\frac{D_n}{(1+K)^n}$$
$$=\sum_{t=1}^{n}\frac{D_t}{(1+K)^t}$$

式中：V——股票的内在价值；K——贴现率，即投资人要求的资金收益率；D——预期股利；t——年份。

2）短期持有股票、未来准备出售的股票定价模型。如果投资者不打算永久地持有该股票，而在一段时间后出售，他的未来现金流入是持有期发放的股利和出售时的股价。此时，股票价值：

$$V=\sum_{t=1}^{n}\frac{D_t}{(1+K)^1}+=\frac{V_n}{(1+K)^n}$$
$$=\sum_{t=1}^{n}D\times(P/F,K,t)+V_n\times(P/F,K,n)$$

式中：V——股票的内在价值；Vn——未来出售时预计的股票价格；K——投资人要求的资金收益率；D——预期股利；$D_t$——第t期的预期股利；n——预计持有股票的期数。

【例】某企业准备购入A公司股票，目前市场价格每股为25元，预计每年可获得股利3元/股，准备2年后出售，预计出售价格30元/股，预期报酬率为15%，是否值得投资？

股票价值=3×（P/A，15%，2）+30×（P/F，15%，2）

=3×1.6257+30×0.7561

=27.56（元）

该股票的内在价值大于目前市场价格，值得购买。但是股票的价格在很大程度上受市场经济环境和利息率变化的影响，投资者还必须对此作风险分析。

此公式是股票定价的一般模式。它在实际应用时，关键点是如何预计未来的股利，以及如何确定贴现率。

股利的多少取决于每股收益和股利支付率两个因素。对其估计的方法是历史资料的统计分析，例如回归分析、时间序列分析等。股票定价的基本模型要求无限期地预计历年股利，这实际上不可能做到。因此，应用的模型都是各种简化办法，如每年股利相同或股利稳定增长等。

贴现率的确定主要是依据投资者要求的收益率。

（2）零成长股票的价值

该模型假设未来的股利是不变的，而且是永续持有。据长期持有股票的股票定价的基本模型，得到此时的股票价值为：

$$V=\frac{D}{K}$$

【例】某种股票预计每年分配股利 3 元，最低报酬率为 15%，则：

$$V=\frac{3}{15\%}20(元)$$

这就是说，该股票每年给你带来 3 元的收益，在市场利率为 15% 的条件下，它相当于 20 元资本的收益，所以其价值是 20 元。

当然，市场上的股价不一定就是 20 元，还要看投资人对风险的态度，可能高于或低于 20 元。

如果当时的市价不等于股票价值，例如市价为 16 元，每年固定股利是 3 元，则其预期报酬率为：

$$K=\frac{3}{16}\times100\%=18.75\%$$

可见，当市价低于股票价值时，预期报酬率高于最低报酬率。

（3）固定成长股票的价值

该模型假设股票股利不是固定不变的，而是在不断增长，但每年的增长率是不变的。设上年股利为 Do，第 1 年的股利为 D1，每年股利比上年增长率为 g，则：

$$V=\frac{D_o(1+g)}{K-g}=\frac{D_1}{K-g}$$

【例】A 企业准备投资购买 B 股份有限公司的股票，该股票上年每股股利为 3 元，预计以后每年以 5% 的增长率增长，A 企业经分析后，认为必须得到 15% 的报酬率，才能购买 B 股份有限公司的股票，则该种股票的内在价值应为：

$$V=\frac{3\times(1+5\%)}{15\%-5\%}=31.5(元)$$

即该公司的股票价格在 31.5 元以下时能购买。

（4）非固定成长股票的价值

在现实生活中，有的公司股利是不固定的。例如，在一段时间高速成长，在另一段时间正常固定成长或固定不变。在这种情况下，就要分段计算，才能确定股票的价值。

**【例】**A 企业持有 B 公司的股票，它的投资最低报酬率为 15%。预计 B 公司未来 3 年股利将高速增长，成长率为 20%。在此以后转为正常增长，增长率为 12%。B 公司最近支付的股利是 2 元。B 公司股票的价值是多少？

第一步：计算非正常增长期的股利现值：

| 年份 | 股利 | 现值系数（15%） | 现值 |
|---|---|---|---|
| 1 | 2 × 1.2=2.4 | 0.870 | 2.088 |
| 2 | 2.4 × 1.2=2.88 | 0.756 | 2.177 |
| 3 | 2.8 × 1.2=3.456 | 0.658 | 2.274 |
| 合计 | | | 6.539 |

第二步：计算第 3 年年底的普通股内在价值：

$V_3=D_3$（l+g）/（K−g）

$=D_4$/（K−g）

=3.456 × 1.12/（15%−12%）=129.02（元）

其现值为：129.02 ×（P/F，15%，3）=129.02 × 0.658=84.90（元）

第三步：计算股票目前的内在价值：

V=6.539+84.90=91.439（元）

3. **股票的收益率**

前面我们主要讨论如何估计股票的价值，以判断某种股票被市场高估或低估。现在，我们假设股票价格是公平的市场价格，股票的期望收益率等于其必要的收益率。

根据固定增长股利模型，我们知道：

$$K=\frac{D_1}{V}+g$$

如果将该公式移项整理，求 K1 可以得到：

$$K=\frac{D_1}{V}+g$$

这个公式告诉我们，股票的总收益率可以分为两个部分：第一部分是“$D_1/V$”，称为“股利收益率”，它是根据预期现金股利除以当前股价计算出来的。第二部分是增长率“g”，称为“股利增长率”。由于股利的增长速度也就是股价的增长速度，因此可以解释为股价增长率或资本利得增长率。g 的数值可以根据公司的可持续增长率估计。V 是股票市场形成的价格，只要能预计出下一期的股利，我们就可以估计出股东预期报酬率，在有效市场中它就是与该股票风险相适应的必要报酬率。

【例】某股票的价格为 30 元，预计下一期的股利是 3 元，该股利将以大约 6% 的速度持续增长。该股票的预期报酬率为：

$$K=\frac{3}{30}\times 100\%+6\%=16\%$$

如果用 16% 作为必要报酬率，则一年后的股价为：

$$V=\frac{3\times(1+6\%)}{16\%-6\%}=31.8(\text{元})$$

这就是说，如果你现在用 30 元购买该股票，年末你将收到 3 元股利，并且得到 1.8 元（31.8–30）的资本利得。

$$\begin{aligned}\text{总报酬率}&=\text{股利收益率}+\text{资本利得收益率}\\&=3/30\times 100\%+1.8/30\times 100\%\\&=10\%+6\%\\&=16\%\end{aligned}$$

这个例子验证了股票期望报酬率模型的正确性。该模型可以用来计算特定公司风险情况下投资人要求的必要报酬率，也就是公司的权益资金成本。这就是说，投资者希望或者要求公司赚取 16% 的收益。如果投资者的要求大于 16%，他就不会去购买该股票；反之，则会去争购该股票，使得价格升上去。既然投资者接受了 30 元的价格，就表明他们要求的报酬率就是 16%。

## 三、基金投资

### 1. 投资基金的设立和募集

（1）投资基金的设立

设立基金首先需要发起人，发起人可以是一个机构，也可以是多个机构共同组成。一般来说，基金发起人必须同时具备下列条件：至少有一家金融机构；实收资本在基金规模一半以上；均为公司法人；有两年以上的盈利记录；首次认购基金份额不低于 20%，同时保证基金存续期内持有基金份额不低于 10%。

发起人要确定基金的性质并制订相关的要件，如属于契约型基金，则包括信托契约；如属公司型基金，则包括基金章程和所有重大的协议书。这些文件规定了基金管理人、保管人和投资者之间的权利义务关系，会计师、律师、承销商的有关情况以及基金的投资政策、收益分配、变更、终止和清算等重大事项。发起人准备好各项文件后，报送主管机关，申请设立基金。

在很多情况下，基金是由基金管理公司或下设基金管理部的投资银行作为发起人，在基金设立后往往成为基金的管理人。如果发起人不能直接管理该基金，则需要专门设立基金管理公司或聘请专业的基金经理公司作为基金管理人，几乎所有的大型投资银行都设有基金部或基金管理分公司。

它们经常以经理公司的身份出现在基金市场上。设立基金的另一重要当事人是保管人，即基金保管公司，一般由投资银行、商业银行或保险公司等金融机构充当。担任保管公司也是投资银行基金管理的重要业务之一。

（2）投资基金的募集

基金的设立申请一旦获主管机关批准，发起人即可发表基金招募说明书，着手发行基金股份或受益凭证。该股票或凭证由基金管理公司和基金保管公司共同签署并经签证后发行，发行方式可分公募和私募两种，类似于股票的发行。

**2. 投资基金的运作与投资**

（1）投资基金的运作

按照国际惯例，基金在发行结束一段时间内，通常为 3 ~ 4 个月，就应安排基金证券的交易事宜。对于封闭型基金股份或受益凭证，其交易与股票债券类似，可以通过自营商或经纪人在基金二级市场上随行就市，自由转让。对于开放型基金，其交易表现为投资者向基金管理公司认购股票或受益凭证，或基金管理公司赎回股票或受益凭证，赎回或认购价格一般按当日每股股票或每份受益凭证基金的净资产价值来计算。大部分基金是每天报价一次，计价方式主要采用“未知价”方式，即基金管理公司在当天收市后才计价以充分反映基金净资产和股份或受益凭证总数的变化。

（2）投资基金的投资

投资基金的一个重要特征是分散投资，通过有效的组合来降低风险。因此，基金的投资就是投资组合的实现，不同种类的投资基金根据各自的投资对象和目标确定和构建不同的“证券组合”。

**3. 投资基金的价值**

投资基金也是一种证券，与其他证券一样，基金的内在价值也是指在基金投资上所能带来的现金净流量。但是，基金内在价值的具体确定依据与股票、债券等其他证券又有很大的区别。

（1）投资基金价值的内涵

基金的价值取决于基金净资产的现在价值，其原因在于：股票的未来收益是可以预测的，而投资基金的未来收益是不可预测的。由于投资基金不断变换投资组合对象，再加上资本利得是投资基金收益的主要来源，而变幻莫测的证券价格波动使得对投资基金未来收益的预计变得不大现实。既然未来不可预测，投资者把握的就是"现在"，即基金资产的现有市场价值。

（2）基金单位净值

基金的单位净值，也称"单位净资产值"或"单位资产净值"。基金的价值取决于基金净资产的现在价值，因此基金单位净值是评价基金业绩最基本和最直观的指标，也是开放型基金申购价格、赎回价格以及封闭型基金上市交易价格确定的重要依据。

基金单位净值是在某一时点每一基金单位（或基金股份）所具有的市场价值，计算公式为：

$$\text{基金单位净值}=\frac{\text{基金净资产价值总额}}{\text{基金单位总份额}}$$

其中：基金净资产价值总额 = 基金资产总额 - 基金负债总额

在基金净资产价值的计算中，基金负债除了包括以基金名义对外的融资借款以外，还包括应付投资者的分红、基金应付给基金经理公司的首次认购费、经理费用等各项基金费用。相对来说，基金的负债金额是固定的，基金净资产的价值主要取决于基金总资产的价值。这里，基金总资产的价值并不是指资产总额的账面价值，而是指资产总额的市场价值。

（3）基金的报价

从理论上说，基金的价值决定了基金的价格。基金的交易价格是以基金单位值为基础的，基金单位净值高，基金的交易价格也高。封闭型基金在二级市场上竞价交易，其交易价格由供求关系和基金业绩决定，围绕着基金单位净值上下波动。开放型基金的柜台交易价格则完全以基金单位净值为基础，通常采用两种报价形式：认购价（卖出价）和赎回价（买入价）

开放模型基金柜台交易价格的计算方式为：

基金认购价 = 基金单位净值 + 首次认购费

基金赎回价 = 基金单位净值 - 基金赎回价

基金认购价也就是基金经理公司的卖出价。卖出价中的首次认购费是支付给基金经理公司的发行佣金。基金赎回价也就是基金经理公司的买入价，赎回价低于基金单位净值是由于抵扣了基金赎回费，以此提高赎回成本，防止投资者的赎回，保持基金资产的稳定性。收取首次认购费的基金，一般不再收取赎回费。

**4. 投资基金的收益率**

基金收益率用以反映基金增值的情况，它通过基金净资产的价值变化来衡量。基金净资产的价值是以市价计量的，基金资产的市场价值增加意味着基金的投资收益增加，基金投资者的权益也随之增加。基金收益率的计算公式为：

$$基金收益率=\frac{年末持有份数\times 年末基金单位净值-年初持有份数\times 年初基金单位净值}{年初持有份数\times 年初基金单位净值}$$

式中，持有份数是指基金单位的持有份数。如果年末和年初基金单位的持有份数相同，基金收益率就简化为基金单位值在本年内的变化幅度。

年初的基金单位净值相当于是购买基金的本金投资，基金收益率也就相当于一种简便的投资报酬率。

## 四、金融衍生工具投资

**1. 衍生证券的特点和功能**

衍生金融工具，又称“衍生证券”“衍生产品”，是指其价值依赖于基本标的资产价格的金融工具，如远期、期货、期权、互换等。衍生市场的历史虽然很短，但却因其在融资、投资、套期保值和套利行为中的巨大作用而获得了飞速发展。

衍生证券是一种契约，其交易属于“零和游戏”，遵循“有输必有赢，输赢必相等”的“会计原则”。因此，衍生证券的交易实际上是进行风险的再分配，它不会创造财富，甚至不会创造虚拟资本，这是衍生证券不同于股票等基础证券的特点之一。

衍生证券具有很高的杠杆效应，它是以小博大的理想工具。这正是衍生证券吸引风险厌恶者充当投机客的重要原因。然而，如果投机者由于内部管理系统和动力机制不完善而过度投机的话，期货市场所特有的涨跌停板制和看涨期权空头亏损风险无限的特性都可能使投机者一夜之间倾家荡产。更有甚者，如果亏损额过大或众多投机者同时发生大量亏损时，衍生证券的投机甚至可以危及一国甚至全球金融体系的安全。

衍生证券所具有的杠杆效应大大降低了交易成本，从而提高了市场的流动性。有了衍生证券以后，人们在投资组合管理、筹码转换、盈亏锁定、风险管理等方面，通过少量的衍生证券交易就可取代大量的现货交易，从而节省大量的交易成本，大大提高了市场的流动性。

2. **远期合约**

（1）金融远期合约的定义

金融远期合约是指双方约定在未来的某一确定时间，按确定的价格买卖一定数量的某种金融资产的合约，主要有远期利率协议、远期外汇合约和远期股票合约等。在合约中规定在将来买入标的物的一方称为“多方”，而在未来卖出标的物的一方称为“空方”。合约中规定的未来买标的物的价格称为“交割价格”。如果信息是对称的，而且合约双方对未来的预期相同，那么合约双方所选择的交割价格应使合约的价值在签署合约时等于零。这意味着无需成本就可处于远期合约的多头或空头状态。

我们把使得远期合约价值为零的交割价格称为“远期价格”。这个远期价格显然是理论价格，它与远期合约在实际交易中形成的实际价格（即双方签约时所确定的交割价格）并不一定相等。但是，一旦理论价格与实际价格不相等，就会出现套利机会。若交割价格高于远期价格，套利者就可以通过买入标的资产现货、卖出远期并等待交割来获取无风险利润，从而促使现货价格上升、交割价格下降，直至套利机会消失；若交割价格低于远期价格，套利者就可以通过卖空标的资产现货、买入远期来获取无风险利润，从而促使现货价格下降，交割价格上升，直至套利机会消失。而此时，远期理论价格等于实际价格。对金融工具的定价实际上都是指确定其理论价格。

（2）远期合约的由来和优缺点

远期合约是适应规避现货交易风险的需要而产生的。相对于原始社会自给自足的状态而言，现货交易是人类的一大进步。通过交易，双方均可获得好处。但现货交易的最大缺点在于无法规避价格风险。一个农场主的命运完全依赖于他的农作物收割时农作物的现货市场价格。如果在播种时就能确定农作物收割时卖出的价格，农场主就可安心致力于农作物的生产了。远期合约正是适应这种需要而产生的。

远期合约是非标准化合约。因此它不在交易所交易，而是在金融机构之间或金融机构与客户之间通过谈判后签署远期合约。已有的远期合约也可以在场外市场交易。

在签署远期合约之前，双方可以就交割地点、交割时间、交割价格、合约规模、标的物的品质等细节进行谈判，以便尽量满足双方的需要。因此，远期合约跟下节将要介绍的期货合约相比，灵活性较大。这是远期合约的主要优点。

但远期合约也有明显缺点。首先，由于远期合约没有固定的、集中的交易场所，不利于信息交流和传递，不利于形成统一的市场价格，市场效率较低。其次，由于每份远期合约千差万别，这就给远期合约的流通造成较大不便，因此远期合约的流动性较差。最后，远期合约的履约没有保证，当价格变动对一方有利时，对方有可能无力或无诚意履行合约，因此远期合约的违约风险较高。

**3. 期货合约**

（1）金融期货合约的定义和特征

1）金融期货合约是指协议双方同意在约定的将来某个日期按约定的条件（包括价格、交割地点、交割方式）买入或卖出一定标准数量的某种金融工具的标准化协议。合约中规定的价格就是期货价格。

2）金融期货交易具有如下显著特征：

①期货合约均在交易所进行，交易双方不直接接触，而是各自跟交易所的清算部或专设的清算公司结算。清算公司充当所有期货买者的卖者和所有卖者的买者，因此交易双方无须担心对方违约。由于所有买者和卖者都集中在交易所交易，因此就克服了远期交易所存在的信息不对称和违约风险高的缺陷。

②期货合约的买者或卖者可在交割日之前采取对冲交易以结束其期货头寸（即平仓），而无须进行最后的实物交割。这相当于买者可把原来买进的期货卖掉，卖者可把原来卖出的期货买回，这就克服了远期交易流动性差的问题。由于通过平仓结束期货头寸比起实物交割既省事又灵活，因此目前大多数期货交易都是通过平仓来结清头寸的。据统计，最终进行实物交割的期货合约不到2%。

尽管如此，我们也不应忽视交割的重要性。正是因为具有最后交割的可能性，期货价格和标的物的现货价格之间才具有内在联系。随着期货交割月份的逼近，期货价格收敛于标的资产的现货价格。当到达交割期限时，期货的价格等于或非常接近于现货的价格，不然的话，就存在无风险套利机会。

③期货合约的合约规模、交割日期、交割地点等都是标准化的，即在合约上有明确的规定，无须双方再商定。交易双方所要做的唯一工作是选择适合自己的期货合约，并通过交易所竞价确定成交价格。价格是期货合约的唯一变量。当然，这并不是说所有期货合约的交割月份、交割地点等都是一样的，同种金融工具的期货合约可以有不同的交割月份，但它是由交易所事先确定，并在合约中事先载明的，而不是由交易双方商定后载入合约的。

④期货交易是每天进行结算的，而不是到期一次性进行的，买卖双方在交易之前都必须在经纪公司开立专门的保证金账户。经纪公司通常要求交易者在交易之前必须存入一定数量的保证金，这个保证金称“初始保证金”。在每天交易结束时，保证金账户都要根据期货价格的升跌而进行调整，以反映交易者的浮动盈亏，这就是

所谓的盯市。浮动盈亏是根据结算价格计算的。结算价格的确定由交易所规定，它有可能是当天的加权平均价，也可能是收盘价，还可能是最后几秒钟的平均价。

（2）期货市场的功能

1）转移价格风险的功能。在日常金融活动中，市场主体常面临利率、汇率和证券价格风险（通称“价格风险”）。有了期货交易后，他们就可利用期货多头或空头把价格风险转移出去，从而实现避险目的。这是期货市场最主要的功能，也是期货市场产生的最根本原因。

应该注意的是，对单个主体而言，利用期货交易可以达到消除价格风险的目的，但对整个社会而言，期货交易通常并不能消除价格风险，期货交易发挥的只是价格风险的再分配即价格风险的转移作用。

2）价格发现功能。期货价格是所有参与期货交易的人，对未来某一特定时间的现货价格的期望或预期。不论期货合约的多头还是空头，都会依其个人所持立场或所掌握的市场资讯，并对过去的价格表现加以研究后，作出买卖委托。而交易所通过电脑撮合公开竞价出来的价格即为此瞬间市场对未来某一特定时间现货价格的平均看法。这就是期货市场的价格发现功能。市场参与者可以利用期货市场的价格发现功能进行相关决策，以提高自己适应市场的能力。

（3）期货合约与远期合约的区别

期货合约与远期合约虽然都是在交易时约定在将来某一时间按约定的条件买卖一定数量的某种标的物的合约，但他们存在诸多区别，主要有：1）标准化程度不同。远期合约遵循契约自由原则，合约中的相关条件如标的物的质量、数量、交割地点和交割时间都是依据双方的需要确定的；期货合约则是标准化的，期货交易所为各种标的物的期货合约制定了标准化的数量、质量、交割地点、交割时间、交割方式、合约规模等条款。2）交易场所不同。远期合约没有固定的场所，交易双方各自寻找合适的对象；期货合约则在交易所内交易，一般不允许场外交易。3）违约风险不同。远期合约的履行仅以签约双方的信誉为担保，一旦一方无力或不愿履约时，另一方就得蒙受损失；期货合约的履行则由交易所或清算公司提供担保。

**4. 期权合约**

（1）期权合约的定义

期权，是指赋予其购买者在规定期限内按双方约定的价格（简称“协议价格”）或执行价格购买或出售一定数量某种金融资产（称为“潜含金融资产”或“标的资产”）的权利的合约。

期权概念的要点如下：

1）期权是一种权利。对于期权的买者来说，期权合约赋予他的只有权利，而没有任何义务。他可以在规定期限以内的任何时间（美式期权）或期满日（欧式期权）行使其购买或出售标的资产的权利，也可以不行使这个权利。对期权的出售者来说，他只有履行合约的义务，而没有任何权利。当期权买者按合约规定行使其买进或卖出标的资产的权利时，期权卖者必须依约相应卖出或买进该标的资产。作为给期权卖者承担义务的报酬，期权买者要支付给期权卖者一定的费用，称为期权费或期权价格。期权费视期权种类、期限、标的资产价格的易变程度不同而不同。

2）期权的标的资产。期权的标的资产是指选择购买或出售的资产。它包括股票、政府债券、货币、股票指数、商品期货等。期权是这些标的物"衍生"的，因此被称为"衍生金融工具"。

3）到期日。双方约定的期权到期的那一天称为"到期日"。在那一天之后，期权失效。

按照期权执行时间分为欧式期权和美式期权。如果该期权只能在到期日执行，则称为"欧式期权"。如果该期权可以在到期日或到期日之前的任何时间执行，则称为"美式期权"。

4）期权的执行。依据期权合约购进或售出标的资产的行为称为"执行"。在期权合约中约定的、期权持有人据以购进或售出标的资产的固定价格，称为"执行价格"。

（2）期权合约的类型

按期权买者的权利划分，期权可分为看涨期权和看跌期权。凡是赋予期权买者购买标的资产权利的合约，就是看涨期权；而赋予期权买者出售标的资产权利的合约就是看跌期权。

例如，一股每股执行价格为 80 元的 ABC 公司股票的 3 个月后到期的看涨期权，允许其持有人在到期日之前的任意一天，包括到期日当天，以 80 元的价格购入 ABC 公司的股票。如果 ABC 公司的股票确实超过 80 元时，期权持有人有可能会以执行价格购买标的资产。如果标的股票的价格一直低于 80 元，持有人则不会执行期权。他并不被要求必须执行该期权。期权未被执行，过期后不再具有价值。

再如，一份每股执行价格为 80 元的 ABC 公司股票的 7 月份看跌期权，允许其持有人在到期日之前的任意一天，包括到期日当天，以 80 元的价格出售 ABC 公司的股票。当 ABC 公司的股票低于 80 元时，看跌期权持有人会要求以执行价格出售标的资产，看跌期权的出售方必须接受。如果标的股票的价格一直高于 80 元，持有人则不会执行期权。他并不被要求必须执行该期权。期权未被执行，过期后不再具有价值。

按期权买者执行期权的时限划分，期权可分为欧式期权和美式期权。欧式期权的买者只能在期权到期日才能执行期权（即行使买进或卖出标的资产的权利）。而美式期权允许买者在期权到期前的任何时间执行期权。

按照期权合约的标的资产划分，金融期权合约可分为利率期权、货币期权（或称“外汇期权”）、股价指数期权、股票期权以及金融期货期权，而金融期货又可分为利率期货、外汇期货和股价指数期货三种。

（3）期权合约的盈亏分布

1）看涨期权的盈亏分布。看涨期权买者的回报和盈亏分布图如图 14–1（a）所示。在图中有两条线，一是回报，二是盈亏。前者未考虑期权费，后者则扣除了期权费。由于期权合约是零和游戏，买者的回报和盈亏和卖者的回报和盈亏刚好相反，据此我们可以画出看涨期权卖者的回报和盈亏分布图如图 14–1（b）所示。从图中可以看出，看涨期权买者的亏损风险是有限的，其最大亏损限度是期权价格，而其盈利可能却是无限的。相反，看涨期权卖者的亏损可能是无限的，而盈利是有限的，其最大盈利限度是期权价格。期权买者以较小的期权价格为代价换来了较大盈利的可能性，而期权卖者则为了赚取期权费而冒着大量亏损的风险。

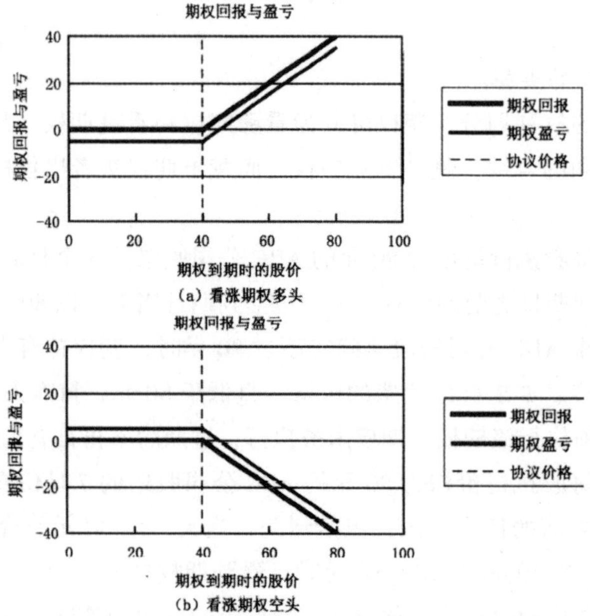


图 14–1　看涨期权盈亏分布图

从图中可以看出，如果不考虑时间因素，期权的价值（即盈亏）取决于标的资产市价与协议价格的差距。对于看涨期权来说，为了表达标的资产市价（S）与协议价格（X）的关系，我们把 S>X 时的看涨期权称为“实值期权”，把 S=X 的看涨期权称为“平价期权”，把 S<X 的看涨期权称为“虚值期权”。

2）看跌期权的盈亏分布。看跌期权的盈亏分布图如图 14–2 所示。当标的资产的市价跌至盈亏平衡点（等于协议价格减期权价格）以下时看跌期权买者就可获利，其最大盈利限度是协议价格减去期权价格后再乘以每份期权合约所包括的标的资产的数量，此时标的资产的市价为零。如果标的资产市价高于协议价格，看跌期权买者就会亏损，其最大亏损是期权费总额。看跌期权卖者的盈亏状况则与买者刚好相反，即看跌期权卖者的盈利是有限的期权费，亏损也是有限的，其最大限度为协议价格减期权价格后再乘以每份期权合约所包括的标的资产的数量。同样，我们把 X>S 时的看跌期权称为“实值期权”，把 X=S 的看跌期权称为“平价期权”，把 X<S 的看跌期权称为“虚值期权”。

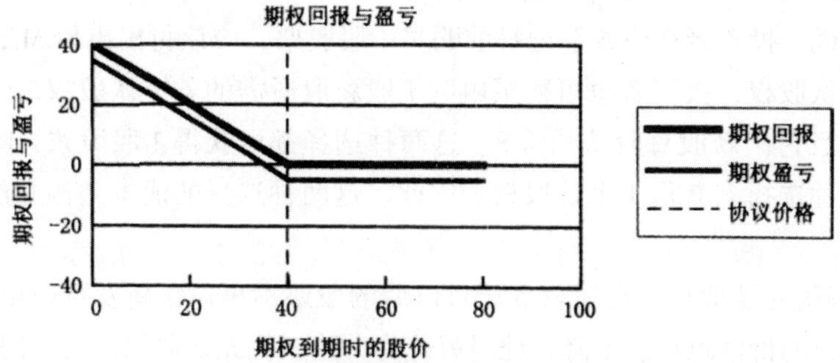


（a）看跌期权多头

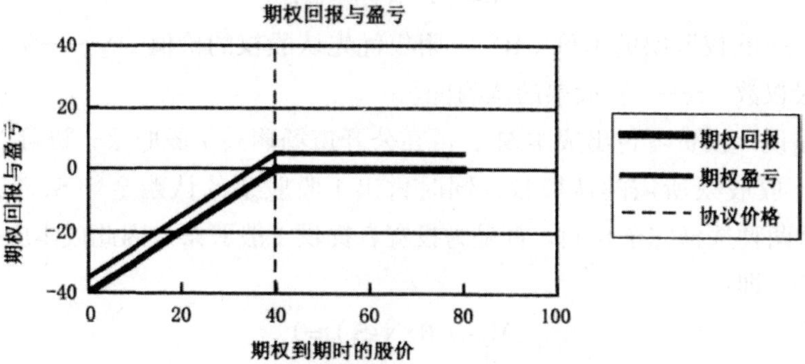


（b）看跌期权空头

图 14–2　看跌期权盈亏分布图

5. **优先认股权**

（1）优先认股权的概念

优先认股权又称“股票先买权”，是普通股股东的一种特权，在我国习惯上称为“配股权证”。它是指当股份公司为增加公司资本而决定增加发行新的股票时，原普通股股东享有的按其持股比例，以低于市价的某一特定价格优先认购一定数量新发行股票的权利。

（2）优先认股权的价值

优先认股权的价值应分别从附权优先认股权和除权优先认股权两种情况考虑。

1）附权优先认股权。这种认股权通常在某一股权登记日前颁发，在此之前购买的股东享有优先认股权，或者说此时的股票市场价格含有分享新发行股票的优先权，因此称为“附权优先认股权”，其价值可由下式求得：

$$M_1-(R\cdot N+S)=R$$

式中：$M_1$——附权股票的市价；R——附权优先认股权的价值；N——购买1股股票所需的认股权数；S——新股票的认购价。

也就是说，投资者在股权登记日前购买1股股票，应该付出市价 $M_1$，同时也获得1个优先认股权；投资者也可购买申购1股新股所需的若干认股权，付出的代价为 $R\cdot N$，并且付出新股每股认购价S。这两种选择都可获得1股股票，唯一的差别在于，前一种选择多获得1个认股权。因此，这两种选择的成本差额必然等于股权价值。

2）除权优先认股权。在股权登记日以后的股票不再包含新发行股票的认购权，其优先认股权的价值也相应下降，此时就称为“除权优先认股权”。其计算公式为：

$$M_2-(R\cdot N+S)=0$$

式中：$M_2$——除权股票的市价；R——附权优先认股权的价值；N——购买1股股票所需的认股权数；S——新股票的认购价。

也就是说，投资者付出成本 $M_2$，可在公开市场购买1股股票；也可以花费 $R\cdot S$ 购买申购1股股票所需的认股权，同时付出1股股票的认购金额S，其总成本为 $R\cdot N+S$。这两种选择完全相同，都是为投资者提供1股股票，因此成本应是相同的，其差额为O，即：

$$M_2-(R\cdot N+S)=0$$

# 第十五章　营运资金与成本管理研究

## 第一节　营运资金管理

### 一、现金管理

1. **现金的持有动机与成本**

（1）现金的持有动机

企业持有现金，主要基于以下三个方面的动机（见表 15–1）：

表 15–1　企业持有现金的动机

| 动机 | 内容 |
| --- | --- |
| 预防动机 | 是指为了预防意外事件发生而需要保持的现金支付能力。由于市场情形瞬息万变和其他各种不确定因素的存在，企业很难对未来规金收支情况作出准确预测。一旦预期与实际情况发生偏差，必然会对企业正常经营秩序产生不利的影响。为了应付现金收支的波动，保证正常经营的继续进行，企业持有一定的现金并追加一定数量的余额是非常必要的。这就是预防动机要求的现金持有 |
| 交易动机 | 在企业日常经营中，为了满足企业的正常经营的需要，必须保持一定数额的现金余额，用于购买原材料、支付工资、缴纳税款等。由于企业在经营过程中不可能始终保持现金收入与支出相等，因此，必须保持一定的现金余额，才能使经营活动正常进行 |
| 投机动机 | 是指企业在保证生产经营正常进行的前提下，为了抓住各种瞬息即逝的市场获利机会而保持的现金余额 |

企业持有现金时，一般应综合考虑上述三个动机。但是由于各种条件的变化，每一种动机需要的现金数量是很难确定的，而且现金可以在各种动机中调剂使用。所以，企业必须综合考虑多方面因素，合理分析企业的现金状况。

（2）现金持有成本

企业持有现金资产，通常会发生以下成本：

1）机会成本，是指企业因持有一定现金余额而增加的管理费用及丧失的投资收益。这种投资收益是企业不能同时用该现金进行有价证券投资所产生的收益，与现金持有量呈正比例关系：

机会成本 = 现金持有量 × 有价证券利率

2）管理成本，是指企业应持有一定数量的现金而发生的各项管理费用，如管理人员的工资福利费和安全措施费用等。管理成本是一种固定成本，与现金持有量之间无明显的比例关系。

3）转换成本，是指企业用现金买卖有价证券时付出的交易费用，即现金与有价证券互相转换的成本，具体包括经纪人费用、捐税及其他管理成本。这种成本与交易次数和每次的交易量有关。

4）短缺成本，是指因现金持有量不足又无法及时通过有价证券变现加以补充而给企业造成的损失。现金的短缺成本随持有量的增加而下降，随持有量的减少而上升，现金持有量与短缺成本成反方向变动关系。

**2. 最佳持有量的确定**

最佳现金持有量，是指既能保证企业生产经营的需要，又能使企业获得最大收益的最低现金持有量，也称“最佳现金金额”。

（1）成本分析模型

成本分析模型，是根据企业持有现金的有关成本来分析和预测其总成本最低时现金持有量的方法。在影响现金持有量的相关因素中，成本分析模型只考虑持有一定数量的现金而发生的机会成本、管理成本和短缺成本，而不考虑转换成本。即：

总成本 = 机会成本 + 管理成本 + 短缺成本

其中，管理成本具有固定成本的性质，与现金持有量不存在明显线性关系。机会成本与现金持有量成正比例变动，“机会成本 = 现金持有量 × 有价证券利率”。短缺成本同现金持有量呈负相关关系。这些成本与现金持有量的关系如图 15–1 所示。

总成本线呈一条抛物线，抛物线的最低点即为成本最低点。该点所对应的现金持有量是最佳现金持有量，此时总成本最低。

成本分析模型是基于上述原理来确定现金最佳持有量的，计算步骤是：

1）根据不同现金持有量测算各备选方案的有关成本数值；

2）按照不同现金持有量及其有关成本资料编制最佳现金持有量测算表；

3）在测算表中找出相关总成本最低的现金持有量，即最佳现金持有量。

【**例**】某公司为加强现金管理，提出 A、B、C、D 四种现金持有方案，有关现金持有量及成本资料如表 15–2 所示。

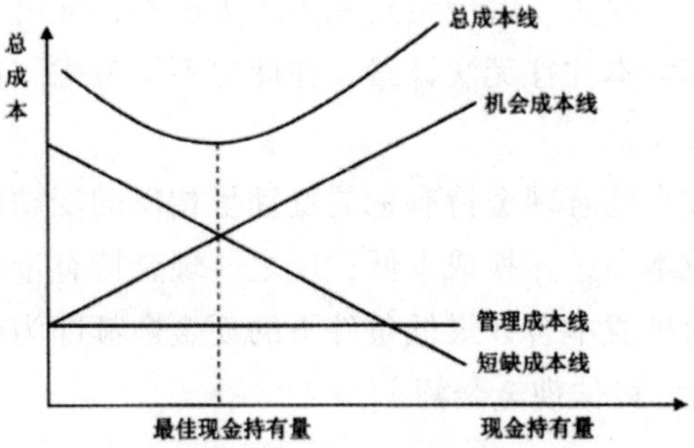


**图 15–1　成本分析模型示意图**

**表 15–2　现金持有量备选方案表**

| 项目 | A | B | C | D |
|---|---|---|---|---|
| 现金持有量（万元） | 100 | 200 | 300 | 400 |
| 机会成本率 | 12% | 12% | 12% | 12% |
| 短缺成本（万元） | 50 | 30 | 10 | 0 |

根据表 15–2 计算的现金最佳持有量测算表如表 15–3 所示。

**表 15–3　最佳现金持有量测算表**　（单位：万元）

| 方案及现金持有量 | 机会成本 | 短缺成本 | 总成本 |
|---|---|---|---|
| A（100） | 12 | 50 | 62 |
| B（200） | 24 | 30 | 54 |
| C（300） | 36 | 10 | 46 |
| D（400） | 48 | 0 | 48 |

通过比较表 15–3 中各方案的总成本可知，应该选择成本最低的 C 方案。因此，企业持有 300 万元的现金时，各方面的总成本最低，300 万元为现金最佳持有量。

（2）存货模型

存货模型又称“鲍曼模型”，是由美国经济学家 W.J.Baumol 于 1952 年首先提出。他认为，企业现金持有量在许多方面与存货相似，存货经济批量模型可用于确定最佳现金持有量，并因而确定了鲍曼模型。

存货模型的着眼点是现金相关成本之和最低。这种模型没有考虑现金的管理成本和短缺成本。这是因为在一定的范围内，现金的管理成本属于固定成本，与现金持有量一般没有关系，在存货模型中将其视为无关成本；又由于短缺成本的发生有很大的不确定性，且其成本往往无法计量，在此也不予考虑。在存货模型中只对转换成本和机会成本予以考虑。

机会成本和转换成本随着现金持有量的变动呈相反的变动趋势。如果现金持有量大，则现金的机会成本高，转换成本低；反之，现金持有量小，则现金的机会成本低，转换成本高。两种成本合计最低条件下的现金余额即为最佳现金余额。存货模型的目的就是求出这一最佳现金余额。

即：

$$总成本=机会成本+转换成本$$

$$TC=\frac{N}{2}.i+\frac{T}{N}.b$$

式中：TC——现金管理总成本；N——理想现金转换数量（最佳现金余额）；

N/2——平均现金持有量；i——有价证券的利息率；T——现金需要总量；b——现金与有价证券的转换成本；T/V——现金与有价证券的转换次数。

对自变量 N 求一阶倒数，可求出令总成本 TC 最小的 N 值，即：

$$TC'=\left(\frac{N}{2}\times i+\frac{T}{N}\times b\right)'=\frac{i}{2}-\frac{Tb}{N^2}$$

令 TC′ =O，则有：

$$\frac{i}{2}=\frac{Tb}{N^2}$$

由此可得，最佳现金余额为：

$$N=\sqrt{\frac{2Tb}{i}}$$

【例】某公司预计全年（按 360 天计算）需要现金 40 万元，现金与有价证券的转换成本为每次 200 元，有价证券的利息率为 10%。该企业现金收支状况比较稳定，则该公司的最佳现金余额为：

$$N=\sqrt{\frac{2\times400000\times200}{10\%}}=40000(元)$$

可见，公司的最佳现金余额为 40000 元，意味着公司从有价证券转换为现金的次数为 10 次，共需承担的机会成本和转换成本均为 2000 元，总成本为 4000 元。

在运用存货模型确定现金余额时，需要注意该模型是以下假设为前提的：1）企业所需要的现金总量是稳定并可以预测的；2）现金与有价证券之间的转换是通畅的；3）公司经营中的现金支出比例均衡，波动较小；4）证券的利率以及每次固定性交易费用可以获悉。只有上述条件得到满足，才能运用该模式来确定现金余额。因此，该方法虽然简便，但并非精确。

（3）随机模型

随机模型又称“米勒—欧尔模型”，是在企业现金流入与流出不稳定情况下确定现金余额的模型。该模型假定企业无法确切地预知每日的现金实际收支状况，现金流量接近正态分布，而且现金与有价证券之间可以自由兑换。

实际工作中，企业的现金需要量是很难准确预测的。不过企业可以通过历史经验和现实需要，测算出一个现金控制区域，定出上限和下限，将现金余额控制在上下限之内。当现金余额达到上限时用现金投资有价证券，使现金余额下降；当现金余额降到控制下限时，则抛售有价证券换成现金，使现金余额上升。图 15–2 对现金余额的随机波动情况进行了描述。

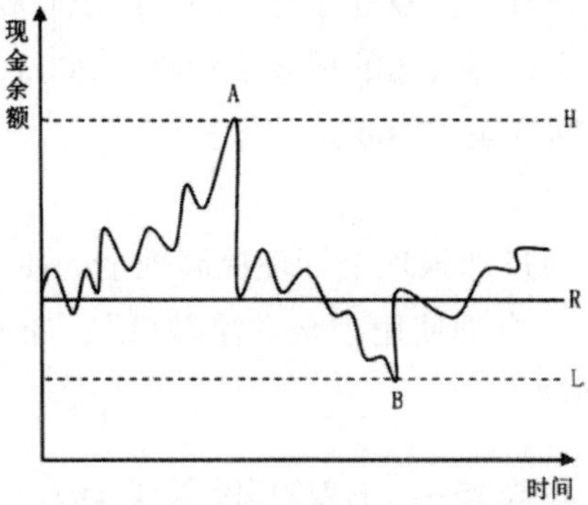


**图 15–2　确定现金余额的随机模型**

在图 15–2 中，虚线 H 为现金余额的上限，虚线 L 为现金余额的下限，实线位最佳现金余额，也是现金余额随机波动的均衡点和目标水平。模型假设企业的现金余额在上限（H）与下限（L）之间随机波动。当其达到了现金控制的上限，企业应当适当购进有价证券，使现金余额回落到目标水平；当现金余额下降到下限水平，企业应当出售部分有价证券补充现金，使其现金余额回升至目标水平。根据米勒—欧尔模型，最佳现金余额的计算公式为：

$$R = L + \sqrt[3]{\frac{3b\sigma^2}{4i}}$$

式中：b——证券交易成本；i——有价证券的日收益率；δ——预期每日现金余额变化的标准差。

下限 L 的确定要受到企业每日的最低现金需要、管理人员的风险承受倾向等因素的影响，上限的计算公式为：

$$H=3R-2L$$

【例】某公司有价证券的日利率为 0.06%，每次固定转换成本为 500 元，公司认为任何时候其现金余额均不低于 2000 元。根据以往经验测算出现金余额波动的标准差为 5000 元，则该公司：

最佳现金余额为：

$$R = L + \sqrt[3]{\frac{3b\sigma^2}{4i}} = 2000 + \sqrt[3]{\frac{3 \times 500 \times 5000^2}{4 \times 0.06\%}} = 27000(\text{元})$$

持有量上限为：

$$H=3R-2L=3 \times 27000-2 \times 2000=77000\ (\text{元})$$

这样，当公司的现金余额为 77000 元时，即应以 50000 元的现金购入有价证券，使现金余额回落为 27000 元；当公司的现金余额降至 2000 元时，则应转让 25000 元的有价证券，使现金余额回升至 27000 元。

3. **现金的日常控制**

现金管理的目的在于通过加强现金管理提高现金的使用效率，有效的现金管理方法包括现金流动同步化、合理使用现金“浮游量”、加速应收账款收现、推迟应收账款的支付等（见表 15-4）。

**表 15-4　有效的现金管理方法**

| 方法 | 具体内容 |
| --- | --- |
| 合理使用现金“浮游量” | 现金“浮游量”，是指企业账户上的现金余额与银行账户上所示的存款余额之间的差额。由于企业支付、收款与银行转账业务之间存在时滞，这会使本应显示同一余额的企业账簿和银行记录出现差异。为了保证企业的安全运转，财务人员必须对这个差异有清楚的了解。如果能正确预测浮游量并加以利用，也可以节约现金。 |
| 现金流动同步化 | 企业的现金流入与流出一般来说是很难预测的，为了应付这种不确定性可能带来的问题，企业要合理安排供货和其他现金支出，有效组织销售和其他现金流入，使现金流入和现金流出的波动基本一致。企业财务人员要提高预测和管理能力，以保障现金流入与现金流出同步。现金流动同步化的实现可以使企业的现金余额减少到最小，从而减少现金持有成本，提高企业的盈利水平 |

续表

| 方法 | 具体内容 |
| --- | --- |
| 推迟应付账款的支付 | 企业在不影响自身信誉的前提下，应尽可能推迟应付款的支付期限，这样可以最大限度地使用债权人的资金进行经营。在享受现金折扣优惠政策时，可在折扣期的最后一天付款，如果急需现金而放弃折扣优惠，可选择在信用期限的最后一天付款。此外，企业还可以选择商业汇票等结算方式推迟款项的支付 |
| 加速应收账款收现 | 加速应收账款收现主要是指企业采取各种措施，缩短应收账款的收回时间。当企业的销售实现时，并不意味着已经得到了可以自由支配的现金收入，因为一般来说企业的应收账款收回时间包括票据邮寄时间、票据在企业停留时间及票据结算的时间。前两个阶段所需时间的长短不但与客户、企业、银行之间的距离有关，而且会受到收款的效率的影响。这可以通过集中银行、锁箱系统的方法来加速收款 |

## 二、应收账款管理

### 1. 应收账款的功能、成本与管理目标

（1）应收账款的功能

应收账款的功能是指它在生产经营中的作用。主要有以下两个方面：

1）扩大销售的功能。市场经济条件下，企业面临着激烈的竞争。为了在竞争中获胜，企业通过赊销实际上是既向顾客提供产品，又向顾客提供了资金，所以赊销就成了促进销售的手段之一。

2）减少存货的功能。企业扩大销售就会减少存货，存货的减少就会降低存货的储存费、管理费和保险费等。因此，当企业产成品存货较多时，一般都会采用较为优惠的信用条件进行赊销，把存货转化为应收账款，减少存货，减少各种费用。

（2）应收账款的成本

1）机会成本。应收账款的机会成本是指企业因资金投放在应收账款上而丧失的投资于其他方面可能获得的收益，如投资有价证券便可获得利息收益。这种成本一般按资金成本率或有价证券利率计算。

应收账款机会成本＝维持赊销业务所需资金 × 资金成本率

维持赊销业务所需资金＝应收账款平均余额 × 变动成本率

应收账款平均余额＝日除销额 × 平均收账天

＝年赊销额/360 × 平均收账天数

【例】某公司预测的 2014 年度销售额为 6000 万元，变动成本率为 60%，资金成本率为 10%，假设应收账款平均收账天数为 60 天，试计算应收账款的平均余额、维

持赊销业务所需资金和应收账款机会成本。

$$应收账款的平均余额\frac{6000}{360}\times 60=1000（万元）$$

$$维持赊销业务所需资金=1000\times 60\%=600（万元）$$

$$应收账款机会成本=600\times 10\%=60（万元）$$

2）管理成本。应收赃款的管理成本是指对应收账款进行管理而发生的各项成本费用，主要包括收账费用、延期付款成本、调查顾客信用情况费用、收集各种信息费用、账簿记录费用和其他费用。

3）坏账成本。应收账款的坏账成本是指由于应收账款无法收回而给企业带来的损失。应收账款是因商业信用的存在而产生的，所以存在不能收回的可能性，由此而给应收账款持有者带来的损失就是坏账成本。此项成本一般与应收账款的数量成正比。

（3）应收账款的管理目标

应收账款管理的基本目标，就是要对其收益和成本进行权衡比较。发挥应收账款强化竞争、扩大销售的作用，尽可能地降低其产生的机会成本、管理成本与坏账损失，最大限度地提高应收账款投资的收益。

**2. 应收账款政策的制定**

（1）信用标准

信用标准是客户获得企业商业信用所应具备的最低条件，通常以预期的坏账损失率表示。如果企业的信用标准较严，只对信誉好、坏账损失率低的客户给予赊销，则会减少坏账损失，减少应收账款的机会成本，但这可能不利于企业市场竞争能力的提高和销售收入的扩大，甚至会使销售量减少。相反，如果企业的信用标准较宽，虽然有利于企业扩大销售，提高市场竞争力和占有率，但同时会增加坏账损失和应收账款的机会成本。

因此，企业确定信用标准的关键是衡量不同客户的信用状况，从而最终决定是否对该客户实行信用销售。

1）调查客户信用。客户信用状况的评定是建立在可靠的资料基础之上的。所以，在评定客户信用状况之前，必须收集客户的有关信息资料，对客户进行信用调查。信用调查有两类：

①直接调查。直接调查是指调查人员直接与被调查单位接触，通过当面采访、询问、观看、记录等方式获取信用资料的一种方法，直接调查能保证搜集资料的准确性和及时性，但若不能得到被调查单位的合作，则会使调查资料不完整。

②间接调查。间接调查是以被调查单位以及其他单位保存的有关原始记录和核算资料为基础，通过加工整理获得被调查单位信用资料的一种方法。这些资料主要来自于客户的财务报表、信用评估机构定期发布的有关企业的信用等级报告、客户开户行，以及能提供客户信用情况的其他途径等。

2）评定客户的信用状况。通过对收集来的信用资料加以整理、分析，然后对客户信用状况作出评定。分析客户的信用状况的方法有定性分析法和定量分析法。

①定性分析法，主要是采用5C评估法。5C评估法是指重点分析影响信用的五个方面的一种方法。五个方面是品德（Character）、能力（Capacity）、资本（Capital）、抵押品（Collateral）、经济环境（Conditions）。其英文的首写字母都是C，故称之为“5C”评估法。

品德，指客户愿意履行其付款义务的可能性。顾客是否愿意尽自己最大努力来归还贷款，直接决定着账款的回收速度和数量。品德因素是决定客户信用的最重要的因素。

能力，指客户按规定条件偿还债务的能力。客户偿还能力的高低，取决于资产特别是流动资产的数量、变现能力及其与流动负债结构比例关系。

资本，指客户的经济实力和财务状况，是客户偿还债务的最终保证。这主要根据有关财务比率进行判断。

抵押品，指客户获得信用可能提供的资产。这对于不知底细或信用状况有争议的客户尤为重要，客户提供的抵押品越充足，信用安全保证就越高。

经济环境，指可能影响顾客还款能力的经济环境。社会经济环境的变化往往会影响客户的经营状况和偿债能力。

通过以上五个方面的分析，基本上可以判断客户的信用状况，为最后决定是否向客户提供商业信用做好准备。

②定量分析法，主要是采用信用评分法。它是利用客户有关财务指标计算出客户的信用得分，根据客户的信用得分评价其信用质量。企业根据自身重点的不同对不同财务指标给予不同的权重，最终得出一个多元的信用评分公式。其具体步骤如下：

收集与客户信用状况有关的财务指标。通常包括：流动比率、速动比率、资产负债率、销售利润率、应收账款周转率、信用评级等级、经营年限、对客户未来预计等。

对客户的各项重要财务指标逐项评价打分。

根据各项财务指标的重要程度确定其各自的比重，作为权数。

计算客户的加权平均的综合信用分数，其公式为：$S=\sum_{i=1}^{n}a_iX_i$。

3）确定合理的信用标准。依据上述客户信用状况分析，结合企业自身特点和外部的竞争环境确定客户的信用标准。

（2）信用条件

信用条件是指企业要求客户支付赊销款项的条件，包括信用期限、折扣期限和现金折扣。信用条件的基本表现方式是“2/10，n/30”，意为：若客户能够在发票开出后的10日内付款，可享受2%的现金折扣；如果放弃折扣优惠，则全部款项必须在30日内付清。在此，30天为信用期限，10天为折扣期限，2%为现金折扣率。

1）信用期限，是指企业允许客户从购货日到付款日之间的时间间隔，或者说是企业给予客户信用持续期间。通常，延长信用期限，可以在一定程度上扩大销售量，增加毛利。但不适当地延长信用期限，会给企业带来很大风险：一是延长平均收现期，会使占用在应收账款上的资金相应增加，增加机会成本；二是引起坏账损失和收账费用的增加。因此，企业是否给客户延长信用期限，应视延长信用期限增加的收入是否大于增加的成本而定。

**【例】**某公司采用信用期限为30天的信用政策，为促销拟将信用期限延长至60天，无现金折扣，该公司的资金成本率为12%，其他有关数据如表15-5所示。确定该公司的信用期限。

**表15-5　该公司信用期限备选方案**　（单位：元）

| 项目<br>信用期 | 30天 | 60天 |
|---|---|---|
| 销售量（件） | 100000 | 120000 |
| 销售额（单价10元） | 1000000 | 1200000 |
| 变动成本（单位成本6元） | 600000 | 720000 |
| 固定成本 | 200000 | 200000 |
| 毛利 | 200000 | 280000 |
| 预计收账费用 | 5000 | 10000 |
| 预计坏账损失 | 10000 | 15000 |

根据以上资料，按照下列步骤计算相应指标：

第一步：计算增加的收益。

增加的收益=增加的销售量×单位边际贡献

=（120000-100000）×（10-6）=80000（元）

第二步：计算增加的成本。

$$30\text{天信用期限的机会成本}=\frac{1000000}{360}\times30\times\frac{600000}{1000000}\times12\%=6000(\text{元})$$

$$60\text{天信用期限的机会成本}=\frac{1200000}{360}\times60\times\frac{720000}{1200000}\times12\%=14400(\text{元})$$

增加的机会成本=14400-6000=8400（元）

增加的收账费用=10000-5000=5000（元）

增加的坏账损失=15000-10000=5000（元）

增加的成本=8400+5000+5000=18400（元）

第三步：计算增加的净收益。

增加的净收益=80000-18400=61600（元）

由于增加的收益大于增加的成本，因此应将信用期限延长到60天。

应当注意的是，上述平均收账天数是假定客户均在信用期最后一天付款，所以平均收账天数按信用期限计算。但当客户在信用期限内付款时间不同或延期付款时，应按客户购货额占企业全部销货额的比重和付款时间计算平均收账天数，计算公式为：

平均收款天数=Σ 客户购货比重 × 付款期限

2）折扣期限和现金折扣。折扣期限是为客户规定的可享受现金折扣的付款时间；现金折扣是在顾客提前付款时给予的优惠。企业为客户提供现金折扣，一方面是为了吸引一批想要获得折扣的客户，从而提高销售数量、增加销售总额：另一方面是为了让这些客户为取得折扣而提前付款，从而缩短平均应收账款占用期，减少资金的机会成本。给予客户现金折扣能带来以上的利益，但也会使丧失企业折扣本身的收益。

企业核定多长的现金折扣期限及给予客户多大程度的现金折扣率，必须与信用期限及加速收款所得到的收益与付出的现金折扣成本结合起来分析。如果实行现金折扣政策所带来的收益能够补偿现金折扣成本，企业就可以实行现金折扣政策；否则，就不易实行。

**【例】**利用上面例子的资料，如果企业为了加速应收账款的回收，决定在信用条件N/60的基础上改为（2/10，1/20，N/60），估计约有50%的客户会利用2%的折扣，20%的客户会利用1%的折扣，其余客户在信用期内付款，预计收账费用降为8000元，可能发生的坏账损失降為12000元。根据以上资料，分析是否应该实行现金折扣政策。

表 15-6　现金折扣政策分析评价表　（单位：元）

| 项目<br>信用条件 | N/60 | （2/10，1/20，N/60） |
|---|---|---|
| 年赊销额 | 1200000 | 1200000 |
| 减：现金折扣 | — | 14400 |
| 年赊销净额 | 1200000 | 1185600 |
| 减：变动成本 | 720000 | 720000 |
| 信用成本前收益 | 480000 | 465600 |
| 减：机会成本 | 14400 | 6480 |
| 收账费用 | 10000 | 8000 |
| 坏账损失 | 15000 | 12000 |
| 小计 | 39400 | 26480 |
| 信用成本后收益 | 440600 | 439120 |

①现金折扣 =1200000 × 50% × 2%+1200000 × 20% × 1%=14400（元）

②实行现金折扣后平均收账天数 =50% × 10+20% × 20+30% × 60=27（天）

$$实行现金折扣后的机会成本=\frac{120000000}{360}\times 27\times \frac{720000}{120000000}\times 12\% = 6480(元)$$

因为提供现金折扣后企业收益下降，建议不应实行现金折扣政策。

（3）收账政策

收账政策是指当客户违反信用条件，拖欠甚至拒付账款时企业所采取的收账策略与措施。企业如果采用积极的收账政策，可能会减少应收账款投资，减少坏账损失，但会增加收账成本。如果采用较消极的收账政策，则可能会增加应收账款投资，增加坏账损失，但会减少收账费用。在实际工作中，可参照测算信用标准、信用条件的方法来制定信用政策。

一般而言，收账费用支出越多，坏账损失越少，但这两者并不一定存在线性关系。通常情况是：1）开始花费一些收账费用，应收账款和坏账损失有小部分降低；2）收账费用继续增加，应收账款和坏账损失明显减少；3）收账费用达到某一限度后，应收账款和坏账损失的减少就不明显了，这个限度称为“饱和点”。如图 15-3 所示 B 点。企业在制定信用政策时，应权衡收账增加的费用与减少应收账款机会成本和坏账损失之间的得失。

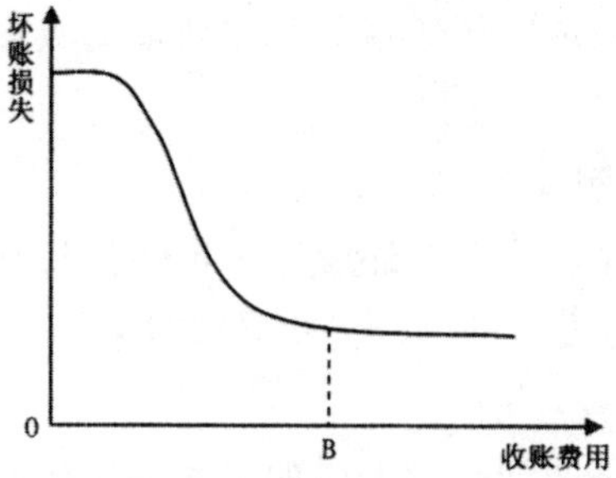


**图 15–3　收账费用与坏账损失的关系示意图**

【例】某公司应收账款原有的收账政策和建议的收账政策如表 15–7 所示。

**表 15–7　某公司两种收账政策的资料**

| 项目 | 现行的收账政策 | 建议的收账政策 |
|---|---|---|
| 年收账费用（万元） | 12 | 16 |
| 平均收账天数（天） | 60 | 30 |
| 坏账损失率（%） | 2 | 1 |
| 年销傳收入（万元） | 420 | 420 |
| 变动成本率（%） | 60 | 60 |
| 资本成本率（%） | 10 | 10 |

根据表 15–7 中的资料，计算两种方案的收账总成本，如表 15–8 所示。

**表 15–8　收账政策分析评价表**　　　（单位：万元）

| 项目 | 现行的收账政策 | 建议的收账政策 |
|---|---|---|
| 年销售收入 | 420 | 420 |
| 平均收账天数（天） | 60 | 30 |
| 应收账款平均余额 | 420 ÷ 360 × 60=70 | 420 ÷ 360 × 30=35 |
| 应收账款占用的资金 | 70 × 60%=42 | 35 × 60%=21 |
| 收账成本： | 42 × 10%=4.2 | 21 × 10%=2.1 |
| 机会成本 | 420 × 2%=8.4 | 420 × l%=4.2 |
| 坏账损失 | 12 | 16 |
| 年收账费用 | 24.6 | 22.3 |

表 15–8 的计算结果说明，虽然建议的收账政策会增加 4 万元的收账费用，但是

建议的收账政策相关的收账成本低于现行收账政策的收账成本。因此，建议的收账政策方案是可以接受的。

**3. 应收账款的日常控制**

对于已经发生的应收账款，企业还应进一步强化日常的管理工作，采取有效的措施进行分析、控制，及时发现问题，提前采取对策。

（1）应收账款追踪分析

应收账款一旦形成，企业就必须考虑如何按期足额收回的问题。这样，赊销企业就有必要在收款之前，对该项应收账款的运行过程进行追踪分析，重点要放在赊销商品的变现方面。企业要对赊购者今后的经营情况、偿付能力进行追踪分析，及时了解客户现金的持有量与调剂程度能否满足兑现的需要。应将那些挂账金额大、挂账时间长、经营状况差的客户的欠款作为考察的重点，防患于未然。必要时可采取一些措施，如要求这些客户提供担保等来确保应收账款的回收。

（2）应收账款账龄分析

建立应收账款账龄是考察应收账款的账龄结构，即各账龄应收账款的余额占应收账款总计余额的比重。一般而言，客户逾期拖欠账款时间越长，账款催收难度就越大，成为呆坏账损失的可能性也就越高。通过对应收账款的账龄分析，能够掌握以下信息：有多少客户在折扣期限内付款；有多少客户在信用期限内付款；有多少客户在信用期限过后才付款；有多少应收账款拖欠太久，可能会成为坏账。一般通过编制应收账款账龄分析表来掌握有关信息，如表 15–9 所示。

**表 15–9 某企业应收账款账龄分析表**

| 应收账款账龄 | 账户数量（个） | 金额（万元） | 比重（%） |
|---|---|---|---|
| 信用期限内（设平均为3个月） | 100 | 60 | 60 |
| 超过信用期1个月内 | 40 | 10 | 10 |
| 超过信用期2个月内 | 30 | 8 | 8 |
| 超过信用期3个月内 | 20 | 6 | 6 |
| 超过信用期4个月内 | 15 | 7 | 7 |
| 超过信用期5个月内 | 10 | 4 | 4 |
| 超过信用期6个月内 | 8 | 2 | 2 |
| 超过信用期6个月以上 | 5 | 3 | 3 |
| 应收账款余额合计 | – | 100 | 100 |

表 15–9 表明，该企业应收账款余额中，有 60 万元尚在信用期内，占全部应收

账款的 60%；过期数额 40 万元，其中逾期在 1 个月、2 个月、3 个月、4 个月、5 个月、6 个月内的，分别为 10%、8%、6%、7%、4%、2%；另有 3% 的应收账款已经预期半年以上。此时，企业应分析逾期账款具体属于哪些客户，这些客户是否经常发生拖欠情况，发生拖欠的原因何在。根据这些信息，企业要制定相应的收账政策。对于逾期程度不同的账款，可以采用不同的收账方式。

（3）催收拖欠款项

企业对存在不同逾期账款的客户应采用不同收账政策，通过制定一套完备的程序来催收账款，以减少坏账损失的风险。制定收账策略时应在收账费用和减少的坏账损失之间权衡。催收账款的程序一般是（见表 15–10）：

**表 15–10　催收账款的程序**

| 步骤 | 操作细节 |
|---|---|
| 信函通知 | 当账款过期几天时，可以先向客户发送“温馨提示”，如果仍然没有收到付款，可以发出措辞较直率的信件 |
| 电话催收 | 在送出几封信后，给客户打电话催收。如果客户有财务上的困难，可能找出折中的办法，收回一部分货款要比完全收不回要好 |
| 个人拜访 | 企业促成这笔销售的销售人员可直接与客户面谈，协商解决 |
| 委托收账代理机构催收 | 将客户的逾期账款委托收账公司办理，通常这样费用很高，为应收账款的 15% ~ 40%。因此，企业的应收账款可能遭受较大损失 |
| 诉讼程序 | 将逾期严重的客户提交法律诉讼，通过法院裁决强制收回账款，但这种方式往往会导致商业关系破裂 |

## 三、存货管理

### 1. 存货的概念、功能与成本

（1）存货的概念与功能

存货是指企业在生产经营过程中为销售或者耗用而储备的物质，包括各类材料、商品、在产品、半成品、产成品等。

存货的功能是指存货在生产经营过程中的作用，具体包括：

1）保证企业生产经营和销售活动的正常进行。企业储存一定数量的原材料和在产品，主要是为了保证生产活动顺利进行。在现实生产中，企业很难做到随时购入生产所需的各种物质，即使是市场供应充足、计划控制十分严密的物质也是如此。因为，市场供应有可能间断，计划会出现失误或运输途中出现故障等。企业储存必要的产成品，不仅可以成批销售产品，节约销售费用，而且也便于应付市场上临时的订货需求。

2）便于组织均衡生产，降低产品成本。对于那些生产季节性产品或生产所需材料的供应具有季节性的企业，为实行均衡生产，降低生产成本，就必须适当储备一定的半成品或保持一定的原材料存货。如果根据需求状况时高时低地进行生产，有时生产能力可能得不到充分利用，有时会出现超负荷运转，这也会导致生产成本的增加。为了降低生产成本，实行均衡生产，就要储备一定的产成品存货，也要相应保持一定的原材料存货。

3）防止意外事件发生造成损失。采购、运输、生产和销售过程中，都可能发生意外事故，因而企业保持一定数量的各种存货保险储备，可减少或避免意外事故的发生。

（2）存货的成本

为充分发挥存货的固有功能，企业必须储备一定的存货，但也会由此而发生各项支出，这就是存货成本，它主要包括以下内容（见表 15–11）。

**表 15–11　存货成本的构成**

| 项目 | 内容 |
| --- | --- |
| 订货成本 | 订货成本是为订购材料、商品而发生的成本，如办公费、差旅费、邮资、通讯费、运输费、检验费、入库搬运费等，一般与订货数量无直接关系。订货成本有一部分与进货次数无关，如专设采购机构的基本开支等，这类固定性订货成本属于决策的无关成本；另一部分与订货次数有关，如差旅费、邮资、通讯等费用与进货次数成正比例变动关系，这类变动性订货成本属于决策的相关成本 |
| 采购成本 | 采购成本由买价、运杂费等构成。采购成本一般与采购数量呈正比例变化。为降低采购成本，企业应研究材料的供应情况，货比三家，价比三家，争取采购质量好、价格低的材料物质 |
| 储存成本 | 储存成本指存货在储存期间发生的成本，包括存货占用资金应计的利息、仓储费、搬运费、保险费、存货破损和变质损失等。一般储存成本按照与储存数额的关系分为固定性储存成本和变动性储存成本两类。其中，固定性储存成本与存货储存数额的多少没有直接的关系，如仓库折旧费、仓库职工的固定工资支出等，这类成本属于决策的无关成本；而变动性储存成本则随着存货储存数量的增减成正比例变动关系，如存货占用资金应计的利息、保险费、存货破损和变质损失。这类成本属于决策的相关成本 |
| 缺货成本 | 缺货成本指由于存货供应中断造成的损失，包括材料供应中断造成的停工损失、产成品库存缺货造成的拖欠发货损失和丧失销售机会的损失。缺货成本能否作为决策的相关成本，应视企业是否允许出现存货短缺的不同情形而定。若允许缺货，则缺货成本与存货数量反向相关，即属于决策相关成本；反之，若企业不允许发生缺货情形，此时缺货成本为零，也就无须考虑 |

2. **存货规划**

（1）经济批量

经济批量是指能够使一定时期存货的相关总成本达到最低点的进货数量。决定存货经济批量的成本因素主要包括变动性订货成本（简称“订货成本”）、变动性储存成本（简称“储存成本”），以及允许缺货时的缺货成本。

1）经济批量基本模型。基本经济批量模型假设：

需求量稳定且能够准确预测；所需存货市场供应充足，并能够集中到货；没有缺货成本；没有固定性订货成本和固定性储存成本；存货供应稳定且单价不变；仓储条件及所需资金不受限制，不会因为仓储和资金问题影响进货。

在满足以上假设的前提下，存货的采购成本、固定性订货成本和固定性储存成本均为常量；由于不存在缺货，短缺成本也不是决策的相关成本。此时经济批量考虑的仅仅是使变动性订货成本与变动性储存成本之和最小。即“存货总成本 = 订货成本 + 储存成本”，订货成本、储存成本与存货总成本的关系可用图 15–4 来描述。

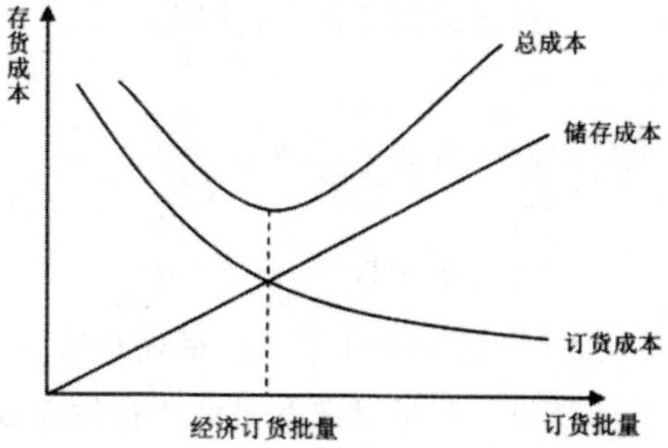


**图 15–4　存货成本与订货量之间的关系**

此时，经济订货批量可以用公式来表示，即：

$$订货批数 = \frac{A}{Q}$$

$$平均库存量 = \frac{Q}{2}$$

$$订货成本 = \frac{A}{Q}.F$$

$$储存成本 = \frac{Q}{2}.C$$

$$总成本（TC）=\frac{Q}{2}.C+\frac{A}{Q}.F$$

式中，A 为存货全年需要量；Q 为每批订货量；F 为每批订货成本；C 为单位存货的年储存成本；TC 为全年总成本。

求 TC 对 Q 的一阶导数得：

$$TC'=(\frac{Q}{2}.C+\frac{A}{Q}.F)'=\frac{C}{2}-\frac{AF}{Q^2}$$

令 TC'=0，则：

$$\frac{C}{2}-\frac{AF}{Q^2}=0$$

$$Q^2=\frac{2AF}{C}$$

可得：

$$经济批量（Q）=\sqrt{\frac{2AF}{C}}$$

$$经济批数（\frac{A}{Q}）=\sqrt{\frac{AF}{2F}}$$

$$总成本（TC）=\sqrt{2AFC}$$

【例】某企业每年需耗用甲材料 7200 千克。平均每次订货成本为 400 元，单位储存成本为 9 元，计算经济批量、经济批次及最低年存货总成本。

$$Q=\sqrt{\frac{2AF}{C}}=\sqrt{\frac{2\times7200\times400}{9}}=800(千克)$$

$$\frac{A}{Q}=\sqrt{\frac{AC}{2F}}=\sqrt{\frac{7200\times9}{2\times400}}=9(次)$$

$$TC=\sqrt{2AFC}=\sqrt{2\times7200\times400\times9}=7200(千克)$$

2）有数量折扣的经济批量模型。基本模型假设存货采购单价不随批量而变动。但事实上，许多企业在销售时都有数量折扣，即对大批量采购在价格上给予一定优惠。在这种情况下，除了考虑订货成本和储存成本外，还应考虑采购成本。因为此时的存货采购成本已经与进货数量大小有直接关系，属于决策的相关成本。

【例】利用上述例子的资料，，假设所需零件的每件价格为 10 元，但如果一次订购超过 1000 千克，可给予 2% 的批量折扣，请问以多大批量订货？

此时如果确定最优订购批量，就要按以下两种情况分别计算三种成本的合计数。

第一种按经济批量采购，不取得数量折扣。在不取得数量折扣的条件下，按经济批量采购时的总成本合计应为：

总成本 = 订货成本 + 储存成本 + 采购成本

$$\frac{7200}{800}\times 400+\frac{800}{2}\times 9+7200\times 10$$
$$=79200(元)$$

第二种不按经济批量采购，取得数量折扣。如果想取得数量折扣，每批至少应当采购 1000 件，此时三种成本的合计为：

$$总成本=订货成本+储存成本+采购成本$$
$$=\frac{7200}{1000}\times 400+\frac{1000}{2}\times 9+7200\times 10\times(1-2\%)$$
$$=77940(元)$$

将以上两种情况进行比较可知，订购数量为 1000 件时成本最低。

（2）再订货点

为了保证生产和销售的正常进行，工业企业必须在材料用完之前订货，商品流通企业必须在商品售完之前订货。那么究竟在上一批购入的存货还有多少时，订购下一批货物呢？这就是再订货点的控制问题。

所谓再订货点，就是订购下一批存货时本批存货的储存量，图 15–5 对再订货点的操作进行了直观反映。

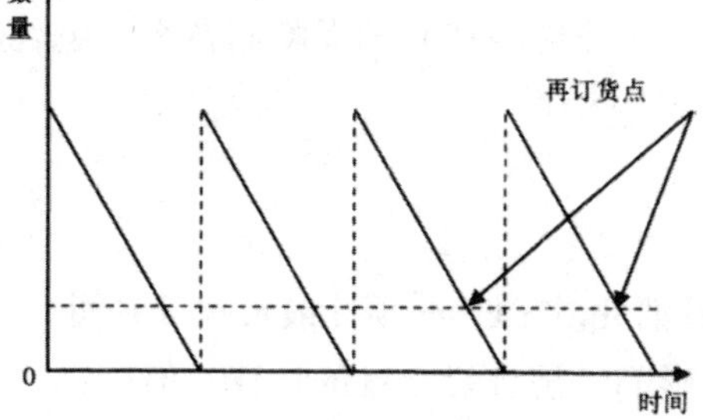


图 15–5　再订货点

要确定订货点，必须考虑如下因素：一是平均每天的耗用量，以 n 表示；二是从发出订单到货物验收完毕所用的时间，以 t 表示。

再订货点 R 可用公式：$R=n\cdot t$

【例】某公司每天正常耗用甲零件为 50 件，订货的提前期为 20 天。计算该公司再订货点。

$$再订货，R = n \cdot t = 50 \times 20 = 1000（件）$$

因此，在该公司的存货储备量降到 1000 件时，应当开始进行存货采购。

（3）保险储备

保险储备又称“安全储备”。以前讨论都是假定存货的供需稳定且确知，实际上，每日需求量可能发生变化，交货时间也可能发生变化。按照某一订货批量（如经济订货批量）和再订货量发出订单后，如果出现需求增大或送货延长等不确定情况，就会发生缺货或供货中断。为防止由此造成的损失，就需要持有一定的存货储备以备应急之需。保险储备用 S 来表示。保险储备的作用和意义可以用图 15-6 来说明。

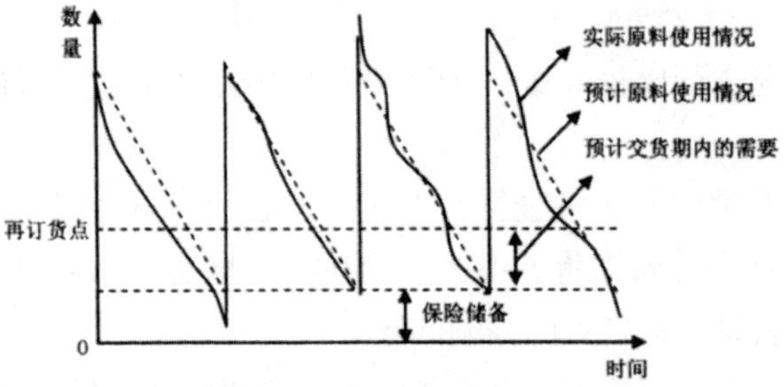


**图 15-6　保险储备示意图**

保险储备的水平由企业预计的最大日消耗量和最长收获时间确定，可能的日消耗量越大，收货时间越长，企业应当持有的保险储备水平也就越大。保险储备 S 的计算公式为：

$$S = \frac{1}{2}(mr - nt)$$

式中，m——预计的最大日消耗量；r——预计最长收货时间。

保险储备的存在不会影响经济订货批量的计算，但会影响再订货点的确定。考虑保险储备情况下的再订货点计算公式为：

$$\begin{aligned} R &= nt + S \\ &= nt + \frac{1}{2}(mr - nt) = \frac{1}{2}(mr + nt) \end{aligned}$$

【例】利用上述例子的资料，预计某公司的最大日消耗量为 60 件，预计最长收货时间为 25 天，计算该公司的保险储备和再订货点。

$$\text{保险储备}\ S=\frac{1}{2}(mr-nt)$$

$$=\frac{1}{2}\times(60\times25-50\times20)$$
$$=500(\text{件})$$

$$\text{再订货点}\ R=nt+S=\frac{1}{2}(mr+nt)$$

$$=50\times20+500$$
$$=1500(\text{件})$$

建立保险储备量固然可以有效降低存货损失成本，但存货平均储存量加大亦使储存成本加大。研究保险储备量的目的，就是要找出合理的保险储备量，使缺货成本与储存成本之和最低。

**3. 存货控制**

（1）ABC 分类管理

ABC 分类管理是由意大利经济学家维尔弗雷多・帕累托于 1879 年首创的。1951 年，管理学家戴克将其应用于库存管理，命名为 ABC 法。所谓 ABC 分类管理就是按照一定的标准，按照重要性程度，将企业存货划分为 A、B、C 三类，分别实行按品种重点管理、按类别一般控制和按总额灵活掌握的存货管理方法。

存货分类的标准主要有两个：金额标准和品种数量标准。其中，金额标准是基本的，品种数量标准仅供参考。划分时按照企业确定的标准，通过列表、计算、排序等具体步骤确定各种物品所属类别。通过对存货进行这样的分类，可以使企业分清主次，采取相应的对策进行经济有效的管理、控制。

运用 ABC 管理方法一般有如下几个步骤：

1）计算每种存货在一定时间内（一般为 1 年）的资金占用额；

2）计算每种存货资金占用额占全部资金占用额的百分比，并按大小顺序排列，编成表格；

3）根据事先制定好的标准，把最好的存货划为 A 类，把一般存货划为 B 类，把不重要的存货划为 C 类，并画图表示。

4）对 A 类存货进行重点规划和控制，对 B 类存货进行次重点管理，对 C 类存货只进行一般管理。

（2）存货的归口分级管理

进行存货的归口分级控制，常作为加强存货管理的一种重要方法。这一方法包括以下三项内容：

1）企业的财务部门是在企业管理层的领导下对存货资金实行统一管理的。财务部门对存货资金的集中统一管理是促进企业供、产、销互相协调，实现使用资金综合平衡和加速资金周转的必要手段。对存货资金的统一管理主要包括以下工作：依据国家财务制度和企业的具体情况，制定企业资金管理制度。测算资金占用数额，汇总编制存货资金计划。分解有关计划指标，并落实到相关单位个人。检查和分析各单位的资金使用情况，统一考核资金的使用情况。

2）对资金进行归口管理。依据使用资金和管理资金相结合、物资管理和资金管理相结合的原则，每项资金由哪个部门使用就归哪个部门管理。具体的分工是：供应部门管理原材料、燃料、包装物等资金；生产部门管理产品和自制半成品的资金；销售部门管理产成品资金：工具部门管理工具或用具占用的资金；设备动力部门管理修理用备件占用的资金。

3）对资金进行分级管理。各归口的管理部门要根据具体情况将资金计划指标进行分解，分配给所属单位或个人，层层落实、分级管理。具体过程是：原材料资金计划可分配给供应计划、材料采购、仓库保管、整理准备各业务组进行分别管理；产品资金计划指标可分配给各车间、半成品库管理；成品资金计划指标可分配给销售、仓库保管、成品发运等各业务组进行管理。

（3）适时制管理

适时制原本是为了提高生产质量而逐步形成的，其要旨是将原材料的库存量减少到一个生产班次恰好需要的数量。在适时制下，库存是没有替代品的，其所生产的每个零部件都必须是合格品。适时制在按订单生产的制造业中使用得最为广泛。不过，它在零售业中也开始显示其优越性，对零售业者预测消费需求和提高营运效益有一定作用。

适时制的成功取决于以下几个因素（见表15-12）：

**表15-12　适时制的成功要素**

| 要素 | 内容 |
|---|---|
| 计划要求 | JIT要求具备一份对于整个企业而言协调、完整的计划。通过仔细计划与规划，实施JIT可以使企业不必保有保险储备存货，从而节约成本。同时，也能够在其他方面产生极大的节约，例如缩短存货的在途时间、降低仓储成本等。当然，高度的协调和计划对于某些企业是难以实现的，那么JIT也就无法发挥作用 |

续表

| 要素 | 内容 |
|---|---|
| 与供应商的关系 | 送货计划、数量、质量和及时联系都是制度的组成部分。该制度要求按照所需的数额和订单的要求频繁送货，并且仔细标记每项货物。因此，为了使JIT有效运行，企业应该与其供应商紧密合作 |
| 准备成本 | 在生产中，每批产品在生产前总存在固定的准备成本，生产的最优批量受准备成本的影响。企业通过降低准备成本，可以采用更短的生产期，从而获得更大的灵活性 |
| 其他成本因素 | JIT要求仔细管理和控制，所以采用JIT的企业通常为了降低成本而限制供应商的数目。为了做到JIT的要求，供应商必须提高质量、经常送货、花费更多的成本，所以很多企业在采用JIT降低存货储存成本的同时，必须承担更高的采购价格。然而，对于很多采用JIT的企业来说，获得的利益远远大于采购价格提高所带来的负面影响 |
| 电子数据互换 | JIT的实施依赖于EDI，因为从采购到生产继而到销售的过程中，许多环节都是由电子系统处理，商业信用也自动化了。当采用了电子信用条件后，就基本上消除了企业的应付账款（如货款不是在发票日的30天后支付，而是在交货和使用材料之后很短的时间内支付），而这是短期筹资额的主要来源。同时，电子收款也消除了供应商的应收账款 |

## 四、流动负债管理

### 1. 短期借款筹资

短期借款筹资通常是指银行短期借款，指企业向银行或其他金融机构借入的期限在1年（含1年）以下的各种借款，是短期筹资的重要方式。

（1）短期借款的信用条件

银行发放借款往往带有条件，主要有：

1）信贷额度。信贷额度也就是贷款限额，是借款人与银行在协议中规定的允许借款人借款的最高限额。授信额度的有效期为1年，但根据情况也可展期1年。一般情况下，在信贷额度内，企业可以随时按需要支用借款。但是银行并不承担必须提供全部授信额度的义务。如果企业信誉恶化，即使银行曾同意按授信额度提供贷款，企业也可能得不到贷款，这时，银行不会承担法律责任。

2）周转信贷协定。周转信贷协定是银行从法律上承诺向企业提供不超过某一最高限额的贷款协定。在协定的有效期内，只要企业借款总额未超过最高限额，银行必须满足企业任何时候提出的借款要求。企业享有周转协定，通常要对贷款限额的未使用部分付给银行一笔承诺费。

3）补偿性余额。它是银行要求借款人在银行中保持按贷款限额或实际借款额的一定百分比计算的最低存款余额。补偿性余额的要求提高了借款的实际利率。实际利率的计算公式为：

$$补偿性余额贷款实际利率=\frac{名义利率}{1-补偿性余额比率}$$

补偿性余额有助于银行降低贷款风险，补偿其可能遭受的损失；但对借款企业来说，补偿性余额则提高了借款的实际利率，加重了企业的利息负担。

4）借款抵押。银行向财务风险较大、信誉不好的企业发放贷款，往往需要有抵押品担保，以减少自己可能蒙受损失的风险。借款的抵押品通常是借款企业的办公楼、厂房等。

5）偿还条件。无论哪种借款，银行一般都会规定偿还的期限。根据我国金融制度的规定，贷款到期后仍无能力偿还的，视为逾期贷款，银行要照章加收逾期罚息。

6）其他承诺。银行有时还要求企业为取得借款而作出其他承诺，如及时提供财务报表、保持适当的财务水平。如企业违背所作出的承诺，银行可要求企业立即偿还全部贷款。

（2）借款利息的支付方式

1）利随本清法，又称“收款法”，是在借款到期时向银行支付利息的方法。采用这种方法，借款的名义利率等于其实际利率。

2）贴现法，是银行向企业发放借款时，先从本金中扣除利息，而到期时借款企业再偿还全部本金的一种计息方法。采用这种方法，企业可利用的贷款额只有本金减去利息部分后的差额，因此，贷款的实际利率高于名义利率。

$$实际利率=\frac{利息}{借款金额-利息}\times100\%=\frac{名义利率}{1-名义利率}\times100\%$$

（3）短期借款筹资的优缺点

1）短期借款筹资的优点：

筹资速度快。企业获得短期借款所需时间要比长期借款短得多，因为银行发放长期贷款前，通常要对企业进行比较全面的调查分析，花费时间较长。

筹资弹性大。短期借款数额及借款时间弹性较大，企业可在需要资金时借入，在资金充裕时还款，便于企业灵活安排。

2）短期借款筹资的缺点：

筹资风险大。短期资金的偿还期短，在筹资数额较大的情况下，如企业资金调度不周，就有可能出现无力按期偿付本金和利息，甚至被迫破产。

与其他短期筹资方式相比，资金成本较高，尤其是在补偿性余额和附加利率情况下，实际利率通常要高于名义利率。

2. **商业信用**

商业信用是指企业在商品和劳务等商业交易中因延期付款或预收货款形成的借贷关系，它是由商业交易中商品和劳务提供与货款结算在时间上的不一致产生的，是企业间的一种直接的信用关系。商业信用早于银行信用。在银行信用出现之后，商业信用依然广泛运用，并在短期负债融资中占有相当大的比重。

（1）商业信用的主要形式

1）应付账款。应付账款是购买货物暂未付款而欠对方的款项。如赊购商品，就是一种最典型、最常见的商业信用形式。在这种形式下，买卖双方发生商品或劳务交易，买方收到商品或接受劳务后，按照合同规定或结算制度、惯例，延期一定时日后付款。这相当于购货方从销货方融通一笔资金。

2）预收货款。预收货款是指销货方向购货方预先收取部分或全部货款，延迟一定时期交货。这相当于销货方向购货方预先借入一笔资金，是另外一种典型的商业信用形式。预收货款通常在商品供不应求或价款高、生产周期长的时候采用。

（2）商业信用的条件

1）不提供现金折扣的延期付款条件。在不提供现金折扣的延期付款条件下，卖方允许买方在交易发生后一定时期内按照发票面额支付货款，购货方可因延期付款得到资金融通。具体形式如“n/30”，是指最长信用期为 30 天，可以在 30 天内按照发票金额付款，若提前付款，没有现金折扣。

2）提供现金折扣的延期付款条件。在提供现金折扣的延期付款条件下，购货方若提前付款，销货方将给予一定现金折扣；如购货方不享受现金折扣，可在信用期内付清账款。如“2/10，n/30”，是指最长信用期为 30 天，可以在 30 天内按发票金额付款；若提前在 10 天内付款，可享受 2% 的现金折扣。购货方若想取得现金折扣，应在折扣期内付款，其只能在折扣期内占用销货方的资金；若想在规定的信用期内占用销货方的资金，则需放弃现金折扣。

（3）商业信用的资本成本

商业信用筹资没有成本的两种情况：一是没有现金折扣的商业信用；二是有现金折扣且购货方实际享受了现金折扣。

当购货方放弃现金折扣时，会发生现金折扣损失，这就是商业信用的资本成本。这是一种机会成本，计算公式如下：

$$\text{放弃现金折扣的商业信用资本成本}=\frac{\text{折旧率}}{1\text{-折扣率}}\times\frac{360}{\text{信用期限-折扣期限}}$$

商业信用管理的关键，是在享受现金折扣与信用资金成本数额之间进行选择，使企业获得的利益最大。

（4）商业信用融资的优缺点

商业信用融资的优缺点见表15-13。

**表15-13　商业信用融资的优缺点**

| 项目 | 具体内容 |
| --- | --- |
| 信用融资的优点 | ①自然性融资。商业信用伴随商品交易和劳务交易产生，属于一种自然性融资，不用进行特殊的筹资安排。②融资成本低。具体表现为：若销货方不提供现金折扣，购货方在信用期期末付款，不发生融资成本；若购货方享受现金折扣，在折扣期内利用商业信用融资的成本也很低。③限制条件少。商业信用按照合同与结算制度或惯例取得，不需经过借款申请、审议、批准和资产抵押等程序。与银行信用相比，限制条件较少 |
| 商业信用融资的缺点 | ①资金可供使用的时间较短。一般来说，商业信用筹集的资金只能在信用期内供企业使用，时间较短。若企业欲取得现金折扣，期限会更短。②融资的机会成本高。若购货企业放弃现金折扣，暂时使用商业信用资本的机会成本高于短期商业银行贷款的成本。③偿债现金压力大。在信用期期末，企业需要筹措资金归还到期债务。若在一定日期到期债务数额巨大，就会给企业带来现金压力 |

# 第二节　成本管理

## 一、本量利分析

### 1. 盈亏平衡分析

（1）盈亏平衡点的确定

1）盈亏平衡点的计算。盈亏平衡就是企业在一定期间内不盈利也不亏损的状态，即利润为零。盈亏平衡分析的关键点是确定盈亏平衡点。

盈亏平衡点是指企业达到盈亏平衡状态的业务量，又称“盈亏临界点”“保本点”。通常有两种表现：一是盈亏平衡点销售量；二是盈亏平衡点销售额。

2）本量利分析图。本量利分析图是指在平面直角坐标系上反映企业不同业务量水平条件下的盈亏状况的图形，也称盈亏平衡图。本量利分析图通常有标准本量利图、边际贡献式本量利图和利量图三种。其中，标准本量利图运用最广泛，能反映最基本的本量利关系。

具体绘制本量利分析图的步骤如下（见表15-14）：

**表15-14　绘制本量利分析图的步骤**

| 步骤 | 内容 |
| --- | --- |
| 一 | 建立直角坐标。横轴代表销售量，纵轴代表成本和销售收入金额 |
| 二 | 绘制固定成本线。在纵轴上根据固定成本的金额绘出固定成本线，使之与横轴平行，并与纵轴相交 |
| 三 | 绘制销售收入线。根据“销售收入=销售量×售价”绘制一条源于原点的直线 |
| 四 | 绘制总成本线。总成本线是起始于固定成本线与纵轴交点之处的一条直线 |
| 五 | 确定盈亏平衡点。销售收入线与总成本线的交点即为盈亏平衡点，在这一点销售收入总额等于总成本 |

通过观察标准本量利图，可以掌握本量利之间的如下规律：

第一，在盈亏平衡点不变的情况下，销售量超过盈亏平衡点一个单位，即可获得一个单位边际贡献的盈利。销售量越大，实现的盈利就越多。反之，销售量低于盈亏平衡点一个单位，就产生一个单位边际贡献的亏损。销售量越小，亏损额就越大。

第二，在销售量不变的情况下，盈亏平衡点越低，盈利区的面积就会扩大，亏损区的面积就会缩小。它反映了产品的盈利能力有所提高，即能实现更多的盈利或产生更少的亏损。反之，盈亏平衡点越高，盈利区的面积就会缩小，亏损区的面积就会扩大。它反映了产品的盈利能力有所降低，即能实现的盈利越少或产生的亏损越大。

第三，在销售收入既定的情况下，盈亏平衡点的高低取决于单位变动成本和固定成本总额的大小。单位变动成本或固定成本总额越小，盈亏平衡点就越低；反之，盈亏平衡点就越高。

（2）多品种产品盈亏平衡点分析

在计算多品种产品盈亏平衡点时，不适宜采用实物量单位进行分析，而只能用金额来反映，称为综合盈亏平衡点销售额。

计算多品种产品盈亏平衡点的方法有多种，但最常用的是加权平均法。

加权平均法是指在确定企业加权平均边际贡献率的基础上计算综合盈亏平衡点销售额的一种方法。

由于不同产品的盈利能力是不同的，其边际贡献率也各不相同，因此，计算综合盈亏平衡点销售额所用的边际贡献率应为各种产品的加权平均数。此法的计算步骤如下：

第一，计算各种产品的边际贡献率。

第二，计算各种产品的销售比例。计算公式如下：

某种产品销售比例 = 该种产品的销售收入 / 全部产品销售收入合计

第三，计算各种产品的加权平均边际贡献率。加权平均边际贡献率是各种产品的边际贡献总额与各种产品的销售收入总额的比率，在实际工作中，可以通过对每种产品的边际贡献率分别以其销售比例为权数计算加权平均边际贡献率。计算公式如下：

加权平均边际贡献率 = Σ（各种产品边际贡献率 × 各种产品的销售比例）

第四，运用加权平均边际贡献率计算综合盈亏平衡点销售额。计算公式如下：

综合盈亏平衡点销售额 = 固定成本 / 加权平均边际贡献率

第五，计算各种产品的盈亏平衡点销售额。

某种产品盈亏平衡点销售额 = 综合盈亏平衡点销售额 x 该种产品销售比例

【例】假定某皮具公司生产和销售三种产品：皮包、皮带和皮夹。公司预计 2014 年全年固定成本总额为 86400 元，三种产品可以实现产销平衡。假定皮包、皮带和皮夹的固定销售组合为 2：4：5，即每销售 2 个皮包，同时就会销售 4 条皮带和 5 个皮夹。有关各种产品销售量、售价、成本和利润预算资料如表 15-15 和表 15-16 所示。

**表 15-15　某皮具公司 2014 年预算资料**

| 项目 | 皮包 | 皮带 | 皮夹 |
|---|---|---|---|
| 销售量 | 2000个 | 4000条 | 5000个 |
| 销售价格 | 200元 | 60元 | 32元 |
| 单位变动成本 | 160元 | 36元 | 24元 |

**表 15-16　某皮具公司 2014 年利润预算**　　（单位：元）

| 项目 | 皮包 | 皮带 | 皮夹 | 合计 |
|---|---|---|---|---|
| 销售收入 | | | | 800000 |
| 变动成本 | 400000 | 240000 | 160000 | 584000 |
| 边际贡献 | 320000 | 144000 | 120000 | 216000 |
| 固定成本 | 80000 | 96000 | 40000 | 86400 |
| 营业利润 | | | | 129600 |

要求：计算某皮具公司的综合盈亏平衡点销售额以及各种产品的盈亏平衡点销售额。根据上述资料，编制加权平均边际贡献率计算表，如表 15-17 所示。

**表 15–17　加权平均边际贡献率计算表**

| 项目 | 皮包 | 皮带 | 皮夹 | 合计 |
| --- | --- | --- | --- | --- |
| （1）销售价格 | 200 | 60 | 32 | — |
| （2）单位变动成本 | 160 | 36 | 24 | — |
| （3）单位边际贡献（1）-（2） | 40 | 24 | 8 | — |
| （4）边际贡献率（3）÷（1）×100% | 20% | 40% | 25% | — |
| （5）销售收入 | 400000 | 240000 | 160000 | 800000 |
| （6）销售比例 | 50% | 30% | 20% | 100% |
| （7）加权平均边际贡献率（4）×（6） | 10% | 12% | 5% | 27% |

也可利用表 15–17 的数据计算加权平均边际贡献率：

加权平均边际贡献率 =27%

综合盈亏平衡点销售额 =320000（元）

皮包盈亏平衡点销售额 =320000×50%=160000（元）

皮带盈亏平衡点销售额 =320000×30%=96000（元）

皮夹盈亏平衡点销售额 =320000×20%=64000（元）

此外，用各种产品的盈亏平衡点销售额除以各该产品的销售价格，也可以求出各种产品的盈亏平衡点销售量：

皮包盈亏平衡点销售量 =160000÷200=800（个）

皮带盈亏平衡点销售量 =96000÷60=1600（条）

皮夹盈亏平衡点销售量 =64000÷32=2000（个）

由上述计算可知，当皮包、皮带和皮夹三种产品按照其固定销售组合销售时，即皮包销售 800 个、皮带销售 1600 条、皮夹销售 2000 个，三种产品的销售收入总额为 320000 元时，该公司处于盈亏平衡状态。

（3）安全边际分析

安全边际是指企业预算（或实际）销售量超过盈亏平衡点的差额。这个差额表明从预算销售量到盈亏平衡点有多大的差距，或者说在亏损发生之前销售量可低于预算的数量是多少。安全边际通常用绝对数和相对数两种形式来表现。

企业的销售量超过盈亏平衡点越多，安全边际就越大，说明企业发生亏损的可能性就越小，企业的经营也就越安全。

衡量企业经营安全程度的相对数指标是安全边际率，其计算公式如下：

安全边际率=现有销售量（销售额）/保本销售量（销售额）

另外，从前述分析中我们已经发现，营业利润是由安全边际提供的。也就是说，只有超过盈亏平衡点的销售量才能为企业提供利润。由于盈亏平衡点销售量所提供的边际贡献恰好补偿了全部固定成本，所以超过盈亏平衡点以上的安全边际所提供的边际贡献额就是利润。

因此，营业利润也可以由下列公式计算得出：

营业利润=安全边际（数量）× 单位边际贡献

营业利润=安全边际（金额）× 边际贡献率

**2. 保利分析**

通常用于预测目标利润的利润率指标主要是投资报酬率。

其计算公式如下：

目标利润=预计资产平均占用额 × 投资报酬率

**3. 本量利与相关因素变动分析**

从盈亏平衡点的计算公式中可以看到，产品的售价、单位变动成本、固定成本等因素的变动都会对盈亏平衡点产生影响。

（1）销售价格变动的影响

销售价格的变动会引起单位边际贡献和对应的边际贡献率向同方向变动。换句话说，销售价格如果提高，单位产品的边际贡献额就会提升，单位产品的边际贡献率也会上升，就会导致盈亏平衡点的销售量下降。

（2）单位变动成本变动的影响

如果其他因素不变，提高单位变动成本，则会减少单位边际贡献和边际贡献率，在本量利图中，表现为总成本线向上倾斜，导致盈亏平衡点上升，一定销售量下实现的利润将会减少；降低单位变动成本，则会增大单位边际贡献和边际贡献率，在本量利图中，表现为总成本线向下倾斜，导致盈亏平衡点下降，一定销售量下实现的利润将会增加。

（3）固定成本变动的影啃

如果其他因素不变，固定成本总额提高，则在本量利图中，会抬高总成本线的位置，导致盈亏平衡点上升，一定销售量下实现的利润将会减少。

**4. 本量利分析的应用**

在生产经营决策中，应用本量利分析的关键在于确定成本无差别点。所谓成本无差别点是指使两个备选方案总成本相等的业务量。

**【例】**假定某企业计划明年生产一种加工工艺有特殊要求的产品，打算从外部租入一台专用设备，租期为 1 年。现有两个出租人可提供同样的设备。出租人甲收取租金的条件是：年固定租金 20000 元，另外再按承租人该产品销售收入的 2% 收取变动租金；出租人乙收取租金的条件是：年固定租金 5000 元，另外再按承租人该产品销售收入的 6% 收取变动租金。

问：（1）如果向两个出租人支付的租金相同，该产品的销售收入应该是多少？

（2）当预计该产品的销售收入为 450000 元时，应选择哪个出租人？

分析计算过程如下：

（1）由于企业支付的租金与该产品的销售收入有关，在不同的销售收入情况下，企业支付给两个出租人的总租金有所不同。向这两个收租人支付相同租金的销售收入就是两方案的成本无差别点。

设支付给出租人甲的总租金为 $y_1$，支付给出租人乙的总租金为 $y_2$，则：

$$y_1 = 20000 + 0.02x$$
$$y_2 = 5000 + 0.06x$$

成本无差别点销售收入 =（20000–5000）÷（0.06–0.02）=375000（元）

可见，如果该产品的年销售收入等于 375000 元，向两个出租人支付的租金相同；如果该产品的年销售收入 375000 元，则向出租人乙租入设备所支付的租金较低；如果该产品的年销售收入超过 375000 元，则向出租人甲租入设备所支付的租金较低。

（2）当预计该产品的销售收入为 450000 元时，应向出租人甲租入设备。此时，向出租人甲租入设备所支付的租金比向出租人乙租入设备少支付 3000 元，计算如下：

（5000+0.06 × 450000）–（20000+0.02 × 450000）=3000（元）

## 二、标准成本控制与分析

### 1. 标准成本系统

（1）标准成本

标准成本是指生产过程中应该发生的成本，即产品成本的标准。实现标准成本系统的基本条件有三个：工艺操作过程的标准化；健全的成本管理系统；全体员工成本意识的提高。

（2）标准成本系统的作用

1）控制成本，提高成本管理水平；

2）正确评价和考核工作成果，调动职工的积极性；

3）为企业的预算编制和经营决策提供数据；

4）简化成本计算，为对外财务报表的编制提供资料。

（3）标准成本与预算成本的关系

标准成本是单位产品的成本预算，预算成本是总成本预算。企业的预算成本控制是通过标准成本进行的。标准成本应当是在有效的生产条件下，根据平均先进水平制定的经过努力可能达到的成本。标准成本一经制定，在相关范围内应相对保持稳定，但也应随生产条件等变化进行相应的修改调整。

（4）标准成本的类型

标准成本的类型，见表15–18。

**表15–18 标准成本的类型**

| 类别 | 内容 |
| --- | --- |
| 正常的标准成本 | 正常的标准成本是指根据企业正常的开工情况、正常的工作效率以及正常的价格水平来确定的单位产品的成本 |
| 理想的标准成本 | 理想的标准成本是最高要求的标准成本，它是以企业的生产技术和经营管理、设备的运行和工人的技术水平都处于最佳状态为基础所确定的单位产品的成本 |
| 现行可达到的标准成本 | 现行可达到的标准成本是指在企业现行的生产经营条件下，在预计可能达到的开工率下，考虑了平均先进技术水平和管理水平而确定的标准成本。现行可达到的标准成本虽非理想的成本水平，但比正常标准成本要求高，经过努力可以达到但又并非轻而易举。所以，这类标准成本比较先进也可能产生有效的激励作用，在实际中被广泛地采用 |

（5）标准成本系统的作用

1）控制成本，提高成本管理水平；

2）正确评价和考核工作成果，调动职工的积极性；

3）为企业的预算编制和经营决策提供数据；简化成本计算，为对外财务报表的编制提供资料。

**2. 标准成本的制定**

（1）成本要素和标准成本计算的基本模式

每一成本要素的标准成本都包括“数量”标准和“价格”标准两项内容。

$$标准成本=数量标准\times价格标准$$

（2）直接材料标准成本的制定

1）直接材料的数量标准。

2）直接材料的价格标准。

（3）直接人工标准成本的确定

1）直接人工的标准工时。

2）直接人工的标准工资率：

直接人工标准成本 = Σ（各项作业标准工时 × 相应的标准工资率）

（4）制造费用标准成本的制定

1）变动制造费用的标准成本：

变动制造费用标准成本 = 变动制造费用标准分配率 × 分配基础标准用量

2）固定制造费用的标准成本：

单位产品标准成本 = 直接材料标准成本 + 直接人工标准成本 + 变动制造费用标准成本 + 固定制造费用标准成本

标准成本是衡量成本的尺度，而不是历史成本的平均数据。标准成本通常指对产品成本中直接材料、直接人工、制造费用三个项目进行制定，每一成本项目标准成本的构成因素都是价格和数量两项。所以：

单位产品的标准成本 = 数量标准 × 价格标准

成本项目标准成本的具体制定公式如下：

直接材料标准成本 = 直接材料标准用量 × 直接材料标准价格

直接人工标准成本 = 直接人工标准工时 × 直接人工标准工资率

其中，直接人工标准工资率 = 预计工资总额 / 预计标准总工时

变动制造费用标准成本 = 变动制造费用标准工时 × 变动制造费用标准分配率

固定制造费用标准成本 = 固定制造费用标准工时 × 固定制造费用标准分配率

其中，变动制造费用标准分配率 = 变动制造费用预算合计 / 预计标准总工时

固定制造费用标准分配率 == 固定制造费用预算合计 / 预计标准总工时

故：

单位产品标准成本 = 直接材料标准成本 + 直接人工标准成本
+ 变动制造费用标准成本 + 固定制造费用标准成本

**3. 成本差异分析**

（1）成本差异分析的基本模式

成本差异是指生产经营过程中发生的实际成本偏离预定的标准成本所形成的差额。

实际成本低于标准成本，所形成的差异称为“有利差异”，在有关差异账户的贷方反映，表示成本的节约；如果实际成本高于标准成本，所形成的差异称为不利差异，在有关差异账户的借方反映，表示成本的浪费。

实际成本和标准成本之间的差异又可分解为两个因素，即价格差异和数量差异。

价格差异，是由实际价格和标准价格之间的差异所引起的，其计算是建立在实际投入数量的基础上，计算一般模式如下：

价格差异=实际用量×实际价格-实际用量×标准价格

=实际用量×（实际价格-标准价格）

数量差异，是由于实际产量上的实际使用量和实际产量上允许的标准用量之间差异所引起的，其计算是建立在标准价格的基础上，计算一般模式如下：

数量差异=实际用量×标准价格-标准用量×标准价格

=（实际用量-标准用量）×标准价格

（2）直接材料成本差异的分析

1）直接材料价格差异：

直接材料价格差异=材料实际用量×实际价格-材料实际用量×标准价格

=材料实际用量×（实际价格-标准价格）

2）直接材料数量差异：

直接材料数量差异=材料实际用量×标准价格-材料标准用量×标准价格

=（材料实际用量-材料标准用量）×标准价格

直接材料成本差异=材料实际用量×实际价格-材料标准用量×标准价格

（3）直接人工成本差异的分析

直接人工成本差异是指直接人工实际成本与直接人工标准成本之间的差额，其中包括直接人工效率差异（“数量”差异）和直接人工工资率差异（“价格”差异）。

直接人工工资率差异=实际工时×（实际工资率-标准工资率）

直接工人效率差异=（实际工时-标准工时）×标准工资率

（4）制造费用成本差异的分析

1）变动制造费用差异：

变动制造费用的支出差异=（实际费用分配率-标准费用分配率）×分配基础实际用量

变动制造费用的效率差异=（分配基础实际用量—分配基础标准用量）×标准费用分配率

2）固定制造费用差异。在完全成本法下，除了计算固定制造费用支出差异，还要将按标准分配率分配计入产品标准成本的固定制造费用同预算的固定制造费用进行比较，揭示效率差异和生产能力利用差异，称为三差异分析，即：

固定制造费用支出差异；固定制造费用生产能力利用差异；固定制造费用效率差异。

（5）成本差异的追踪调查

1）例外管理原则与成本差异调查分析：

差异的规模；差异发生的频率；差异的发展趋势；成本差异的追踪调查同成本与效益原则。

2）业绩评价和成本差异的控制：

差异的可控性。在业绩评价方面首先应了解相关责任者对成本和差异的可控性，如果成本和差异有关人员不能控制，那么差异就不能作为其业绩评价的依据。

差异之间的相关联性。

## 三、责任成本和作业成本

### 1. 集权管理和分权管理

（1）集权管理

集权管理是把生产经营决策权较多地集中在企业最高管理层，而下属单位则从事执行工作。该种形式有利于集中领导、实现目标一致、合理利用资源，但是不利于进行各个部门的协调、市场应变能力较差、下级单位积极性受限。

（2）分权管理

分权管理是将企业的生产经营决策权及相应的经济责任下放给下层管理人员，以便下层管理人员及时有效地根据情况进行决策。它主要适应于各经营单位独立经营、独立核算的情况。该种形式的主要缺点在于不便于统一协调各事业部与总部的关系、统一指挥不够灵活。

分权管理制度的典型表现形式是在企业中建立一种具有半自主权的组织机构——事业部。它把分权管理与独立核算结合在一起。在总公司统一领导下，按产品、地区、市场划分经营单位即事业部，各个事业部相对独立经营、独立核算，具有从生产、研发到销售的全部职能。

### 2. 分权管理与责任会计

在实行分权管理的条件下，如何协调各分权单位之间的关系，使各分权单位之间以及企业与分权单位之间在工作和目标上达成一致，防止各个部分片面追求局部利益，将是关注的重点。

企业的管理会计绝不是单纯的选择集权或者分权。这两者之间要调剂有度、协同使用。而有效控制此“度”的根源就在于清晰界定分权单位的权、责、利，形成企业各层次、各部门、各分支机构有效分权，使各分权单位的权、责、利集中统一到总公司的整体目标上，也就形成了有效的集权。因此，在分权企业中，管理会计的主要功能在于利用会计信息对各分权单位进行业绩的计量、评价与评价。具体表现为：根据授予基层单位的权利和责任以及对其业绩的计量、评价方式，把企业划分成不同形式的责任中心，并建立起各个责任中心为主题，以责、权、利相统一的机制为基础，通过信息的积累、加工和反馈而形成的企业中层内部严密的控制系统，即责任会计系统。

**3. 责任中心、成本中心、收入中心、利润中心和投资中心**

在分权管理企业中，各种承担与其经营决策权相适应的经济责任的组织部门或区域，称为“责任中心”。

（1）责任中心

责任中心的基本特征是责、权、利相结合。

（2）成本中心

成本中心是只对成本或费用支出承担责任的责任中心。

其特点：只对生产经营过程中投入的成本或费用负责，无需对利润情况和投资效果承担责任；只对可控成本承担责任；只对责任成本评价和控制。

（3）收入中心

为了加强对企业收入的管理，及时收回货币资金和控制坏账，在许多企业中，设置了以推销产品为主要职能的责任中心——收入中心，即只对产品劳务的销售收入负责的责任中心，通常是指企业的销售部门。虽然销售部门也发生销售费用，但是由于其主要职能是销售产品和取得收入，因此以收入来确定其经济责任更为恰当。对于费用，虽也需要计量，但可以相对简化，只需根据弹性预算方法确定其费用即可。

收入中心经理需对收入或边际贡献的差异负责，若产品的定价政策由总公司管理当局决定，或价格超出经理所控制的范围，则可以以销售数量差异及销售组合差异作为评价部门业绩的指标。由于收入中心责任过于单一，只对收入负责的单位对公司总体并没有好处，它容易造成只对收入负责而不对利润负责，使这些收入中心大量占用资产而降低公司整体资产使用效能，因此许多企业不设收入中心。

（4）利润中心

利润中心是指对利润负责的责任中心，它常被称为战略经营单位。由于利润等于收入减去成本和费用，所以利润中心实际上既要对收入负责，又要对成本费用负责。利润中心属于企业中的较高层次，同时具有生产和销售的职能，有独立的、经常性的收入来源，可以决定生产什么产品、生产多少、生产资源在不同产品之间如何分配，也可以决定产品销售价格、制定销售政策，它与成本中心相比具有更大的自主经营权。

1）自然的利润中心。自然的利润中心，是向市场销售产品、提供劳务的利润中心，使用于企业中具有独立收入来源的较高阶层。

2）人为的利润中心。人为的利润中心主要是企业内部按照内部转让价格出售产品。

（5）投资中心

投资中心是对投资负责的责任中心，是一个就本身投资基础的盈利能力对最高层管理者负责的企业单位。其特点是既要对成本、收入、利润负责，又要对利润与投资之间的比例关系、投资的效果、资本支出决策、存货储存量、顾客应收账款政策、坏账收回和材料采购负责。投资中心同时也是利润中心。它与利润中心的区别主要是：权利不同。利润中心没有投资决策权，它只是在企业投资形成后进行具体的经营。评价方法不同。评价利润中心业绩时不进行投入产出的比较，而在评价投资中心业绩时必须将所获得的利润与所占用的资产进行比较。正因为如此，只有具备经营决策权和投资决策权的独立经营单位才能成为投资中心。投资中心的使用范围限于经营规模和管理权力较大的部门，一般是企业的最高层，如事业部、分公司、分厂等。投资中心是分权管理的最突出表现，它一般是独立的法人。投资中心与利润中心相比，利润中心只有短期的经营决策权，投资中心除此之外还拥有长期投资决策权，因而其权力更大，但同时经营责任也更大。

成本中心、利润中心和投资中心都是责任中心，而企业内部各责任中心之间存在一种等级制度。一个大公司或集团公司可能是由多投资中心组成的，每个投资中心可能有几个利润中心，而每个利润中心可能又有几个成本中心。投资中心、利润中心和成本中心之间的关系是：基本成本中心对复合成本中心或利润中心负责；利润中心向投资中心负责；投资中心向董事会负责。企业各种类型和层次的责任中心形成了一个“连锁责任”网络，这就促使每个责任中心为保证经营目标一致而协调运转。

**4. 责任会计**

（1）责任会计基本概念

责任会计是在企业内部建立若干责任中心，分清各责任中心的工作范围，贯彻权、责、利相结合的原则，并对各责任中心负责的经济活动进行控制与考核，将会计工作同责任制度紧密结合起来的一种企业内部控制制度。

责任会计的目的是提供各种会计报告，使各责任中心的责任人了解相应的责、权、利，作为今后评价各责任中心业绩的主要依据。

一个有效的责任会计制度必须具备三个特征：

第一，与组织策略及组织目标保持高度一致；

第二，能适应组织的结构及每个管理者的不同的决策责任；

第三，能激励管理者及雇员。

（2）责任会计的内容体系

1）合理划分责任中心——责任中心是责任会计的工作对象；

2）编制责任预算——控制的依据；

3）合理的内部转让价格；

4）建立健全严密的记录、报告系统；

5）分析和评价实际工作业绩；建立公正、权威的内部协调机制。

**5. 责任中心的业绩评价**

（1）成本中心的业绩评价

1）成本中心的目标。成本中心的特点是没有经营权或销售权，无法控制收益，因而其责任只是对其职权范围内发生的成本或费用负责，成本中心的目标也就是在保质和保量完成生产任务或搞好管理工作的前提下，控制和降低成本费用。

由于责任会计是围绕责任中心来组织，以各个责任中心为对象进行有关资料的搜集、整理和分析，因而，成本中心的成本与一般所说的完全成本法下的产品成本有很大不同。责任成本是成本中心控制、评价的主要内容。

责任成本与产品成本是两个不同的成本概念，两者之间既有区别又有联系。两者的区别是：

计算的原则不同；成本的计算对象不同；两者的目的不同。

责任成本与产品成本虽有区别，但两者有联系：就某一定时期来说，全厂的产品总成本与全厂责任成本的总和是相等的。

2）成本中心的控制。成本中心所能控制的主要是在生产或经营管理过程中所发生的耗费，为了提高这种控制的有效性，必须明确如下要素：

①成本中心的责任成本必须是可控成本。凡是责任中心能控制的各种耗费称为“可控成本”，可控成本是经理人员能够通过他们的决策影响其金额大小的支出项目。可控成本必须符合以下三个条件：责任中心有办法知道将发生什么样性质的耗费；

责任中心有办法计算它的耗费；责任中心有办法控制并调节它的耗费。凡不符合上述三项条件的成本，即为不可控成本。不可控成本是经理人员不能通过决策影响的费用项目，但可能是其他经理人员控制的。例如，产品生产部门使用的外购部件成本不是生产部门可以控制的，但对负责部件采购经理来说却是可能控制的。属于某成本中心的各项可控成本之和，即构成该中心的责任成本。

②成本中心的责任划分必须明确。

③为各成本中心编制成本预算。

④建立责任成本计量体系。

3）成本中心的业绩评价。

标准成本中心的业绩评价。对成本中心的业绩评价是以责任成本为重点，以业绩报告为依据，计量责任成本的实际数与预算数的差异，并分析研究其发生的原因。

费用中心的业绩评价。对费用中心，一般以一定的业务工作量为基础，事先按期编制费用弹性预算来评价费用中心的成本控制业绩。由于很难依据一个费用中心的工作质量和服务水平来确定预算数额，一个解决办法是考察同行业类似职能的支出水平。例如，有的根据销售收入的一定百分比来制定研究开发费用预算。尽管很难解释研究开发费用与销售额的某种因果关系，但是百分比法还是使人们能够在同行业之间进行比较。另外一个解决办法是零基础预算法。从根本上说，决定费用中心预算水平有赖于专业人员的判断。

（2）利润中心的业绩评价

1）利润中心的目标。建立利润中心的主要目标，是通过授予必要的经营权和确立利润这一综合指标来推动和促进各责任中心扩大销售、节约成本、努力实现自己的利润目标，促使企业有限的资金得到最有效的利用。

2）利润中心的控制要求。

各利润中心经营策略的授权必须明确；利润评价指标的确定要合理；制定合理的内部转让价格；建立利润中心评价体系。

3）利润中心的业绩评价。利润中心业绩的评估与评价，主要是通过一定期间实际实现的利润同“责任预算”所确定的预计利润数进行比较，并进而对差异形成的原因和责任进行具体剖析，借以对其经营上的得失和有关人员的功过作出全面而正确的评估。通常以“边际贡献”作为业绩评价指标。边际贡献指标用于责任中心业绩评价，还可以引申分部经理边际和分部边际等指标。其计算公式分别为：

分部边际贡献＝分部销售收入－分部变动成本

分部经理可控边际＝分部边际贡献－分部经理人员可控的固定成本

分部边际 = 分部经理可控边际 – 分部经理不可控的固定成本

分部税前利润 = 分部边际 – 分配来的共同固定成本

公司税前利润 = Σ 各分部税前利润

至少可用四种指标进行业绩评价。

①边际贡献。

②分部经理边际贡献。分部经理边际贡献主要用于评价利润中心负责人的经营业绩，因而应针对经理人员的可控成本费用进行评估和评价。

③分部利润。

④税前部门净利。

（3）投资中心的业绩评价

1）投资中心的目标。

2）投资中心的控制要求：

①投资中心的投资决策权必须落实。

②利润中心的所有控制要求都适合投资中心。

③投资决策讲究科学化。

④各投资中心共同使用的资产必须划分清楚；共同发生的成本也应该按适当的标准进行分配；各投资中心之间相互调剂使用的现金、存款、固定资产等均应实行有偿使用；只有这样才能符合责任会计的要求，正确评估和评价各投资中心的经济效益。

⑤当企业是由几个投资中心组成的时候，每个投资中心的战略目标应与企业整体的目标保持一致。每个投资中心的业绩评价方法应与企业整体的业绩评价方法相同。

3）投资中心的业绩评价。根据投资中心生产经营活动的特点，企业会从努力程度、完成任务的能力这两方面评估投资中心经理的表现。通常以投资报酬率和剩余收益作为评估和评价投资中心经营成果的主要指标。

①投资报酬率。投资报酬率是投资中心所获得的营业利润与营业资产（投资额）的比率，计算公式如下：

投资报酬率 = 营业利润 ÷ 营业资产

其优点主要是在评价部门业绩时，能同时兼顾利润与投资，计量企业资产使用的效率水平，以反映投资中心的综合盈利能力。同时与会计系统紧密相连，数据可从各分部利润表和资产负债表中直接取得。缺点是易造成职能失调行为，从而影响企业的整体利益。部门经理可能从事短期内对部门投资报酬率有利但对企业长期获利能力有害的决策。当某一部门的新投资机会可使整个企业的投资报酬率提高，但却使该部门的报酬率降低时，该部门经理可能仅凭自己的业绩评价作考虑，而决定放弃该项目，以至使整个企业的利润失去改进机会。

②剩余收益。剩余收益是指投资中心的营业利润扣减其营业资产按规定的最低预期报酬率所计算的基本利润以后的余额。

以剩余收益作为评价和评价成果的尺度，其优点是可以消除利用投资报酬率进行业绩评价所带来的错误信号，并促使管理当局重视对投资中心业绩用金额的绝对数进行评价；可以引导企业经营者采纳高于企业资金成本的决策，促使部门目标和企业整体目标趋于一致，克服了投资报酬率指标的不足。

**【例】**假设某个部门的营业资产为20000元，营业利润为4000元，则投资报酬率为20%，假设企业整体资本成本为15%。部门经理现面临一个投资报酬率为17%的投资机会，投资额为10000元，每年利润1700元。尽管对整个企业来说，由于投资报酬率高于资本成本，应当利用这个投资机会，但该部门却不愿意，因为这会使部门的投资报酬率由过去的20%下降到19%。

$$投资报酬率=(4000+1700)\div(20000+10000)\times 100\%=19\%$$

同样道理，假设该部门有一项价值5000元的资产。该资产每年获利850元，投资报酬率为17%，超过了资本成本。部门经理却愿意放弃该项资产，以提高部门的投资报酬率。

$$投资报酬率=(4000-850)\div(20000-5000)\times 100\%二21\%$$

当使用投资报酬率作为业绩评价标准时，部门经理可以通过加大公式分子或减少公式分母来提高这个比率。实际上，减少分母更容易实现，这样做会失去不是最有利但可以扩大企业总利润的项目。从引导部门经理采取与企业总体利益一致的决策来看，投资报酬率不是一个很好的指标，而剩余收益正好可以弥补。

在本例中：

$$目前部门剩余收益=4000-20000\times 15\%=1000（元）$$

$$采用增资方案后的剩余收益=(4000+1700)-(20000+10000)\times 15\%=1200（元）$$

$$采用减资方案后的剩余收益=(4000-850)-(20000-5000)\times 15\%=900（元）$$

用剩余收益进行评价，部门经理会采纳增资方案而放弃减资方案，这正好与企业整体目标一致。

但是使用剩余收益指标也存在缺点，具体表现在剩余收益指标是绝对指标，不便于不同规模企业间的比较，规模大的部门容易获得较大的剩余收益；而且剩余收益计算公式中含有净利润，因此它同样具有会计收益指标的固有缺陷。

6. **作业成本法与作业管理**

（1）制造费用分配与作业成本法

在成本会计中已经知道，不能直接归属于产品的间接制造费用在产品成本计算过程中要采用一定的分配方法分配到产品中去。在传统的成本计算过程中，制造费用是采用以业务量为基础的成本分配方式，按一个或少数几个分配基础分配制造费用，常用的分配基础如直接人工工时、直接人工成本、机器加工工时等。传统分配方法在传统的生产环境中是比较合适的。传统生产工艺流程较为简单，间接制造费用所占的比重不大；市场对产品的个性要求不明显，产品结构相似，产品品种较为单一差别较小；采用单一的分配基础、或少数几个分配基础不会对成本计算结果造成太大的歪曲，成本计算提供的信息能够满足决策和控制的要求。然而，在高科技广泛应用于生产过程、市场需求多样化的环境下，仍用传统的成本分配方法就可能歪曲成本的计算结果。所以作业成本法是在新的经营环境下为适应管理要求成本计算方法的改进。

（2）作业成本法的基本内容

1）作业成本法的基本程序。作业成本法并非成本计算程序的重新设计，而是间接成本归集和分配方式的改变，由传统的以产品为中心分配成本转移到以作业为中心的成本积累及分配上来。传统的成本计算法下，制造费用的分配通常分为两个步骤：首先制造费用以生产部门归集，然后将各生产部门的制造费用分配于产品。作业成本的思路是：产品生产要耗费作业，而作业活动需耗费资源，由此资源成本构成作业成本，作业成本应分配于产品。

实施作业成本法，制造费用的归集和分配通常应掌握以下程序：

①按工作内容辨别区分不同类型的作业。在企业的生产活动过程中，构成价值链上的作业内容不同。作业成本法下根据业务内容区分出不同类型的作业，如材料的整理准备、机器设备调整准备、机器设备维修保养、生产线上产品运送和产品质量控制等。

②分析成本与作业之间的关系，确定每种作业的成本动因。作业成本法下，每种作业活动所发生的成本是按产品生产消耗的作业成本动因分配的，为此要分析成本与作业之间的关系，确定每种作业的成本动因。所谓成本动因，是指引起某类作业成本发生的活动或因素。引起材料整理准备作业成本的因素可能是整理原材料的数量，机器设备调整准备作业发生成本的因素可能是机器设备调整准备的工时，生产线上产品运送作业发生成本的因素可能为生产线上运送产品的数量等。

③按作业建立同成本动因相关的同质成本库，归集同质成本。所谓同质成本是

指相同成本动因引起的制造费用，将相同成本引发的成本归集到一起即为同质成本库，制造费用初始发生时通常归集到按作业设立的同质成本库中。如进行材料的整理准备所发生的成本都归集到材料的整理准备成本账户中（成本库）。

④以每种作业的成本动因为分配基础，计算各作业成本库的成本分配率。对每一成本库中归集的成本，以该作业的成本动因为分配基础，制定作业成本库的成本分配率，如材料的整理准备成本以整理的材料数量为成本动因，则分配率计算如下：

材料整理准备作业成本分配率 = 材料整理准备成本 ÷ 材料整理数量

⑤根据每种产品消耗的成本动因和成本分配率，将作业成本库归集的作业成本分配于产品。

2）成本动因的确定。

在作业成本法下，作业的划分和作业成本动因的确定是至关重要的。成本动因的确定是采用作业成本法的关键，也是采用作业成本法的难点之一。作业划分得越细，成本与动因之间的因果关系就越清晰，成本分配就更为合理。但作业划分得越细，成本和相关数据传输和处理的成本就越高。所以在划分作业和确定成本动因的过程中，应考虑成本和效益原则，尽量利用现成资料，使成本计算既合理可靠又避免不必要的工作量，降低成本信息处理成本。

（3）作业成本法的例解

**【例】**东风小型机械制造公司成型部门的制造费用过去一直按直接人工工时分配，由于市场竞争的压力，要求会计部门提供可靠的成本信息用于定价决策和成本控制。通过调查分析认为制造费用分配对产品成本计算影响很大，决定改变传统方法采用作业成本法。

1）确定作业和作业成本动因。2013 年 6 月成型部门制造费用总计为 550000 元，通过作业识别和分析成本与作业之间的关系，与部门制造费用相关的作业主要有三种：质量控制、机器调控和材料整理准备，归集至作业的成本数据如表 15-19 所示。

**表 15-19　作业与相关数据**

| 作业 | 成本库 | 制造费用 |
| --- | --- | --- |
| 质量控制 | 质量控制 | 250000 元 |
| 机器调控 | 机器调控 | 100000 元 |
| 材料整理 | 材料整理 | 200000 元 |
| 合计 | | 550000 元 |

通过分析表明：质量控制成本与产品抽检件数相关，产品抽检数应作为质量控

制成本的成本动因；机器调控成本与机器调控次数相关，成本动因应为调控次数；材料整理成本与材料使用量相关，材料整理数量应作为成本动因。以各项作业的成本动因为成本分配基础，能够合理地体现受益原则。

2013 年 6 月成型部门生产 A 和 B 两种产品，有关产品生产的资料如表 15–20 所示。

**表 15–20　产品生产相关资料**

| | 产品 A | 产品 B |
|---|---|---|
| 生产数量（件） | 6000 | 2000 |
| 直接人工工时（小时/件） | 1.50 | 1.00 |
| 直接材料成本（元/件） | 90 | 60 |
| 材料用量 | 3000 公斤 | 2000 公斤 |
| 机器调控次数 | 3 | 2 |
| 产品抽检比例 | 10% | 20% |
| 小时工资率 | 30 元/小时 | 30 元/小时 |

2）按各作业成本动因确定制造费用分配率。三种作业按成本动因计算的分配率如表 15–21 所示。

**表 15–21　按成本动因计算成本分配率**

| 成本库 | 成本总额（元） | 分配基础（成本动因） | 分配率 |
|---|---|---|---|
| 质量控制 | 250000 | 抽检件数：<br>A：6000 × 10%=600 件<br>B：2000 × 20%=400 件<br>合计 1000 | 250000+1000=250 元/件 |
| 机器调控 | 100000 | 3（A）+2（B）=5 | 100000+5=20000 元/次 |
| 材料处理 | 200000 | A：3000 公斤<br>B：2000 公斤<br>合计 5000 公斤 | 200000+5000=40 元/公斤 |

3）按各产品消耗的成本动因分配制造费用。根据表 15–19、表 15–20 和表 15–21 计算制造费用分配数据如表 15–22。

**表 15–22　作业成本分配**

| 作业成本 | 分配率 | 产品A | | 产品B | |
|---|---|---|---|---|---|
| | | 消耗动因 | 分配成本 | 消耗动因 | 分配成本 |
| 质量控制：250000元 | 250元/件 | 600件 | 150000元 | 400件 | 100000元 |
| 机器调控：100000元 | 20000元/次 | 3次 | 60000元 | 2次 | 40000元 |
| 材料处理：200000元 | 40元/公斤 | 3000公斤 | 120000元 | 2000公斤 | 80000元 |
| 合计550000元 | | | 330000元 | | 220000元 |

4）计算产品单位成本。产品单位成本计算如表15–23所示。

**表15–23　产品单位成本计算**

| 成本要素 | 产品A（6000件） | | 产品B（2000件） | |
|---|---|---|---|---|
| | 单位成本 | 总成本 | 单位成本 | 总成本 |
| 直接材料成本 | 90元 | 540000元 | 60元 | 120000元 |
| 直接人工成本 | 30元 ×1.50=45元 | 270000元 | 30元 | 60000元 |
| 制造费用 | 330000元 ÷6000=55元/件 | 330000元 | 220000元 ÷2000=110元/件 | 220000元 |
| 合计 | 190元 | 1140000元 | 200元 | 400000元 |

（4）作业成本法与作业管理

作业成本法虽然只是成本分配方法的改进，但对管理理念的影响却是重大的，其突出表现就是以作业为基础的管理，即作业管理。

1）价值链管理和作业管理。作业是指为达到一定目的、其内容能够与其他业务区分开来的活动。生产经营活动是一系列的作业构成的，这些作业相互关联存在因果关系构成价值链。价值链分析包括企业内部价值链分析、行业价值链分析和竞争对手价值链分析。

2）作业成本法与作业管理。企业内部作业管理着重于以改进作业绩效为目的而计量作业的成本耗费，将作业与作业成本联系起来。作业管理包含两个层面：一方面，立足成本分配，追溯作业归集作业成本，然后根据产品或服务耗费的作业量（成本动因）分配成本，实施作业成本法。另一方面，价值链上的作业分析，作业分析通过识别作业、分析引起作业的根源，联系作业成本法计算的作业成本评价作业效率，分析评价作业构成作业管理。

所谓非增值作业是指企业经营活动中不必要的或可消除的，或者虽然必要但效率不高或可以改进的作业，相应的非增值作业所发生的成本称为非增值成本，消除这些成本不影响产品或服务的质量、功能和价值等，所以作业管理首先要进行作业分析。

①作业分析。作业分析通常有以下步骤：识别作业；识别非增值作业；了解作业之间的联系；建立计量评价标准；报告非增值成本。

②作业改进。通过作业分析识别出效率低的作业或者非增值作业，然后采取改进措施提高作业效率，消除或减少非增值作业，一般有作业消除、作业选择、作业减少和作业共享等措施。

# 第十六章　财务预算、企业收益与分配管理研究

## 第一节　财务预算

### 一、财务预算的基本方法

#### 1. 固定预算与弹性预算

编制预算的方法按其业务量基础的数量特征不同，可分为固定预算和弹性预算方法两大类。

（1）固定预算

固定预算，又称“静态预算”，是指根据预算期内正常的、可实现的某一业务量（如生产量、销售量、采购量）水平作为唯一基础来编制预算的方法。固定预算是一种传统的预算编制方法，一经编制，一般不做修改或调整，具有相对稳定性。

采用固定预算方法编制财务预算时，由于预算期内编制财务预算所依据的成本费用和利润资料都只是在一个预定的业务量水平基础上确定的，因此，这种方法比较适用于非营利组织和业务水平相对稳定的企业。而对于业务水平经常变动的企业来说，固定预算方法有其明显的不足，表现在以下两个方面：

1）过于机械呆板。不论预算期内业务量水平可能发生哪些变动，都只按事先确定的某一业务量水平作为编制预算的基础。

2）可比性差。当实际业务与编制预算所依据的业务量水平发生较大差异时，有关预算指标的实际数与预算数就会因业务量基础不同而失去可比性，不利于展开控制与考核，而且有时会引起人们的误解，这也是该方法的致命缺点。

（2）弹性预算

弹性预算又称“变动预算”，是相对于固定预算而言的，是为了克服固定预算

的缺点而设计的。弹性预算是指企业在不能准确预测业务量的情况下，在成本性态分析的基础上，以业务量、成本和利润之间的数量关系为依据，按照预算期可预见的各种业务量水平编制能够适应多种业务水平的预算方法。

弹性预算的特点是：1）弹性预算是按一系列业务水平编制的，从而扩大了预算的适用范围。也就是说，弹性预算不像固定预算那样只适应一个业务量水平，而是能够随业务量水平的变动而机动调整。2）弹性预算关键在于把所有的成本划分为变动成本与固定成本两大部分。变动成本主要根据单位业务量来控制；固定成本则按照总量控制，从而能够使预算执行情况的评价和考核建立在更加客观和可比的基础上，便于更好地发挥预算的控制作用。3）弹性预算适用于全面预算体系中与业务量有关的各种预算，如收入预算、成本费用预算、利润预算等。

弹性成本费用预算的编制一般依据如下：

弹性成本费用预算 = 固定成本费用预算 + Σ（单位变动成本费用率 × 业务量水）

**【例】**表 16-1 所列为 A 公司 2018 年制造费用弹性预算资料，其中较大的混合成本项目已经过事先分解，该公司生产能力为 50000 台，利用率预计在 90% ~ 105%（即 45000 ~ 52500 台），要求编制制造费用弹性预算。

根据下述资料，可用如下两种基本方法编制制造费用弹性预算。

**表 16-1　A 公司 2018 年制造费用弹性预算资料**

| 项目 | 固定费用（元） | 变动费用率（%） | 项目 | 固定费用（元） | 变动费用率（%） |
|---|---|---|---|---|---|
| 管理人员工资 | 12000 | | 辅助材料 | 2000 | 0.15 |
| 保险费 | 3000 | | 水费 | 1000 | 0.20 |
| 设备租金 | 4000 | | 维修费 | 1500 | 0.10 |
| 燃油 | | 2 | | | |
| 辅助工人工资 | | 1 | | | |

1）公式法。

制造费用弹性预算 = 固定制造费用 + Σ（变动费用率 X 业务量水平）

当生产能力利用率为 100%（即 50000 台）时：

制造费用 =12000+3000+4000+2000+1000+1500+（2+1+0.15+0.20+0.10）x50000

=196000（元）

同样，利用上式可以计算出 45000 ~ 52500 台内任一点的制造费用预算数，比较方便。

公式法的局限性有两个方面：①必须首先将诸如“辅助材料”“水费”“维修费”等混合费用进行分解，即指出它们与某种业务量的变量关系；②公式法只是计算出费用总数，没有分项目列出，不利于费用的分项控制和考核。

2）列表法。该种方法一般以 5% 为业务量间距（实务中可视具体情况大一些或小一些），按费用项目列出不同业务量水平下的弹性预算。循例 16–1，以列表法编制的弹性预算见表 16–2。

**表 16–2 A公司 2018 年制造费用弹性预算** （单位：元）

| | | | | |
|---|---|---|---|---|
| 机器台时 | 45000 | 47500 | 50000 | 52500 |
| 生产能力利用 | 90% | 95% | 100% | 105% |
| 1. 变动费用项目 | 135000 | 142500 | 150000 | 157500 |
| 燃油 | 90000 | 95000 | 100000 | 105000 |
| 辅助工资 | 45000 | 47500 | 50000 | 52500 |
| 2. 混合费用项目 | 24750 | 25875 | 27000 | 28125 |
| 辅助材料 | 8750 | 9125 | 9500 | 9875 |
| 水费 | 10000 | 10500 | 11000 | 11500 |
| 维修费 | 6000 | 6250 | 6500 | 6750 |
| 3. 固定费用项目 | 19000 | 19000 | 19000 | 19000 |
| 管理人员工资 | 12000 | 12000 | 12000 | 12000 |
| 保险费 | 3000 | 3000 | 3000 | 3000 |
| 设备租金 | 4000 | 4000 | 4000 | 4000 |
| 4. 制造费用预算额 | 178750 | 187375 | 196000 | 204625 |

列表法在某种程度上克服了公式法的局限性，费用预算分项列示且比较精确，便于考核和控制，但工作量相对较大。

相较于固定预算而言，弹性预算的优点表现在：第一，弹性预算能够适应经营活动在不同环境下的变化情况，扩大了预算的范围，能够更好地发挥预算的控制作用，可以避免在实际情况发生变化时对预算作频繁的修改；第二，弹性预算建立在比较客观的基础之上，能够使预算对实际执行情况进行评价与考核。在实际工作中，一般企业可采用固定预算和弹性预算组成的混合预算制度，以适应实际的需要。

**2. 增量预算与零基预算**

编制成本费用预算的方法按其出发点的特征不同，可分为增量预算方法和零基预算方法。

（1）增量预算

增量预算又称“调整预算方法”，是指以基期成本费用水平为基础，结合预算期业务量水平及有关影响成本因素的未来变动情况，通过调整有关原有费用项目而编制预算的一种方法。

增量预算方法基于三项基本假定，即：企业现有的每项业务活动都是企业不断发展所必需的；原有的费用开支水平是合理而必需的；增加费用预算是值得的。增量预算以过去的经验为基础，实际上是认为过去的各项费用开支项目及水平都是合理的，因而不必在预算内容上调整。这种预算的最大优点是预算编制工作简单，不需要大量时间及精力，编制速度快。但它也有些缺点，主要表现在以下三个方面：

1）受原有费用项目限制，可能导致预算落后。由于按这种方法编制预算，往往不加分析地保留或接受原有的成本项目，可能使原来不合理的费用开支继续存在下去，形成不必要开支的合理化，造成预算上的浪费。

2）滋长预算中的“平均主义”和“简单化”。采用此法，容易鼓励预算编制人员凭主观臆断按成本项目平均消减预算或只增不减，不利于调动各部门降低费用的积极性。

3）不利于企业未来的发展。按照这种方法编制的费用预算，只对目前已存在的费用项目编制预算，而那些对企业未来发展有利确实需要开支的费用项目却未予考虑，必将对企业一些有价值的改革创新思想的运用产生不利影响，阻碍企业的长远发展。

（3）零基预算

零基预算法的编制步骤如下：

第一，企业内部各个相关部门根据企业的总体战略目标，对每一项业务的性质、目的等进行说明，以零为基础，翔实地提出各项业务所需要的开支或者费用。

第二，组成由企业领导、总会计师等人员参加的预算委员会，该委员会对各部门所提出的预算反馈进行成本效益分析。审查时首先要考虑：①该项工作是否有必要，能否避免；②如果该项工作确实不可避免，那么是否能够不专设一个部门或者不分配专门人员，而是合并到现有的部门或人员中完成；③如果该项工作必须设置专门部门或者由专职人员去完成，那么能否改进工作方法以提高工作效率。其次，工作确定以后，用对比的方法，权衡每项工作的轻重缓急，按照所需经费的多少分成等级，排列顺序。

第三，按照第二步所定的层次，结合可以动用的资金来源进行分配，落实预算。

与增量预算相比，零基预算的优点有：

1）不受现有费用项目和开支水平的限制。这种方法可以促使企业合理有效地进行资源分配，将有限的资金用在刀刃上。

2）能够调动企业各部门降低费用的积极性。这种方法可以充分发挥各级管理人员的积极性、主动性和创造性，促进各预算部门精打细算，量力而行，合理使用资金，提高资金的利用效果。

3）有助于企业未来发展。由于这种方法以零为出发点，对一切费用一视同仁，有利于企业面向未来发展考虑预算问题。

零基预算方法的缺点在于这种方法一切从零出发，需要对企业现状和市场进行大量的调查研究，对现有资金使用效果和投入产出关系进行定量分析等，这势必耗费大量的人力、物力和财力，带来浩繁的预算工作量。

零基预算法特别适用于产出较难辨认的服务性部门费用预算的编制。

**【例】**丙公司采用零基预算编制 2018 年销售及管理费用预算。第一步，由销售及管理部门的全体职工，根据预算期全公司的总目标和本部门的具体目标，进行反复讨论，提出预算期可能发生的一些费用项目及金额，如表 16–3 所示。

**表 16–3　2018 年丙公司可能发生的费用项目及金额**　（单位：元）

| 项目 | 金额 | 项目 | 金额 |
|---|---|---|---|
| 广告费 | 2600 | 业务招待费 | 3000 |
| 差旅费 | 1.400 | 房屋租金 | 3000 |
| 培训费 | 1000 | 办公费 | 2000 |

第二步，将广告费和业务招待费根据历史资料进行“成本一效益”分析，作出评价。其结果如下：广告费：投入成本 1 元，可获收益 20 元；业务招待费：投入成本 1 元，可获收益 30 元。至于差旅费、培训费、房屋租金、办公费，经研究列入不可避免成本费用项目，应全额得到保证。

第三步，假定丙公司在预算期内可用于销售及管理费用的资金为 10000 元，则该部门分配资金时首先满足差旅费、培训费、房屋租金、办公费四项不可避免成本费用支出，共计 7400 元（3000+2000+1400+1000），剩余 2600 元（10000–7400），按其收益大小在广告费和业务招待费之间进行分配，即：

费用分配率=2600 ÷（20+30）=52

广告费用项目可分配的资金=20 × 52=1040（元）

招待费用项目可分配的资金=30 × 52=1560（元）

第四步，编制零基预算表，如表 16–4 所示。

表16-4　2018年丙公司销售及管理费用零基预算　（单位：元）

| 项目 | 房屋租金 | 办公费 | 差旅费 | 培训费 | 招待费 | 广告费 | 合计 |
|---|---|---|---|---|---|---|---|
| 预算额 | 3000 | 2000 | 1400 | 1000 | 1560 | 1040 | 10000 |

由此可见，零基预算不受基期费用水平的束缚，不仅能使预算单位负责人重视预算的编制工作，而且能充分发挥预算单位全体职工的工作积极性，挖掘内在潜力，增强预算的应用能力；同时，零基预算有利于有效分配资源。但是零基预算工作量大，所需时间和所付代价较高。另外，费用项目成本效益的计算也缺乏客观依据。

**3. 定期预算与滚动预算**

编制预算的方法按其预算期的时间特征不同，可分为定期预算和滚动预算两大类。

（1）定期预算

定期预算是指在编制预算时以不变的会计期间（如日历年度）作为预算期的一种预算编制方法。

定期预算的主要优点是能够使预算期间与会计年度相配合，便于考核和评价预算的执竹结果。

定期预算方法的主要缺点如下：

1）远期指导性差。由于定期预算往往是在年初甚至提前两三个月编制的，对于整个预算年度的生产经营活动很难作出准确的预算，尤其是对预算后期的预算只能进行笼统的估算，数据较为含糊，缺乏远期指导性，给预算的执行带来很多困难，不利于生产经营活动的考核与评价。

2）灵活性差。由于定期预算不能随情况的变化及时调整，当预算中所规划的各种经营活动在预算期内发生重大变化时（如预算期临时中途转产），就会造成预算滞后，使之成为虚假预算。

3）连续性差。受预算期间的限制，经营管理者们的决策视野局限于本期规划的经营活动，不能适应连续不断的经营过程，从而不利于企业的长远发展。

（2）滚动预算

滚动预算又称“连续预算”，是指在编制预算时，将预算期与会计年度相脱离，随着预算的执行不断延伸补充预算，逐期向后滚动。其具体做法是：每过一个季度（或月份），立即根据前一个季度（或月份）的预算执行情况，对以后季度（或月份）的预算进行修订，并增加一个季度（或月份）的预算。这样，就可通过逐期向后滚动、连续不断的预算规划企业未来的经营活动。

滚动预算按其预算编制和滚动的时间单位不同可分为逐月滚动、逐季滚动两种方式。逐月滚动方式是指在预算编制过程中，以月份为预算的编制和滚动单位，每个月调整一次预算的方法。例如，在 2014 年 1 月至 12 月的预算执行过程中，需要在 1 月末根据当月预算的执行情况，修订 2 月至 12 月的预算，同时补充 2015 年 1 月份的预算；到 2 月末可根据当月预算的执行情况，修订 20M 年 3 月至 2015 年 1 月份的预算，同时补充 2015 年 2 月份的预算……依此类推。这种滚动方式编制的预算比较准确，但预算的编制工作量太大。逐季滚动方式是指在预算编制过程中，以季度为预算的编制和滚动单位，每个季度调整一次预算的方法。这种滚动方式编制的预算准确性不如逐月滚动方式，但预算编制的工作量小。

滚动预算如表 16–5 所示（“口”表示执行预算）。

**表 16–5　滚动预算**

<table>
<tr><td colspan="12">2018年预算</td></tr>
<tr><td>1月</td><td>2月</td><td>3月</td><td>4月</td><td>5月</td><td>6月</td><td>7月</td><td>8月</td><td>9月</td><td>10月</td><td>11月</td><td>12月</td></tr>
<tr><td colspan="12">预算调整和修订因素</td></tr>
<tr><td colspan="4">预算与实际差异分析</td><td colspan="4">客观条件变化</td><td colspan="4">经营方针调整</td></tr>
<tr><td colspan="11">2018年</td><td>2019年</td></tr>
<tr><td>2月</td><td>3月</td><td>4月</td><td>5月</td><td>6月</td><td>7月</td><td>8月</td><td>9月</td><td>10月</td><td>11月</td><td>12月</td><td>1月</td></tr>
</table>

滚动预算克服了定期预算的缺点，不再是预算年度开始之前几个月的事情，而是实现了与日常管理的紧密衔接，能够帮助管理人员从动态的角度把握住企业近期的规划目标和远期的战略需要；而且，滚动预算能够根据前期预算的执行情况，结合各种因素变动的影响，及时调整和修订近期预算，从而使预算更加切合实际，能够充分发挥预算的指导和控制作用。但这种预算编制方法的最大缺点是预算工作量较大。

然而，采用滚动预算也有其明显不足。采用滚动预算的方法，预算编制工作比较繁重，所以也可以采用按季度滚动来编制预算，而在执行预算的那个季度里，再按月份具体编制各月的预算，这样可以适当简化预算的编制式作。总之，预算的编制是按月份滚动还是按季度滚动，应视实际需要而定。

采用滚动预算，必须有一个与之相适应的外部条件，如上级下达的生产指标、材料供应的时间等。如果这些外部条件仍然是以自然年为基础，一年一安排的则企业要编制滚动预算是有困难的。随着我国经济体制改革的深化及市场经济的发展，这些条件的限制越来越小，将为滚动预算的编制创造有利条件。

4. **概率预算**

在编制预算的过程中会涉及许多变量，如业务量、价格和成本等。在生产和销售均正常的情况下，这些变量预计可能是一个定值。但是在市场波动剧烈时，企业的产销变动比较大，这些变量的估计就可能不准确了。这就需要根据客观条件的变化进行概率预算。

概率预算是指对在预算期内不确定的各预算构成变量，根据客观条件，作出近似的估计——估计它们可能变动的范围及出现在各个变动范围的概率，再通过加权平均计算有关变量在预期内的期望值的一种预算编制方法。其编制程序如下：

（1）在预测分析的基础上，估计各相关因素的可能值及其出现的概率。

（2）计算联合概率，即各相关因素的概率之积。

（3）根据弹性预算提供的预算指标以及与之对应的联合概率计算出预算对象的期望值，即概率预算下的预算结果。

## 二、现金预算

1. **销售预算的编制**

销售预算是指在销售预测的基础上，根据企业年度利润确定的预计销售量，销售单价和销售收入等参数编制的、用于规划预算期销售活动的一种业务预算。

销售预算是编制企业全面预算的出发点，也是编制企业日常业务预算的基础。根据“以产定销”的原则，企业日常业务预算中的其他各个项目，如生产、材料采购、存货和费用等方面的预算，都要以销售预算作为基础。销售预算主要列示全年和各个季度的预计销售情况。在编制过程中，应该根据有关部门年度内市场预测的销售量及售价，确定计划期销售收入。

【**例**】表 16–6 是 A 公司的销售预算表。

**表16–6　销售预算**　　（单位：元）

| 项目 | 1 | 2 | 3 | 4 | 全年 |
|---|---|---|---|---|---|
| 预计销量（件） | 1000 | 1500 | 2000 | 1200 | 5700 |
| 预计单价 | 220 | 220 | 220 | 220 | 220 |
| 预计销售收入 | 220000 | 330000 | 440000 | 264000 | 1254000 |
| 预计现金收入 | | | | | |
| 上年应收账款 | 72600 | 72600 | | | |

续表

| 项目 | 1 | 2 | 3 | 4 | 全年 |
| --- | --- | --- | --- | --- | --- |
| 第一季度销售收入 | 154000 | 66000 | | | 220000 |
| 第二季度销售收入 | | 231000 | 99000 | | 330000 |
| 第三季度销售收入 | | | 308000 | 132000 | 440000 |
| 第四季度销售收入 | | | | 184800 | 184800 |
| 现金收入合计 | 226600 | 297000 | 407000 | 316800 | 1247400 |
| 上年应收账款 | | | | | |

销售预算通常要分品种、分销售区域等来编制。为简化，本例只划分了季度销售数据。同时，销售预算中通常还包含了预计现金收入表，用来为现金预算的编制准备材料。

表 16–6 是 A 公司的销售预算。其中，设每季销售收入中，70% 于本季收到现金，30% 于下季收现，上年应收账款为 72600 元。

**2. 生产预算的编制**

生产预算是指为规划一定预算期内生产量水平而编制的一种业务预算。它是按“以销定产”的原则，在销售预算的基础上编制的。由于企业的生产和销售不能做到“同步同量”，必须设置一定的存货，以保证均衡生产，因此，预算期除必须备有充足的产品以供销售外，还应考虑预算期期初存货和预算期期末存货等因素。具体的计算公式为：

某种产品预计生产量 = 预计销售量 + 预计期末存货量 − 预计期初存货量

式中，预计销售量可在销售预算中找到；预计期初存货量等于上季期末存货量；预计期末存货量应根据长期销售趋势来确定，在实践中，一般是按事先估计的期末存货量占下期销售量的比例进行估算。

在编制预算时，应注意保持生产量、销售量、存货量之间合理的比例关系，以避免储备不足、产销脱节或超储积压等。

【例】表 16–7 是 A 公司的生产预算。其中，期末存货为下季销售量的 10%，预计年初存货为 110 件，年末存货为 130 件。

表 16-7　生产预算表　（单位：件）

| 项目 | 第一季度 | 第二季度 | 第三季度 | 第四季度 | 合计 |
|---|---|---|---|---|---|
| 预计销量 | 1000 | 1500 | 2000 | 1200 | 5700 |
| 加：预计期末存货 | 150 | 200 | 120 | 130 | 130 |
| 减：预计期初存货 | 110 | 150 | 200 | 120 | 110 |
| 预计生产量 | 1040 | 1550 | 1920 | 1210 | 5720 |

生产预算在实际编制时是比较复杂的，产量受到生产能力的限制，存货数量受到仓库容量的限量，只能在此范围内安排存货数量和各期生产量。此外，有的季度可能销量大，可以用赶工方法增产，为此要多付加班费，如果提前在淡季生产，会因为增加存货而多付资金利息。因此，为权衡两者得失选择成本最低的方案。

**3. 直接材料预算的编制**

直接材料预算又称直接材料采购预算，是用来确定预算期材料采购数量和采购成本的预算。本预算以生产预算、材料消耗定额和预计材料采购单价等信息为基础，并考虑期初、期末材料存货水平。

直接材料预算包括需用量预算和采购预算两部分。此外，为了便于以后编制现金预算，通常要编制与材料采购有关的各季度预计材料采购现金支出预算。

企业在实际编制直接材料预算时，应按每种产品耗用的直接材料类别分别编制。每种产品耗用的某种材料的预计采购量的计算公式为：

预计材料采购量＝生产需要量＋该材料预计期末库存量－该材料预计期初库存量

**【例】**表 16-8 为 A 公司的直接材料预算。假定公司期末材料存量根据下一季度生产量的 10% 计算。为了便于以后编制现金预算，通常要预计材料采购各个季度的现金支出、每个季度的现金支出。假设预计年初材料存量为 800 千克，年末材料存货为 700 千克，每季采购的材料中，40% 货款于当季支付，60% 于下季支付，上年应付款 31920 元。

表 16-8　直接材料预算表

| 项目 | 第一季度 | 第二季度 | 第三季度 | 第四季度 | 合计 |
|---|---|---|---|---|---|
| 预计生产量（千克） | 1040 | 1550 | 1920 | 1210 | 5720 |
| 单位产品材料耗用量（千克） | 5 | 5 | 5 | 5 | 5 |
| 生产需耗用材料量（千克） | 5200 | 7750 | 9600 | 6050 | 28600 |

续表

| 项目 | 第一季度 | 第二季度 | 第三季度 | 第四季度 | 合计 |
|---|---|---|---|---|---|
| 加：预计期末存量（千克） | 775 | 960 | 605 | 700 | 700 |
| 减：预计期初存量（千克） | 第一季度 | 第二季度 | 第三季度 | 第四季度 | 合计 |
| 预计材料采购量（千克） | 800 | 775 | 960 | 605 | 800 |
| 材料单价（元） | 5175 | 7935 | 9245 | 6145 | 28500 |
| 预计采购金额（元） | 10 | 10 | 10 | 10 | 10 |
| 预计生产量（千克） | 51750 | 79350 | 92450 | 61450 | 285000 |
| 预计现金支出（单位：元） | | | | | |
| 上年应付账款 | 31920 | | | | 31920 |
| 第一季度采购支出 | 20700 | 31050 | | | 51750 |
| 第二季度采购支出 | | 31740 | 47610 | | 79350 |
| 第三季度采购支出 | | | 36980 | 55470 | 92450 |
| 第四季度采购支出 | | | | 24580 | 24580 |
| 现金支出合计 | 52650 | 62790 | 84590 | 80050 | 280050 |

### 4. 直接人工预算的编制

直接人工预算是用来确定预算期内直接人工工时的消耗水平和人工成本水平的预算。直接人工预算是以生产预算为基础编制的，根据生产预算中预计的生产量和生产单位产品所需的工时计算出各期所需直接人工小时数，再乘以小时工资率，计算出各期预计的直接人工成本。

【例】表 16–9 是 A 公司的直接人工预算。

**表 16–9 直接人工预算**

| 项目 | 第一季度 | 第二季度 | 第三季度 | 第四季度 | 合计 |
|---|---|---|---|---|---|
| 预计生产量（件） | 1040 | 1550 | 1920 | 1210 | 5720 |
| 单位产品工时（小时） | 5 | 5 | 5 | 5 | 5 |
| 预计人工总工时（小时） | 5200 | 7750 | 9600 | 6050 | 28600 |
| 每小时人工成本（元） | 5 | 5 | 5 | 5 | 5 |
| 预计人工总成本（元） | 26000 | 38750 | 48000 | 30250 | 143000 |

由于人工工资全部以现金支付，所以直接人工预算编制完毕，就可以直接参加现金预算的汇总。

**5. 制造费用预算的编制**

制造费用预算是指为规划一定预算期内除直接材料和直接人工预算以外预计发生的其他生产费用水平而编制的一种业务预算。其编制依据是预算期的生产业务量（如直接人工工时数或机器小时数）、基期制造费用的实际开支水平、上级管理部门下达的成本降低率以及预算期各费用明细项目的特性等。

当以变动成本法为基础编制制造费用预算时，可按变动性制造费用和固定性制造费用两部分分别编制。变动性制造费用根据预计生产量和预计变动费用分配率计算；固定性制造费用可在上期的基础上对预算期内上级管理部门下达的成本降低率指标等有关变动因素加以适当修正来进行预计。

制造费用项目中，大部分是需要在当期以现金支付的，但也有一部分是无须支付现金的，如固定资产的折旧费。因此，为了方便以后编制现金预算，制造费用预算中应包括预计的现金支出。

【例】表16–10是A公司的制造费用预算。其中，预计生产量来自生产预算，单位标准工时和标准分配率来自标准成本资料，预算工时是预计生产量和单位标准工时的乘积，变动制造费用则是预算工时和标准分配率的乘积，现金支出费用等于制造费用合计与折旧的差额。

**表16–10　制造费用预算表**　（单位：元）

| 项目 | 第一季度 | 第二季度 | 第三季度 | 第四季度 | 合计 |
|---|---|---|---|---|---|
| 预计生产量/件 | 1040 | 1550 | 1920 | 1210 | 5720 |
| 单位标准工时/小时 | 5 | 5 | 5 | 5 | 5 |
| 预算工时/小时 | 5200 | 7750 | 9600 | 6050 | 28600 |
| 标准分配率/（元/小时） | 2 | 2 | 2 | 2 | 2 |
| 变动制造费用 | 10400 | 15500 | 19200 | 12100 | 57200 |
| 固定制造费用 | 30000 | 30000 | 30000 | 30000 | 120000 |
| 制造费用合计 | 40400 | 45500 | 49200 | 42100 | 177200 |
| 减：折旧 | 10000 | 10000 | 10000 | 10000 | 40000 |
| 现金支出费用 | 30400 | 35500 | 39200 | 32100 | 137200 |

**6. 产品成本预算的编制方法**

产品成本预算是指为规划一定预算期内每种产品的单位产品成本、生产成本、销售成本等项内容而编制的一种日常业务预算。

产品成本预算是生产预算、直接材料预算、直接人工预算、制造费用预算的汇总，其主要内容是产品的单位成本和总成本。单位产品成本的有关数据，来自前述直接材料预算、直接人工预算、制造费用预算。生产量、期末存货量来自生产预算，销售量来自销售预算。生产成本、存货成本和销货成本等数据，根据单位成本和有关数据计算得出。

由于财务预算是供企业内部经营管理使用，为了解释业务量与成本变动的内在规律，正确规划利润和成本，企业可采取变动成本法编制产品预算，即产品成本中只包括直接材料、直接人工和变动制造费用，固定成本都作为期间费用处理。

【例】表 16-11 是 A 公司的产品成本预算。

**表 16-11　产品成本预算表**

| 项目 | 单位成本 | | | 生产成本 | 期末存货 | 销货成本 |
|---|---|---|---|---|---|---|
| | 单价/元 | 单耗 | 成本/元 | （5720件） | （130件） | （5700件） |
| 直接材料 | 10 | 5千克 | 50 | 286000 | 6500 | 285000 |
| 直接人工 | 5 | 5小时 | 25 | 143000 | 3250 | 142500 |
| 变动制造费用 | 2 | 5小时 | 10 | 57200 | 1300 | 57000 |
| 合计 | | | 85 | 486200 | 11050 | 484500 |

### 7. 销售和管理费用预算的编制方法

销售费用预算是指为规划一定预算期内企业在销售阶段组织产品销售预计发生各项费用水平而编制的一种日常业务预算。

销售费用预算是企业预算期有关产品销售费用的预算。它以销售预算为基础，分析销售收入、销售利润和销售费用的关系，力求实现销售费用的有效使用。在安排销售费用时，要利用本量利分析方法，费用的支出应能获取更多的收益。在草拟销售费用预算时，要对过去的销售费用进行分析，考察过去销售费用支出的必要性和效果。销售费用预算应该和销售预算相配合，应该有按照品种、地区和用途的具体预算数额。

管理费用是企业一般管理业务所必要的费用。随着企业规模的扩大，一般管理职能日益重要，其费用也相应增加。在编制管理费用预算时，要分析企业的业务成绩和一般经济状况，务必做到费用合理化。管理费用多属于固定成本，所以，一般是以过去的实际开支为基础，按照预算期的可预见变化来调整。重要的是，必须充分考察每种费用是否必要，以便提高费用效率。

企业的销售费用和管理费用通常以现金支付，因此，销售费用和管理费用预算也为现金预算提供了资料来源。

【例】表 16-12 是 A 公司销售及管理费用预算。

**表 16-12　销售及管理费用预算**　（单位：元）

| | |
|---|---|
| 销售费用： | |
| 销售人员工资 | 32000 |
| 广告费 | 54000 |
| 运输费 | 28000 |
| 保管费 | 22000 |
| 小计 | 136000 |
| 管理费用： | |
| 管理人员工资 | 37000 |
| 保险费 | 9000 |
| 办公费 | 18000 |
| 小计 | 64000 |
| 合计 | 200000 |
| 每季支付费用（200000 ÷ 4） | 50000 |

8. **资本支出预算**

企业除了生产经营过程发生的现金支出外，其他业务也有现金支出，如购买设备、支付股利、支付所得税等，这些支出也应该编制预算，并进行合理的规划，它们直接汇总到现金预算中。

【例】表 16-13 是 A 公司的资本支出预算。

**表 16-13　资本支出预算**　（单位：元）

| 项目 | 第一季度 | 第二季度 | 第三季度 | 第四季度 | 合计 |
|---|---|---|---|---|---|
| 购买设备 | 220000 | | | | 220000 |
| 支付股利 | | 60000 | | 60000 | 120000 |
| 支付所得税 | 20000 | 20000 | 20000 | 20000 | 80000 |
| 合计 | 240000 | 80000 | 20000 | 80000 | 420000 |

9. **现金预算的编制**

现金预算实际上是其他预算有关现金收支部分的汇总，以及收支差额平衡措施的具体计划。它的编制要以其他各项预算为基础，或者说其他预算在编制时要为现金预算做好数据准备。现金预算的基本结构可以分为现金收入、现金支出、现金多余或者不足、资金的筹集和运用四个部分。它可以分开编成短期现金收支预算和短期信贷预算两个预算，也可以合在一起编成一个预算。

“现金收入”部分包括期初现金余额和预算期现金收入。“期初现金余额”是在编制预算时预计的，“销货现金收入”的数据来自销售预算，“可供使用现金”是期初余额与本期现金收入之和。

“现金支出”部分包括预算期的各项现金支出。“直接材料”“直接人工”“制造费用”“销售及管理费用”的数据分别来自前述有关预算。此外，还包括所得税、购置设备、股利分配等现金支出，有关数据分别来自另行编制的专门预算。

“现金多余或不足”部分列示现金收入合计与现金支出合计的差额。差额为正，说明收大于支，现金有多余，可用于偿还过去向银行取得的借款，或者用于短期投资；差额为负，说明支大于收，现金不足，要向银行取得新的借款。

【**例**】表 16-14 是 A 公司的现金预算，其中假设借款利息按照利率 10% 计算，企业要求保留的最低现金余额为 80000 元，银行借款的金额要求是 1000 的倍数，预计年初的现金余额为 92000 元。

**表 16-14　现金预算表**　（单位：元）

| 项目 | 第一季度 | 第二季度 | 第三季度 | 第四季度 | 全年合计 |
|---|---|---|---|---|---|
| 期初现金余额 | 92000 | 89580 | 88040 | 102750 | 92000 |
| 加：销售现金收入 | 226600 | 297000 | 407000 | 316800 | 1247400 |
| 可供使用现金 | 318600 | 386580 | 495040 | 419550 | 1339400 |
| 减：各项现金支出 | 52650 | 62790 | 84590 | 80050 | 280050 |
| 直接材料 | 26000 | 38750 | 48000 | 30250 | 143000 |
| 直接人工 | 30400 | 35500 | 39200 | 32100 | 137200 |
| 制造费用 | 50000 | 50000 | 50000 | 50000 | 200000 |
| 所得税 | 20000 | 20000 | 20000 | 20000 | 80000 |
| 购买设备 | 220000 | | | | 220000 |

续表

| 项目 | 第一季度 | 第二季度 | 第三季度 | 第四季度 | 全年合计 |
|---|---|---|---|---|---|
| 股利 | | 60000 | | 60000 | 120000 |
| 现金支出合计 | 399020 | 267040 | 241790 | 272400 | 1180250 |
| 现金多余或不足 | （80420） | 119540 | 253250 | 147150 | 159150 |
| 向银行借款 | 170000 | | | | |
| 偿还银行借款 | | （30000） | （140000） | | （170000） |
| 借款利息（年利率10%） | | （1500） | （10500） | | （12000） |
| 合计 | 170000 | （31500） | （150500） | | （12000） |
| 期末现金余额 | 89580 | 88040 | 102750 | 147150 | 147150 |

现金预算的编制，以各项营业预算和资本预算为基础，反映各个预算期内的收入款项和支出款项，并作对比说明。其目的在于资金不足时筹措资金，资金多余时及时处理现金余额，并且提供现金收支的控制限额，发挥现金管理的作用。

## 三、财务报表预算

### 1. 预计利润表的编制

预计利润表是根据上述有关预算编制的，以货币为计量单位，全面综合地反映企业预算期内生产经营的财务情况和规定利润计划数额的一种预算，是控制企业生产经营活动和财务收支的主要依据。预计的利润表与实际的损益表内容和格式都相同，只不过数字不是实际的而是面向预算期的，预计利润表又称“利润表预算”。

预计利润表是在汇总销售收入、成本、销售及管理费用、营业外收支等预算的基础上加以编制的。其中，“销售收入”项目的数据，来自销售收入预算；“销售成本”项目的数据，来自产品成本预算；“毛利”项目的数据是前两项的差额；“销售及管理费用”项目的数据，来自销售费用及管理费用预算；“利息”项目的数据，来自现金预算。“所得税”项目是在利润规划时估计的，并已列入现金预算。

通过编制预计的利润表，可以了解企业预期的盈利水平。如果预算利润与最初编制方案中的目标利润有较大的不一致，就需要调整部门预算，设法达到目标，或者经过企业领导同意后修改目标利润。

**【例】**表 16–15 是 A 公司的预计利润表。其中，预计所得税 80000 元，因为有诸多调整事项存在，所得税不是按照所得税率计算出来的。

表 16–15　预计利润表　（单位：元）

| | |
|---|---|
| 营业收入 | 1254000 |
| 减：营业成本 | 604500 |
| 销售费用 | 136000 |
| 管理费用 | 64000 |
| 财务费用 | 12000 |
| 营业利润 | 437500 |
| 利润总额 | 437500 |
| 减：所得税 | 80000 |
| 税后利润 | 357500 |

**2. 预计资产负债表的编制方法**

编制预计资产负债表的目的，在于判断预算反映的财务状况的稳定性和流动性。如果通过资产负债表预算的分析，发现某些财务比率不佳，必要时可修订有关预算，以改善财务状况。预计资产负债表与实际的资产负债表内容、格式相同，只不过数据是反映预算期末的财务状况。

预计资产负债表主要是根据预算年度各项资产、负债、所有者权益预计变动数填列的。例如，“应收账款”项目应根据销售预算中全年销售收入、货款回笼收入、期初预计应收账款进行分析填列，而应付账款项目则应根据采购预算中的全年采购金额、支付货款数额及预计应付账款期初余额分析填列。

【**例**】表 16–16 是 A 公司的预计资产负债表。

表 16–16　预计资产负债表　（单位：元）

| 资产 | | | 负债及所有者权益 | | |
|---|---|---|---|---|---|
| 项目 | 年初 | 年末 | 项目 | 年初 | 年末 |
| 流动资产 | | | 流动负债 | | |
| 货币资金 | 92000 | 147150 | 应付账款 | 31920 | 36870 |
| 应收账款 | 72600 | 79200 | 流动负债小计 | 31920 | 36870 |
| 存货 | 17350 | 18050 | 股本 | 150000 | 150000 |
| 非流动资产 | | | 未分配利润 | 170030 | 407530 |
| 固定资产 | 170000 | 350000 | 股东权益小计 | 320030 | 557530 |
| 资产合计 | 351950 | 594400 | 负债及股东权益合计 | 351950 | 594400 |

因为已经编制了现金预算，所以没有必要再编制现金流量表预算。

## 第二节　企业收益与分配管理

### 一、收入管理

**1. 营业收入的特征**

营业收入从企业的日常活动中产生，不是从偶发的交易事项中产生。因此，营业收入来自于企业日常经营活动中形成的经济利益的总流入；它可以变现为企业资产的增加或负债的减少，或两者兼而有之；营业收入会导致企业所有者权益的增加，企业通过实现营业收入而取得利益，收入的增加是利润增加的主要途径之一；营业收入只包括本企业经济利益的流入，不包括为第三方或客户代收的款项，如增值税、代收的利息等。

**2. 营业收入的作用**

营业收入是衡量企业经营成果的重要标志，也是企业的一项重要财务指标，组织并加强营业收入的管理是企业财务管理的重要内容。企业在日常生产活动中，为获取营业收入，要发生一定的人力、物力、财力消耗，这些消耗构成了企业的成本和费用，它们都要在企业取得营业收入后才能得到补偿。因此，及时取得营业收入，才能使企业的持续经营得以保证、盈利才能得到实现。此外，营业收入的实现，一方面销售了产品，增加了收入；另一方面可以收回现金，增加现金流入量，改善企业的财务状况。

**3. 营业收入的管理要求**

营业收入的重要作用反映了加强收入管理的必要性。目前，对收入管理的基本要求主要体现在以下几个方面（见表 16–17）：

**表 16–17　收入管理的基本要求**

| 要求 | 内容 |
|---|---|
| 合理制定商品商务价格，扩大产品销售 | 价格对企业而言，是最有效的理性竞争工具，在保证商品或劳务质量的前提下，价格定位是否合理具有重要的意义。合理的价格可以保证企业的市场地位，企业要实现收入最优化，应在挖掘降低成本的潜力、抓好内部成本控制的同时，考虑市场供求状况、竞争激烈度、消费者心理及市场定位等因素，制定适当的价格策略 |

续表

| 要求 | 内容 |
| --- | --- |
| 进行市场预测，制定合理的销售计划 | 对市场的预测，不仅要预测短期的市场需求，更要预测长期的市场变化趋势，以调整企业的经营战略，使企业在激烈的市场竞争中利于不败之地 |
| 有效进行营业收入的日常管理 | 加强企业营业收入的日常管理，是保证企业生产、销售活动有计划地进行，并取得预期收入的重要条件。企业应根据市场需求组织安排生产，加强生产经营管理，改进技术，提高产品质量和服务水平，以增加企业的信誉，拥有更多客户。并且，企业应根据市场需求，及时签订并严格履行销售合同，加快回收货款，节约销售费用，对企业的销售情况和收入进行定期考核分析，使管理工作逐步科学化、规范化 |
| 提高营业收入的质量，实现财务管理的目标 | 加强营业收入的管理，不仅要考虑营业收入的数量，也要关注营业收入的质量。只有当应计的现金流入量转化为实际的现金流入量时，才表明营业收入的真正实现及所有者财富的取得，实现企业价值最大化。在实际工作中，要全局权衡营业收入的数量和质量，实现最佳匹配关系 |

### 4. 营业收入的控制

控制是指按照预先制定的计划要求对生产经营活动的过程与结果进行的监督管理，以达到完成预定的经营目标、提高经济效益的目的。营业收入的控制主要是对销售收入的控制。在销售收入的控制过程中，要加强对销售过程各个环节的监督管理，达到增加销售收入、降低销售费用的目的。首先要认真执行销售合同，扩大产品销售量，完成销售计划。这样不仅可以加速企业的存货周转和资金回笼，也可以提高企业的信誉和知名度，为企业的生产经营创造一个良好的环境。其次要提高服务质量，做好产品售后服务和信息反馈工作，以便企业根据市场变化和消费者的需求，及时调整生产和销售计划和结构，为未来的市场预测做好准备。最后要注意及时办理结算，加速货款的回收。办理结算一般是由企业财务部门负责，但是销售部门可以积极配合财务部门做好货款的回收工作。如果企业的资金长期被拖欠，或者企业大量资金被拖欠，有可能产生坏账损失，影响企业生产经营目标的实现。所以，企业在产品发出后要及时通知财务部门办理结算。在签订销售合同时，既要认真审查购货方的信誉情况，又要在合同中明确双方的责任、货款的结算方式和结算时间，保证货款的及时收回。

## 二、成本费用管理

### 1. 成本、费用的预测

成本费用预测就是在基期对未来计划期的成本降低率和降低额进行预计和测算，

从而为计划期降低成本提出增产节约的具体方案。成本费用的预测是企业进行生产经营决策的依据，也是企业编制成本费用计划的基础。有效进行成本费用预测是加强成本管理、提高经济效益的重要措施。

进行成本费用预测的方法有很多，如比例法、技术测定法、余额测定法、回归预测法和因素分析法。多数企业认为因素分析法是最好的预测方法，因此我们着重介绍该方法。

因素分析法就是首先分析影响企业成本的各种因素，找出每一因素变动造成成本降低的数量关系，计算其相应的成本降低率；将每一因素形成的成本降低率叠加起来成为总的成本降低率，用它乘以总成本就是“降低额”。如果总的成本降低率未达到目标成本，那么就要进一步提出增产节约措施，实现目标成本并计算出相应的指标。影响成本的各种因素有直接线性因素、间接因素和直接非线性因素。直接线性因素包含原材料、辅助材料、燃料、动力和废品的损失。间接因素包含直接人工和相关费用。直接非线性因素通常由原材料价格变动和原材料利用率的变动表达。

**2. 成本、费用计划**

成本费用计划是根据成本费用预测和决策方案，以货币量度预先对企业计划期内的生产耗费水平和成本降低任务的规划。进行成本费用计划是企业实现目标成本费用的基础工作。成本费用计划通常由以下几项构成：主要产品单位制造成本计划、产品制造成本计划、期间费用计划、生产费用预算。

编制成本费用计划要以先进的技术经济定额为数据基础，与其他计划指标紧密衔接，要有利于对成本费用实行归口分级管理。编制成本费用计划的基本步骤如下：

（1）根据成本费用预测和决策的结果确定目标成本；

（2）收集整理相关资料（如生产资料、消耗定额资料、费用开支标准等）；

（3）分解目标成本，并下达给各生产环节；

（4）各基层部门编制基层计划，上报企业财务部门；

（5）企业财务部门汇总编制全企业的成本费用计划，并将计划下达各基层单位执行。

**3. 成本、费用的控制与考核**

成本控制就是运用科学的方法对企业生产经营过程中实际所发生的各种费用进行严格的审查和限制，以降低企业成本费用的一项管理工作。

对成本费用进行控制考核主要有两种方法：组织控制和项目控制。实行组织控制，是要建立健全成本费用归口分级管理体系，在企业财务部门集中管理的前提下，组织发生成本费用消耗的各级、各部门都来参与成本费用管理的一种组织形式。进行项目控制主要包括：直接材料费用控制、直接人工费用控制、制造费用控制和期间费用控制。

常用于成本费用考核的主要指标有：

$$主要商品产品单位成本降低率=1-\frac{实际单位商品产品制造成本}{计划单位商品产品制造成本}\times100\%$$

全部商品产品成本降低额 = 本期各种产品的实际产量 x 本期各种产品的计划单位制造成本 – 本期产品的实际制造成本总额

$$期间费用降低率=1-\frac{实际期间费用总额}{计划期间费用总额}\times100\%$$

$$商品产品综合成本费用率=\frac{实际成本费用总额}{实际销售收入总额}\times100\%$$

## 三、利润分配管理

### 1. 股利的支付方式

（1）现金股利

现金股利是以现金支付的股利，是企业最常见、最易被投资者接受的股利支付方式。现金股利减少公司的所有者权益和现金，增加了企业的支付压力。因而公司支付现金股利除了要有累计盈余（特殊情况下可用弥补亏损后的盈余公积金支付）外，还要协调公司的股价、投资需要和股东要求之间的矛盾，并综合考虑股东的意愿、公司投资的需要和现金供应量等因素。

（2）股票股利

股票股利是公司以增发的股票作为股利的支付方式，是一种比较特殊的股利，它不会引起公司财产的流出或负债的增加，不改变每位股东的股权比例，只涉及股东权益内部结构的调整，将资金从留存盈利账户转移到其他权益账户，因此不会引起股东权益总额的改变。

公司发放股票股利，可能出于以下方面的考虑：

1）保留现金。发放现金股利会使公司的现金大量减少，可能会使公司由于资金短缺而丧失投资良机或增加公司的财务负担；而发放股票股利，则不会减少公司现金持有量，又能使股东获得投资收益，有利于公司将更多的现金用于投资和扩展业务，减少对外部资金的依赖。

2）避免股东增加税收负担。对股东而言，现金股利需要缴纳所得税，而股票股利则不需要纳税，即使将来出售需要缴纳资本利得税，其税率也较低。

3）满足股东投资的意愿。股东投资的目的是为了获得投资报酬，发放股票股利可以使股东得到减轻税收负担的好处，又会使股东得到相当于现金股利的收益。

4）降低公司的股价。发放股票股利可以增加公司流通在外的股份数，使公司股价降低至一个便于交易的范围内。降低公司的股价有利于吸引更多的中小投资者，提高股票市场占有率，有助于减轻股市大户对于股票的冲击，有利于公司进一步增发新股。

**2. 股利的发放程序**

股份有限公司分配股利必须遵循法定的程序，一般是先由董事会提出股利分配预案，然后提交股东大会决议通过才能进行分配。股东大会决议通过股利分配预案之后，要向股东宣布发放股利的方案，并确定股权登记日、除息日和股利发放日。

股利分配的程序主要有以下几个阶段。

（1）确定股利分配方案

《公司法》规定，公司分配股利，首先由公司董事会根据公司盈余情况和股利政策，拟订股利分配方案（包括配股方案），然后提交股东大会审议通过。只有经股东大会审议通过的股利分配方案才具有法律效力，才能向社会公布。

（2）股利分配方案宣布和股权登记

股利分配方案经股东大会审议通过后，公司必须及时予以公开宣布，宣布的内容包括：股利分配金额、股利宣告日、股东登记日、除息日、除权日、派息日、派息方案、配股数额、配股价、领取股利的地点、参加分配的资格等。

1）股利宣告日，是指将公司股东会议决定的股利分配情况予以公告的日期。如，某公司 2013 年 4 月 8 日召开股东会议，宣布每股派现 0.8 元，4 月 18 日为股东登记日，4 月 28 日支付。

2）股权登记日，是指具有权领取股利的股东资格登记截止日期，又称“除权日”。只有这一名册上登记有名的股东，才有权利领取最近一次发放的股利。在股权登记日以后购买股票的新股东无权参与本次分配。股权登记日一般在分配方案宣布后的 10 ~ 20 天内。

3）除息日，就是除去股利的日期，也就是领取股利的权利和股票相互分离的日期。在除息日前，股利包含在股票的价格之中，该股票称为“含权股”，持有股票就享有获得股利的权利。除息日开始，股利权与股票相互分离，股票价格会下降。此时，股票称为“除息股”或“除权股”。而在除息日当天或以后新购买股票的股东则不能享受这次股利。因为，股票买卖之间的交接过户需要一定的时间，如果有股票转让，公司可能不能及时获得股东变更的资料，只能以原登记的股东为股利支付对象。为了避免冲突，证券行业一般规定在股权登记日的前3天或前4天为除息日。自该日起，股票为无息交易。也就是说，新股东如果希望获取本次股利，就必须在股权登记日的4天前购入股票，否则，股利仍然由原股东领取。例如，某公司以5月1日作为股权登记日，往前算4天为4月27日，这一天为除息日，因此，购买股票的人如果希望获取股利，就必须在4月26日或以前购买，否则，股利仍属原来的股东。

4）股利支付日。就是公司向股东正式发放股利的日期。

（3）股利发放

从股利支付日起，公司将在几日内向已经登记在册的各个股东发放应得股利。我国目前的实际发放情况大致有以下三个渠道：

1）流通股利：通过证券交易所的各级清算网络直接划到各个人的资金账户中。

2）国有股股利：直接划到政府委托的部门。

3）法人股、内部职工股的股利：通过托管机构或者证券登记机构等中介机构发放或由公司直接发放。

**3. 股利政策**

股利分配是现代公司理财活动的三大核心内容之一。一方面，它是公司筹资、投资活动的逻辑延续，是公司进行理财的必然结果；另一方面，恰当的股利分配政策，不仅可以树立良好的公司形象，而且能激发广大投资者对公司的持续投资热情，从而能使公司获得长期稳定的发展。因此，选择恰当的股利分配政策对公司来说至关重要。在财务管理实践中，股利分配政策主要有四种类型。

（1）剩余股利政策

1）剩余股利政策，是指公司生产经营所获得的净收益首先应满足公司的资金需求，如果还有剩余，则派发股利；如果没有剩余，则不派发股利。公司采用剩余股利政策，主要基于以下考虑：保持理想的资本结构，使综合资金成本最低；满足公司增长的需求；规避负债筹资风险。

2）基本步骤：根据公司的投资计划确定公司的最佳资本预算；根据公司的目标资本结构及最佳资本预算预计公司资金需求中所需要的权益资本数额；尽可能用留存收益来满足资金需求中所需增加的股东权益数额；留存收益在满足公司股东权益增加需求后，如果没有剩余再用来发放股利。

3）优缺点及适用性：

优点：留存收益优先保证再投资的需要，有助于降低再投资的资金成本，保持最佳的资本结构，实现企业价值的长期最大化。

缺点：如果完全遵照执行剩余股利政策，股利发放额每年会随投资机会和盈利水平的波动而波动。即使在盈利水平不变的情况下，股利也将与投资机会的多寡呈反方向变动；而在投资机会维持不变的情况下，股利发放额将因公司每年盈利的波动而同方向变动。剩余股利政策不利于投资者安排收入与支出，也不利于公司树立良好的形象。

适用性：用它适用于公司初创阶段或公司处于衰退阶段。

（2）固定股利支付率政策

1）固定股利支付率政策，是指公司先确定一个股利占净利润的比率，然后每年都按此比率从净利润中向股东发放股利，每年发放的股利额都等于净利润乘以固定的股利支付率。每逢净利润多的年份，股东领取的股利就多；遇到净利润少的年份，股东领取的股利就少。

2）固定股利支付率政策的优缺点及适用性。

①优点：能使股利与公司盈余紧密地结合，多盈多分、少盈少分、不盈不分。从企业支付能力的角度看，这是一种稳定的股利政策。

②缺点：第一，该政策传递的信息容易成为公司的不利因素，大多数公司每年的收益很难保持稳定不变。如果公司每年收益状况不同，固定支付率的股利政策将导致公司每年股利分配额的频繁变化。而股利通常被认为是公司未来前途的信号传递，波动的股利传递的信息就是公司未来收益的不确定性，这很容易给投资者留下公司经营状况不稳定、投资风险较大的不良印象。

第二，该政策容易使公司面临较大的财务压力。因为公司实现的盈利多，只能表明公司的盈利状况较好，并不意味着公司有充足的现金派发股利，若要按照一定比率派发股利，就容易给公司造成较大的财务压力。

第三，固定的股利支付率政策较缺乏财务弹性，公司会因此丧失利用股利政策的财务方法。在不同阶段，根据公司具体的财务状况制定不同的股利政策，会更有效地实现公司的财务目标。

最后，如何科学地确定适宜的股利支付率难度较大。若固定股利支付率确定的较低，则不能满足投资者对投资收益的要求；若确定的较高，则没有足够的现金派发股利，会给公司带来极大的财务压力。另外，当公司发展需要大量资金时，也要受其制约。所以，确定较优的股利支付率的难度很大。

适用性：由于公司每年面临的投资机会、筹资渠道都不同，一成不变地奉行按固定比率发放股利的公司在实际中并不多见，固定股利支付率只是比较适用于那些处于稳定发展且财务状况也较为稳定的公司。

（3）固定或稳定增长的股利政策

固定或稳定增长的股利政策是指公司将每年派发的股利额固定在某一特定水平上，然后在一段时间内不论公司的盈利情况和财务状况如何，派发的股利额均保持不变。只有当企业对未来利润增长却有把握，且认为是不会发生逆转时，才增加每股股利额。该政策的理论依据是“在手之鸟”理论和信号传递理论。这一政策的实施有利于提高股东的信心和公司的信誉、促进股价的稳定增长，也有利于投资者有规律地安排股利收入支出。但是，公司的股利支付和盈利相脱离，造成投资的风险与收益不对称，可能会给公司造成较大的财务压力，甚至侵蚀公司留存利润和资本，因此公司很难长期采用该政策。固定或稳定增长的股利政策适用于经营比较稳定、正处于成长期、信誉一般的公司。

（4）低正常加额外股利政策

低正常加额外股利政策是指企业事先设定一个较低的正常股利额，每年除了按正常股利额向股东发放现金股利外，还在企业盈利情况较好、资金较为充裕的年度向股东发放高于每年正常股利的额外股利。这一政策赋予了公司一定的灵活性，使公司在股利发放上留有余地和具有较大的财务弹性。它既吸收了固定股利政策对股东投资收益的保障优点，又撇弃了其对公司造成的财务压力方面的不足，所以在资本市场上颇受投资者和公司的欢迎。但各年份之间公司的盈利波动使得额外股利不断变化，甚至有些年份没有额外股利，造成分派的股利不同，容易给投资者以公司受益不稳定的感觉。如果公司较长时间一直发放额外股利，股东就会误认为这是“正常股利”，一旦取消，容易给投资者造成公司财务状况逆转的负面形象，从而导致股价下跌。

# 参考文献


［1］魏杰. 企业前沿问题：现代企业管理方案［M］. 中国发展出版社，2001.

［2］成思危. 中国企业管理面临的问题及对策［M］. 民主与建设出版社，2000.

［3］汪平. 基于价值的企业管理［M］// 基于价值的企业风险管理. 东北财经大学出版社，2005.

［4］黄速建，黄群慧. 现代企业管理：变革的观点［M］. 经济管理出版社，2007.

［5］谭伟东. 西方企业文化纵横：当代企业管理思想［M］. 北京大学出版社，2001.

［6］朱焱，张孟昌. 企业管理团队人力资本、研发投入与企业绩效的实证研究［J］. 会计研究，2013，000（011）：45–52.

［7］刘实. 论企业管理变革对内部审计的影响［J］. 审计研究，2004（2）：60–63.

［8］何桢，韩亚娟，张敏，et al. 企业管理创新、整合与精益六西格玛实施研究［J］. 科学学与科学技术管理，2008，29（002）：82–85.

［9］李伟阳，肖红军. 全面社会责任管理：新的企业管理模式［J］. 中国工业经济，2010，000（001）：114–123.

［10］何军. 大数据对企业管理决策影响分析［J］. 科技进步与对策，2014，000（004）：65–68.

［11］樊行健. 现代财务经济分析学［M］. 西南财经大学出版社，2004.

［12］赵德武. 我国宏观财务经济监测与预警问题研究［J］. 财务与会计，2000（03）：16–18.

［13］王跃武. 竞争力财务经济学［D］. 中国人民大学出版社，2006.

［14］卢志英. 企业财务经济内控制度的建立探究［J］. 改革与开放，2014，000（004）：23–24.

［15］魏厚红. 探讨财务经济管理中存在的问题及创新［J］. 中国城市经济，

2012.

［16］杨福梅．财务经济综合分析的方法及讨论［J］．经营管理者，2014（27）：198-198.

［17］宫勇．探析财务经济管理中存在的问题及创新［J］．时代经贸，2018，No.440（15）：25-25.

［18］钟德金．对企业财务经济管理的探讨［J］．企业研究，2010（22）：62-63.

［19］胡敏．探析财务经济管理中存在的问题及创新［J］．时代金融，2017，000（004）：213，218.

［20］孙阳．当前财务经济管理中存在的问题及创新分析［J］．经贸实践，2017（16）：251-251.